廿一世纪全国应用型本科财经管理系列实用规划教材

管理学基础

主　编　于千千　卢启程

副主编　韩　越　冯　暲

北京大学出版社
PEKING UNIVERSITY PRESS

中国林业出版社
China Forestry Publishing House

内 容 简 介

本书对管理知识的介绍以目前普遍接受的管理过程学派的思想为基础，借鉴系统的观点，在介绍组织系统及面向组织的管理等基本概念的基础上，进一步介绍当前管理活动的多元化环境，并以计划、组织、领导、控制四大接受度最广的职能为核心，展开管理的主要理论和实践。本书开篇的系统模型示意图清楚地说明了这一点，全书自始至终都是围绕这一主线展开的，即“基础—环境—职能”，这条主线构成了一个完整的系统，同时，它还将企业与外部环境有机地联系起来。

本书可作为高等院校财经管理类各相关专业本科生教材，也可供各领域实际工作者自学参考。

图书在版编目(CIP)数据

管理学基础/于干千，卢启程主编. —北京：中国林业出版社；北京大学出版社，2007.8(2012.1 重印)

(21 世纪全国应用型本科财经管理系列实用规划教材)

ISBN 978-7-5038-4872-8

Ⅰ. 管…　Ⅱ. ①于…　②卢…　Ⅲ. 管理学—高等学校—教材　Ⅳ. C93

中国版本图书馆 CIP 数据核字(2007)第 119872 号

书　　名：管理学基础
著作责任者：于干千　卢启程　主编
策 划 编 辑：李　虎
责 任 编 辑：房兴华　高红岩
标 准 书 号：ISBN 978-7-5038-4872-8
出　版　者：中国林业出版社(地址：北京市西城区德内大街刘海胡同 7 号　　邮编：100009)
http://www.cfph.com.cn　　E-mail:jiaocaipublic@163.com
电话：编辑部 83220109　　营销中心 83227711
北京大学出版社(地址：北京市海淀区成府路 205 号　　邮编：100871)
http://www.pup.cn　　http://www.pup6.com　　E-mail: pup_6@163.com
电话：邮购部 62752015　发行部 62750672　编辑部 62750667　出版部 62754962
印　刷　者：北京市昌平百善印刷厂
发　行　者：北京大学出版社　中国林业出版社
经　销　者：新华书店
787mm×960mm　16 开本　25.25 印张　500 千字
2007 年 8 月第 1 版　　2012 年 1 月第 5 次印刷
定　　价：35.00 元

21世纪全国应用型本科财经管理系列实用规划教材

专家编审委员会

丛书序

我国越来越多的高等院校设置了经济管理类学科专业，这是一个包括经济学、管理科学与工程、工商管理、公共管理、农业经济管理、图书档案学6个二级学科门类和22个专业的庞大学科体系。2006年教育部的数据表明在全国普通高校中经济类专业布点1518个，管理类专业布点4328个。其中除少量院校设置的经济管理专业偏重理论教学外，绝大部分属于应用型专业。经济管理类应用型专业主要着眼于培养社会主义国民经济发展所需要的德智体全面发展的高素质专门人才，要求既具有比较扎实的理论功底和良好的发展后劲，又具有较强的职业技能，并且又要求具有较好的创新精神和实践能力。

在当前开拓新型工业化道路，推进全面小康社会建设的新时期，进一步加强经济管理人才的培养，注重经济理论的系统化学习，特别是现代财经管理理论的学习，提高学生的专业理论素质和应用实践能力，培养出一大批高水平、高素质的经济管理人才，越来越成为提升我国经济竞争力、保证国民经济持续健康发展的重要前提。这就要求高等财经教育要更加注重依据国内外社会经济条件的变化适时变革和调整教育目标和教学内容；要求经济管理学科专业更加注重应用、注重实践、注重规范、注重国际交流；要求经济管理学科专业与其他学科专业相互交融与协调发展；要求高等财经教育培养的人才具有更加丰富的社会知识和较强的人文素质及创新精神。要完成上述任务，各所高等院校需要进行深入的教学改革和创新。特别是要搞好有较高质量的教材的编写和创新。

出版社的领导和编辑通过对国内大学经济管理学科教材实际情况的调研，在与众多专家学者讨论的基础上，决定编写和出版一套面向经济管理学科专业的应用型系列教材，这是一项有利于促进高校教学改革发展的重要措施。

本系列教材是按照高等学校经济类和管理类学科本科专业规范、培养方案，以及课程教学大纲的要求，合理定位，由长期在教学第一线从事教学工作的教师立足于21世纪经济管理类学科发展的需要，深入分析经济管理类专业本科学生现状及存在问题，探索经济管理类专业本科学生综合素质培养的途径，以科学性、先进性、系统性和实用性为目标，其编写的特色主要体现在以下几个方面：

(1) 关注经济管理学科发展的大背景，拓宽理论基础和专业知识，着眼于增强教学内容的联系实际和应用性，突出创造能力和创新意识。

(2) 体系完整、严密。系列涵盖经济类、管理类相关专业以及与经管相关的部分法律类课程，并把握相关课程之间的关系，整个系列丛书形成一套完整、严密的知识结构体系。

(3) 内容新颖。借鉴国外最新的教材，融会当前有关经济管理学科的最新理论和实践经验，用最新知识充实教材内容。

(4) 合作交流的成果。本系列教材是由全国上百所高校教师共同编写而成，在相互进行学术交流、经验借鉴、取长补短、集思广益的基础上，形成编写大纲。最终融合了各地特点，具有较强的适应性。

(5) 案例教学。教材具备大量案例研究分析，让学生在学习过程中理论联系实际，特别列举了我国经济管理工作中的大量实际案例，这可大大增强学生的实际操作能力。

(6) 注重能力培养。力求做到不断强化自我学习能力、思维能力、创造性解决问题的能力以及不断自我更新知识的能力，促进学生向着富有鲜明个性的方向发展。

作为高要求，财经管理类教材应在基本理论上做到以马克思主义为指导，结合我国财经工作的新实践，充分汲取中华民族优秀文化和西方科学管理思想，形成具有中国特色的创新教材。这一目标不可能一蹴而就，需要作者通过长期艰苦的学术劳动和不断地进行教材内容的更新才能达成。我希望这一系列教材的编写，将是我国拥有较高质量的高校财经管理学科应用型教材建设工程的新尝试和新起点。

我要感谢参加本系列教材编写和审稿的各位老师所付出的大量卓有成效的辛勤劳动。由于编写时间紧、相互协调难度大等原因，本系列教材肯定还存在一些不足和错漏。我相信，在各位老师的关心和帮助下，本系列教材一定能不断地改进和完善，并在我国大学经济管理类学科专业的教学改革和课程体系建设中起到应有的促进作用。

2007 年 8 月

刘诗白　刘诗白教授现任西南财经大学名誉校长、博士生导师，四川省社会科学联合会主席，《经济学家》杂志主编，全国高等财经院校资本论研究会会长，学术团体“新知研究院”院长。

前　言

管理学是一门不断发展的，富有挑战和变化的激动人心的课程。一本优秀的教科书既要能够引领初学者步入管理学的殿堂，令其流连忘返，又要能够激励入门者努力探求未知，回味无穷。这就要求教材既能寓基本原理于其中，又能紧跟时代前沿；既紧密结合管理实践，又有助于培养管理思维和管理个性。这些特点综合在一起，使得当今的管理学教材内容越来越丰富，篇幅越来越大。以至于对于许多初学者来说，既感到望而生畏，又茫然而难以领略其魅力。然而，要想撰写一本既包括管理学基本原理、思维和实践，又不至于太庞杂的管理学教材谈何容易？展现在读者面前的这本《管理学基础》是笔者在这方面的尝试。结合多年的管理学课程的教学实践，力求为读者打开一扇管理学之窗，在尽显其风采的同时，尽可能追求较强的可读性和易引导性，做到好读易教。

作为一门管理学基础教材，本书对管理知识的介绍也是以目前普遍接受的管理过程学派的思想为基础，借鉴系统的观点，在介绍组织系统及面向组织的管理基本概念的基础上，进一步介绍当前管理活动的多元化环境，并以计划、组织、领导、控制四大接受度最广的职能为核心，展开管理的主要理论和实践。本书开篇的系统模型示意图清楚地说明了这一点，全书自始至终都是围绕“基础—环境—职能”这一主线展开的，这条主线在构成一个完整的系统的同时，还将企业与外部环境有机地联系起来。本书的篇章结构示意图如下所示。

第 1 篇研究的主要内容是基本的管理理论和实践，还介绍了为本书主线的系统模型，介绍了管理相关的基本概念，目标主要问题，管理理论的发展历程。第 2 篇在对管理环境作一般概述的基础上，介绍了管理的全球化环境、跨文化环境和社会伦理环境，展示了现代管理工作面临的新挑战，使得本书对管理理论的研究有了一个全新的视角。第 3 篇至第 6 篇则分别讨论了管理的计划、组织、领导和控制这 4 项职能。附录“管理理论的新发展”既是对全书所涉及主要管理理论的总结，也是对当前管理理论发展前沿领域的介绍，有助于读者总结所学知识和拓宽视野。

本书主要是为准备从事管理工作或者已经在企业工作的人学习管理知识而写，如经济类、管理类专业的大学本科生等，还可供已经掌握技能而又想使自己的工作更有成效的朋友和其他从事管理工作的人阅读。对于初学者，建议从第 1 篇开始循序渐进地阅读，对于已学过管理学相关基础知识的读者则可挑选其中篇章学习。在本科教学中可作为 54 学时、72 学时的管理学教材使用，建议以每周一章的进度进行，每章 3～4 学时，每篇结束再作适当的小结和复习。为易于引导和教学，本书配套有同步习题、案例讨论、教学大纲、教学计划及课件等教辅材料。

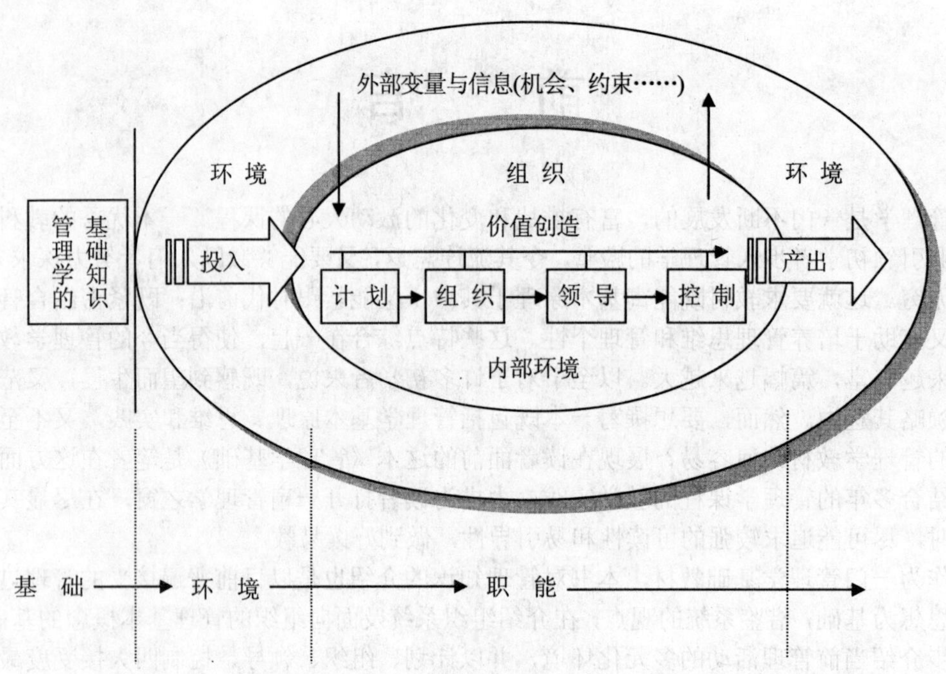

篇章结构示意图

全书由卢启程、于干千确定篇章结构及编写大纲，其中第 1 篇由卢启程、白静编写，第 2 篇由卢启程、苏江编写，第 3 篇和附录由于干千、韩越编写，第 4 篇由冯暐、于干千编写，第 5 篇的第 12、13 章由冯暐、卢启程编写，第 14 章由杨雪梅编写，第 6 篇由唐跃军、黄琳编写。最后由于干千、卢启程统稿。

本书在编写过程中借鉴了许多中外学者的研究成果，主要参考文献已在书末列出，在此向相关作者表示衷心的感谢！本书的出版得到了北京大学出版社和中国林业出版社编辑的大力支持和帮助，在此表示衷心的感谢！

本书尚有不当和疏漏之处，敬请读者批评指正！

编 者

2007 年 4 月

目　录

第1篇　绪　论

第2篇　管 理 环 境

第3篇 决策与计划

第4篇　组　织

第5篇　领　导

第 6 篇 控 制

第1篇　绪　　论

第1章　组织与管理

学习目标

(1) 理解组织的概念。
(2) 理解组织与管理的关系。
(3) 掌握管理的内涵。
(4) 基本的管理职能和管理过程。
(5) 分析管理者所扮演的角色及所需的技能。

章前导读

管理的任务

现代人类的目标和抱负，需要前所未有的合作努力才能实现。我们之所以能改造贫民区，消除污染，给予个人自我表现的机会，提高生活水平和实现社会的以及个人的许多目标，全依赖于联合行动。如果个人，甚至一个部落，想要实现自给(生产他们自己所需的食物、衣着和住房)充其量也只能勉强维持生存。但当人们在各种企业中联合起来，共同经营他们的资源，同众多的人或企业相互交换他们的产品时，他们就掌握了走向共同富裕繁荣的手段。

管理的任务就是使这种合作努力得以顺利进行。这就需要管理人员把人力、机器和资金这样一些未经组织的资源转变为一个卓有实用价值的企业。

资料来源：[美]W·H·纽曼，小C·E·萨默. 管理过程——概念、行为和实践. 北京：中国社会科学出版社，1995. 第5页.

管理是伴随着集体劳动产生的，而且随着社会分工和社会化大生产的发展，管理的重要性日益突出。而这种集体劳动就是在现代社会中随处可见的组织活动，也就是说，管理工作跟组织活动是密不可分的。也正因为是有了管理，才使得不同组织的绩效有着天壤之别。所以，本章在开篇之初，就先来介绍管理活动的基础——组织及组织活动。

1.1 组织内涵与外延

1.1.1 组织的概念

我们生活在组织中，周围充斥着各种各样的组织，如学校、企业、政党和红十字会等，大到一个国家，小到学院里的学生会、班集体等，这些组织千丝万缕地与我们的日常生活交织在一起。组织无处不在，它影响着我们每一个人。如果请你尽可能多地列举与你学习、生活和工作相关的组织，你会惊讶地发现，我们周围怎么会有这么多组织呢？是什么时候开始有这么多组织的？在很早的人类社会有这么多形态多样的组织吗？我们为什么会需要这么多组织呢？

人的社会本性决定了人类在相互依存的关系中开展合作和组织活动是社会发展的必然。从家庭到小规模游牧民族，到固定村庄和部族社会的出现，……，到现代的国家和国际组织。从家庭自给自足到家庭作坊，到手工作坊，到工厂，……，到现代跨国企业集团等。当几个人怀有共同的兴趣爱好，从而一致(常常是心照不宣)地从事共同的活动——去踢球或钓鱼的时候，非正式组织就产生了。

值得注意的是，我们讨论组织，旨在帮助读者在充满组织的社会中去理解管理。

管理者在组织中工作，如果没有组织，管理者也就无从谈起了。那么什么是组织呢？前面列举的各种类型的组织都有哪些共同的特点呢？

一般而言，组织(Organization)首先是一个群体，由两个或两个以上的人员组成，这些人员愿意组成一个组织的基础是他们有共同的追求和目标，成员能够长期相对稳定地相互依存是因为有一个精细的组织结构在协调他们之间错综复杂的关系。前面提到的学院、公司、教会、国家等组织都具有这些共同的特征，如图 1.1 所示。

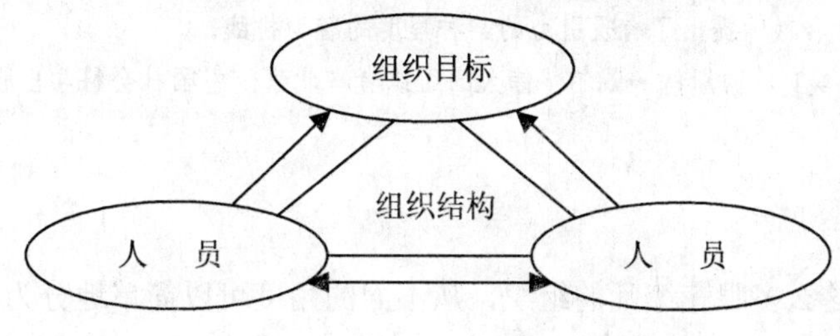

图 1.1　组织的特征

首先，每个组织都有一个明确的目标，这个目标通常是以一个目标或者一组目标来表达的，它是组织成员共同愿望的反映，它表达了组织所希望达到的状态和结果。如一个企业的宗旨、核心目标，一所大学的办学目标等。

其次，每个组织都是由两个或两个以上的人员构成的，组织借助人员及其相互配合来完成工作，这对于实现组织的目标是必不可少的。

最后，所有组织都制定或逐步发展出一套完整的结构，规定了组织活动中成员之间的相互关系以及组织活动之间的相互联系，以便其中的人员能够从事他们的工作。不同类型、不同规模的组织，组织结构差异很大。一方面，组织结构也许是开放的或灵活的，没有清晰的或精确的岗位职责描述，也不用严格地遵循某些明确的职位安排，换句话说，它也许只是简单的或松散的网络关系。另一方面，组织结构也许更具有传统色彩的清晰定义的规则、规章制度和职位描述，其中的某些成员可能被指定为高层管理者，他们具有凌驾于其他职员之上的权威。但是不管组织结构安排采用哪种类型，它都具有某些精细的特征，以保证组织成员的工作关系是明确的。

思考与讨论

我们周围的组织有哪些差别？

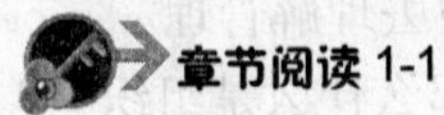

章节阅读 1-1

什么是组织

组织是只有若干人在一起工作才能达到其目标的一种手段或工具。它只是若干种这样的工具中的一种。但由于它能减少若干人在紧张联系中追求一个目标而产生的复杂性和误解，因而是帮助人们克服许多困难的一种重要工具。它对研究组织本身也是有价值的，因为组织的发展历史就是人类发展和独创性的历史。而且，它对学者和教师提出了有吸引力的某种程度的智力挑战。

资料来源：[美] 欧内斯特·戴尔. 伟大的组织者. 北京：中国社会科学出版社，1991. 第1页.

1.1.2 组织的类型

面对社会中这么多眼花缭乱的组织，从不同的角度可以简单地分为以下几类。

1. 正式组织与非正式组织

我们在企业、学校或是在政府行政机关，总能看到这样的现象：一方面存在着等级严明的组织结构，人员按照一定的程序被安排到各个部门，这部分人除非经主管部门或主管人员按照一定程序批准同意外，一般不能随意调换部门；另一方面也存在着并非根据一定程序而由一定人数组成的或是紧密或是松散的群体，比如我们学校中各种学生社团、球迷协会、社会中的一些公益组织等。也就是说，组织在组织体中一般有两种存在形式：前一种被称为正式组织，后一种被称为非正式组织。

正式组织与非正式组织的区别突出表现在是否具有程序化的特征，即：是否程序化设立、是否程序化解散、是否程序化运作等。显然，正式组织更多地体现为程序化特征，非正式组织更多地体现非程序化特征。

2. 实体组织与虚拟组织

组织的最初形态就是实体组织。虚拟组织只是社会及组织发展到一定阶段的产物。特别是数字化网络出现之后，虚拟组织更是成为常见的学术名词及操作术语为大众所认同和接受。虚拟组织虽然不是因为国际互联网的出现才产生，但只有在国际互联网出现之后才得以全方位的发展。网络是虚拟组织产生的必要但非充分条件，网络也不仅仅是指国际互联网，传统意义上的邮政网、电信网(包括电话、电报、传真等)等都曾导致一定程度和数量的虚拟组织的产生。许多企业也曾利用低层次的虚拟组织来实现实体组织的目标。

3. 营利性组织、非营利性组织与互利性组织

根据组织形成的不同目的，可以将组织划分为三种形式：营利性、非营利性和互利性组织。

营利性组织，是以利润为目的的组织，是通过提供产品或服务来获取利润的组织，企业就是典型的营利性组织。非营利性组织，是以提供服务为目的的组织。管理非营利性组织通常叫做“行政管理”，非营利性组织既可以是公共部门也可以是私立组织，如政府部门、公办大学、公立医院、社会福利机构(如红十字会)等。互利性组织，是由志愿者或相关成员组成的，以帮助成员提高利益的组织，如一些政治团体、农村合作社，商业协会和俱乐部等。

思考与讨论

你能用上面的分类方式对你周围的组织进行分类吗？

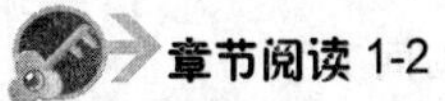

章节阅读 1-2

组织的构成

为了实现既定目标，所有组织都必须对持续的活动作出规定。这样，活动上的规则性(如任务的分配、监督与协调)就发展起来了，组织还可以采取不同的方式来安排其活动。这一事实表明，组织可以有不同的结构。实际上，在组织结构方面，每一组织都有某些独一无二的地方。尽管如此，还是有许多组织管理的理论家对各种各样的组织结构进行考察，他们试图从中找出适于一切组织的普遍原则。此外，组织结构的多样性，与不同组织在组织的目标、组织的规模、组织的性质、组织的地理位置、生产的工艺技术等诸多方面因素的多样性有关。正是这些因素的多样性，才使得银行、医院、生产密集型企业，以及地方政府等不同类型的组织，在组织结构方面具有不同的特点。

资料来源：[英]D・S・皮尤等. 组织管理学名家思想荟萃. 北京：中国社会科学出版社, 1986. 第4页.

1.1.3　变化中的组织

组织的概念，特别是组织的形态正处于变化中。最为典型的是企业组织的概念和形态的变化，与20年前相比，企业组织结构的类型发生了很大变化，而且这种变化以更快的速度进行着。斯蒂芬・P・罗宾斯教授比较了传统组织与新型组织的一些重要区别，如表1-1所示。今天的组织正在成为更开放、更灵活和更具有响应性的组织。

表 1-1 变化中的组织

传统组织	新型组织
稳定的	动态的
缺乏灵活性	灵活的
关注职位	关注技能
根据职位定义工作	根据任务定义工作
个人导向	团队导向
永久性职位	临时性职位
命令导向	参与导向
由管理者作决策	雇员参与决策制定
规则导向	顾客导向
相对均质的员工队伍	多样化员工队伍
工作日从上午 9 时到下午 5 时	工作日长度没有限制
等级关系	横向的和网络化的关系
在上班时间利用组织设施从事工作	在任何地点、任何时间工作

资料来源：[美] 斯蒂芬・P・罗宾斯．管理学．北京：中国人民大学出版社，2004．第 17 页．

为什么组织要不断变化？因为这个世界在不断变化。社会的、经济的、全球的和技术的变革不断改变着组织所处的环境，使得成功的组织必须接受从事工作的新方式。世界在改变着组织，包括日益增长的对电子商务模式的依赖，信息技术的不断扩展及其对工作场所的冲击，日益增长的全球化以及改变中的雇员的期望值。

思考与讨论

组织与管理有哪些联系？在变化的组织中这些联系也在变吗？

章节阅读 1-3

组织与管理

我们可以通过社会组织的发展来描绘人类的历史。在 20 世纪中，组织——企业、工会、医院、学校、政府结构和跨国公司的规模、多样性和复杂性都有了显著的增长。我们常常惊奇于科学技术的发展，如航天飞机和计算机信息系统，但是，我们常常无法认识到构成这些成就基础的主要因素——为实现我们的目的而组建和管理大量社会组织的能力。组建和管理复杂组织是一项社会技术，它可以与我们通信系统或运输网络中显而易见的物质表现相媲美。对人类的有效管理真是我们最伟大的成就和最持续的挑战之一。

组织的发展变化促进了新型专业人士——管理者的出现。专业管理不是以所有权为基础的，而是以源于知识和专长的技能为基础的。这些专业人士并不稀少，在我们的社会中有 1100 多万经理或行政管理者，而且这一数字正在稳步增长。他们担任了组织中种种职务——公司经理、政府官员、生产监管者、学校校长、警官和企业家。

管理发生在所有类型的组织中，它不仅仅是在企业或政府机构从事的工作。管理者对教堂、监狱、小酒店、桥牌联赛和登山探险都是必要的——几乎涉及无限多类型的组织情景。

资料来源：[美] 弗莱蒙特·E·卡斯特，詹姆斯·E·罗森茨韦克. 组织与管理——系统方法与权变方法(第四版)北京：中国社会科学出版社，2000. 第 1 页.

1.2 管理者与管理

1.2.1 管理者

正如前文所述，人类生活在一个充满组织的社会中，组织活动是人类最基本的活动。人们意识到必须依靠团队而不是个人才能完成活动的时候，就产生了组织，同时产生了组织活动。而且，随着社会发展越来越依赖于团队的努力，组织规模逐步扩大，内部关系日趋复杂，对组织内部各项资源和各种关系的协调和处理就日益显得重要。因为只有这样，才能将不同个人的努力协调起来，从而实现团队的既定目标。从事这项协调和处理活动的人就是管理者。

那么怎样定义管理者(Manager)呢？管理者是组织中的这样一些人，他们根据环境的变化，合理分配组织中的各项资源，协调组织内部的各项活动，与组织中的其他成员一起去实现组织在一定时期的既定目标。这样说好像显得很复杂，其实管理者在我们周围是随处可见的，公司里的各级经理，组织中有着各种部长、处长、组长、主任等头衔的人。

管理者的工作可能是协调一个部门的工作，也可能是监督几个单独的个人，还可能包含协调一个团队的活动。一个团队是由来自不同部门的人甚至包括来自组织外部的人组成的，比如临时的雇员，或者来自供应商的雇员，其工作绩效对组织的价值是毋庸置疑的。有一点需要强调的是，管理者还可能有另外的工作责任，这些工作责任与协调或整合其他人的工作责任无关。

为了便于以后的学习和讨论，我们对如此之多的管理者做一简单的划分。在最常见的层级式组织中，根据管理者在组织中的地位差异，可把管理者分为基层管理者、中层管理者和高层管理者，如图 1.2 所示。

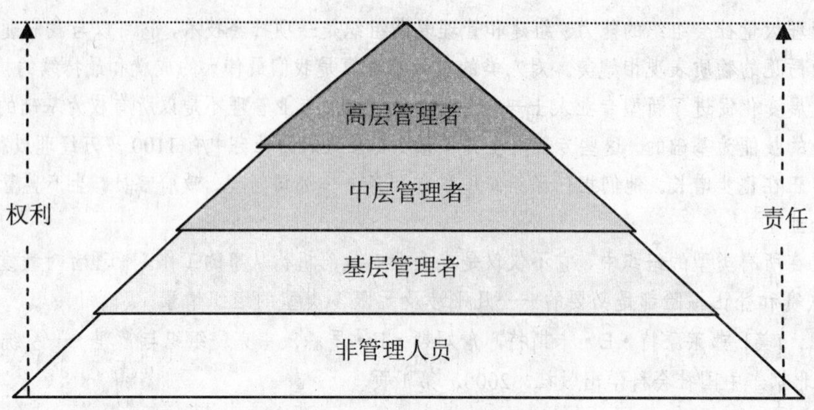

图 1.2 不同层级的管理者

(1) 基层管理者(First-line Managers)是最底层的管理人员，他们管理着非管理雇员所从事的工作，这些工作是生产和提供组织的产品。这样的管理者通常称为主管，也可以称为生产线组长或工长。

(2) 中层管理者(Middle Managers)包括所有处于基层和高层之间的各个管理层次的管理者，这些管理者管理着基层管理者，他们可能具有部门经理、项目主管、分厂厂长或者事业部经理的头衔。

(3) 高层管理者(Top Managers)处于或接近组织顶层，他们承担着制定广泛的组织决策、为整个组织制定计划和目标的责任。他们的典型头衔通常是执行副总裁、总经理、管理董事、首席运营官、首席执行官或者董事会主席等。

思考与讨论

不同层级的管理者所从事的工作有何差别？

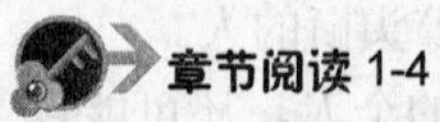

章节阅读 1-4

“管理”的注解

“管理 (Management)”这个词是极难理解的，首先，它是美国特有的一个词，很难译成其他语言，甚至难于译成英国英语。它表明一种职能，但同时又指承担这种职能的人，它表明一种社会地位和阶层，但同时也指一门学科和一种研究领域。

但是，即使在美国的用法中，管理这个词作为一种术语也是不妥当的。因为，工商企业以外的其他一些机构通常并不叫管理(Management)和经理(Manager)。大学中叫校长，医院中叫院长，军队中叫司令官，其他机构叫主管等。

但是，所有这些机构都有着共同的管理职能、共同的管理任务、共同的管理工作。这些机构都需要管理。在所有这些机构中，管理都是有效的、能动的器官。

——彼得·德鲁克(Peter F. Drucker)

资料来源：[美]彼得·德鲁克. 管理——任务、责任、实践. 北京：中国社会科学出版社，1987. 第16页.

1.2.2 管理的定义

随着组织的发展，管理者的工作越来越显得必不可少。而且在现实生活中随处可见的是，同样是从事管理工作的管理者，市场对他们的认可，或者说是给出的薪金差别是如此之大，这究竟是为什么呢？这些管理者从事的工作有差别吗？

现在我们就来介绍管理者所从事的工作——管理。

那么，什么是管理呢？

“管理”，自古有之。可以说凡是有组织活动的地方，就有管理。然而，对于什么是管理，迄今为止，人们的理解并不完全一致。下面是一些学者对管理下的定义。

20世纪初期，亨利·法约尔(Henri Fayol)认为，“管理是计划、组织、指挥、协调和控制”。

玛丽·帕克·福莱特(Follett，1942)认为，“管理就是通过其他人来完成工作的艺术”。

哈罗德·孔茨和海因茨·韦理克(Harold Koontz and Heinz Weihrich，1988)认为，“管理就是设计和保持一种良好的环境，使人们在群体里高效地完成既定目标”。

路易斯等(Lewis，Goodman and Fandt，1998)认为，“管理应定义为切实有效地支配和协调资源，并努力达到组织目标的过程。”

斯蒂芬·P·罗宾斯和玛丽·库尔塔(Robbins and Coulter，2001)认为，“管理是一个协调工作活动的过程，以便能够有效率和有效果地同别人一起或通过别人实现组织的目标”。下文就这一定义作进一步的剖析。

(1) 过程代表了一系列进行中的有管理者参与的职能或活动，管理职能一般划分为计划、组织、领导和控制。

(2) 协调其他人的工作，区分了管理岗位与非管理岗位。

(3) 管理包含了有效率和有效果地完成组织的工作活动的含义。

从上述不同时代对管理所作的定义可以看到，不同学者因为所处时代和研究视角的不同，对管理活动的共性特征的认识是有差异的。这也说明，随着时代的发展及对管理实践和理论研究的深入，对管理的认识也将日趋全面和准确。

虽然目前我们很难对管理下一个精准的定义，但至少可以对管理的内涵作一界定。

(1) 管理是建立在组织活动基础上的，也即管理的载体是组织。

(2) 管理是为实现一定的目标而进行的，一般是组织的目标。

(3) 管理的核心是协调组织内外的各种资源和关系。

(4) 做好管理工作需要执行计划、组织、领导、控制等职能并运用一定的技能。

(5) 管理是一个过程，不仅要追求效果还要追求效率。

效率(Efficiency)是指以尽可能少的投入获得尽可能多的产出。因为管理者处理的是稀缺的资源，包括人员、资金和设备等，所以他们必须有效地利用这些资源。我们经常用单位投入带来的产出或单位产出所耗费的投入来衡量。

效果(Effectiveness)通常是指“做正确的事”，即所从事的工作和活动有助于组织达到其目标。而效果涉及结果，或者说达到组织目标。通常用目标“是否完成”“完成多少”等描述。

简单地说，效率关注的是管理的过程怎么进行，效果仅关注管理的结果(即目标实现程度)怎样。作为管理者不能只是关注达到和实现组织目标，还要尽可能有效率地完成工作。在成功的组织中高效率和高效果是相辅相成的，而不良的管理通常既是低效率的也是低效果的，或者虽然有效果但却是低效率的。

综上所述，我们把管理定义为：组织和组织中的管理者，适应环境变化，综合运用相关技能，通过计划、组织、领导及控制等各项职能活动合理协调和分配各项资源有效实现其某一时期的既定目标的过程。

思考与讨论

(1) 对“管理”，我们经常会碰到两个单词“management”和“administration”,你认为二者有差别吗？

(2) 管理是引导我们“做正确的事”还是“正确地做事”？

(3) 管理是科学还是艺术？

章节阅读 1-5

管理的艺术性

成为卓越管理者或优秀管理者需要天赋，就像音乐家对完美的音调需要天赋一样。

这种说法不完全正确，但是管理在很大程度上是一门艺术。值得庆幸的是，管理的艺术是可以培养的。某位管理先驱曾说过：“管理是引导人们完成任务的艺术。”

管理要引导人们完成任务，因此管理者是任务导向的、成就导向的、面向人的。管理是在组织中进行的，组织是指为实现特定目标而一起工作的人们。

管理更正式地定义为：通过对组织资源进行计划、组织、领导、协调和控制，整合人们的工作，有效率地、有效果地追求和实现组织目标的过程。

注意两个关键术语：有效率和有效果，这两个术语的基本含义是指正确地做事。

(1) 效率——手段：效率是指实现组织目标的手段。有效率指的是明智地、低成本地使用资源——人力资源、货币资源和原材料等。

(2) 效果——结果：效果是指组织目标和结果。有效果指的是获得结果、作出正确决策并成功地实现这些决策以便实现组织目标。

资料来源：[美]A·克尼基，B·威廉姆斯．管理学基础．北京：中国财政经济出版社，2004．第5页．

1.3 管理工作

1.3.1 管理过程和职能

在前文对管理的定义中，我们把管理描述成一个管理者合理协调和分配资源的过程，是把组织中的管理活动在时间上展开，看成是一系列相互联系的连续动作和活动的集合。一般认为管理者的工作通常是以连续的方式也就是以过程的方式体现出来的，并认为管理过程(Management Process)是一组进行中的决策和工作活动，在这个过程中管理者从事计划、组织、领导和控制。

20世纪初期的亨利·法约尔(Henri Fayol)最早对所有管理过程共性进行了思考。从企业的基层技术管理员到大型企业的总经理，他关注的焦点是，整个大型组织的健康发展和良好的工作秩序；其研究的主要目标是，建立在分析管理活动时应遵循的和具有普遍性的一套理论体系。他认为，管理是计划、组织、指挥、协调和控制。这一定义已经成为从管理职能角度定义管理的典范。

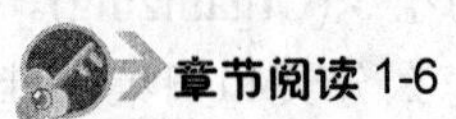
章节阅读 1-6

管理职能

管理，就是实行计划、组织、指挥、协调和控制；

计划，就是探索未来、制定行动计划；

组织，就是建立企业的物质和社会的双重结构；

指挥，就是使其人员发挥作用；

协调，就是连接、联合、调和所有的活动及力量；

控制，就是注意是否一切都按已制定的计划和下达的命令执行。

因此可以理解，“管理”既不是一种独有的特权，也不是企业经理或企业领导人的个人责任。它同别的基本职能一样，是一种分配于领导人与整个组织成员之间的职能。

资料来源：[法]H·法约尔．工业管理与一般管理．北京：中国社会科学出版社，1982．第5页．

管理过程学派的学者大多习惯采用不同的管理职能(Management Function)来定义管理，并以此为基础构建自己的学说，这种做法到20世纪50年代孔茨和奥唐奈在《管理学》

一书中将这一体系进一步发扬光大，使得“总论—职能”的管理学知识组织体系得到了广泛地认可。至今绝大多数管理教科书(本书也不例外)仍然按照管理职能来组织内容，只不过这些管理职能被进一步压缩为 4 个非常重要的基本职能，即计划、组织、领导和控制，如图 1.3 所示。接下来，让我们一起看看每一项管理职能都包含有哪些内容。

组织是为了达到某些特定的目的而存在的，所以就必须有人清晰地定义这些目的以及达到目的的手段，提前对我们所要进行的组织活动进行必要的打算、谋划和安排，这就是管理者的计划职能。计划(Planning)职能包括定义目标，制定战略以获取目标，以及制定计划和协调活动的过程。

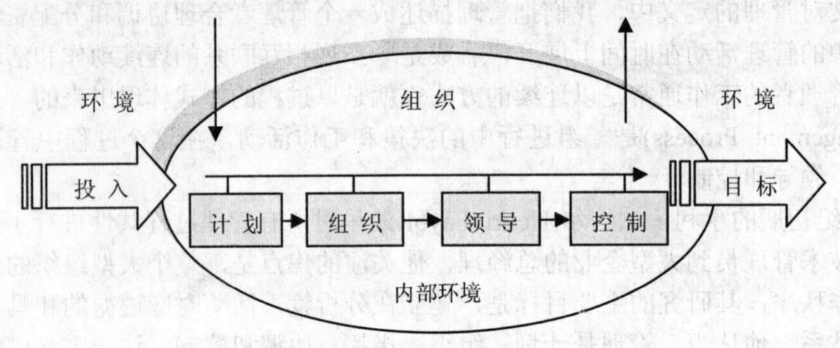

图 1.3　管理职能

管理者还负有安排工作以实现组织目标的职能，我们称这种职能为组织(Organizing)。它包括决定应该从事哪些任务，应该由谁来从事这些任务，这些任务怎么分类和归集，谁向谁报告，以及在哪一级做出决策的过程。

每一个组织都是由人组成的，因此管理者的一项重要职责就是同别人一起或者通过别人去完成组织目标，这就是领导(Leading)职能。当管理者激励下属，影响工作中的个体或团队，选择最有效的沟通渠道，或者以任何方式处理雇员的行为问题，他们就在履行领导职能。

管理者所履行的最后一个职能就是控制(Controlling)职能。在设定了目标以及制定出计划之后，在决定了组织结构的安排(组织职能)以及雇用了人员培训和采取了激励措施(领导职能)之后，还需要评估事情是否在按计划进行。为了保证工作按照预定的轨道进展，管理者必须监控、评估工作绩效，实际的绩效必须与预先设定的目标进行比较，如果存在任何显著的偏差，管理当局的职责就是使工作绩效回到正常的工作轨道上来。这个监控、比较、纠正的过程也就是我们所说的控制职能。

管理的实际情况并不像上面我们所描述的管理职能那样简单，现实中不存在简单的、界限清晰的、纯粹的计划、组织、领导和控制的起点和终点。当管理者履行他们的职责时，他们通常会发现自己同时在做着一些计划工作，一些组织工作，一些领导工作，以及一些控制工作，而且这些管理工作并非严格遵循上述的顺序。

思考与讨论

以小组为单位，试用管理的思想职能描述你们熟悉的某一管理活动。

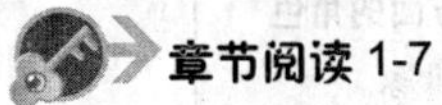

章节阅读 1-7

不同学者对管理职能的划分

管理职能	法约尔(1916)	戴维斯(1934)	古利克(1937)	纽曼(1951)	特里(1953)	孔茨/奥唐奈(1955)	麦克利兰(1958)
计划	√	√	√	√	√	√	√
组织	√	√	√	√	√	√	√
协调	√	√	√	√	√	√	√
控制	√	√		√	√	√	√
命令							
指挥	√		√	√	√	√	√
领导							
激励							
人事			√			√	
集合资源				√			
报告			√				
预算			√				

资料来源：吴照云．管理学(第五版)．北京：中国社会科学出版社，2006．第5页．

1.3.2 管理角色

在众多的管理学研究者都沿着管理过程学派的管理职能理论前行时，亨利·明茨伯格(Henry Mintzberg)却从另外一个角度，通过考察管理者在工作中所扮演的不同角色来研究管理者工作的性质。亨利·明茨伯格认为，管理者(经理)的工作可以分成三类——主要同人际关系有关的工作，主要同信息传递有关的工作，以及主要同决策有关的工作，并把这三类角色又进一步细分成10种高度相关的角色，并认为公司的总经理和工商界及政府部门的管理者都在扮演这10种角色。这里所说的管理角色(Management Roles)，是指相互区别的特定管理行为类型，是相关成员对其管理行为的特定期待和定位。明茨伯格的三大类10小种角色可以通过图1.4来表示。

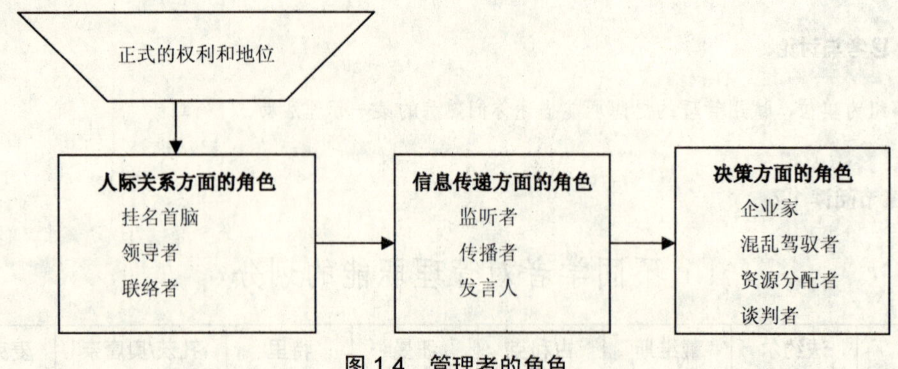

图 1.4 管理者的角色

资料来源：[加]亨利·明茨伯格．经理工作的性质．北京：社会科学出版社，1986．第 79 页．

1. 人际关系角色

人际关系角色(Interpersonal Roles)包含了人与人(下级和组织外的人)以及其他具有礼仪性和象征性的职责。人际关系角色包括挂名首脑、领导者和联络者。

(1) 挂名首脑，必须履行许多法律性或社会性的例行义务。如迎接来访者、签署法律文件等。

(2) 领导者，负责激励下属，人员配备、培训以及有关的职责。实际上从事所有的有下级参与的活动。

(3) 联络者，维护自行发展起来的外部关系和消息来源，从中得到帮助和信息。如发感谢信，从事外部委员会的工作，从事其他有外部人员参加的活动等。

2. 信息角色

信息角色(Informational Roles)包括接受、收集和传播信息。三种信息传递角色包括监听者、传播者和发言人。

(1) 监听者，寻求和获取各种内部和外部的信息，以便透彻地理解组织与环境。如阅读期刊和报告，与有关人员保持私人接触等。

(2) 传播者，将从外部人员和下级那里获取的信息传递给组织的其他成员。如举行信息交流会，用打电话的方式转达信息。

(3) 发言人，向外界发布组织的计划、政策、行动、结果等。如召开董事会，向媒体发布信息。

3. 决策角色

决策角色(Decisional Roles)是做出决策的活动，它包括 4 种决策制定角色，即企业家、混乱驾驭者、资源分配者和谈判者。

(1) 企业家，寻求组织和环境中的机会，制订“改革方案”以发起变革，组织战略制定和检查会议，以开发新项目。

(2) 混乱驾驭者，当组织面临重大的、意外的混乱时，负责采取纠正行动，组织应对混乱和危机的战略制定和检查会议。

(3) 资源分配者，负责分配组织的各种资源——制定和批准所有有关的组织决策，调度、授权、开展预算活动，安排下级的工作。

(4) 谈判者，在主要的谈判中作为组织的代表，如参加与工会的合同谈判等。

大量的后续研究在不同的组织中和不同的管理层次上验证了明茨伯格角色分类的有效性。研究证据一般都支持管理者角色的概念，无论是在何种类型的组织中或者组织的哪一个层次上，管理者都在履行着类似的角色。不过研究表明，管理者角色的强调重点随组织的层次不同而变化。[1]

思考与讨论

管理者的角色和管理的职能有差别吗？

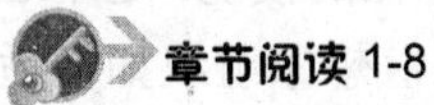

章节阅读 1-8

经理角色的研究

当时我还是一个小孩子，对我的父亲在办公室里干些什么，感到纳闷。我的父亲当时是一家小制造公司的总经理。但他的工作是一个六岁的孩子完全无法理解的。有些人操作机器，另有些人打印信件，而他似乎只是坐在办公室中，有时签发信件，有时与人谈话。经理到底做些什么呢？

在以后的十九年中，我一直在读书，其中包括两年的管理学硕士研究生和管理学博士研究生的第一年。在此期间，上述问题在我的记忆中被淡忘了。我从来没有注意到，关于经理的工作还没有被人论述过(显然，在教我的老师里面许多人也是这样)——虽然管理学硕士课程宣称是培养经理的！只是当我在寻找博士论文的题目时，我才再次想起这个老问题。我的一位教授曾经访问过一位有名的政府管理官员，那位官员认为，如果对他的工作进行研究，那将是很有趣的。那位教授把这种想法告诉了我，但我对这个题目却感到犹豫——在一个现代化的、以科学为依据的管理学校中，这似乎是一个带风险的项目。

但是，逐渐地，这种想法在我思想中占了上风。这一方面是由于我在孩提时的好奇心，另一方面是我逐渐认识到，不了解经理们在做些什么的，不仅仅是六岁的孩子。我的博士论文《工作中的经理——由有结构的观察确定的经理的活动、角色和程序》是以对五个总经理的工作研究为依据，于 1968 年在美国麻省理工学院的斯隆管理学院完成的。

——亨利·明茨伯格(Henry Mintzberg)

资料来源：[加]亨利·明茨伯格．经理工作的性质．北京：社会科学出版社，1986．第 11 页．

[1] [美] 斯蒂芬·P·罗宾斯．管理学．北京：中国人民大学出版社，2004．第 10 页．

1.3.3 管理技能

从前文的论述中我们可以看到，管理者在不同类型的组织中从事着差异很大的管理工作。管理者要扮演好这么多角色，执行好各项职能，完成管理目标，就像从事其他工作的人员一样，需要一些特定的技能(Skills)，或者说是技巧。那么管理者究竟需要哪些技能呢？

根据罗伯特·卡茨(Robert L. Katz，1974)的研究，他发现管理者需要三种基本的技能或者素质，即技术技能、人际技能和概念技能。

(1) 技术技能(Technical Skills)是指熟悉和精通某特定专业领域的知识，如工程、计算机科学、财务、会计或者制造等。对于基层管理者来说这些技能是重要的，因为他们要直接处理雇员所从事的工作。

(2) 人际技能(Human Skills)是指管理者应具有良好人际技能，能够使员工做出最大的努力。他们知道如何与员工沟通，如何激励、引导和鼓舞员工的热情和信心，这些技能对于各个层次的管理者都是必备的。

(3) 概念技能(Conceptual Skills)是管理者对复杂情况进行抽象和概念化的技能。运用这种技能，管理者必须能够将组织看作一个整体，理解各部分之间的关系，想象组织如何适应它所处的广泛的环境。尤其对于高层管理者来说，这种技能是非常重要的。

正如不同层级的管理者在不同的职能上花费的精力不同一样，这3种技能对不同层级的管理者的重要性是不一样的。图1.5表示了这些技能与管理层级之间的关系。

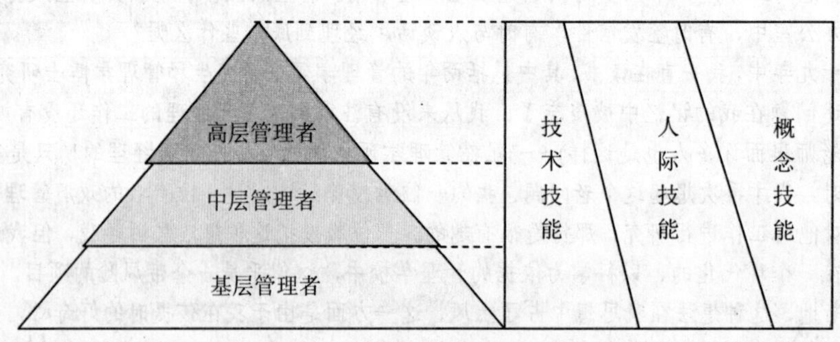

图1.5 管理技能与管理层级的关系

思考与讨论

管理技能与管理职能之间有何联系？

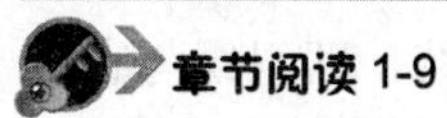

章节阅读 1-9

管理技能与管理职能

技能	职能			
	计划	组织	领导	控制
获取权力		√	√	
积极倾听			√	√
评估跨文化差异		√	√	√
预算	√			
选择有效的领导方式			√	
教练			√	
创建有效的团队		√	√	
授权		√	√	
设计富有挑战性的工作		√	√	
发展信任			√	
执行纪律			√	√
访谈		√	√	
减少变革的阻力		√	√	√
管理时间	√			√
指导			√	
谈判			√	
提供反馈			√	√
解读组织文化		√	√	
主持有效果的会议	√	√	√	√
审视环境	√			√
设立目标	√			√
创造性地解决问题	√			

资料来源：[美] 斯蒂芬·P·罗宾斯. 管理学. 北京：中国人民大学出版社，2004. 第12页.

1.3.4 管理系统

前文我们从管理职能、管理角色、管理技能等方面对组织中管理者所从事管理工作进行了论述。现在我们换一个角度，从系统论的角度来考察管理工作及本书各章节的安排。

系统论最初为一般系统论，它是美籍奥地利生物学家贝塔朗菲(L. V. Bertlanffy)在二战前后提出的，是一门运用逻辑和数学的方法研究一般系统运动规律的理论。它从系统的角度揭示了事物、对象之间相互联系、相互作用的共同本质和内在规律。

一个系统的组成部分是相互关联和相互依赖的，它们共同构成一个统一的整体。存在两种基本系统，即封闭系统和开放系统。封闭系统(Closed System)不与它所处的环境发生相互作用，不受环境的影响；相反，开放系统(Open System)动态地与它所处的环境发生相互作用。

从系统论的角度来考察组织，我们现在面对的组织就是一个开放系统，即组织与它所处的环境发生着持续的相互作用。图 1.6 表明了一个用开放观点描绘的组织图形。正如我们所看到的，一个组织从环境中获取输入(资源)并将其转换为输出，这种输出被分配到环境中。组织对环境是“开放”的，并与环境发生着持续的作用。

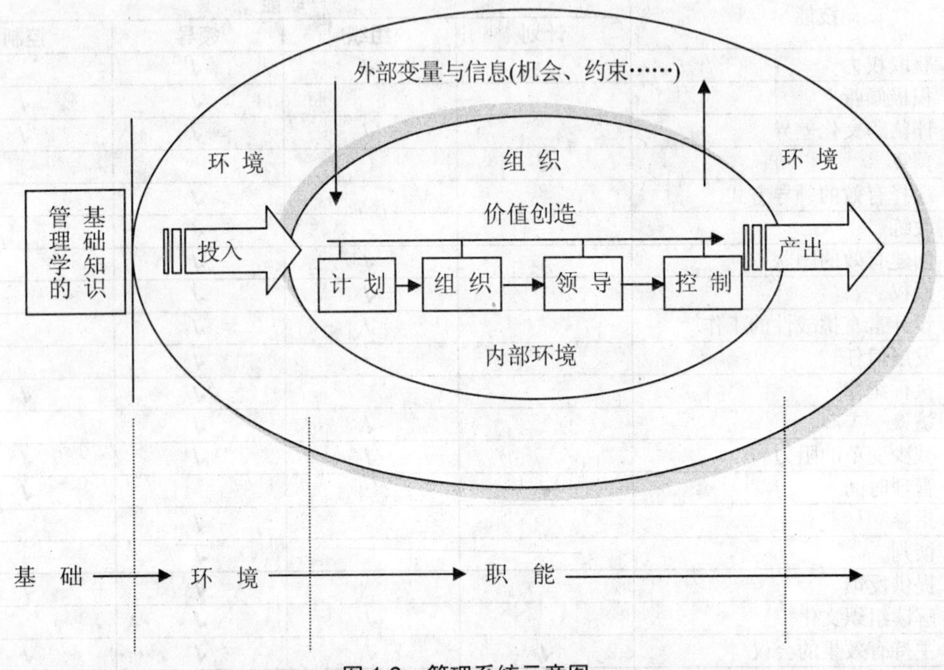

图 1.6　管理系统示意图

系统研究人员将组织看作由相互依赖的因素包括个体、群体、态度、动机、正式结构、相互作用、目标、直觉所组成的系统。管理者的工作是协调组织系统中各个部分的活动，以确保所有相互依存的部分能够在一起工作从而实现组织的目标。而这个协调过程就是管理者履行计划、组织、领导、控制等职能实现组织目标的过程。在这个过程中，随着管理着对内部资源和活动的优化协调，组织不断地创造价值。在市场机制的作用下，通过与外部环境的交互作用，企业创造的价值得以实现，同时从外部环境中获得进一步发展的机会和相关资源。运用系统论的观点，管理者既是系统的构成部分，也是系统运行的协调者，他的工作能使系统内各级系统协调运行，使组织系统能自我适应、自我学习、自我发展，能在与外部环境这一更高一级系统的交互作用中发展壮大。

思考与讨论

系统论的观点对我们理解管理工作有何帮助？

第2章 管理理论的形成与发展

学习目标

(1) 能理解管理活动、管理思想和管理理论的含义。
(2) 了解早期管理思想的发展。
(3) 古典管理理论的成果、局限性及其对当今管理实践的影响。
(4) 理解霍桑试验对管理理论发展的重要性。
(5) 了解现代管理理论的发展。

章前导读

摩西在第二本书《出埃及记》(Exodus)(一本被基督徒和犹太教徒同样视作圣典的书)中讲述了一个故事，说他在率领老百姓逃出埃及前往迦南的路上，对处理老百姓的怨言感到了厌倦，于是停下来倾听其岳父叶忒罗下面的忠告。

摩西的岳父说，你这做得不好。你和这些百姓必都疲惫，因为这事太重，你独自一人办理不了。现在……我为你出个主意，愿神与你同在。你要替百姓到神面前，将案件奏告神；又要用律例和法度教训他们，指示他们当行的道，当做的事；并要从百姓中拣选有才能的人，就是敬畏神、诚实无妄、恨不义之财的人，派他们当千夫长、百夫长、五十夫长、十夫长，管理百姓，叫他们随时审判百姓，大事都要呈到你这里，小事他们自己可以审判。这样，你就轻省些，……你若这样行，神也这样吩咐你，你就能受得住，……

于是摩西听从他岳父的话，……从以色列人中拣选了有才能的人，立他们为百姓的首领，……他们随时审判百姓，有难断的案件，就呈到摩西那里，……他的岳父……往迦南地去了。

在人类社会发展的历史长河中，我们伟大睿智的前辈们不断探索、抗争，谱写了一部浩瀚无边的人类文明史。先贤们都曾力图解决群体内所聚集的人力、物力等资源的分配和利用等问题，力图最大限度地解读和发展人类的潜力和行为，力图探索未知、实现变革和创新，这一切努力都只为更好地解决一个古老而永恒的命题，即以稀缺的资源实现组织及人们的目标，满足其追求。

本章将追寻前人的足迹，对历史上管理活动及其出现的管理思想，以及总结出的管理理论按历史年代顺序做一简单的概述。

2.1 管理活动与管理思想

2.1.1 管理活动与管理思想概述

在人类社会的发展中，自从出现了有组织的人类活动，就有了管理活动，管理活动一直伴随着人类文明的发展。在无数次的管理活动中，为了能利用稀缺的资源有效地实现组织的目标，活动的组织者或实践者在有意或无意间对活动开展的某些共性的、具有一定普遍性的经验和探索结果进行了总结，逐步形成了一些朴素、零散的管理思想。从已有的文字记载中，我们可以发现，古代文明中蕴含着丰富的管理思想。

从关于人类起源的传说到人类朝代更替的各个时期的文明记载，都闪现着管理思想的火花。总之，管理思想在古代文明中主要表现在以下几个方面：部落、国家等大型组织的治理；军事；人性、用人和团队管理；大型工程项目建设等。[1]

---

[1] 感兴趣的读者可进一步参阅[美]丹尼尔·A·雷恩．管理思想的演变．北京：中国社会科学出版社，1997，“第一部分 早期管理思想”．

然而，虽然管理思想源远流长，但是管理理论的形成却只有近百年的时间。

所谓理论，简单地说，是以一定的思想为基础，在一定的假设和公理基础上，归纳和推理出的相对完整的思想表达体系。

管理理论则是在以组织活动为基础的管理实践中总结出来的，以一定的管理思想为基础，是对这一管理思想在具体实践和应用中的相关因素的联系、规律及其应用的系统化表达。

所以，也可简单的表述为“管理理论是对管理思想的提炼与概括，是较成熟、系统化程度较高的管理思想。”[1]

思考与讨论

为什么管理思想的起源有着几千年的历史，而管理理论的形成却只有近百年的时间？

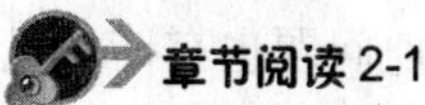
章节阅读 2-1

早期的管理实践

在历史的长河中，工业化是较近时期出现的一种现象。在后来被人们称为工业革命的时期，人类在动力、运输、通讯和技术等方面取得了突飞猛进的发展，但是在这之前，人类已经存在了几十万年。在工业化前，组织主要是家庭、部落、教会、军队和国家，有些人的确从事经济活动，但是规模同工业革命后出现的活动是无法相比的。不过，在指挥军事战役、处理家庭事务、治国施政和教会活动中仍有进行管理的必要性，我们正是在这些组织中看到了最早期的管理思想。在研究工业化之路和政治等方面的需求，要通过有组织的努力去满足。管理是在人们谋求通过集体的行动来满足其需求时所产生的一种必不可少的活动，它有助于实现个人和集体的目标。各种组织，如家庭、部落、国家和教会，在历史上都是作为实现人们目的的手段而出现的。

资料来源：[美]丹尼尔·A·雷恩(Daniel A. Wren)．管理思想的演变．北京：中国社会科学出版社，1997．第13-14页．

2.1.2 早期的管理思想

管理思想源远流长，有着上千年的历史，但其革命性发展却是发生在最近的两百年前，这期间的发展为后期科学管理理论的产生和发展在经济上、社会上和政治上奠定了思想基础。在此仅从古典经济学中的管理思想和产业革命前后的管理实践两个方面对早期管理思想做一简要的概述。

[1] 周三多．管理学．北京：高等教育出版社，2005．第4页．

1. 古典经济学中的管理思想

可以说，早在人们谈论管理以前，管理就已经被发现了。一些伟大的英国经济学家，从亚当·斯密(Adam Smith，1723—1790)到大卫·李嘉图(David Ricardo，1772—1823)，到约翰·斯图尔特·穆勒(John Stuart Mill，1806—1873)，包括他们的继承者和反对者卡尔·马克思(Karl Marx，1818—1883)，再到把管理加到土地、劳动和资本这些生产要素中去的最后一位伟大的英国古典经济学家阿尔弗莱德·马歇尔(Alfred Marshall，1842—1924)，都不知道什么管理。对他们来讲，经济是不具有人的客观性的。即使对于马歇尔来讲，管理也是一种外在的因素，而不是中心的因素。

但是，这些伟大的经济学家却都在做着一件伟大的事情，探索一个社会(组织)中财富是怎样创造的，组织怎样通过稀缺的资源去实现组织的目标(创造财富)。本质上也是对人类管理实践的探索和总结。

在这些伟大的经济学家中，影响最为深远的是亚当·斯密，他对管理问题也有诸多见解。斯密对管理理论发展的一个贡献是他的分工观点。他认为分工是增进劳动生产力的重要因素，原因如下。

(1) 分工可以使劳动者专门从事一种单纯的操作，从而提高熟练程度、增进技能。

(2) 分工可以减少劳动者的工作转换，节约通常由一种工作转到另一种工作所损失的时间。

(3) 分工可以使劳动简化，使劳动者的注意力集中在一种特定的对象上，有利于发现比较方便的工作方法，促进工具的改良和机器的发明。斯密的分工观点适应了当时社会对迅速扩大劳动分工以促进工业革命发展的要求，成为资本主义管理的一条基本原理。

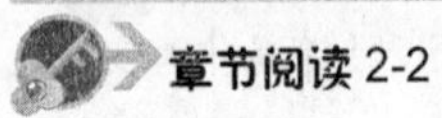
章节阅读 2-2

分工带来高效率

扣针制造业是极微小的，但它的分工往往引起人们的注意。所以，我把它引来作为例子。一个劳动者，如果对于这职业(分工的结果，使扣针的制造成为一种专门职业)没有受过相应训练，又不知怎样使用这职业上的机械(使这种机械有发明的可能的，恐怕也是分工的结果)，那么纵使竭力工作，也许一天也制造不出一枚扣针，要做二十枚，当然是绝不可能了。但按照现在经营的方法，不但这种作业全部已经成为专门职业，而且这种职业分成若干部门，其中有大多数也同样成为专门职业。一个人抽铁线，一个人拉直，一个人切截，一个人削尖线的一端，一个人磨另一端，以便装上圆头。要做圆头，就需要有两三种不同的操作。装圆头，涂白色，乃至包装，都是专门的职业。这样，扣针的制造分为十八种操作。有些工厂，这十八种操作，分由十八个专门工人担任。固然，有时一人也兼任两三门。我见过一个这种小工厂，只雇用十个工人，因此在这一个工厂中，有几个工人担任两三种操作。像这样一个小工厂的工人，虽很穷困，他们的必要机械设备，虽很简陋，但他们如果勤勉努力，一日也能成针十二磅。按每磅中等针有四千枚计，这十个工人每日就可成针四万八千枚，即一人一日可成针四千八百枚。如果他们各自独立工作，不专习一种特殊业务，那么，他们不论是谁，绝对不能一日制造二十枚针，说不定一天连一枚针也制造不出来。他们不但不能制出今日由适当分工合作而制成的数量的二百四十分之一，就连这数量的四千八百分之一，恐怕也制造不出来。

资料来源：[英]亚当·斯密．国民财富的性质和原因的研究．北京：商务印书馆，1972．第6页．

2. 工业革命前后的管理实践

18 世纪 60 年代开始的工业革命不仅在工业技术上而且在社会关系上都引起了巨大的变化，加速了资本主义生产的发展。小手工业生产受到大机器生产的排挤，社会的基本生产组织形式迅速从以家庭为单位转向以工厂为单位。在新的社会生产组织形式下，效率和效益问题，协作劳动的组织和配合问题，在机器生产条件下人和机器、机器之间的协调运转问题，使传统的军队式、教会式的管理方式和手段遇到了前所未有的挑战。许多新的管理问题需要人们去回答、去解决。在这种情况下，随着资本主义工厂制度的建立和发展，不少对管理理论的建立和发展具有重大影响的管理实践和思想应运而生。

1) 马萨诸塞车祸与所有权和管理权的分离

1841 年 10 月 5 日，在美国马萨诸塞至纽约的西部铁路上，两列火车迎头相撞，造成近 20 人伤亡。事件发生后，舆论哗然，对铁路公司老板低劣的管理工作进行了严厉的抨击。为了平息公众的怒气，在马萨诸塞州议会的推动下，这个铁路公司不得不进行管理改革。老板交出了企业的管理权，只拿红利，企业另聘具有管理才能的人员担任企业领导。这是历史上第一次在企业管理中实行所有权和管理权分离。这种分离对管理有重要的意义。

(1) 独立的管理职能和专业的管理人员正式得到承认，管理不仅是一种活动，还成为一种职业。

(2) 随着所有权和管理权的分离，横向的管理分工开始出现，这不仅提高了管理效率，也为企业组织形式的进一步发展奠定了基础。

(3) 具有管理才能的雇佣人员掌握了管理权，直接为科学管理理论的产生创造了条件。

2) 欧文的人事管理

罗伯特·欧文(Robert Owen，1771—1858)是 19 世纪初英国著名的空想社会主义者。他曾在其经营的一家大纺织厂中做过试验，试验主要是针对当时在工厂制度下工人劳动条件和生活水平都相当低下这一情况而进行的。试验主要包括改善工作条件、缩短工作日、提高工资、改善生活条件、发放抚恤金等。试验的目的是探索对工人和工厂所有者双方都有利的方法和制度。欧文开创了在企业中重视人的地位和作用的先河，有人因此称他为“人事管理之父”。

3) 巴贝奇的作业研究和报酬制度

查尔斯·巴贝奇(Charles Babbag, 1792—1871)是英国著名的数学家和机械学家。他对管理的贡献主要有以下两方面。

(1) 对工作方法的研究。他认为，一个体质较弱的人如果他所使用的铲的形状、重量、大小等方面都比较适宜，那么他的工作效率可能胜过体质较强的人。因此，要提高工作效率，必须仔细研究工作方法。

(2) 对报酬制度的研究。他主张按照对生产率贡献的大小来确定工人的报酬。工人的收入应由三部分组成：①按照工作性质所确定的固定工资；②按照对生产率所作的贡献分得的利润；③为增进生产率提出建议而得到的奖金。

4) 亨利·汤的收益分享制度

亨利·汤(Henry R. Towne，1844—1924)是当时美国耶鲁—汤制造公司的总经理。他在1889年发表的题为“收益分享”一文中，提出采取收益分享制度才能克服由利润分享制度带来的不公平。收益分享，实质上是按某一部门的业绩来支付该部门职工的报酬。这样就可避免某一部门业绩好而另一部门业绩差时，实行利润分享制度使前者受损这一不合理现象。他提出的具体办法如下。

(1) 每个职工享有一种“保证工资”。

(2) 每个部门按科学方法制定工作标准，并确定生产成本，该部门超过定额时，由该部门职工和管理阶层各得一半。

(3) 定额应在3～5年内维持不变，以免降低工资。

经济理论上重商主义的衰退，自由经济的兴起，鼓励创新和竞争，拥有企业的管理人员在把传统的三要素结合起来方面起到的卓绝作用在理论上逐步得到认可。社会文化方面，工业革命的发展以及由此带来的集体劳动中一种具有强大生命力的组织形式——工厂制度的蓬勃发展，把人类社会带入了一个全新的工业化时代，从而产生了社会价值观的变化，对“人性”的研究，对“人的问题”和“经济人”的研究和认同；政治上，不同阶层的分化及其矛盾的激化，以及在以工厂制度为基础的新型社会化大生产的组织形式中产生的资源协调和组织技术方面的难题等，都提出了许多前所未有的管理需求。面对如此具有竞争性的、变化着的环境，必须发展建立起一套有关如何充分利用资源的知识体系。

在这样的历史背景下，一大批具有一定文化水平，掌握相关生产技能，并有着丰富实践经验的工程师开始了管理理论的研究和传播。

思考与讨论

为什么说管理思想的革命性发展是在工厂制度产生以后？

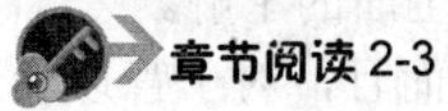
章节阅读 2-3

大型组织的兴起

大型组织是同时(约在 1870 年)在两个地方兴起的。在北美，横跨大陆的铁路成为一个管理上的问题；而在欧洲大陆，那些具有企业性目标、全国性范围、多个总部的“通用银行”使得传统的结构和观念无法适用而需要进行管理。

反应之一来自美国的亨利·汤(Henry Towne，1844—1924)，特别是在《作为经济学家的工程师》这篇论文中，汤提出了可以称之为第一份的管理计划。他提出的基本问题有：效率与效果、工作的组织与工厂中的社会组织即工人的组织、市场中决定的即消费者决定的价值与技术上的成就等。从汤开始，人们开始系统地关心管理任务和管理工作之间的相互关系。

大约与此同时，德国的乔治·西门子(George Siemens，1839—1901)在把德意志银行建设成为欧洲大陆首屈一指的金融机构的过程中，首先设计出了一个有效的高层管理机构，首先深入思考高层管理任务，并首先着手解决大型组织中的信息交流和情报等基本问题。

在日本，由明治时期的政治家转变为企业领导者的涩泽荣一(1840—1931)在 19 世纪 70 年代和 80 年代首先提出了工商企业同国家利益的关系、企业需要同个人道德的关系等基本问题。他着手系统地解决管理教育问题，首先意识到了专业管理人员的出现。日本在 20 世纪能在经济上处于领先地位，大部分是由于涩泽荣一的思想和工作为之打下了基础。

数十年后，在 19 世纪末和 20 世纪初，现代管理的所有主要观点都已形成，而这些也都是在许多国家中独立形成的。

资料来源：[美]彼得·德鲁克. 管理——任务、责任、实践(上). 北京：中国社会科学出版社，1986. 第 36-37 页.

2.2 管理理论的形成与发展

然而，由于管理理论所描述的管理系统组成要素(人类行为)的复杂性、要素间关系的非线性、环境的强烈依赖性以及描述系统变量间关系的不确定性，使得管理理论并不像自然科学和工程技术学科的理论那样有确定的规定和易于证明。管理理论也不可能成为适用于任何管理系统的“普适定律”。[1]

2.2.1 管理理论发展的历史概述

管理理论的形成和发展已有一百余年的历史，众多学者从不同的角度对管理理论的发展作出了贡献。但对我们初学者来说，难免有一种“盲人摸象”的感觉，这就需要我们尽

[1] 席酉民. 再谈管理、管理研究和管理理论. 世界科技研究与发展，1997(1).

可能多地去熟悉不同研究者的背景和兴趣所在，才能对管理理论有较为全面的了解。

当然要在很短的篇幅中对管理理论做一个全面的介绍是很困难的，而且，对于管理理论介绍可以从不同的发展路线、理论联系展开。比如，可以从理论发展的时间先后，可以从管理理论中关于人性假设的不同，可以从管理理论的发展渊源等进行阐述。在这一节中，我们从管理理论产生的不同年代和理论中对人性的基本假设两个角度来对管理理论发展的梗概作初步介绍，并把管理理论划分为古典管理理论、行为管理理论和现代管理理论三个阶段，以此来对管理理论从20世纪初到20世纪80年代影响较大的管理理论作简要说明，如图2.1所示。并对其中重要的理论作扼要概述。对于20世纪80年代以来的管理理论我们将在本书最后的“管理理论的新发展”中再作介绍。

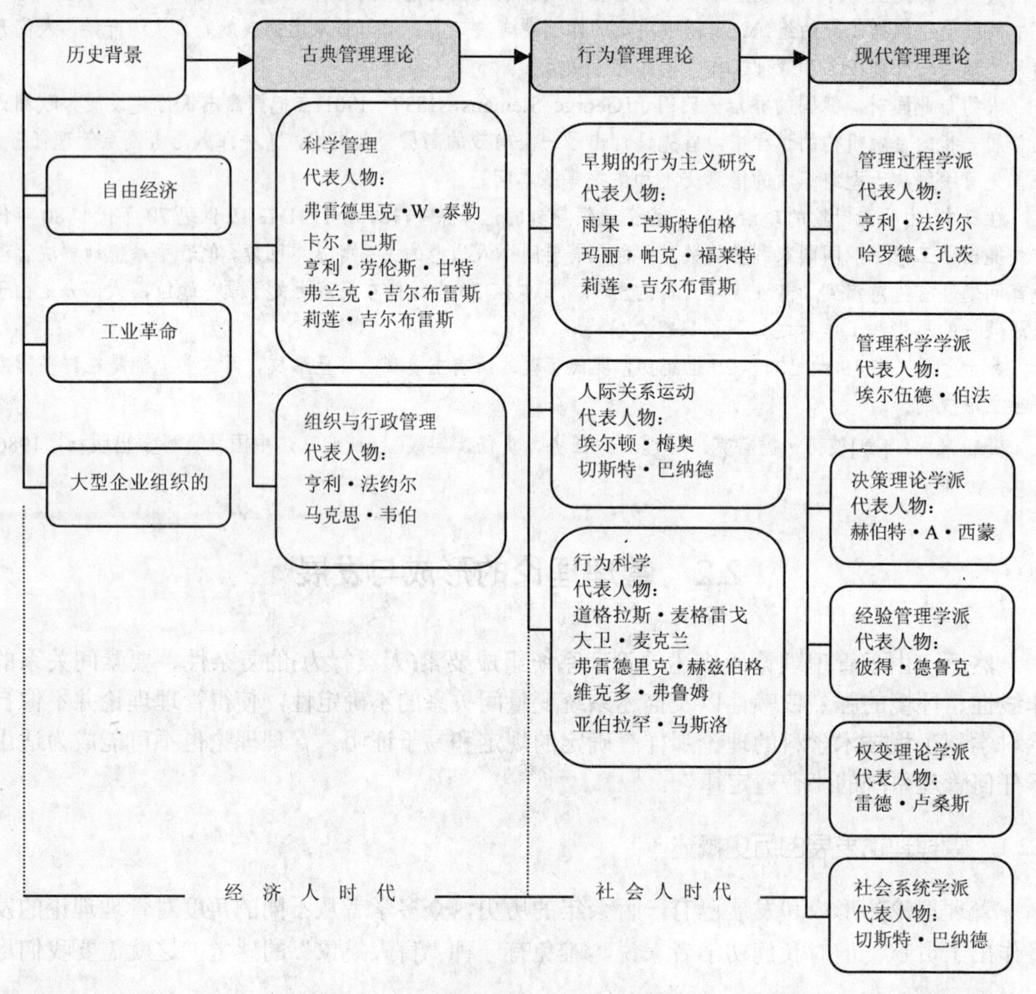

图2.1 管理理论的发展演变

2.2.2 古典管理理论

工业革命发展到19世纪末20世纪初，技术进步，能源更新，企业和组织发展，劳工关系的变化，竞争的加剧等外部环境的变化，以及组织内部越来越庞杂的管理对象及其日益追求利润和效率的呼声，使得整个社会的管理实践迫切需要得到理论上的支持。在这一时代需求的召唤下，一批以工程师为代表的管理实践者，开创了最早的管理理论，人类进入了古典管理理论时代。管理作为一种新的生产力开始发挥其巨大的潜能，管理者的价值逐步得到社会的认可。

古典管理理论主要为科学管理理论、组织与行政管理理论。

1. 科学管理理论

科学管理(Scientific Management)从组织基层管理实践的研究出发，强调通过试验等手段找到科学的方法来提高单个工人的工作效率。其代表人物主要有：弗雷德里克•W•泰勒(Frederick W. Taylor，1856—1915)、弗兰克・吉尔布雷斯和莉莲・吉尔布雷斯(Frank B. Gilbreth，1868—1924；Lillian M. Gilbreth，1878—1972)，亨利•劳伦斯•甘特(Henry L. Gantt，1861—1919)等。在此将分别就他们的管理实践与贡献作简要概述。

1) 科学管理之父——弗雷德里克•W•泰勒

泰勒的大部分时间是在位于美国宾夕法尼亚州米德维尔和伯利恒钢铁公司(Midvale and Bethlehem Steel Companies)度过的。1875年，泰勒进入费城一家机械厂当学徒工，1878年进入米德维尔钢铁公司并在夜校学习，获得学位后被提升为总工程师。1898—1901年泰勒受雇于伯利恒钢铁公司。1901年以后，他把大部分时间花在写作和演讲上，致力于科学管理理论的宣传和推广。其代表著作有《计件工资制》《工厂管理》《科学管理原理》和《在美国国会的证词》等。[1] 其中1911年出版的《科学管理原理》是科学管理理论的奠基之作。

泰勒从事科学管理研究的起因在于，他惊讶于工人工作的低效率，工作方法的随意性，倾向于用“磨洋工”的方式来对待工作，工人被随意安排在不同岗位上，管理者和工人不断发生冲突等现象。他确信可以为每项工作找到一种“最佳”的方法来改变这种低效率，并认为这是要通过科学的实验才能找到的。泰勒花了超过20年的时间，倾注了全部热情来追求完成每项工作的最佳方法。所以有人戏称“泰勒的一生是与‘磨洋工’做斗争的一生”。

泰勒在米德维尔钢铁公司的经历，使他明确地定义了改进生产效率的指导原则。他强调，这4条管理原则不仅给管理当局，也将给工人带来财富。

---

[1] 这4篇论文均在 F・W・泰勒．科学管理原理．北京：中国社会科学出版社，1984.

泰勒的4条(科学)管理原则如下。

(1) 对工人操作的每个动作进行科学研究，用以替代老的单凭经验的办法。

(2) 科学地挑选工人，并进行培训和教育，使之成长(在过去，则是由工人任意挑选自己的工作，并根据各自的可能进行自我培训)。

(3) 与工人们亲密协作，以保证一切工作都按已发展起来的科学原则去办。

(4) 资方和工人们之间在工作和职责上几乎是均分的，资方把自己比工人更胜任的那部分承揽下来(在过去，几乎所有的工作和大部分的职责都推到了工人们的身上)。

为了实现上述原则，泰勒倾其一生进行了大量的实验，如搬运生铁块实验、铁锹实验等。

最广为人知的泰勒的科学管理的例子是搬运生铁块的实验。工人们把生铁块(每块92磅重)装到铁路货车上，每人每天的平均生产率是12.5吨。泰勒相信通过科学分析可以找到装运生铁块的“最佳方法”，生产率应该提高到每天47～48吨。在科学地试验了不同的程序、技术和工具的组合之后，泰勒成功地达到了预定的生产率水平，这是怎么实现的呢?他将正确的人员安排在适当的工作上，采用正确的工具和设备，并要求工人按照他的指点严格操作，同时，用更高的刺激性工资水平来激励工人。类似的方法可以应用在其他工作上。从整体上看，泰勒对生产率的改进一般都超过了200%。通过他对手工操作运用科学管理原则的奠基性研究，泰勒被公认为“科学管理之父”。

2) 动作研究之父——弗兰克·吉尔布雷斯
   管理的第一夫人——莉莲·吉尔布雷斯

曾经是一位建筑承包商的弗兰克·吉尔布雷斯放弃了他的承包商生涯，从1912年起专心研究科学管理。当他聆听了泰勒在一次专门会议上的演讲之后，他和他的妻子莉莲(一位心理学家)研究了如何消除多余的手和身体的动作。弗兰克还试验采用适当设计的工具和设备来优化工作的绩效。在众多的动作研究者中，弗兰克是第一个采用动作照片来研究手和身体动作的人，他发明了一种精密计时装置，可以记录工人的动作以及在每一个动作上花费的时间。浪费的动作以及被肉眼忽略的多余的动作可以通过这种装置被识别出来并得到消除。他还设计了一个分类体系，分析了17种手的动作(如抓取、持握等)，他将这套体系称为动作分类体系——塞布利格(Therbligs)，这是吉尔布雷斯英文名字的反向拼写。这个体系使得吉尔布雷斯夫妇能够以更精确的方式来分析工人的手的动作。

为了支持弗兰克的工作，莉莲在学术上的兴趣主要集中于管理心理学方面，其博士论文《管理心理学》是管理学中在研究人的因素方面最早的文献之一。她不是工业心理学的首创者，但是通过她的训练、卓越的见识和理解能力，把人的因素带进了科学管理。[1]

弗兰克和莉莲的结合是现代管理发展的幸事，因为他们两人的研究具有互补性，他们

---

[1] [美]丹尼尔·A·雷恩．管理思想的演变．北京：中国社会科学出版社，1997．第198页．

各自的研究兴趣以及掌握知识的结合推动管理学进入一个新的领域。

3) 泰勒的主要追随者之一——亨利·劳伦斯·甘特

甘特是泰勒在米德维尔钢铁公司的重要合作者，他们对探索管理中的科学有着共同的兴趣，对各自的工作相互钦佩。

甘特最重要的贡献是他创造的“甘特图”，这是一种通过在时间刻度上标明各种活动计划和实际完成情况的条形图，用来实现管理活动的计划和控制。甘特的另一贡献是提出了“计件奖励工资制”，即对于超额完成定额的工人，除了支付给他日工资，超额部分以计件的方式发给他奖金；对于完不成定额的工人，工厂只支付他日工资。

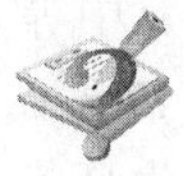
思考与讨论

(1) 在泰勒所处时代的工厂里，为什么工人普遍倾向于“磨洋工”？

(2) 科学管理理论的现实意义。

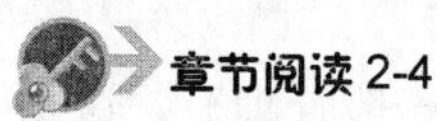
章节阅读 2-4

联合邮包服务公司的科学管理

联合邮包服务公司(UPS)雇佣了15万员工，平均每天将900万个包裹发送到美国各地和180个国家。为了实现他们“在邮运业中办理最快捷的运送”的宗旨 UPS 的管理当局系统地培训他们的员工，使他们以尽可能高的效率从事工作。让我们以送货司机的工作为例，介绍一下他们的管理风格。

UPS 的工业工程师们对每一位司机的行驶路线进行了时间研究，并对每种送货、暂停和取货活动都设立了标准。这些工程师们记录了红灯、通行、按门铃、穿院子、上楼梯、中间休息喝咖啡的时间，甚至上厕所的时间，将这些数据输入计算机中，从而给出每一个发动机每天工作的详细时间标准。

为了完成每天取送130件包裹的目标，司机们必须严格遵循工程师设定的程序。当他们接近发送站时，他们松开安全带，按喇叭，关发动机，拉起紧急制动，把变速器推到1挡上，为送货车完毕的启动离开作好准备，这一系列动作严丝合缝。然后，司机从驾驶室出来到地面上，右臂夹着文件夹，左手拿着包裹，右手拿着车钥匙。他们看一眼包裹上的地址把它记在脑子里，然后以每秒3英尺的速度快步跑到顾客的门前，先敲一下门以免浪费时间找门铃。送完货后，他们在回到卡车上的路途中完成登录工作。

这种刻板的时间表真能带来高效率吗？毫无疑问！生产率专家公认，UPS是世界上效率最高的公司之一。举例来说，联邦捷运公司平均每人每天不过取送80件包裹，而UPS却是130件。在提高效率方面的不懈努力，看来对 UPS 的净利润产生了积极的影响。虽然这是一家未上市的公司，但人们普遍认为它是一家获利丰厚的公司。

资料来源：联合邮包服务公司网站 www.ups.com.

2. 组织与行政管理理论

在泰勒等一批工程师在进行科学管理理论探索的同时，为了同样的管理命题，另外一批学者从管理者的工作出发，立足于整个组织的管理，探索适合于所有组织的一般化管理理论。我们称之为组织与行政管理理论(Organization and Administrative Theory)。这一理论的代表人物是亨利·法约尔(Henri Fayol，1841—1952)，切斯特·Z·巴纳德(Chester Z. Barnard，1886—1961)和马克思·韦伯(Max Webber，1864—1920)等。在此将分别就他们的管理实践与贡献作简要概述。

1) 现代经营管理之父——亨利·法约尔

亨利·法约尔 1841 年出生于法国一个小资产者家庭。15 岁就读于里昂一所公立中等学校，他在那里度过了两年。两年后经考试及格转入圣艾蒂安国立矿业学院，时年 17 岁，他是同一学年里最年轻的学生。19 岁毕业时取得矿业工程师资格。1860 年他被任命为高芒特里—福尔尚布德公司的高芒特里矿井组工程师。在他整个漫长而成绩卓著的经营生涯中，他一直从事这项事业。1918 年他退休时的职务是公司总经理。他继续在公司里担任一名董事，直到 1925 年 12 月以 84 岁高龄去世为止。

1916 年法国矿业协会的年报公开发表了法约尔的著作《工业管理与一般管理》。这本著作是他一生管理经验和管理思想的总结。法约尔认为，企业的全部经营活动可分为以下六组。

(1) 技术活动(生产、制造、加工)。

(2) 商业活动(购买、销售、交换)。

(3) 财务活动(筹集和最适当地利用资本)。

(4) 安全活动(保护财产和人员)。

(5) 会计活动(财产清点、资产负债表、成本、统计等)。

(6) 管理活动(计划、组织、指挥、协调和控制)。

不论企业大小、复杂还是简单，这六组活动(或者说基本职能)总是存在的。

法约尔将管理活动描述为有别于技术、商业、会计、财务、安全的一种经营活动，并认为管理活动普遍存在于所有人类的努力中，包括商业、政府、教会、慈善机构和军事组织中，并进一步总结出 14 条管理原则(Principles of Management)，所以，法约尔被公认为第一位概括和阐述一般管理理论的管理学家。

(1) 劳动分工：专业化通过使雇员的工作更有效率，从而提高了工作的产出。

(2) 职权：管理者必须有命令下级的权力，职权赋予管理者的就是这种权力。但是，凡行使职权的地方，都应该建立责任。

(3) 纪律：雇员必须遵守和尊重统治组织的规则。

(4) 统一指挥：每一个雇员应该只接受来自一位上司的命令。

(5) 统一方向：组织应当具有单一的行动计划指导管理者和工人。

(6) 个人利益服从整体利益：任何雇员个人或雇员群体的利益不应置于组织的整体利益之上。

(7) 报酬：对工人提供的服务必须付给公平的工资。

(8) 集权：集权是指下级参与决策制定的程度。

(9) 等级链：从最高层管理到最低层管理的直线职权是一个等级链。

(10) 秩序：人员和物料应当在恰当的时间处在恰当的位置上。

(11) 公平：管理者应当和蔼和公平地对待下属。

(12) 人员的稳定：管理当局应当提供有规则的人事计划，并保证有合适的人选接替职位的空缺。

(13) 首创精神：允许雇员发起和实施计划将会调动他们的极大热情。

(14) 团结精神：鼓励团队精神将会在组织中建立起和谐与团结。

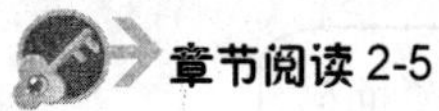
章节阅读 2-5

法约尔的工作

法约尔毕生所从事的事业应该是4项，而不是一项，并且每一项事业他都称得上是出类拔萃。

作为一个技术人员，他获得了为表彰他在管理上成绩的国家勋章。作为一个地质学者，他提出了一套完整的地下煤层地质结构的新理论，并以康门特里地区普查报告这样一份几乎是独一无二的地质调查杰作作了论证。

作为一个科学家出身的工业领导人，他的成就在两个领域都是非凡的。

当他失去进行亲自调查的精力和体力时，他仍然注重把科学的方法应用于各方面问题的研究，并鼓励其他人也来这样做。他在理财上的成就早已被认为是最高纪录，但他总是公开宣称成绩不能归结为个人才能，而应归功于坚持不懈地应用某些显而易见的原则。

最后，作为一个管理学的哲理家和作为一个国务活动家，他在本国和很多其他欧洲国家的思想史上留下的影响并不逊于弗雷德里克·W·泰勒给美国留下的影响。

—— L·厄威克

资料来源：[法] H·法约尔. 工业管理与一般管理. 北京：中国社会科学出版社，1982. 英译本序.

2) 组织理论的开创者——马克思·韦伯

韦伯出生在德国一个有着广泛社会和政治联系的富裕家庭，是一位杰出的社会学家。韦伯在社会学、宗教、经济学和政治学方面都有着广泛的兴趣和研究成果。他对管理理论的主要贡献是发展了权威的结构与关系理论，提出了一种“理想的行政组织体系”，其特征是依据劳动分工原则，具有清楚定义的层次、详细的规则和规章制度，以及非个人的关系。他的理论成为今天许多大型组织的一种结构设计模型。韦伯的“理想的行政组织体系”的特点概括在图 2.2 中。

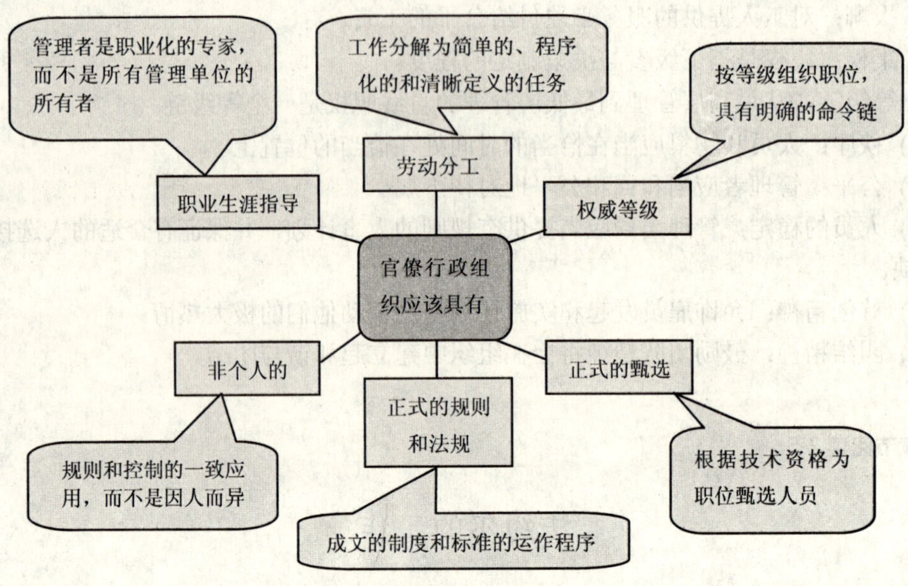

图 2.2　理想的行政组织体系

资料来源：[美]斯蒂芬•罗宾斯．管理学．北京：中国人民大学出版社，2004．第 35 页．

思考与讨论

试讨论比较组织与行政管理理论中各位学者观点的异同。

章节阅读 2-6

理想的行政组织体系

在最纯粹的类型中，行政管理班子的整体由单个的官员组成，官员们具有以下特点。

(1) 个人是自由的，仅仅在事务上服从官职的义务。

(2) 处于固定的职务等级制度之中。

(3) 拥有固定的职务权限。

(4) 根据契约受命，即(原则上)建立在自由选择之上。

(5) 根据专业业务资格任命(不是选举)——在最合理的情况下，通过考试获得、通过证书确认专业业务资格。

(6) 采用固定的货币薪金支付报酬，大多数有权领取退休金。诚然，在有些情况下(尤其在私营企业里)组织方面有权解聘，不过官员方面也总是有权辞职的。薪金首先依据官阶等级分级，同时也根据职位的责任，此外，还根据“身份地位”的原则。

(7) 把他们的职务视为唯一的或主要的职业。

(8) 可看清自己的前程：职务“升迁”根据年资或政绩，或者两者兼而有之，取决于上司的评价。

(9) 工作中完全同“行政管理物资分开”，个人不得把职位占为己有。

(10) 接受严格的、统一的职务纪律和监督。

这种制度在赢利经济的企业里，在慈善机构或者任何其他追随个人的思想目的或物质目的的企事业单位里，以及在政治的或者僧侣统治的团体里，都同样适用，而且在历史上(或多或少明显地接近这个纯粹的类型)也是可资证明的。

资料来源：[德]马克思·韦伯. 经济与社会. 北京：商务印书馆，1997. 第246页.

3. 古典管理理论的演进评价

20世纪初，泰勒、法约尔、韦伯试图从三个不同角度，即个人、组织和社会来解答整个资本主义社会宏观和微观的管理问题，为资本主义解决劳资关系、生产效率、社会组织等方面的问题，提供了管理思想的指导和科学理论方法，如图2.3所示。

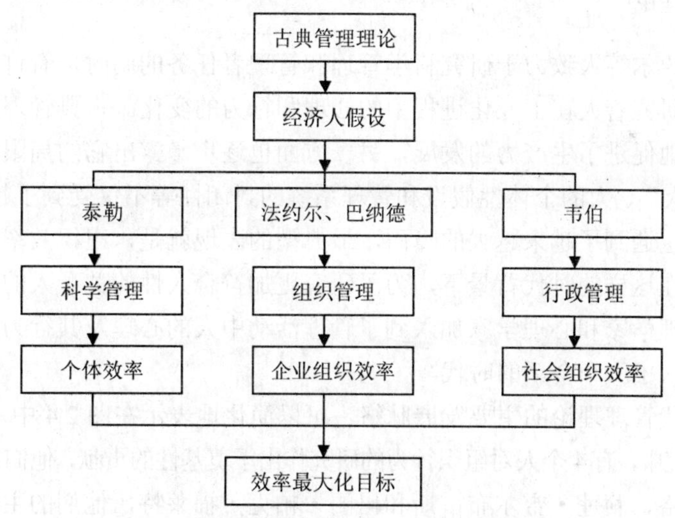

图2.3 古典管理理论的演进

古典管理理论在管理思想史上占有极其重要的地位。

(1) 古典管理理论提出了管理的重要性和普遍性。有组织存在就需要管理，管理的普遍性和社会有组织活动的普遍性同样重要。无论是企业、政府、学校、医院等都需要管理，管理普遍性的意义就在于管理的重要性、实用性和科学性，对管理实践有很大的指导意义。

(2) 古典管理理论认为管理原则和管理职能存在于社会之中，通过科学方法能够发现这些原则。时间研究和动作研究的开展，使得管理摆脱了传统的经验式和凭感觉进行的方法。这对管理思想的发展有着极其重大的作用。

(3) 古典管理理论提出了一些管理原则和管理职能，并且极力主张这些原则和职能是管理工作的基础，对经济管理有很大的指导意义，对于总结管理思想史具有极为重要的参考价值。

(4) 古典管理理论奠定了管理学发展的基础，当代管理技术与管理方法从根本上说是来源于古典管理理论。古典管理学派所研究的问题有一些仍然是当今管理上所要研究的问题，如对总计划和策略计划的研究、战略的研究、组织形式方面的研究、工作环境方面的研究等，都是对古典管理思想的继承和发展。

思考与讨论

试讨论古典管理理论的历史贡献及其局限性。

2.2.3 行为管理理论

在泰勒、法约尔等人致力于研究科学管理和管理者任务的同时，有许多学者和管理实践者却在思考、研究着人在工业化进程中的心理和行为的变化。古典管理理论的推广和应用，一方面极大地促进了生产力的发展，另一方面也逐步暴露出它的局限性。特别是关于组织中的“经济人”、人的个体性假设和管理系统的封闭性等不仅受到了越来越多的质疑，而且，在实践中也遇到了越来越大的障碍，最典型的表现就是，组织效率的徘徊不前和劳资关系的紧张。在这样的时代背景下，为了研究更加符合人性的关于人的假设及其行为的理论，更多的管理学家和心理学家加入到了管理活动中人的心理及其行为的研究中来，管理理论的发展进入了一个全新的时代。

关于这一时代管理理论的主要发展脉络，可以简化地表示在图 2.4 中。

在早期的研究中，有 4 个人对组织行为的研究作出了奠基性的贡献，他们是罗伯特·欧文、雨果·芒斯特伯格、莉莲·吉尔布雷斯和玛丽·帕克·福莱特，他们的主要观点简要地概括在图 2.4 中。这些人的贡献是不同的，他们都具有一个共同的信念，就是人是组织最重要的资产，以及应该对人进行适当的管理。他们的思想提供了管理实践的基础，这些实践包括雇员的甄选程序、雇员的激励计划、雇员的工作团队，以及组织与外部环境关系的管理技术。

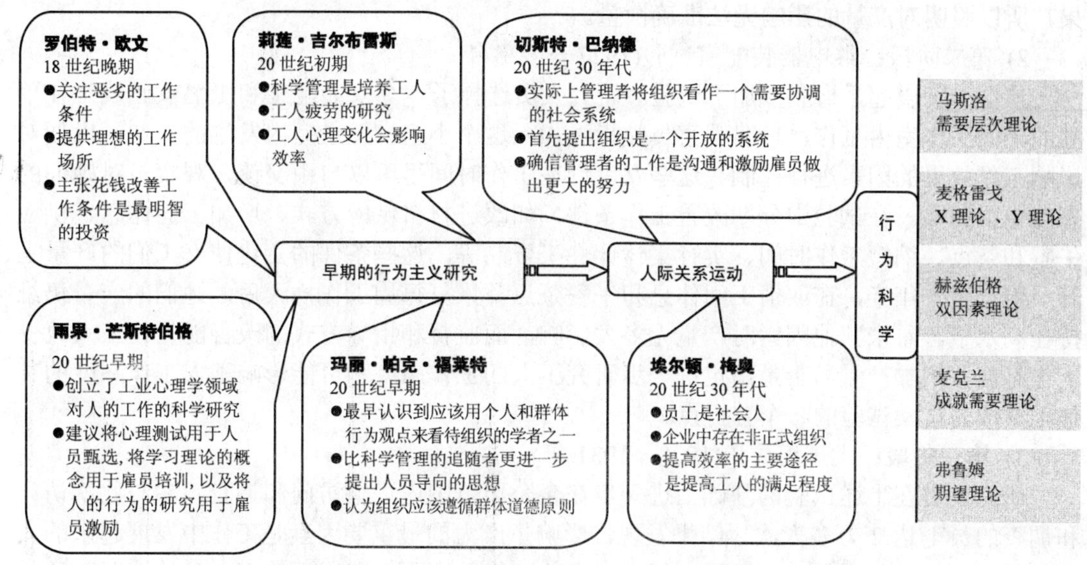

图2.4 行为管理理论的发展演变

1. 梅奥及其领导的霍桑试验

乔治·埃尔顿·梅奥(George E. Mayo，1880—1949)原籍澳大利亚，20岁时在澳大利亚莱阿福雷德大学取得逻辑学和哲学硕士学位，毕业后应聘到昆士兰大学讲授逻辑学和哲学，后赴苏格兰爱丁堡研究精神病理学，对精神上的不正常现象进行分析。在洛克菲勒基金会的资助下，梅奥移居美国，在宾夕法尼亚大学沃顿商学院任教，并加入美国国籍。1926年，他进入哈佛大学商学院专事工业研究。1927年冬，梅奥应邀参加了开始于1924年但中途遇到困难的霍桑试验(Hawthorne Studies)。从1927—1936年断断续续进行了为时9年的四阶段试验研究。梅奥的主要著作有《工业文明的人类问题》和《工业文明的社会问题》等。

霍桑试验是在西方电气公司(Western Electric Company)设在芝加哥附近西方电气公司的霍桑工厂中进行的。这些研究始于1924年，一直持续到30年代早期。最初的设计是西方电气公司的工业工程师的一项科学管理实验，他们试图检验各种照明水平对工人生产率的影响。该试验分以下4个阶段。

1) 第一阶段：工作场所照明试验(1924—1927年)

研究人员选择一批工人，并把他们分成两组：一组是试验组，变换工作场所的照明强度，使工人在不同照明强度下工作；另一组是对照组，工人在照明强度保持不变的条件下工作。研究人员希望通过试验得出照明强度对生产率的影响，但试验结果却发现，照明强度的变化对生产率几乎没有影响。这说明：①工作场所的照明只是影响工人生产率的微不足道的因素；②由于牵涉因素较多，难以控制，且其中任何一个因素都可能影响试验的结果，所以照明对产量的影响无法准确衡量。

2) 第二阶段：继电器装配室试验(1927—1928 年)

从这一阶段起，梅奥参加了试验。研究人员选择了 5 名女装配工和 1 名女画线工在单独的一间工作室内工作，1 名观察员被指派加入这个小组，记录室内发生的一切，以便对影响工作效果的因素进行控制。这些女工们在工作时间里可以自由交谈，观察员对她们的态度也很和蔼。在试验中分期改善工作条件，如改进材料供应方式、增加工间休息、供应午餐和茶点、缩短工作时间、实行集体计件工资制等，这些条件的变化使女工们的产量上升。但过了一年半，在取消工间休息和午餐茶点并恢复每周工作六天后，她们的产量仍维持在高水平。看来其他因素对产量无多大影响，而监督和指导方式的改善能促使工人改变工作态度并增加产量，于是决定进一步研究工人的工作态度和可能影响工人工作态度的其他因素成为霍桑试验的一个转折点。

3) 第三阶段：大规模访谈(1928—1931 年)

研究人员在上述试验的基础上进一步在全公司范围内进行访问和调查，参与此次访问和调查的员工达 2 万多人次。结果发现，影响生产力的最重要因素是工作中发展起来的人际关系，而不是待遇和工作环境。每个工人的工作效率不仅取决于他们自身的情况，还与其所在小组中的同事有关。任何一个人的工作效率都要受同事们的影响。

4) 第四阶段：接线班接线工作室试验(1931—1932 年)

该工作室有 9 名接线工、3 名焊接工和 2 名检查员。在这一阶段有许多重要发现。

(1) 大部分成员都自行限制产量。

(2) 工人对不同级别的上级持不同态度。他们把小组长看作小组的成员。对于小组长以上的，级别越高，工人对他越尊敬，但同时工人对他的顾忌心理也越强。

(3) 成员中存在小派系。工作室里存在派系，每个派系都有自己的行为规范。谁要加入这个派系，就必须遵守这些规范。派系中的成员如果违反这些规范，就要受到惩罚。

梅奥对其领导的霍桑试验进行了总结，写成了《工业文明的人类问题》一书。在书中，梅奥阐述了与古典管理理论不同的观点——人际关系学说，该学说主要有以下一些内容。

(1) 工人是社会人，而不是经济人。科学管理学派认为金钱是刺激人们工作积极性的唯一动力，把人看作经济人。梅奥认为，工人是社会人，除了物质需求外，还有社会、心理等方面的需求，因此不能忽视社会和心理因素对工人工作积极性的影响。

(2) 企业中存在着非正式组织。企业成员在共同工作的过程中，相互间必然产生共同的感情、态度和倾向，形成共同的行为准则和惯例。这就构成一个体系，称为“非正式组织”。

(3) 生产率主要取决于工人的工作态度以及他和周围人的关系。梅奥认为提高生产率的主要途径是提高工人的满意度，即工人对社会因素，特别是人际关系的满足程度。管理者应该以激励人的行为、调动人的积极性为根本，组织员工主动、积极、创造性地完成自己的任务，实现组织的高效益。

思考与讨论

为什么很多人都认为霍桑试验是管理理论发展史中一个里程碑式的试验？

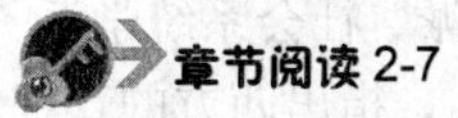

章节阅读 2-7

霍桑试验的贡献

霍桑试验使人成了注意的中心，它揭示了工人不仅仅是由金钱驱使的所谓的“经济人”，个人的态度对工人的行为方式起着特殊的决定性作用。试验表明，监工对工人士气和劳动生产率起着决定性作用，非正式组织的情绪和协作，对完成组织目标和令工人满意方面起着至关重要的影响。霍桑试验反映出当时人们对试验组的非正式小组及其对完成组织目标的影响方面还缺乏系统的了解。霍桑试验的贡献，在于创立了人员管理学说并发展了人际关系学说，在于注重对人的说服和劝告工作，强调让工人畅所欲言，以减少工人的压抑、偏见和加强团队的合作关系。霍桑试验的贡献，还在于对非正式小组研究的方法、结果和应用的工业社会学意义和对工业管理的一般教学和实践所产生的影响。霍桑试验极大地推动了工作场所中人的因素的研究，推动了后人对组织中人的行为问题的研究，使管理者和学者开始注意作为社会成员的工人的自身需求问题，从而使工人(而不是工作或生产指标)成了人们注意的中心。由霍桑试验确立的人际关系学说为迄今为止在现代管理中独成体系的行为学派的创立和发展，以及人本管理的发展，提供了强大的推动力。

中国古代思想家孟子说过“得人心者得天下”，意思是指，皇帝只要得到了人民的爱戴就能很好地统治这个国家。古老而遥远的东方提出的这一思想，运用到企业管理中，就是要以人的管理为中心，获取员工的心，让他们以企业为家，更愉快地工作，从而调动人的积极性，实现高效益。这就是当今管理中常提的“人本管理”。

资料来源：[美]迈克尔·D·波顿．大话管理100年．北京：中国商业出版社，2003．第71页．

2. 行为科学理论

1949年在美国芝加哥大学召开了一次有哲学家、精神病学家、心理学家、生物学家和社会学家等参加的跨学科的科学会议，讨论了应用现代科学知识来研究人类行为的一般理论，会议给这门综合性的学科定名为“行为科学”。行为科学的蓬勃发展，产生了一大批影响力很大的行为科学家及其理论，主要有马斯洛(Abraham Maslow，1908—1970)及其需要理论，麦克雷戈(Douglas McGregor，1906—1964)的X理论和Y理论，麦克利兰(David McClelland，1917—1998)、赫茨伯格(Frederick Herzberg，1923—2000)的双因素理论，弗鲁姆(Victor Vroom)的期望理论等。有关他们及其理论的介绍参见本书第5篇。

2.2.4 现代管理理论

在古典学派和行为学派出现以后，特别是在第二次世界大战后，随着科技的进步、生

产力的发展和生产社会化程度的日益提高，在大量社会科学研究方法和理论涌入管理学领域的同时，自然科学思想及其方法论很快渗透到管理学的研究领域，管理理论进入了一个百家争鸣的“丛林”时代，这一时代的管理理论我们称之为现代管理理论。

1961 年美国管理学家哈罗德·孔茨发表的《管理理论丛林》一文把当时西方的管理学派分为 6 个学派，它们是：管理过程学派、经验主义学派、人群行为学派、社会系统学派、决策学派、数理学派。[1]1980 年孔茨又发表了《再论管理理论丛林》一文，指出西方的管理理论已经发展到 11 个学派：经验主义学派、人际关系学派、群体行为学派、社会协作系统学派、管理科学(数学)学派、社会技术系统学派、决策理论学派、系统学派、权变理论学派、经理角色学派、经营管理(管理过程或管理职能)学派。[2]

这里我们简要介绍几个影响较大的学派，主要有：管理过程学派、社会系统学派、决策理论学派、经验主义学派、权变理论学派和管理科学(数学)学派等。

1. 管理过程学派

管理过程学派，又叫管理职能学派、经营管理学派。这个学派在西方是继古典管理理论学派和行为科学学派之后影响最大、历史最久的一个学派。事实上古典管理理论的创始人之一的法约尔就是这一学派的开山鼻祖，这个学派后来经美国管理学家哈罗德·孔茨等人发扬光大，成为现代管理理论丛林中的一个主流学派。这一学派把管理看作是一个过程，无论从理论基础还是从研究方法上来看。这种观点和自然科学的研究方法有些类似，因而他的科学性比较容易被人们接受。所以，本书的章节基本上也是按照这一学派的思路组织的。

2. 社会系统学派

社会系统学派的创始人是切斯特·I·巴纳德，一位在学术界担任过职务的组织社会学家。他于 1886 年生于美国马萨诸塞州马尔登，由一笔助学金资助在哈佛大学学习经济学，仅用三年时间(1906—1909 年)完成了课程要求，但由于缺少一门实验学科而未能获得学位。即使没有学士学位，但由于他对组织的性质和目的方面有很好的理解，所以一生中曾经获得过七个荣誉博士。巴纳德在 1909 年进入美国电话电报公司的统计部门，后于 1927 年成为新泽西贝尔公司的总经理。他对组织工作的无穷热情导致他自愿参加其他许多工作，例如，他帮助戴维·利连索尔制定原子能委员会政策，并为以下机构服务过：新泽西紧急救济署、新泽西教养院、联合服务组织(担任过三年主席)、洛克菲勒基金会(担任过四年主席)，并且是新泽西巴赫协会的主席。[3]

---

[1] Harold Koontz. The management theory jungle. *The Journal of the Academy of Management*, Dec 1961, P174.

[2] Harold Koontz. The management theory jungle revisited. *Academy of Management,* Apr 1980, P175.

[3] [美]丹尼尔·A·雷恩．管理思想的演变．北京：中国社会科学出版社，1997．第 346 页．

巴纳德对管理理论的贡献主要体现在其著作《经理人员的职能》中，该书是由他于1937年11月至12月期间在波士顿洛厄尔学院所作的八次报告扩展而成。

巴纳德认为，组织是由“两个以上的人为了达到至少一个以上的目标，而以特定体系组成的协作系统，是一个包括物的、生物的、人的、社会的构成要素的复合体”，同时他把组织分为正式组织和非正式组织。并把正式组织定义为“两个以上的人自觉协作的活动或力量所组成的一个体系”。对正式组织来说，不论级别高低和规模大小，其存在和发展都必须具备三个条件：共同的目标、协作的意愿和良好的沟通。在正式组织中还存在着一种因为工作上的联系而形成的有一定看法、习惯和准则的无形组织，即非正式组织。他认为一个组织成立的条件是：①能够互相进行信息交流的人们；②这些人愿意作出贡献；③这些人为实现一个共同的目标。[1]

他认为在组织中，经理人员是最为重要的因素，经理人员的职能是维持一个协作努力的体系，具体来说主要有：①提供信息交流的系统；②使组织中每个人都能作出贡献；③提出和制定组织的目标。[2]

3. 决策理论学派

决策理论学派是从社会系统学派中发展出来的，其代表人物有美国卡内基——梅隆大学的西蒙(H. A. Simon)、马奇(J. G. Marcj)等人。它是在第二次世界大战以后吸收了行为科学、系统理论、运筹学和计算机程序等学科的内容而发展起来的。西蒙由于在决策论的研究上作出了贡献，曾获得1978年度的诺贝尔经济学奖。西蒙等人认为，决策贯彻管理的全过程，管理就是决策。组织是由作为决策者的个人所组成的系统。他们并对决策的过程、决策的准则、程序化的决策和非程序化的决策、组织机构的建立同决策过程的联系等作了分析。他们的代表作是《组织》及《管理决策新科学》等。

4. 经验主义学派

经验主义学派的代表人物有美国的德鲁克(Peter Drucker，有人译为杜拉克)、戴尔(E. Dale)等人。德鲁克的代表作有《管理：任务、责任和实践》《管理实践》《有效的管理者》等；戴尔的代表作有《伟大的组织者》《企业管理的理论与实践》等。他们认为，古典管理理论和行为科学都不能完全适应企业发展的实际需要。有关企业管理的科学应该从企业管理的实际出发，以大企业的管理经验为主要研究对象，然后加以概括和理论化，向企业管理人员提供实际的建议。

---

[1] [美]切斯特·I·巴纳德．经理人员的职能．北京：中国社会科学出版社，1997．第53-56页．

[2] [美]切斯特·I·巴纳德．经理人员的职能．北京：中国社会科学出版社，1997．第170页．

5. 权变理论学派

权变理论学派认为在企业管理中管理理论和方法要根据企业所处的内外条件随机应变，没有什么一成不变、普遍适用的“最好的”管理理论和方法。这个学派于 20 世纪 70 年代在美国等地风行一时，这是由于科技、经济、政治上的剧烈变动和职工队伍构成及文化水平的改变，使得权变理论有一定的实用价值。

6. 管理科学(数学)学派

管理科学学派的代表人物有美国的伯法(E. S. Buffa)等人。他们认为，管理就是用数学模式与程序来表示计划、组织、控制、决策等合乎逻辑的程序，求出最优的解答，以达到企业的目标。管理科学就是制定用于管理决策的数学模式与程序的系统，并把它们通过电子计算机应用于企业管理。伯法的代表作有《生产管理基础》等。

第2篇 管理环境

第3章 管理环境概述

学习目标

(1) 理解组织环境和管理环境的联系与区别。
(2) 描述一般环境和任务环境及每一环境的各个维度。
(3) 理解企业文化的概念及其与环境的关系。
(4) 解释管理者用来帮助组织适应不确定的环境的方法。
(5) 识别管理者可能与之打交道的各个利益相关者。
(6) 阐述管理者如何管理外部利益相关者关系。

章前导读

奶酪墙上的话：

变化总是在发生

他们总是不断地拿走你的奶酪。

预见变化

随时做好奶酪被拿走的准备

追踪变化

经常闻一闻你的奶酪，

以便知道它们什么时候开始变质。

尽快适应变化

越早放弃旧的奶酪，

你就会越早享用到新的奶酪。

改变

随着奶酪的变化而变化。

享受变化！

尝试去冒险，去享受新奶酪的美味！

做好迅速变化的准备

不断地去享受变化

记住：他们仍会不断地拿走你的奶酪。

唧唧在想，自从他在奶酪C站和哼哼分道扬镳以来已经有很久了。他知道自己前进了一大步，但他也很清楚，如果他过分沉溺于N区的安逸生活，他就会很快滑落到原来的困境。所以，他每天都仔细检查奶酪N站的情况。他在做一切力所能及的事情，以尽量避免被意料之外的变化打个措手不及。

当他还有大量的奶酪贮备时，他就开始经常到外面的迷宫中去，探索新的领地，以便使自己与周围发生的变化随时保持联系。现在的他非常明白，了解各种实际的选择，要比呆在舒适的环境里把自己孤立起来安全得多。

……

随着奶酪的变化而变化，

并享受变化！

结局……

或者是新的开始？

资料来源：[美]斯宾塞·约翰逊. 谁动了我的奶酪. 北京：中信出版社，2001. 第69-70页.

在21世纪，组织所面临的是一个竞争非常激烈、市场和企业行为不断全球化、技术变化也更为迅速的环境。在一个充满不确定性的环境里，没有任何一个组织仅凭过去的荣耀就可以获得成功。未来属于那些在复杂而多变的环境中创造和维持竞争优势的组织和个人。公司领导人以及一切组织的高层管理者都必须明白，只有不断地观察环境并且在“读懂”环境的基础上采取恰当的经营策略，才能取得竞争优势。本章将从管理者面临的环境内容和对环境的分析两个方面对这一问题进行讨论。

3.1 管理环境的内容

卡斯特、罗森茨韦克在《组织与管理：系统方法与权变方法》中，运用系统观念和权变观念，研究组织及其管理问题，认为组织是个开放系统，每个组织都是一个环境分系统，现代社会环境正在变得更加动态和不确定。未来的组织将承受外界力量的影响，组织必须不断地适应环境，管理者必须把各个子系统以及它们在具体环境中的活动结合起来，加以平衡。[1]

管理者所面对的如此快速变化的不确定性环境，究竟包含哪些内容，具体由哪些复杂的因素构成呢？

3.1.1 管理者面临的环境

任何事物都处于特定的时空条件下，都处于特定的环境中。那么什么是环境呢？针对某一特定的个体来说，环境是指研究范围内除这一个体本身以外的所有因素构成的集合，简单地说就是此范围中这一个体的补集。所以讨论环境时首先得明确所针对的个体是什么。

对整个组织来说，理查德·L·达英特把组织环境定义为“存在于组织边界之外，可能对组织总体或局部产生影响的所有因素。”[2]斯蒂芬·P·罗宾斯则认为“环境是指对组织绩效起着潜在影响的外部机构或力量。”[3]

就组织中的管理者而言，他面临的环境比组织环境更为宽泛一些，在组织环境的基础上还应包括组织内部环境，如图3.1所示。管理环境(Management Environment)，是指存在于一个组织内部和外部的影响组织业绩的各种力量和条件因素的总和。在这里，环境不仅包括存在于组织外部的组织环境，也包括存在于组织内部的组织内部环境。对于管理者而言，为了提高管理效率，达成其管理目的，不仅要了解诸如政治、经济、文化和需求、竞争等组织外部环境因素，而且也要把握员工的价值观、组织所拥有的资源等组织内部环境的变化，据此才有可能做出正确的决策。

---

1 [美]卡斯特，罗森茨韦克．组织与管理：系统方法与权变方法．北京：中国社会科学出版社，1985．第126-128页．

2 [美]理查德·L·达英特．组织理论与设计．北京：清华大学出版社，2003．第149页．

3 [美]斯蒂芬·P·罗宾斯．管理学．北京：中国人民大学出版社，2004．第64页．

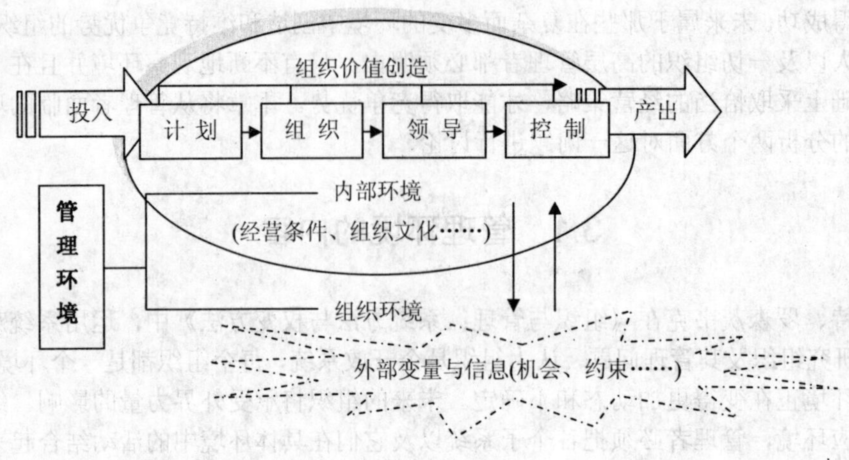

图 3.1 管理环境与组织环境

1. 组织环境

组织环境(Organizational Environment)包括组织外部存在的、对组织有潜在影响的所有环境因素。这些环境包括有影响力的因素，如竞争者、资源、技术和经济条件，但不包括那些目前已经与组织没有关系的事件——对这些事件，我们或者感觉不到它们的影响，或者其影响有名无实。[1] 组织的外部环境包括两个层次：一般环境和任务环境。

(1) 一般环境(General Environment)是环境的外层，它分布广泛，并对组织产生间接影响。一般环境包括对所有组织几乎都有同等影响的社会因素、人口因素和经济因素。例如，通货膨胀率上升或者劳动力队伍中双职工的比例增加就是组织一般环境的一部分。这些事件不会直接影响日常经营，但最终会影响到所有的组织。

(2) 任务环境(Task Environment)，也称特殊环境(Specific Environment)，与组织更接近，它包括与组织进行日常交流、直接影响组织的基本经营和绩效水平的所有方面。一般认为，任务环境包括竞争者、供应商、劳动力市场和顾客。

对一个组织而言，组织外部的哪些因素是一般环境因素，哪些是任务环境因素，取决于组织的目标定位。同样是生产饮料的企业，由于各自的产品市场定位不同，其环境也不同。例如，一家生产儿童饮料，一家生产保健饮料，对于这两家企业，人口结构、饮食习惯、国民经济发展水平、政府对食品卫生的有关规定、饮料生产技术的发展等是他们在经营中都必须加以考虑的。进一步地，对前一家企业而言，还要考虑国家的计划生育政策、儿童在社会中的地位等一般环境因素和儿童的口味、儿童的数量、所需的原辅材料供应情况、儿童饮料市场竞争情况等因素；而对后一家企业，将更关心保健技术的发展、保健品市场需求及竞争情况、国家对保健品生产的特殊规定等。企业是这样，其他组织也是如此。

---

[1] [美]理查德·L·达英特. 管理学原理(第四版). 北京：机械工业出版社，2005. 第31页.

如同样是学院，工商管理学院和石油化工学院由于其专业方向和学生去向不同，其环境也不同。在这些组织中的管理者，面临的将是不同的公众。由上可见，对一个组织的发展有重大影响的环境因素，对于另一个组织可能根本不重要，即使最初看起来它们是同一类型的组织。[1]

2. 组织内部环境

组织还有内部环境(Internal Environment)，它包括位于组织边界以内的所有环境要素。内部环境由当前员工、管理层和企业文化组成，尤其以企业文化最为重要。企业文化界定员工在内部环境的行为，并决定组织将在多大程度上适应外部环境因素的变化。作为一个开放的系统，组织从外部环境中吸取资源，再向外输送产品和服务。

综上所述，管理环境的构成如图 3.2 所示，从图中可以看到，一个组织中的管理者，是在一定的内外部环境的约束之下工作的。当然，尽管有这些约束，管理者也不是无所作为的，管理者仍可以在一定的范围内对组织的业绩产生重大的影响。

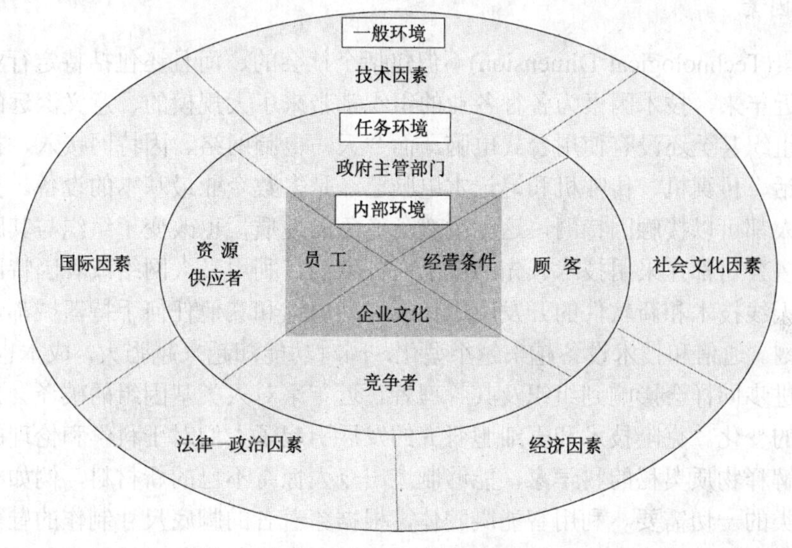

图 3.2 管理环境的构成

这里，仅对组织环境的两个层面和组织内部环境中的组织文化进行较为详细的探讨。至于组织内部环境的其他方面，比如结构和技术，我们将在本书第 4 篇中加以论述。

3.1.2 一般环境

一般环境反映环境的外层。这些因素随着时间的变迁而影响组织，但通常不会影响日

[1] 许庆瑞．管理学．北京：高等教育出版社，1997．第 6 页．

常经营。一般环境因素包括国际因素、技术因素、社会文化因素、经济因素和法律—政治因素等。

1. 国际因素

外部环境的国际因素(International Dimension)不仅包括本国公司在其他国家所享有的机会，还包括发生在外国的事件。在图 3.2 中，国际因素代表影响外部环境所有其他方面的一种环境。国际环境为管理者提供新的竞争者、客户和供应商，并决定社会、技术和经济走势。

在新的全球经济中，世界上其他地方发生的经济问题同样也对中国的企业产生了重大的影响。与国内环境相比，全球环境表现为一个不断变化的、不平衡的竞技场。在国际范围内发生的变化可以在突然之间彻底改变国内环境。全球化的管理环境我们将在第四章作较为详细的探讨。

2. 技术因素

技术因素(Technological Dimension)不但包括全社会的、而且还包括特定行业的科学和技术进步。近年来，技术因素为各行各业的组织都带来了大规模的、意义深远的变革。15 年前，许多组织甚至还没有使用台式电脑。而今天，电脑网络、因特网接入、视频会议系统、蜂窝电话、传真机、传呼机和笔记本电脑已经是多数企业最基本的设备。技术进步使得几乎每个人都可以接触因特网，这就改变了竞争的性质，也改变了组织与其顾客的关系的性质。许多公司都在采用技术领先的电子商务方法，利用私人网络或者因特网来处理所有的业务。无线技术和新软件的开发应用使得移动电话和其他任何手持器械都可以很容易地接入因特网。通信和技术设备越来越小型化，同时功能却越来越强大，成本也日益低廉。其他的技术进步同样会影响到组织及其管理者。近年来对人类基因组的破译会为医药发展带来革命性的变化。克隆技术和干细胞研究的发展引起了人们对于科学和伦理的思考。在原子层面上解释物质奥秘的科学家，能够制造出令人惊奇不已的新材料，例如智能凝胶体可以满足人类的一切需要。利用智能凝胶体，根据穿着者的脚底尺寸制作的鞋子非常适合穿着者，几乎可以说是完美的搭配。高科技的组件之中嵌入具备思维功能的传感器，这样的组件正用来使桥梁和公路具备抗震性能，也用于建造性能较优良的飞机和有轨车。

3. 社会文化因素

一般环境中的社会文化因素(Sociocultural Dimension)主要是指组织所在国家或地区的人口、家庭文化教育水平、传统风俗习惯及人们的道德和价值观念等。人口结构(人口数、年龄结构、人口分布)和生活方式(家庭结构、教育水平、价值观念)这两方面的改变影响区域的经济活动，同样也对劳动力的数量和质量、就业机会、所需商品和服务的类型等产生重大的影响。例如有的国家或地区，把服装式样看成是显示自己社会地位的一种象征，因此他们很讲究服装样并很愿意为此花钱；而在有的国家，人们对服装式样并不讲究，只要经济实用即可。对于从事国际贸易的服装企业，就必须注意到这些国家在风俗习惯上的这些差异。再如，为了保证顺利达成一笔商业交易，支付给政府官员或可以施加影响的人一笔费用，有的国家认为这是贿赂，有的国家则认为这是正当的报酬，是可以接受的经营方法。人是社会中的人，要受到人们普遍接受的各种行为准则的约束。道德准则或社会公德虽然大多并没有形成法律条文，但对于约束个人或集体行为仍具有事实上的作用和威力，任何组织的行为都不得不考虑社会文化和伦理道德的影响。

4. 经济因素

经济因素(Economic Dimension)反映公司经营所在国家或地区一般经济状况。一个组织所处的经济环境，通常包括其所在国家的经济制度、经济结构、物质资源状况、经济发展水平、国民消费水平等方面。利率、通货膨胀率、可支配收入的变化、股市指数和经济周期通常可以作为反映经济环境的重要指标。

通常，经济环境因素主要是通过对各类组织所需要的各种资源的获得方式和价格水准的影响以及对市场需求结构的作用来影响各类组织的生存和发展的。

价格水准的变化将会明显地影响各类组织的投入和产出，劳动力、原材料价格及其他项目成本的上涨，既可能为一些组织的发展创造机会，也可能会导致一些组织走向破产。在不同的经济环境中，市场需求结构是不同的，现在畅销的商品在将来不一定仍然畅销，而现在没有市场的产品在将来可能成为畅销商品。

5. 法律—政治因素

法律—政治因素(Legal-political Dimension)不仅包括旨在影响公司行为的政治活动，还包括地方政府制定的规章。政治环境包括组织所在地区的政治制度、政治形势、方针政策和国家法令等，这些都会对一个组织产生重大影响。政治环境主要表现在地区的稳定性和政府对各类组织或活动的态度上。地区稳定性是一个组织在制定其长期发展战略时所必然要考虑的。政府对各类组织的态度则决定了各个组织可以做什么、不可以做什么，例如政府若认为金融保险业要以国有控股为主，其他民营企业就很难涉足金融保险业。

自从实行改革开放政策以来，我国的政治环境基本上是比较稳定的，吸引到不少外资企业到中国投资兴业，但管理是世界性的活动。我国的不少企业也进军国际市场，在不少国家开办了实业，与众多的国家开展着贸易，这就要求我们企业的管理者对这些国家的主要政治环境变化有一定的预见能力。

3.1.3 任务环境

任务环境是指一个组织为了生存和发展而必须与之发生关系的其他组织、群体和个人构成其任务环境。在日常经营活动中，这些环境因素对组织产生直接的影响或结果。常用利益相关者(Stakeholder)一词来描述任务环境，利益相关者是指通过某种方式受到组织影响的个人、群体和机构。图 3.3 表示了一个典型的工商企业在外部环境中可能存在着的复杂的利益相关者，可以根据其与组织利益的直接程度划分为一级利益相关者和二级利益相关者。有时认为每一个组织的作业环境、特殊环境和利益相关者是各不相同的。随着特定顾客群体、经营需要和具体情况的差异，公司的利益相关者也会随时变化。

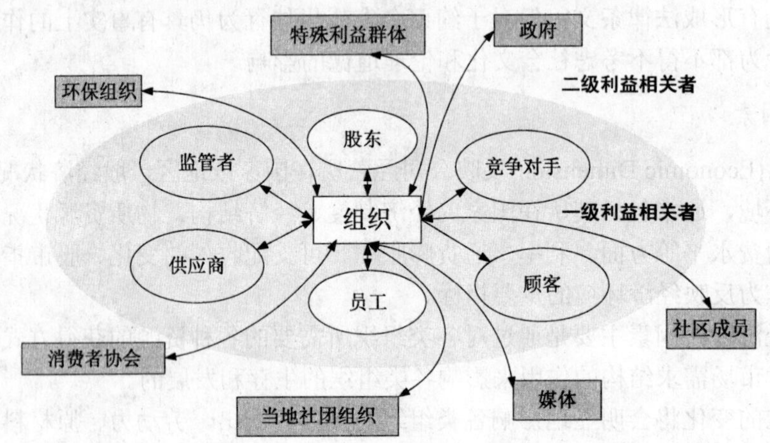

图 3.3　组织一级/二级利益相关者群体

组织的任务环境中通常包括最重要的利益相关者。

(1) 顾客——购买组织的产品或者使用其服务的特定顾客群体、个人和组织。

(2) 供应商——提供组织经营所必需的人力、信息、财务资源和原材料的特定供应商。

(3) 竞争对手——向相同的顾客或者客户群体提供相同或者类似产品与服务的特定组织。

(4) 监管者——在国家、省、市不同层级制定和实施影响组织经营的法规的特定政府机构或代表。

(5) 社会特殊利益代表组织——指代表着社会上某一部分人的特殊利益的群众组织，如妇联、消费者协会、环境保护组织等。

1. 顾客

顾客是指一个组织为其提供产品或劳务的人或单位，如企业的客户、商店的购物者、学校的学生和毕业用人单位、医院的病人、图书馆的读者等，都可称其为相应组织的服务对象。

任何组织之所以能够存在，是因为有一部分需要该组织产出的服务对象的存在，如果一个组织失去了其服务对象，该组织也就失去了其自身存在的基础。一个企业如果其生产的产品无人问津，就必然走向破产。

组织的服务对象是影响组织生存的主要因素，而任何一个组织的服务对象对组织来说又是一个潜在的不确定的因素。顾客的需求是多方面的且会经常改变，而要成功地拥有顾客，又必须满足顾客的需求。为此，管理者就必须深入市场，分析顾客的心理，掌握顾客需求的变化，及时推出新产品、新服务。确保及时地向其顾客提供满意的商品和优质的服务，几乎已成为当今各级组织管理者所面临的头等大事。

2. 供应商

一个组织的资源供应者是指向该组织提供资源的人或单位。这里所指的资源不仅包括设备、人力、原材料、资金等，也包括信息、技术和服务等。对大多数组织来说，金融部门、政府部门、股东是其主要的资金供应者，学校毕业生分配部门、劳动人事部门、各类人员培训机构、人才市场、职业介绍所是其主要的人力资源供应者，各新闻机构、情报信息中心、咨询服务机构、政府部门是其主要的信息供应者。

由于组织在其运转的每一个阶段中，都依赖于供应者的资源供应，一旦主要的资源供应者发生问题，就会导致整个组织运转的减缓或中止。因此，管理者一般都力图避免在不了解供应者的情况下进行有关决策。为了使自己避免陷入困境，在战略上一般都努力寻求所需资源的稳定供应，并避免过分依赖于一两个资源供应者。

3. 竞争对手

一个组织的竞争对手是指与其争夺资源、服务对象的人或组织。任何组织，都不可避免地会有一个或多个竞争对手。苹果电脑公司的对手有IBM、联想集团等，铁路运输有公路、水路、航空运输等与之竞争。

资源的竞争一般发生在许多组织都需要同一有限资源的时候，最常见的资源竞争是人才竞争、资金竞争和原材料竞争。对经济资源的竞争可能来自于不同类型的组织，而当各部门竞争有限资源时，该资源的价格就会上扬。

顾客的竞争一般发生在同一类型的组织之间。这些组织或许其提供产品或服务的方式不同，但它们的服务对象是同一的，则同样会发生竞争，如航空部门与铁路运输部门之间、铁路与公路运输部门之间就可能为争夺货源和乘客而展开竞争。

竞争也不限于国内。随着中国对外开放政策的实施，国内的各类组织不仅面临着国内的竞争，还将直接面临来自国外的竞争。在这种情况下，竞争者之间有时可能会出现某种程度的联合。没有一个组织在管理中可以忽视其竞争对手，否则就会付出沉重的代价。

4. 监管者

监管者(政府主管部门)主要是指国务院、各部委及地方政府的相应机构，如工商行政管理局、卫生防疫站、烟草专卖局、物价局、无线电管理委员会等。政府管理部门拥有特殊的官方权力，可制定有关的政策法规，规定价格幅度，征税，对违反法律的组织采取必要的行动等。而这些对一个组织可以做什么和不可以做什么以及能取得多大的收益，都会产生直接的影响。

有的组织由于其组织目标的特殊性，更是直接受制于某些政府部门，如我国的电信业、医药业，就分别受到信息产业部、医药管理局等部门的直接管理。

政府的政策法规一方面会增加组织的运行成本，另一方面会限制管理者决策的选择余地。为了符合政府的政策法规和政府管理部门的要求，组织就必然要增加运行成本，例如为了取得消防管理部门的认可，企业必须按规定装设消防设备；某些政策法规规定了组织可以做什么和不可以做什么，从而限制了管理者的选择余地，如劳动保护条例等，对组织的招工、用人、辞退决策带来了一定的限制。

5. 社会特殊利益代表组织

社会特殊利益代表组织是指代表着社会上某一部分人的特殊利益的群众组织，如妇联、消费者协会、环境保护组织等。他们虽然没有像政府部门那么大的权力，但同样可以对各类组织施加相当大的影响。他们可以通过直接向政府主管部门反映情况，通过各种宣传工具制造舆论以引起人们的广泛注意，从而对各类组织的经营管理活动施加影响。事实上，有些政府法规的颁发，部分是对某些社会特殊利益代表组织所提出要求的回应。

由上可见，任何组织都不是孤立的。组织把环境作为自己输入的来源和输出的接受者，组织也必须遵守当地的法律，并对竞争做出反应。正因为如此，供应者、服务对象、政府机构、社会特殊利益代表组织等可以对某一个组织施加压力，而管理者也必须对这些环境因素的影响做出适当的反应。

3.1.4 内部环境

管理者工作的内部环境是由组织文化、生产技术、组织结构以及物质设施组成的。在所有这些要素中，组织文化对于决定一个组织的竞争优势来说是极其重要的。公司内部的文化必须与外部环境和公司的总体发展战略相适应。如果能做到这一点，高度效忠于公司的员工们将会创造一个高绩效水平的组织，而这样的组织将是极具竞争力的。

组织文化(Organization Culture)是指一个组织的所有成员所共有的核心价值观、信念、共识及规范的组合体系。是处于一定经济社会文化背景下的组织在长期的发展过程中，逐步生成和发展起来的日趋稳定的独特的价值观，以及以此为核心而形成的行为规范、道德准则、群体意识、风俗习惯等。

从这个定义中可以看到，组织文化实际上是指组织的共同观念系统，它是一种存在于组织之中的共同理解。因此，组织中不同背景和地位的人在描述组织文化时基本上用的是共同的语言。在每一个组织中，有各种不断发展着的价值观、仪式、规章、习惯等。这些观念一旦为全体员工所接受，就变成了组织的共同观念，成为组织文化的一部分。而组织文化一旦形成，就会在很大程度上对管理者的思维和决策施加影响。

1. 组织文化的构成

对组织文化的把握，有助于管理人员了解组织内部所隐含的复杂的东西。文化是一种行为模式，它说明了组织的共有价值观，还就组织内部成员的行为方式提出了一系列的假设。组织的员工在解决组织所面临的内外部问题的过程中不断学习该行为模式，并将其作为正确的认知、思维和感知方式教给新员工。

如何认识和理解某一组织的文化呢？结合企业形象识别(Corporation Identification，CI)系统的思想，由外及里，可以认为组织文化由三个层次组成，如图 3.4 所示。对某一组织文化的解读就像我们去认识一个陌生人一样，是从他的衣着、谈吐、行为举止到思想、信念逐步深入的。

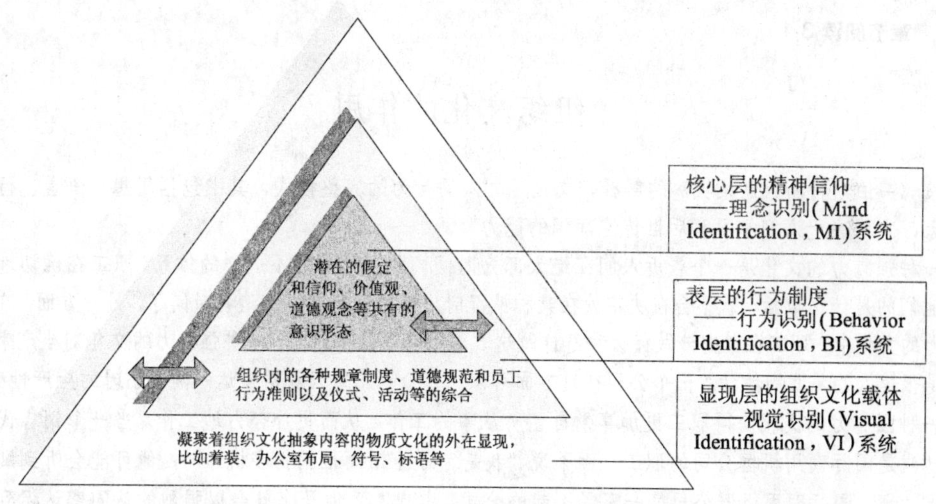

图 3.4　组织文化的层次

(1) 组织文化的显现层，是指可见的人造物品，它包括着装、行为模式、有形的标志、组织的仪式以及办公室的布局，可见的人造物品就是一个人通过对组织成员的观察而看到、听到和注意到的全部东西，是组织核心意识形态的物质载体。

(2) 组织文化表层，是各种行为规范及行为活动的总和，是核心层的意识形态在组织层面的表现和流露，是表层和核心层的中介和过渡。

(3) 组织文化核心层，其内涵是指体现出来的价值观和信仰，这些东西是看不见的，但可以通过了解组织成员对自己的行为的解释和归因来感知它们的存在。它们是组织成员有意识持有的价值观，可以从组织成员讲述的故事、所使用的语言和用来代表组织的标志来诠释它们的意义。有些价值观深深地植根于组织文化之中，以至于我们再也不能意识到它们的存在。这些根本的隐含假设和信念是文化的精髓，它们下意识地引导着组织成员的行为和决策。

在某些组织里，存在这样的基本假定：人天生就是懒惰的，一旦有可能，人人都会偷懒和逃避责任，因此，员工受到了严格监督，几乎没有自由行动的空间，同事之间也常常互相猜疑。而较为开明的组织则假定，每个人都想好好工作，所以要给员工以更多的自由，让他们担负更大的责任，因而员工之间互相信任，密切配合，共同完成任务。组织文化中的基本假定往往起始于组织创建者或者早期领导者所倡导的、为组织所强烈认同的价值观。

当然，组织文化的三个层次的区分是相对的，三个层次是紧密联系、相互影响的。

思考与讨论

试举一实例说明组织文化的表现形式及其作用。

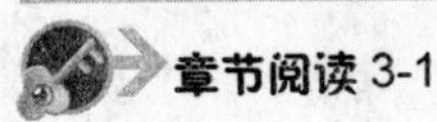

章节阅读 3-1

组织文化的作用

按《韦伯斯特新大学词典》的解释，文化是“人的行为的完整模式，其中包括思想、语言、行动和人为现象，它取决于人们学习和后世传递知识的能力”。

一种强有力的文化是一个告诉人们在绝大部分时间内如何行事的不成文的体系。职工在确切地知道期望于他们的是什么以后，就不会在决定处在某种情况时应该如何行事方面浪费时间了。另一方面，在一种软弱无力的文化中，职工在考虑该做什么和怎样做这方面浪费了许多时间，一种强有力的文化对生产率的推动力量是很惊人的。我们估计，一个公司在这方面可以从每个职工每天获得多达一两个小时的生产性劳动。

一种强有力的文化使得职工更加喜爱自己所从事的工作，从而更加努力地工作。当一个销售代表对人们说“我是国际商用机器公司的职工”而不说“我是为了生活而推销打字机”时，他可能会听到别人这样回答，“啊，国际商用机器公司是一家了不起的公司，是吧！”他马上就会以强烈的认同感认识到自己属于一家杰出的公司。对于绝大多数人来说，这有着重大的意义。下一次当他们决定是否加班半个小时的时候，他们可能就会决定加班工作。总体看来，这也会对生产率产生影响。

资料来源：[美]阿伦·肯尼迪，特伦斯·迪尔. 西方企业文化. 北京：中国对外翻译出版公司，1989. 第16页.

2. 组织文化的功能和传播

组织文化对企业发展有导向、规范、约束、凝聚、融合等作用，这已逐渐成为管理者的共识。美国管理学家斯蒂芬·P·罗宾斯在《组织行为学》中总结文化在组织中具有以下多种功能。[1]

(1) 它起着分界线的作用，使不同的组织相互区别开来。

(2) 它表达了组织成员对组织的一种认同感。

(3) 它使组织成员不仅仅注重自我利益，更考虑到组织利益。

---

[1] [美]斯蒂芬·P·罗宾斯. 组织行为学. 北京：中国人民大学出版社，2000. 第526页.

(4) 它有助于增强社会系统的稳定性。文化是一种社会黏合剂，它通过为组织成员提供言行举止的标准，而把整个组织聚合起来。

(5) 文化作为一种意义形成和控制机制，能够引导和塑造员工的态度和行为。

企业领导者最需要做的一项工作就是创建和扩大企业文化的影响，因为文化在很大程度上决定着企业的绩效水平。詹姆斯·C·柯林斯(James C. Collins)和杰里·I·波勒斯(Jerry I. Porras)曾经对18家获得长期成功的企业和另外8家经营不怎么好的类似企业进行了对比分析，结果发现，文化是决定一个企业成功与否的关键因素，在成功的企业里，员工共享强有力的愿景，他们的内心非常清楚，对公司来说，什么是对的，什么是错的。根据调查研究的结果，他们出版了一本名为《基业长青》(Built to Last：Successful Habits of Visionary Companies)的书，书中描述了迪斯尼和宝洁公司如何在成功适应剧烈变动的外部环境的同时，没有迷失地引导组织不断发展、壮大的核心价值观。有些公司把公司的价值观以书面形式记录下来，以便传给后来的员工。[1]

我们可以从公司那些有形的载体(如符号、传奇故事、英雄人物、标语口号和仪式)中去理解反映企业文化的基本价值观。[2]任何公司的企业文化都可以通过对这些因素的观察而得到解释。[3]同时，管理者也可以通过这些有形的载体创建和传播企业文化。

1) 符号

符号(Symbol)是向他人传递意思的一种物体、行为或者事件。与企业文化相关联的符号能够向公众传递公司的重要价值观，如组织的标志，特定的字体，组织内部的奖章，动物图腾等。

2) 传奇故事

传奇故事是基于组织员工之间频繁复述和分享的真实事件所讲述的事情。给新员工讲公司的故事，其目的是为了保证公司的主要价值观能够不断地流传下去。如《圣经故事》就是通过一系列的故事在传承着某种特定的文化，组织创始人的传奇故事也传递着组织特有的文化气息。

3) 英雄人物

英雄是代表强势文化的行为、品行和特征的化身，英雄人物是员工们学习的榜样。有时，英雄是真实的人物，如李·艾柯卡(Lee Iacocca)，他刚刚到亏损严重的克莱斯勒公司时，索取的年薪只是区区1美元，以此来证明自己拯救这家公司的非凡勇气。英雄的作用是教会我们在组织中如何做正确的事情，告诉我们哪些行为是公司推崇的。具有强势文化的公司利用已经取得的成就来描绘英雄的形象，英雄是公司核心理念的倡导者。

---

[1] [美]詹姆斯·C·柯林斯，杰里·I·波勒斯．基业常青．北京：中信出版社，2002．第159-178页．

[2] [美]阿伦·肯尼迪，特伦斯·迪尔．西方企业文化．北京：中国对外翻译出版公司，1989．第3-20页．

[3] [美]理查德·L·达英特．管理学原理(第四版)．北京：机械工业出版社，2005．第36页．

4) 标语口号

标语口号是表达公司核心价值观的一些简洁的句子或短语。许多公司利用口号或者某种说法向员工传达特殊的意思。如海尔的“真诚到永远”，诺基亚的“科技以人为本”等。文化价值观还可以从书面的公开文件(比如关于企业使命的文件或者其他的正式报告)中找到，因为它们都会谈到公司的核心价值观。

5) 仪式

仪式是为了纪念特殊事件而举行的有计划的活动，举行仪式常常是为了公众利益的需要。通过举行仪式，公司管理者可以为员工们树立起公司价值观的典范。仪式就是在一些特殊的场合，通过让员工共同参与重要的事件、神圣化的程序和向英雄人物学习，达到强化公司的价值观、增强公司凝聚力的目的。

总之，企业文化所要表达的是为公司全体员工所认同的价值观、规范、共识和基本假定，它们可以通过符号、传奇故事、英雄人物、标语口号和仪式彰显出来。为了塑造企业文化，管理者要帮助企业界定重要的符号、传奇故事和英雄人物。

3. 组织文化对管理者的影响

组织文化对管理者的行为有重大的影响，当组织文化形成并得到加强时，它会到处蔓延并影响管理者所做的一切，通过左右管理者的知觉、思想和感觉影响管理者的决策。表 3-1 列举了组织文化对管理四大职能方面的影响。组织文化之所以能对管理者产生重大影响，是因为它建立了在这个组织中管理者可以做什么和不可以做什么的规范。

表 3-1 组织文化对管理职能的影响

计划：	组织：
计划对风险的容忍程度	授权给下级管理者的程度
决策的重点是长期的还是短期的	任务由个人还是团队来完成
员工是否应该有明确和具体的目标	组织运行的规范化程度
领导：	**控制：**
管理者关心员工的满意度	外部控制为主还是员工自我控制为主
领导方式的选择和偏好	业绩评估时注重用什么标准
对组织内冲突的容忍限度	超过预算时应有怎样的反应

组织文化对管理者的约束很少是直截了当的，它们并不写下来，甚至在口头上也很少明确地说起，但它们确实存在着，并影响着管理者的决策。例如，在一个致力于利润平稳增长并认为利润的增加主要通过降低成本来取得的公司里，管理者不太可能去建议那些创新的、风险大的、时间长的项目；而在一个以“用户至上”为服务宗旨的组织中，也自不会容许员工与用户争执。

4. 外部环境与组织文化

外部环境对公司内部企业文化的形成影响很大。虽然在不同的组织之间，文化可能存在着较大的差异，但是，处于同一行业的企业常常呈现出相似的文化特性，因为它们经营所处的环境是相似的。公司内部的企业文化应该让所有员工明确，为了在我们所处的环境中取得成功，我们应该做好什么工作。如果外部环境要求我们提供非同一般的客户服务，那么，公司内部的文化就应当鼓励大家为客户提供优质的服务。同样，如果行业特点要求我们进行细心、谨慎的技术性决策，那么公司的文化价值观就应该强调提高管理决策的质量。

哈佛大学曾经对美国207家公司进行过一项调查，证明了企业文化和外部环境之间的相关关系。这项研究发现，仅仅依靠良好的企业文化，并不能保证企业在经营中获得成功，除非该企业文化同时还鼓励公司要根据环境的变化不断地进行调整，以适应环境的要求，[1]如表3-2所示。适应性企业文化和非适应性企业文化无论是在价值观还是在行为方式上，都存在着差异。在适应性企业文化中，管理人员关注那些能够给公司带来有益变革的顾客、内部员工及流程；而在非适应性企业文化中，管理人员所关心的只是他们自己，他们的价值取向是不鼓励冒险，同时也反对变革。因此，仅仅依靠强有力的企业文化是远远不够的，因为一种不健全的企业文化会怂恿组织在错误的方向上义无反顾地走下去，而健全的企业文化则有助于公司适应环境的需要，因而具有高度的环境适应性。

表3-2　适应性企业文化与非适应性企业文化

	适应性企业文化	非适应性企业文化
可见的行为方式	管理人员密切注意所有的利益相关者，尤其是顾客，一旦需要即发动变革，即使冒险也在所不惜，以服务于他们的合法利益	管理人员的行为有点超然物外、政治化和官僚化，因此，他们不会迅速改变自己的战略，以适应或者利用经营环境中所出现的变革
表达出来的价值观	管理人员非常关注客户、股东和员工。同时，他们还极其重视那些能够给公司带来变革的人员或者流程(例如，沿着管理层级结构自上而下或者自下而上的领导方式的创新)	管理人员主要是关心他们自己，关心自己直接领导的工作小组或者与该小组密切相关的某种产品(或技术)。他们认为，实施有序的管理进而降低风险比领导方式的创新更加重要

资料来源：[美]理查德・L・达英特．管理学原理(第四版)．北京：机械工业出版社，2005．第38页.

思考与讨论

试用组织文化的相关原理分析“章节阅读3-2”，讨论中兴文化的内涵和对管理的影响。

[1] [美]理查德・L・达英特．管理学原理(第四版)．北京：机械工业出版社，2005．第38页.

章节阅读 3-2

中兴文化

中兴通讯是中国拥有自主知识产权的通信设备制造业的开拓者，国家重点高科技企业，拥有移动、数据、光通信以及交换、接入、视讯等全系列通信产品，具备通信网建设、改造与优化等一系列方案解决能力。

自 1985 年中兴通讯成立以来，公司即面临客户需求日益增长、市场变化多端的状况，中兴人不断利用先进技术、优质产品和系统解决方案以满足并努力超出客户的要求。20 年创业奋斗，中兴通讯大胆改革，创造出“国有控股，授权民营经营”为核心内容的混合所有制模式，被深圳市委市政府赞誉为“深圳国有企业改革的一面旗帜”。中兴通讯 1997 年上市以来，始终以诚信回报投资者，一直树立起诚信和绩优的高科技龙头上市公司形象，深受证券监督管理机构的赞誉和广大投资者的厚爱。

中兴通讯的成功之道是如何走出来的？这应归功于中兴独特的企业文化。

中兴文化到底是什么？即我们反对什么？提倡什么？

中兴通讯核心价值观如下:

互相尊重，忠于中兴事业;
精诚服务，凝聚顾客身上;
拼搏创新，集成中兴名牌;
科学管理，提高企业效益。

中兴通讯高压线是中兴企业文化和价值观不能容忍的行为底线，是与中兴企业文化和价值观完全背道而驰的行为，一旦触及，一律开除。

(1) 故意虚假报账。

(2) 收受回扣。

(3) 泄露公司商业机密。

(4) 从事与公司有商业竞争的行为。

(5) 包庇违法乱纪行为。

我们强调“互相尊重，忠于中兴事业”，不是一种对企业目标的盲从，我们的事业首要的是强调“振兴民族通信产业是中兴人为之共同奋斗的事业”，企业在自我发展自我积累的同时，要为国家和所在社区做出应有贡献，仅 2001 年，中兴通讯向国家和深圳市上缴税收就达 13 亿元，这是企业做出的直接贡献，间接的贡献则更多，比如中兴员工强大的住房购买力直接拉动各个区域的地产经济，消费实力直接刺激当地的消费指数强劲增长，在南京地区，我们企业不在当地上缴税收，但中兴通讯几千名研发人员形成了一个特殊消费群体，当地做过一个统计，发现大宗购物以中兴员工为主体。我认为，企业文化不应是企业的口号，需要企业中每个员工的学习、认同。文化最初是一个理念，然后通过种种机制，正式变为每一个员工的行为。比如为实现“精诚服务，凝聚顾客身上”的理念，中兴通讯每个月都要进行内部和外部顾客满意度调查、打分，结果直接关系到各个部门的考核和员工的薪水，长期下来理念就慢慢形成了文化。对于一个具有 13 000 名员工的公司，沟通与形成默契只有靠一套制度将每个人联系起来。

资料来源：根据中兴通讯公司网站(2006 年 12 月 30 日.http://www.zte.com.cn/)相关资料整理.

3.2 管理环境分析

从以上对管理环境的论述中可以看到，环境对管理有着重大的影响。外部环境决定了一个组织可以做什么和不可以做什么，一方面限制了管理者的行动自由，另一方面又扩大了他们寻求外来资源与支持的机会。内部环境决定了该组织中的管理者能够做什么以及可以怎么做、做到何种程度等。在内外部环境允许的范围内，管理者才能有所作为。因此，管理者的工作成效通常取决于他们对环境的了解、认识和掌握的程度，取决于他们能否正确、及时和迅速地做出反应。为此，任何一个组织的管理者都必须学会如何对待环境。

3.2.1 环境的不确定性分析

组织为什么如此关注外部环境中的因素？原因在于管理者必须分析管理环境的不确定性，并通过相应的管理活动做出回应，以适应环境或者影响环境。

组织环境之所以对管理者如此重要，是因为不是所有的管理环境都是一样的，环境为管理者带来的不确定性的程度是不一样的。要使管理工作有成效，组织必须识别分析环境的不确定性。不确定性意味着，管理者没有掌握足够的关于环境因素的信息，以便理解和预言环境的需要与变化。

那么怎样评价环境的不确定性呢？根据著名组织理论家汤姆森(J. D. Thompson)所提出的方法，认为影响不确定性的是影响组织的因素和那些因素变化的程度。即用环境的变化程度和环境的复杂程度来分析管理环境的不确定性，如图3.5所示。

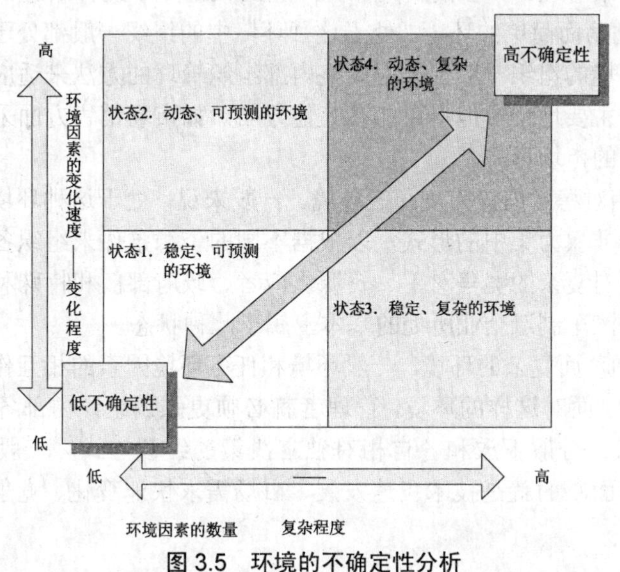

图3.5 环境的不确定性分析

根据环境的变化程度，可将组织环境分为动态环境和稳定环境两类。形成环境的各种因素变化大，为动态环境；变化小则为稳定环境。稳定环境可能是一个没有新的竞争者，现有的竞争对手也没有技术上的创新，没有什么公众对组织施加压力的环境。例如，在20世纪70年代，文字处理一般是用油印，那时竞争对手有限，业务对象稳定，这是一个稳定环境。但随着计算机文字处理系统的引入，到20世纪80年代，人们已可以随时方便高速地进行文字处理，机械打字印刷市场开始萎缩，从事文字处理的企业开始由稳定环境转入动态环境，其生存受到了威胁。在改革开放之前，我国的大多数企业处于相对稳定的环境之中，而在进入改革开放以后，企业所处的环境变化程度大大增加，企业开始步入动态环境。

在稳定的环境中，管理人员可以比较准确地进行计划和预测。例如，顾客对服装的需求一般是随季节而变化的，我们可以根据这个规律进行各季销量预测，并进而制订各季进货计划。因此，管理人员更关注的是动态环境，是不可预测的环境变化的大小，如果某种变化是可预测的，那么它仍不属于管理者要专门处理跟环境的不确定性密切相关的是环境的复杂性。环境的复杂程度与组织环境的组成因素的多少及组织已拥有的对其环境影响因素的了解程度有关。

由环境的变化程度和环境的复杂程度的不同，可形成 4 种典型的组织环境，如图 3.5 所示。

(1) 状态 1：相对稳定和简单的环境。在这种环境中的组织会处于相对稳定的状态。在这种情况下，管理者对内部可采用强有力的组织结构形式，通过计划、纪律、规章制度及标准化生产程序等来管理。一般的日用品生产企业大都处于此种状态。

(2) 状态 2：动荡而简单的环境。处于这种环境中的组织一般都处于相对缓和的不稳定状态。面临这种环境的组织一般都采用调整内部组织管理的方法来适应变化中的环境。纪律和规章制度仍占主要地位，但也可能在其他方面，如市场销售方面采取强有力的措施，以对付快速变化中的市场形势。

(3) 状态 3：相对稳定但极为复杂的环境。一般来说，处于这种环境中的组织为了适应复杂的环境都采用非权力集中的形式，以根据不同的资源条件来组织各自的活动。无论如何，它们都必须面对复杂的竞争对手、资源供应者、政府部门和特殊利益代表组织等，作出相应的改变。像汽车制造企业所处的基本上属于此种状态。

(4) 状态 4：动荡而复杂的环境。一般环境和任务环境因素的相互作用有时会形成极度动荡而复杂的环境。面对这样的环境，管理者就必须更强调组织内部各方面及时有效的相互联络，并采用权力分散下放和各自相对独立决策的经营方式。一般而言，电器制造公司、高新技术企业面临的就是技术飞速发展、市场需求快速变化、竞争激烈的动荡而复杂的环境。

章节阅读 3-3

利瓦伊·斯特劳斯公司：如何走出困境？

利瓦伊·斯特劳斯公司是基地设在美国旧金山的一家私人公司，20 世纪后半叶的大部分时间，它传统的蓝色铆钉 501 斜纹粗布牛仔裤(最初由淘金者和牛仔们穿用)是世界上最受人们喜爱的裤子。作为全球品牌，501 几乎举世无双，牛仔影星詹姆斯·迪安、玛丽莲·梦露和马龙·白兰度是它的狂热追随者，它的形象总是一种叛逆者穿着的性感的年轻产品，这使得 501 在世界各年龄层中流行起来。

作为美国本土保留生产基地的最后几个大制衣公司之一，无论从象征意义还是经济意义来说利瓦伊·斯特劳斯公司对美国经济的发展作出了重大的贡献。1999 年 2 月它宣布即将关闭北美一半的工厂，估计约有 6000 人会失业(占其工人总数的 1/3)，这又一次打击了因面临海外竞争而处于滑坡状态的制衣行业。加之前年该公司裁员 7500 人，新的过剩劳动力对利瓦伊公司所在的美国以及加拿大地区产生了巨大冲击。

利瓦伊公司命运的转折很好地说明了企业环境的演变过程，以及它们是如何影响企业组织的，尤其当公司不能认识到外部环境情况的变化并做出正确反应时更是如此。在这一个案中问题似乎在该公司没有及时认识到时尚品位的变化。事实上，问题在于它似乎想当然地认为，市场就是这样大而忘记了顾客需求的重要性，很多顾客正转向其他替代品，像野战裤、货运裤、工装裤。对于那些仍然钟情于牛仔的顾客而言，来自日本的产品和品牌，像汤姆·希尔菲格，进一步侵蚀了利瓦伊公司先前的统治地位。例如 1997 年，利瓦伊公司销售额下降了 4%，而 1998 年这一数字达到了 13%。

报纸上一些思考栏目曾在当时建议利瓦伊公司为应对竞争而将生产设施移至海外，进而降低成本。

资料来源：[英]伊恩·沃辛顿，克里斯·布里顿. 企业环境. 北京：经济管理出版社，2005. 第 7 页.

3.2.2 任务环境分析——利益相关者管理

前文我们在探讨组织的任务环境时提到，利益相关者是指通过某种方式受到组织影响的个人、群体和机构。并在图 3.3 中根据其与组织利益的直接程度划分为一级利益相关者和二级利益相关者。由这些利益相关者带来的外部利益共担关系是环境影响管理者的另一重要途径。这些关系越清楚、稳定，管理者对组织成果的影响力就越大。在这一节中，我们将解释为什么外部利益相关者关系如此重要，并讨论如何分析和管理这些外部利益相关者关系。

为什么管理者应当关注利益相关者关系呢？

其中一个原因是，这可以带来其他的组织成果，如环境变化可预测性的改善、更成功的创新、利益相关者信任度的提高和更强的组织柔性，从而减少变化的冲击。但这些是否影响组织绩效呢？回答是肯定的？观察这一问题的管理学研究人员发现，业绩良好公司的管理者在制定决策时，往往考虑所有重要的利益相关者群体的利益。

管理外部利益相关者关系的另一原因是，这是应该做的“正确”的事。这是什么意思呢？意思就是说组织依赖这些外部群体作为投入(资源)的输入端，并作为产出(产品和服务)的输出端，而管理者在决策和行动时，应当考虑他们的利益，才能与这些外部环境的构成和谐相处，双赢发展。关于这一问题，我们在第五章讨论管理道德和社会责任时，还将作进一步探讨。

既然组织与利益相关者的关系对组织如此重要，那接下来我们就探讨一下如何管理这些关系。

约瑟夫·W·韦斯(Joseph W. Weiss)指出利益相关者管理的目的是通过这一流程使个人和组织能达成合作型的双赢战略，其管理流程如下。[1]

(1) 确认危机、威胁或机遇，并进行优先排序。

(2) 勾画出利益相关者。

(3) 列举利益相关者的利害关系和势力源。

(4) 标明现有的或可能成为联盟的成员。

(5) 标明每一利益相关者的道德观(及应该有的道德观)。

(6) 从“更高层面”的角度出发，通过协商与利益相关者达成合作战略，并推动计划向对各方有利的方向发展。

我们根据斯蒂芬·P·罗宾斯教授的总结，把对外部利益相关者关系的管理分为4个步骤。[2]

第一步是确定谁是组织的利益相关者。面对形形色色的外部群体，究竟哪个群体可能受管理者决策的影响，而哪个群体有可能影响到管理者的决策呢？那些有可能受组织决策影响并能影响组织决策的外部群体就是组织的利益相关者。

第二步是由管理者确定这些利益相关者可能存在的特殊利益或利害关系是什么——产品质量？财务问题？安全或工作条件？环境保护等。

接下来，管理者必须确定每一个利益相关者对于组织决策和行动来说有多关键。换言之，管理者在计划、组织、领导、控制时，考虑该利益相关者的利益具有多大程度的关键意义。利益相关者(与组织行为具有“利益”关系的群体)这一概念恰如其分地表明了这一群体的重要性。但其中一些利益相关者对组织的决策和行动来说更为关键。例如，由地方政府管理大学的关键利益相关者或许就是所在省市政府和教育主管部门，因为是它控制着大学每年的预算资金。相比之下，该大学的计算机硬件和软件供应商虽然重要但并不是关键的。

一旦管理者明确了上述事项，最后一步就是决定通过什么具体的方式管理外部利益相

---

[1] 约瑟夫·W·韦斯．商业伦理——利益相关者分析与问题管理方法(第三版)．北京：中国人民大学出版社，2005．第6页．

[2] [美]斯蒂芬·P·罗宾斯．管理学．北京：中国人民大学出版社，2004．第78-80页．

关者关系。这一决策取决于外部利益相关者的关键程度以及环境的不确定性程度。利益相关者越关键，环境越不确定，管理者越是需要与利益相关者建立明确的伙伴关系。图 3.6 描述了管理利益相关者关系的各种方式。

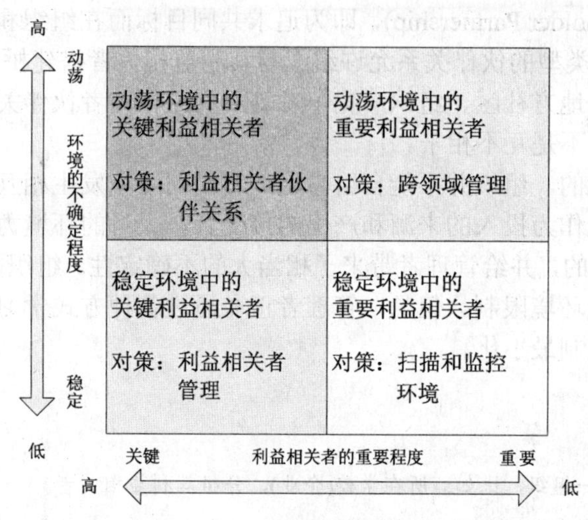

图 3.6　利益相关者关系管理

如果外部的利益相关者是重要的但又并非关键的，且环境的不确定性很低，管理者通常简单地扫描和监控环境中可能变化的趋势或力量。在这种情况下，管理者没有必要采取具体的行动来管理利益相关者，他们只需要跟踪了解利益相关者的动向、他们可能关心的焦点，以及这些焦点是否在变化就可以了。

如果利益相关者是重要而非关键的，且环境的不确定性很高，管理者需要投入更多前瞻性的努力来管理利益相关者关系。此时，管理者可以采用跨领域管理(Boundary Spanning)，即采用更具体的方式与各种外部利益相关者开展互动合作，以收集和传播重要的信息。在行业管理中，组织成员在组织和外部利益相关者之间自由移动。组织边界具有更强的柔性和可渗透性。人们通常会说边界跨域者有多个落脚点——意思是他们跨越了组织边界。举例来说，那些在工作中日复一日地与外部利益相关者打交道的人，例如，与医生和健康护理专家打交道的医药公司的销售人员，在报纸和电视报道上发表演说的公共关系经理，零售企业的采购员，与竞争者合作安装一家医院价格昂贵的成像仪器的通用电气(GE)医疗系统的设备安装专家等，将与外部利益相关者建立更紧密、更明确的关系。相对简单扫描和监控环境来说，这是更深入的一步，因为边界跨域者在收集和传播信息的时候，要与利益相关者积极互动。

如果利益相关者是关键的，且环境的不确定性很低，管理者可以采用更直接的利益相关者管理，如开展顾客营销调研、鼓励供应商之间的竞争、设立政府关系部门或展开游说活动、与公众压力集团建立公共关系的业务往来等。例如，当耐克公司希望处理海外工厂的工作条件问题时，该公司与包括顾客、供应商、政府机构以及公众压力集团在内的利益相关者进行合作，以管理这种情况。

最后，如果利益相关者是关键的，而且环境的不确定性很高，管理者应当采用利益相关者伙伴关系(Stakeholder Partnership)，即为追求共同目标而在组织和利益相关者之间达成的非正式协议。这种类型的伙伴关系允许组织与其利益相关者搭建桥梁，即组织—供应商、组织—顾客、组织—地方社区、组织—竞争者等。利益相关者伙伴关系需要合作者的高度承诺，相辅相成，而不是互不相干。

正如我们所看到的，组织并不能自给自足，它们同环境发生相互作用，并受环境的影响。组织依赖其环境作为投入的来源和产出的接受者。大量的环境力量，无论是具体的还是一般的，都是动态的，并给管理者带来了相当大的不确定性。组织面对的环境越不确定，管理者的选择就越受环境限制。但是，管理者正在通过各种方式学习如何更好地管理这些外部关系，使这些限制最小化。

思考与讨论

试选择你熟悉的某一组织，比如：所在学校(企业)，分析其利益相关者。

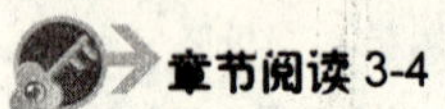

章节阅读 3-4

微软：凶猛的竞争者还是掠夺者？

2001 年 6 月，哥伦比亚地方联邦上诉法院(the U.S. Court of Appeals)一致认定微软违反了《反托拉斯法》，但将案件打回(低一级的)地方法院审理，以便在政府让步不强迫微软分拆后，重新考虑该高院提出的将微软一分为二的制裁方案。但是，18 个州中有 9 个州拒绝了司法部的让步。现在联邦地方法院——法官科琳·科拉尔·科蒂利(Collen Kollar Kotelly)将继续处理这一案件。

1998 年 11 月 5 日，哥伦比亚地区的联邦地方法院法官托马斯·彭菲尔德·杰克逊(Thomas Penfield Jackson)发布了对微软的调查结果，调查显示微软与英特尔(Intel)兼容的个人电脑(PC)操作系统在市场处于垄断地位，理由是：

(1) 在过去 10 年里，微软产品的市场占有率稳居 90%以上，从 1998—2000 年，甚至上升到 95%以上；

(2) 该市场进入壁垒高，从而阻止了潜在竞争对手开发出能与微软 Windows 抗衡的操作系统；

(3) 微软产品缺乏可行的替代产品，这使其他应用软件只能在其 Windows 系统上开发。

尽管微软坚持认为，公司行为符合竞争精神，是为了在快速发展的计算机技术行业求得生存，但该案例中的多处事实证明，公司为了根除对 Windows 操作系统市场统治地位有竞争力的挑战，曾采用了不道德的商业行为。此案例的核心人物是微软公司(以公司共同创始人和现在的首席执行官比尔·盖茨及微软的管理团队为代表)。其他利益相关者包括以下内容。

(1) 微软的股东。

(2) Windows 操作系统及兼容软件(由微软公司或其他企业提供)的现有用户和未来用户。

(3) 美国政府，包括司法部的反托拉斯司、州政府和对微软提起上诉的 19 个州的州检察长(State Attorneys General)以及哥伦比亚地区的联邦地方法院。

(4) 微软在操作系统领域的竞争对手。

(5) 网络浏览器供应商和其他软件供应商。

(6) 贴牌生产厂商(Original Equipment Manufacturers，OEMs)。

(7) 网络内容供应商(Internet Content Providers，ICPs)。

(8) 网络服务供应商(Internet Service Providers，ISPs)。

(9) 在线服务商(On-Line Services，OLS)。

这些人组成的联盟关心的是消费者能否在无需支付人为高价或者能否在不缺乏创新机会的商业环境下，便利地使用到现在的技术，但微软在 Windows 操作系统领域的垄断地位使这一希望受到威胁。

竞争对手形成另一联盟，成员包括：网络浏览器供应商、软件开发商和操作系统开发商。现在已被美国在线(American On-Line，AOL)收购的网景(Netscape)使微软成为反托拉斯案的主要利益相关者。微软将网景视作威胁其在操作系统产品市场统治地位的潜在竞争对手，因为网景可以用来开发另一种与微软 Windows 相竞争的操作系统平台。微软曾提议网景成为其战略伙伴，但却在伙伴关系协议中将网景的应用局限在一个很小的市场领域，网景拒绝了微软的提议，此后，微软开发出自己的网络浏览器产品——IE(Internet Explorer)，并通过与经销商的排他性协议排挤网景产品，使网景在网络浏览器市场的占有率在 3 年之内从 90%锐减到 40%。微软再以特许权方式获得另一浏览器供应商 Spyglass 的技术后，将其改头换面成微软的 IE，并与其 Windows 操作系统捆绑后免费搭送给消费者，这样消费者就无需另外再花钱来买类似的网络浏览器产品，从而达到了将 Spyglass 公司的产品彻底挤出浏览器市场的最终目的。

软件开发商如英特尔和苹果公司(Apple)也支持政府对微软的制裁提案，因为微软曾有不公正的市场行为，并曾企图打压市场竞争。通过威胁不再支持英特尔下一代微处理器的做法，微软有效地迫使英特尔放弃了开发与微软 Windows 相竞争的操作系统计划。微软还曾通过威胁进入编辑出版软件领域抢夺苹果应用程序接口(Application Programming Interface，API)市场份额的方式，力图阻止苹果公司生产 QuickTime 产品，该产品与微软的 DirectX 多媒体软件包形成直接竞争。

替代操作系统开发商如 IBM 和苹果公司也表示支持政府对微软的制裁提案。因为微软的蛮横做法、设置市场进入障碍的做法使那些试图进入操作系统市场的竞争对手望而生畏，在 IBM's OS/2 操作系统和苹果公司 Mac OS 系统失败的阴影下，开发人员因畏惧微软的市场统治地位根本不愿为这些替代 Windows 的操作系统编写应用程序，结果导致能在这些替代操作系统平台上运行的应用程序少之又少，从而使替代操作系统的订单微乎其微。

微软案中到底谁对谁错呢？问题的核心是什么？造成了什么伤害(如果有的话)？伤害了谁？是否伤害了所有人呢？如果造成了伤害，应该由谁来赔偿？赔多少？为什么？如果你现在不在提起上诉的 19 个州之列，你是否会提起上诉呢？

微软案中对于所有利益相关者而言，问题在于：怎样保护消费者和新进入者，并避免市场垄断行为？当前的和解会在多大程度上、多大范围内改变正义、权利、自由市场伦理和社会责任呢？

资料来源：约瑟夫·W·韦斯. 商业伦理——利益相关者分析与问题管理方法(第三版). 北京：中国人民大学出版社，2005. 第 28-29 页.

第4章 全球化与跨文化管理

学习目标

(1) 阐明以全球观点看待管理的重要性。

(2) 掌握组织国际化的几种主要形式，理解组织走向全球化的典型阶段及其主要商务形式。

(3) 分析组织全球化发展的动机。

(4) 比较全球化经营环境与国内管理环境的差别。

(5) 在分析比较文化差异的基础上，把握跨文化管理的内涵。

章前导读

会两种语言的猫

有个主人的家里老鼠为患，于是托人带了一只强悍的猫回来治理嚣张的老鼠，希望猫能为主人解决心头之患，而猫也不负所望，几天时间，家中的老鼠就被捕杀了大半，剩下的鼠辈再也不敢猖獗放肆，大伙害怕地躲进墙洞里保命，并机灵地注意着猫的一举一动，只有在饥肠辘辘而猫又睡着时才敢出来稍事活动。但是说也奇怪，虽然相互警戒、彼此守望，但鼠群的数量仍逐日减少，而且都消失得无影无踪。于是大家更加小心翼翼，但都无法知道到底是怎么回事。终于，只剩下两只相依为命的老鼠，两只老鼠商量出去偷食果脯，一只先出去探究竟，待没异常时再通知第二只跟上，以确保安全。第一只蹑着脚溜出去，第二只心惊胆战地竖着耳朵，摒息等待。不久，听到声音说："出来！出来！外面没猫"。它立即也溜了出来，四脚不过是刚离开洞口，就被一只毛绒绒的大掌捉住，张开眼睛一看，居然是那只强悍的猫。老鼠直打哆嗦，根本不相信这个事实，临死的老鼠想了解这到底是怎么一回事？于是就怯怯地问猫："我的同伴不是说你不在吗……"谁知恶猫却鄙夷地露出奸笑声，用老鼠的语言说："您的同伴早已被我生吞活剥，那声音是我发出的，时代早已不同，如果不懂第二种语言，如何在社会上混！"

我们生活在一个国际化社会之中，电视实时动态地将世界各地正在发生的新闻资讯带到我们家中。敲击你桌上电脑的键盘，就能够通过互联网阅读世界各地的报纸。新闻记者告诉我们各种消息，使我们轻易地知道如亚洲经济的最新发展、中东的冲突、非洲国家的政治进步等最新动态。各类学院和大学提供越来越多的海外学习项目，电子邮件和网络聊天室以低廉的费用将我们与世界各地的朋友和工作伙伴连在一起。我们生活在一个地球村，也工作在一个全球化的经济环境之中。

世界在变小，大大小小的组织也越来越多地跨国界经营，在这个过程中，正产生一些新的管理技能和观念。为了获得竞争优势，今天的商业领袖们必须进行全球化的思考、采取全球化的行动。宝洁公司在70多个国家实施全球化战略；可口可乐和百事可乐公司为了争夺中国、印度以及其他国家的市场而展开了激烈的竞争。如同其他许多公司一样，他们积极地寻求国际商务机会，以获得如下优势。

(1) 利润：全球化经营提供了更大的赢利潜力。

(2) 顾客：全球化经营为产品销售提供了更多的新市场。

(3) 供应商：全球化经营提供了所需原材料的获得途径。

(4) 资本：全球化经营提供了新的资金来源。

(5) 劳动力：全球化经营提供了较低成本的劳动力。

4.1 组织的全球化发展

组织的全球化(Globalization)发展，简单地说就是面向全球的发展，是指组织在全球范围内通过优化和配置资源来实现组织的目标，它强调企业的经营和发展处于一个原材料供应、产品市场及商业竞争在世界范围内相互依存的环境中。

4.1.1 全球化经营的主要形式

全球化经营的主要形式是国际商务(International Business)，是以赢利为目的的跨越国境的商品和服务的交易，是世界贸易的基础。在全球化经济中，国际商务是原材料、制成品以及特定的服务从一个国家向另一个国家移动的动力。国际商务主要有出口、进口、雇佣国外代理商、许可贸易、战略联盟、建立合资企业等形式。

国际商务的最初形式一般是全球采购(Global Sourcing)，即从世界各地采购或生产零部件装配成制成品的过程。这可以充分利用那些劳动力成本较低的国家进行生产。例如，在美国以全球采购的方式装配汽车，可能意味着从墨西哥采购挡风玻璃、仪表板、坐椅和油箱，从德国采购防抱死系统(ABS)的电子元件。

国际商务的第二种形式是出口(Exporting)，即在国外市场销售本国的产品；以及进口(Importing)，即采购外国制造的产品，以供在国内市场销售。各国政府通常对出口企业青睐有加而不论其规模如何，一律把他们视为一种改进贸易均衡的途径。

通过达成一份许可协议(Licensing Agreement)也是国际商务的主要形式之一，即一家外国公司将为取得生产或销售另一家公司产品的权利付费。这种国际商务形式的特点是获取许可证授权方所拥有的特殊的制造技术、特别的专利或者商标权。特许经营(Franchising)是许可贸易的一种形式，受让人“打包”购买开办一家特定的企业所需要的支持。

为了在国外建立直接投资项目，许多公司采用合资企业(Joint Venture)的方式开展业务经营。合资企业是一个外国合作伙伴通过购买当地企业的产权或直接加入投资，或者由一家外国企业和当地企业共同投资创建一家新的企业而建立起来的。国际合资企业是“战略联盟”(Strategic Alliance)，它可以帮助合资的参与者通过合作获得其他情况下难以得到的好处。例如，作为对投资的回报，外国合作伙伴常常可以获得新的市场，并且得到当地合作伙伴的理解和支持。而当地的合作伙伴则常常可以获得新技术，使其员工有机会通过工作中与外方的合作学习新的技能。

4.1.2 全球化经营的发展阶段

在进行全球化发展的过程中，不同的组织在不同时期选择的国际化发展形式是有很大差别的。这是因为组织的全球化发展不仅要从战略上考虑其市场、资源的获得和优势的发挥，还要充分考虑其管理面临的挑战和风险。

根据罗宾斯教授的总结，一个组织如何发育成全球性的组织经历三个阶段：被动反应阶段、主动进入阶段和建立国际性公司阶段。每一个相继的阶段要求更多的全球投资，有可能带来更多的利润，但是企业的控制力也会相对减弱，因而也会承担更多的风险。下文将从组织全球化发展的三个阶段来考察国际商务形式的变化，如图 4.1 所示。

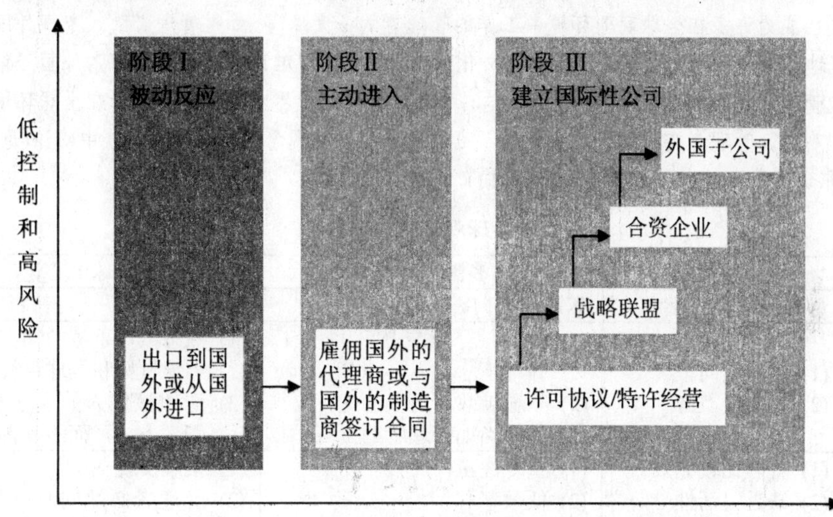

图 4.1 组织的全球化发展阶段

(1) 阶段Ⅰ，管理当局进入国际市场的最初方式仅仅是将产品出口到其他国家，即在国内制造产品，并将产品销往国外，这是走向全球化的被动的第一步。此外，一个组织最初也可能采用进口产品的方式来走向全球化。出口和进口都只是成为全球企业的萌芽阶段，所涉及的投资和风险都是最小的，大多数组织都是这样开始全球业务的。许多这样的组织，尤其是小企业，继续通过进出口业务实现全球经营。

(2) 阶段Ⅱ，管理当局主动到外国市场销售自己的产品，或在国外工厂制造产品，其投资也因此增加，然而公司仍没有向国外正式派驻人员。在销售方面，通常是定期派遣公司雇员到国外与客户会面，或是雇佣外国的代理商或中间商来代理组织的产品。在制造方面，管理当局则是同外国公司签订合同，制造自己的产品。

(3) 阶段Ⅲ，这是管理当局最为积极地寻求全球市场的一个阶段。

思考与讨论

为什么说全球化发展已逐步成为大型组织经营发展的必然选择？

章节阅读 4-1

三种全球观念的比较

狭隘主义已成为许多在全球商业环境中工作的管理者的一大障碍。如果管理者跌入忽视外国文化习俗的陷阱，固执地认为“本国文化就是优于外国文化”，他们将发现难以与那些努力探索外国习俗和市场差异的全球其他管理者和组织进行竞争。但是，这种自私、狭隘的世界观并不是管理者在全球环境中唯一可能持有的管理观念。管理者在看待全球业务时，可能是下列三种观念中的一种：民族中心论(母国取向)，多国中心论(东道国取向)，全球中心论(全球取向)。

三种全球观念的主要内容

	民族中心论	多国中心论	全球中心论
取向	母国取向	东道国取向	全球取向
优点	(1) 结构较简单 (2) 控制较严密	(1) 广泛地了解外国市场和工作环境 (2) 东道国政府更多的支持 (3) 鼓舞当地管理者的士气	(1) 熟悉全球事务的动力 (2) 当地目标和全球目标的平衡 (3) 选用最优秀的人才和最佳的管理方式，而不受国籍之限
缺点	(1) 管理比较无效 (2) 缺乏灵活性 (3) 社会和政治力量的强烈反对	(1) 重复性工作 (2) 低效率 (3) 因过于维护当地传统而难以维护全球目标	(1) 很难实现 (2) 管理者必须同时具备当地知识和全球知识

资料来源：斯蒂芬·P·罗宾斯. 管理学. 北京：中国人民大学出版社，2004. 第91页.

4.1.3 全球化经营发展的动因与挑战

各个企业发展成为国际企业有着各自不同的动机。一般来说，这些动机主要包括以下几种。

1. 利用优势能力

如果企业拥有较强的竞争优势，那么企业内部的张力就会要求它通过扩张规模和扩张市场来实现这些优势。英国经营学家邓宁(Dunning，1975)提出，跨国经营的形成是所有权优势、内部化优势和区位优势三者综合作用的结果。他认为如果一个企业同时具备了这三种优势，那么该企业就具备了对外直接投资进行跨国经营的充分条件。

2. 占领日益增长的世界市场

美国哈佛大学教授弗农(Vernon，1966)认为生产地取决于产品生命周期的不同阶段。当产品进入标准化阶段时，一方面，一个国家的厂商就可能增加产品数量，并借助生产成本的降低，把产品打入世界市场。这样，企业在跨国经营中就可以凭借价格低的优势向资源丰富、工资水平低的国家进军，并使发展中国家进口标准化产品成为可能。另一方面，经济一体化给企业带来了发展的机遇，贸易和投资自由化打开了许多以前受国家保护的市场。企业将其地理目标市场扩大到其他国家后，消费者的人数必然会增加，绝对的购买力水平也会增强，在通常情况下，销售额会有增长。特别是总部所在的国内市场较为狭小或日趋饱和的企业一般都有强烈的向外扩张的倾向，如雀巢公司、诺基亚公司的国际化明显具有这样的特征。

3. 获取关键性战略资源

由于资源在国家间和企业间的分布是不均衡的，企业为了获得对其发展有利的关键性资源需要付出较高的代价。而利用国际化经营，企业可以更便利地获得这些资源，并降低获取时所必须支付的成本。这一点在以直接投资为主要形式的国际化企业中尤为明显。通过在东道国投资设厂，企业可以直接获得和使用廉价的物质资源，借鉴和学习国外对手所具有的产品、质量、设计、工程技术方面的知识，了解国外市场的需求。

4. 抵御和分散风险

为了避免生产、销售、利润大幅度波动，企业可以选择国际性经营活动实现经营的多元化，或在不同的市场开展经营，以达到“东方不亮西方亮”的效果。

特别对于发展中国家，美国学者威尔斯(Wells，1977，1983)提出了小规模技术理论，认为发展中国家企业的技术优势具有十分特殊的性质，是投资国市场环境的反映。理由如下：

(1) 小规模技术优势。发展中国家的企业迫于市场压力，将引进的技术加以改造，使其生产技术更具灵活性，提供品种繁多的产品，以适应小规模、多样化的市场需求，从而具有小规模技术的特征。这些经过改造的小规模技术成为发展中国家企业开展对外直接投资的特殊优势。

(2) 当地采购和特殊产品优势。发展中国家的对外直接投资往往还带有鲜明的民族特色，能够提供具有民族文化特色的特殊产品，在某些时候它甚至可以成为压倒性的经营优势。

(3) 物美价廉优势。与发达国家相比，发展中国家的劳动力成本普遍较低广告支出也较少。

因此，即使是技术不够先进、经营范围和生产规模较小的发展中国家企业，也能够通过进行对外直接投资来参与国际竞争，这对发展中国家企业开展对外直接投资活动具有十分积极的意义。[1]

全球化经营在国际市场中获取更多资源、分散风险和发挥能力优势获得规模经济的同时，也给组织的管理者提出更高的要求和严峻挑战，主要体现在环境和决策的复杂性上。

---

[1] 樊增强，宋雅楠．企业国际化动因理论述评．当代经济研究，2005(9).

与国内经营活动相比，国际经营要涉及不同的主权国家，企业所面对的不是单一的外部环境，而是多元、复杂的外部环境，而且这种多元性和复杂性往往随着国际化经营的地理范围和目标市场的扩大而日趋扩大。首先，各国政体和国体差异决定了国际经营活动所面临的政治和法律制度各不相同。其次，不同的经济体制和经济发展水平决定了从事国际化经营的企业面对的经济环境有别于国内。再次，各国拥有的价值观、生活方式、语言文化的差别又决定了国际经营者必须面对多种文化冲突的问题。这就要求，国际企业的管理制度、组织结构、决策程序、人员的要求和配备等必须适应国际化的环境。

相对于国内经营而言，国际企业的决策要复杂得多。因为，任何企业在国际经营决策过程中，要考虑的因素更多，要协调的子系统更多，要在一个更广的范围、更长的时间内进行成本和效益规划。因此，国际经营决策者必须综合内外部环境，根据经营目标制定有效的全球性经营战略，将各子公司和代理机构整合在企业之中。

思考与讨论

你了解中国企业的国际化发展现状吗？你认为中国企业是否应该走出去？

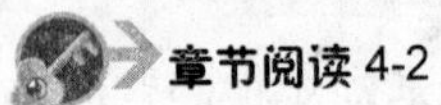

章节阅读 4-2

中国企业的国际化征程

自改革开放以来，中国企业国际化经历了20世纪80年代萌芽期、90年代初至中期的初步发展期、90年代后至21世纪初的加快发展期。据商务部统计，2004年中国非金融类对外直接投资36.2亿美元，同比增长27%，累计对外直接投资已达370亿美元。2004年中国加速了企业国际化进程，企业国际化的方式除了到海外直接投资和对外承包工程外，还表现在中国企业对大型跨国企业并购速度加快，采矿业、石油开发、家电制造、PC制造都有大型跨国并购项目，极大地推动了中国企业的国际化进程。

20世纪80年代为中国企业国际化第一阶段，是以代表处为主体，这些代表处基本上是由具有经营垄断地位的国有公司开设的，主要功能是接待、联络，管理极不规范，成本巨大，至今已大部分销声匿迹了。

20世纪90年代初中期是中国企业国际化的第二阶段，开始设立独资公司，或与海外华人设合资公司，由于经验不足，在经营、法律、道德等方面问题很大，出现巨亏，生存下来的也很少。

20世纪90年代后期至21世纪，中国企业国际化进入并购扩张阶段，这种战略是在有一定经验和实力积累后的一种正确的选择。之所以正确，是因为这样的道路会使中国企业在短时期内快速地在若干基本产业里建立国际化经营的基础，获取比较竞争优势。但困难在于并购后的整合能力，及以研发能力为基础的技术创新能力和需要整体提升的核心竞争能力。这三种能力如果不能在竞争中不断强大，以并购为突破口的国际化要获得成功仍然是困难的。

中国企业在进军国际化的过程中一般选择两种模式。一是以自身的产品、技术实力为基础，以产品和技术出口起步，逐步过渡到国外投资设厂、当地化生产或以当地和周边地区为市场进行生产和经营。这类企业的代表是家电制造业的海尔、通信设备制造业的华为和中兴。这种依靠自身实力内生壮大式的国际化经营战略所需时间较长，企业自身经营、管控、研发能力进入国内企业的最高水平之列需要有较长的磨合和升华阶段，海尔、华为、中兴通讯都经历了十多年的国际化经营之路，但每一步都比较坚实可靠，根基很牢。二是企业的产品、市场、技术在国内成为行业领导者地位或者获取竞争优势地位后，依靠大规模并购国际知名企业，成功地转化为国际化经营公司。这类企业的代表在资源类和家电、通信等领域都有很多。

4.2 全球化环境中的管理

管理不再局限于具体的某一国界范围内，各种规模和类型的组织及其管理者正面临着管理全球环境的机遇和挑战。相比较而言，全球化的管理环境有何差异，全球化组织的管理者如何面对这一挑战？这是本节要介绍的内容。

4.2.1 全球化的经济版图

仅在几年前，国际竞争还被描绘成国家对国家的形式，如美国与日本、法国与德国、墨西哥与加拿大。现在，由于产生了区域性贸易和合作协议，全球竞争已经发生了变化。

“欧洲1992”标志着欧洲经济联盟成立的第一步的完成。欧洲共同体(EC)1992年规划导致经济实体的大幅度调整。一些国家把这个新规划视同为“新欧洲”，而其他一些国家，尤其是共同体之外的国家则认为这是一个壁垒，对其他国家(包括美国)构成了巨大的挑战。为了有效地抗衡这个“新欧洲”，北美和亚洲国家组建了北美自由贸易协定(NAFTA)和东南亚国家联盟(ASEAN)等区域性的经济贸易联盟，形成了全新的世界经济版图。

1. 欧盟

1992年2月签署的《马斯特里赫特条约》(以条约的签署地荷兰的马斯特里赫特市命名)宣告欧盟(EU)成立。

“欧洲1992”(后来成为“欧盟”)最初有12个成员国，它们是：比利时、德国、丹麦、法国、希腊、爱尔兰、意大利、卢森堡、荷兰、葡萄牙、西班牙和英国。1995年又扩大到奥地利、芬兰和瑞典。之后又有：塞浦路斯、捷克、爱沙尼亚、匈牙利、拉脱维亚、立陶宛、马耳他、波兰、斯洛伐克、斯洛文尼亚、罗马尼亚以及保加利亚加入。欧盟现在已有27个成员国，总人口已超过了18 000万。

“欧洲1992”的目标是通过取消贸易壁垒以及产品、人员、服务和资金的自由流动而形成一个单一市场。这些变化超越经济利益，也带来许多社会变革，例如，教育的质量也会受到影响。欧盟部长委员会颁布了一条法令，宣布承认各国高等教育文凭，以便于专业人员在欧盟各国工作。毫无疑问，欧盟共同市场绝不仅是一个经济共同体，更是一个具有政治权力的国际集团。

在欧盟成立之前，这些国家中的任何一国都设有边境控制、边境税、边境补贴、国家政策和各自的保护工业。现在，作为一个统一的市场，旅行、雇佣、投资和贸易已经没有国家壁垒了。欧盟于 1999 年向完全统一迈出了一大步，15 个国家中除英国、希腊、瑞典和丹麦外的 11 个国家加入了经济和货币联盟(EMU)，在这个体制中，各成员国共同使用单一的货币——欧元(Euro)。2002 年以后，马克、里拉以及其他成员国的货币将退出流通领域，2007 年 1 月，斯洛文尼亚成为第 13 个欧元区国家。

2. 北美自由贸易协定(NAFTA)

1992 年 8 月 12 日，墨西哥、加拿大和美国政府就北美自由贸易协定(North American Free Trade Agreement，NAFTA)的关键性问题达成一致意见，由此诞生了一个巨大的经济集团。从 1994 年起 NAFTA 正式生效，到 1998 年(进行完全统计的最近的一年)，美加贸易额增长了 56%，达到 3299 亿美元(每天将近 10 亿美元)，而美国和墨西哥之间的贸易额也增长了 113%，达到 1734 亿美元。消除自由贸易壁垒(关税、进口许可证、海关服务费)的最终结果是三国经济实力的增强。

其他拉美国家也正努力加入自由贸易集团。哥伦比亚、墨西哥和委内瑞拉三国政府于 1994 年就消除进口税和关税签署了一项条约，首先迈出了一步。现在，加勒比海地区、南美洲和中美洲的 36 个国家正就美洲自由贸易(Free Trade Area of the Americas，FTAA)的贸易协议进行谈判。

3. 南美六国集团(Mercosur)

其他拉美和加勒比海国家也相继组建了它们自己的贸易区。阿根廷、巴西、玻利维亚、智利、巴拉圭和乌拉圭成为南美六国集团成员国。欧盟与南美六国集团成员国之间贸易往来密切，这一关系随着 2001 年 7 月召开的贸易协会第五轮谈判的召开得到了进一步加强。此外，加勒比和中、南美洲国家认为，通过美洲自由贸易区降低了贸易壁垒，而这一贸易区被人们认为是北美自由贸易协定的延伸。

4. 东南亚国家联盟(ASEAN)

ASEAN(简称东盟)，这是一个由文莱、柬埔寨、印度尼西亚、老挝、马来西亚、缅甸、菲律宾、新加坡、泰国和越南 10 个国家组成的贸易联盟，这个联盟不仅在经济上，而且在政治上越来越多地能够与北美自由贸易协定和欧盟成员国抗衡。

在 2003 年 11 月巴厘岛召开的东南亚国家联盟高峰会议上，与会国家领导人与中国、日本、印度和韩国领导人讨论了政治安全、社会文化合作以及经济等问题。东南亚国家联盟经济部长们定期会晤，讨论经济和战略问题。2003 年 9 月在曼谷召开了第 35 次部长级会议。一个月之后，在马来西亚的卡拉伦坡召开了首届文化和艺术部长级会议，其目的是改善成员国之间的合作，加深人民之间的了解，促进地区一体化。近来，这些国家有就“反恐”问题进行合作。最终，东南亚国家联盟会对北美自由贸易协定和欧盟形成抗衡。

全球其他地区也正筹备着建立区域性贸易联盟。例如，非洲9国(吉布提、埃及、肯尼亚、马达加斯加、马拉维、毛里求斯、苏丹、赞比亚和津巴布韦)已经成立了一个自由贸易区，拥有1.7亿人口。此外，这9个国家也是东南非21国共同市场(Common Market for Eastern and Southern Africa，COMESA)的成员国。这些国家承诺在2004年以前实现技术性劳动力的自由流动，2014年以前实现公民的自由流动，2025年以前实行统一的货币。

思考与讨论

不同区域性贸易协议的形成，对我国企业的国际化发展有何影响？

4.2.2 全球化的管理环境

任何国际组织的管理者到一个新的国家管理公司业务，就像海尔的管理者到美国或欧洲的子公司任职，沃尔玛的经理到中国管理其分店一样，都会面临全新的挑战，其中最大的挑战来自于管理者所处的陌生环境。在表4-1中可以看它国内企业与国际企业在管理环境上的差异。下文从政治、经济和文化等方面简要介绍全球化的管理环境。

表4-1 国际企业与国内企业的管理环境对比

环境要素		国内企业	国际企业
政治法律环境	政治导向	以国家为中心	跨国
	法律环境	相当一致	不同
	国家主权	一个	多个
	政府的政策与规定	相同	相异
经济环境	经济发展	处于类似的阶段	处于不同的阶段
	经济体制	类似	相异
社会文化和道德环境	价值观和态度	相同	相异
	社会体制	类似	不同
教育环境	语言	一种	多种
	教育体制	没有或很少的制约	很大的制约

1. 政治法律环境

不同的国家和地区不仅在政治制度、政治体制方面有很大差异，其政治法律环境的稳定性也有很大不同。

美国的管理者习惯于稳定的法律和政治体系。在这一体系中，变化是缓慢的，法律和政治程序是完善的，选举是定期举行的，即使总统大选后的政党变化也不会引起快速的、根本的改变。由于支配个人和机构行为的法律是稳定的，这就可以进行准确的预测，而其他国家并非都是如此。在全球组织任职的管理者必须熟知他们经营业务的国家所特有的法律体系。

一些国家的政府在相当长的历史时间内都是不稳定的。南美和非洲的一些国家在 6 年内换了 6 个不同的政府，而每个政府都有自己的新规则。一届政府的目标可能是让国家的关键工业国有化，而下一届政府的目标则是促进自由企业。这些国家的企业管理者由于政治的不稳定而面对着剧烈变动的高度不确定性。政治干预也是众多亚洲国家现实生活的一个方面。例如，许多大型企业推迟了它们在中国开展业务的时间，其原因是中国政府对这些组织的行为及其为方式仍然在施加过多的控制。随着中国消费者力量的增强，中国政府的态度可能会发生变化。

政治法律环境并非只有不稳定或具有革命性才会引起管理者的注意，事实上，一个国家法律或政治体系与东道国的差异才是重要的。管理者如果希望了解他们经营中的约束以及存在的机会，就必须认识这些差异。

2. 经济环境

全球管理者关注的一些经济因素是仅在一个国家经营的管理者不用担心的。最显著的三个焦点是波动的汇率、通货膨胀率和不同的税收政策。

一个全球公司的利润受本国货币及其经营所在国货币地位的影响而发生剧烈的变化。一国货币的贬值会严重影响一个公司的利润水平，而外币的地位也能够影响管理者的决策。

世界不同地区的通货膨胀率可能差异很大。例如，1999 年末，土耳其的年通货膨胀率已经降到了 100%，1999 年 9 月—2000 年 4 月，土耳其里拉对美元的汇率从 462 000：1 降到了 611 000：1。甚至一些更大的、工业化更发达的国家，如巴西和俄罗斯，都曾因通货膨胀率过高而颇为头痛。举例来说，巴西的通货膨胀率曾经一度达到 2700%。通货膨胀率影响到原材料、劳动力及其他资源的支付价格。此外，它也能影响到一个公司产品和服务的价格水平。

最后，不同的税收政策也是全球型管理者的一个主要担忧。一些东道国比该组织母国的约束更多，而有的则宽松一些。仅有一点可以肯定的是，国与国之间的税收规则不尽相同。管理者需要准确地知道他们经营所在国的各种税收规则，从而将企业的全部税收义务减至最少。但是，税收规则并不是管理者唯一希望监控的经济方面的信息。他们同样希望完全掌握我们所说的其他各种经济因素——汇率及通货膨胀率。

3. 异域文化环境

各国间法律、政治和经济的差异是相当明显的。在美国工作的中国主管或是在中国工作的美国管理者，都能相对准确地从派驻国的法律或税收政策中获得有关差异的信息。但要获得一个国家文化差异的信息却没那么轻松，主要原因是当地居民很难向外地人解释本国独一无二的民族文化特征。和组织文化一样，民族文化(National Culture)是一个国家共有的价值观，这些价值观塑造了他们的行为以及他们看待世界的方式。[1]

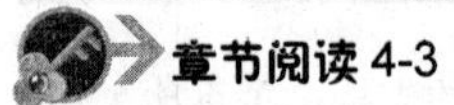

章节阅读 4-3

文化误区实例

你在上海工作，某一天在街上散步的时候，你碰到一个中国同事。他问你“吃了吗？”你回答说“没有。”于是这个人面带尴尬和不安，快步离去了。“吃了吗”是一个表达问候的常用语，正如美国人说“嗨，你好吗？”一样。“今天吃了吗？”或者说“日子过得怎么样？”是中国式的问候方式。

一位调到沙特阿拉伯的美国经理成功地从一个沙特制造商那里获得了一份100万美元的合同。这位制造商的代表到会时晚了几个小时，但美方主管认为这无关紧要。当这个美国人后来知道沙特并无遵守此合同的意图时，他是又惊讶、又沮丧。原来那位代表是为了出席会议迟到之故，出于礼貌而签订了这份合同。

一位美国主管第一次去德国的时候，应邀到一位最大的客户家里做客。他希望成为一个得体的客人，于是给女主人送了一束红玫瑰，一共12支。后来，他才知道在德国，如果花是偶数则代表坏运气，而且红玫瑰象征着一种极其浪漫的情意。

一位在美国工作的主管，被秘鲁管理人员认为是冷酷、不值得信任的。因为在面对面的讨论中，该美国主管总是离得很远。他并不知道，在秘鲁和其他拉丁语系国家，人们习惯与谈话的人站得很近。

“竖起两只大拇指”在中东国家被视为一种很冒犯的手势，在澳大利亚也是很不礼貌的，在法国则表示“OK”。

在土耳其，如果你和某个人面对面时，双臂交叉是很不礼貌的。

资料来源：[美]斯蒂芬·P·罗宾斯．管理学．北京：中国人民大学出版社，2004．第92页．

荷兰籍学者、管理咨询专家、研究人员格尔特·霍福施泰德(Geert Hofstede)的一系列研究为我们提供了一个理解不同民族文化价值观差异的框架。他的研究发现，一个国家的文化会对其人民的行为产生影响。

在他最初进行的、涉及11万人的研究中，他总结了4个维度，其后又补充了一个。这5个维度如下。

(1) 个人主义—集体主义。社会重视个人私利相对于群体的集体价值的程度。

(2) 权力差距。社会能够接受的在组织中权力分配不均的程度。

(3) 风险规避。社会承受风险和不确定情况的程度。

(4) 男权社会—女权社会。社会重视强权和物质利益相对于人际关系与感情的程度。

(5) 短期导向—长期导向。社会重视短期考虑相对于未来长期考虑的程度。

---

[1] [美]斯蒂芬·P·罗宾斯．管理学．北京：中国人民大学出版社，2004．第101页．

这 5 个维度可进一步在表 4-2 中进行如下比较。

表 4-2 五种行为维度

个人主义 关心自己的事情和比较接近的同事；工作任务比关系更重要	**集体主义** 强调群体作用，希望得到群体的支持；关系比工作导向更重要
大的权力差离 社会认可权力的不平等分配；尊重职权，强调职位和级别；下属希望被告知做什么；强调集权	**小的权力差离** 社会不太认可权力；员工倾向于与上司商讨建议，不太强调职权、职位和级别；最大限度地降低不平等性；强调分权
风险容忍 人们认可不确定性，接受风险，并愿意和承担风险	**风险规避** 惧怕含糊不清和不确定性；倾向于结构正式规章制度
男权社会 颇有进取心和自信心，强调物质利益、成功和金钱	**女权社会** 呈关系型风格；喜欢生活质量；关心别人的幸福，关心他人；强调谦虚
长期导向 努力工作、执着；呈节约型风格	**短期导向** 不太强调努力工作和持之以恒；呈消遣型风格

霍福施泰德的研究结果表明，个人主义在美国、澳大利亚、英国和加拿大盛行，相比之下，集体主义在危地马拉、厄瓜多尔和巴拿马比较突出。在研究涉及的 50 个国家和地区里，印度排名第 21 位，与日本接近(22 或 23 位)。另外，中国香港、新加坡、泰国和中国台湾排名在 37～44 位之间，呈现为集体主义倾向。在男性化与女性化指数方面，日本、奥地利、意大利和瑞士排名很高，而瑞典、挪威、荷兰和丹麦则排名很低，意味着这些国家倾向于女性化特征。

作为一个起点，霍福施泰德的分析框架是考察文化差异对管理影响的有用工具。例如，从新加坡等高权力差距文化中来的员工通常会对掌握权力的人表示出较大的尊敬；在风险规避强的文化中，能够增加就业保障的员工招聘可能会更受欢迎；在高度个人主义的社会里(在霍福施泰德的模型中，美国是被列为最具个人主义的国家)，可以预期，员工更为重视个人私利而非对集体的忠诚。外来者可能会发现，在日本这类男权社会中，工作环境中的性别界限可能显得更为僵化；而在重视长期思维的社会里，企业的战略将更可能是长期倾向的。

研究表明，管理人员为了在其经营的国家成功，有必要了解文化环境以及它们的含义。

另一位研究学者和咨询专家，方斯·特朗普纳斯(Fons Trompenaars)，结合了一些流行的关于民族文化的观点来研究跨文化的理解问题。他的注意力集中在人们处理相互关系、对待时间的态度以及对待环境的态度等方面的系统差异上。通过对这些领域中差异模式的更好理解，他认为，我们能够提高在跨文化工作方面的效果。

思考与讨论

试用格尔特·霍福施泰德的5个维度对比中国文化与美国文化。

章节阅读 4-4

中国顶级企业国际化征程上的酸甜苦辣

国际化，曾经是众多中国企业家口中的时髦词汇，甚至被当作企业的美丽包装。然而，联想、海尔这两家处于中国最顶级行列的企业，今天却在2005年博鳌亚洲论坛上大叹国际化征程上的酸甜苦辣，让人深思。

橄榄枝背后的挫折

联想集团总裁兼首席执行官杨元庆说，中国自有品牌在世界上面临认可度低的现状，在海外招募不到优秀人才。所以当IBM想伸出橄榄枝时，联想毫不犹豫地抓住了这个机遇，于是联想在国际化征程中迈出实质性一步。然而，联想却迎头遭遇美国的法律问题，好在联想调整心态，及时化解难题。杨元庆表示，只了解中国法律规则将很难适应海外市场，走国际化道路必须了解和遵守各个国家的法律要求。

针对联想的遭遇，海尔集团董事会主席兼首席执行官张瑞敏的经验是，所有的法律问题要在事情发生前解决。

国际化路上"三步走"

海尔从20世纪90年代初开始实施国际化，目前在海外有30多个生产基地和许多研发中心、营销中心。10多年的经历，张瑞敏的感受是：越做越难。他坦率地说，到了国际市场才知道，中国企业的后发劣势差距之大。他比喻自己是一名新手，面对的是国际级的超级竞争对手及一个早就被瓜分完的海外市场。

张瑞敏认为，中国企业国际化要"三步走"：第一步是走出去，混个脸熟，让国外主流市场知道企业名牌；第二步是走进去，不但要走进主流市场，而且要在主流市场的主流渠道销售主流产品；第三步是走上去，海尔的目标是，成为当地的主流品牌，虽然非常难，但是必须要达到目标。海尔没有通过并购的方式进入国际市场，他希望在国际上打造一个中国人自己的世界名牌。

人才瓶颈

"联想"和"海尔"均表示，中国企业国际化遇到的最大问题和困惑是人才问题。海尔在海外的公司和工厂大多聘请当地人，如何让海尔的企业文化和当地文化融合，问题严峻，而且两种文化的沟通有时显得非常困难。

另外，中国企业国际化不仅是要把产品卖到全球市场上去，更重要的是要树立国际化企业形象，拥有国际化文化。在股权结构、融资渠道、战略伙伴等深层次方面也必须实现国际化。海尔的经验是，把国内和国外市场作为一个整体考虑，并把国内市场优势转化到国外市场上。

资料来源：2005年博鳌亚洲论坛会议资料.

4.2.3 跨文化管理

竞争与全球化经济导致了全球化管理者的产生，他们能够适应文化的差异，能够迅速地在不熟悉的环境中找到机会，并且能够为了组织的利益来配置经济的、社会的、技术的和其他方面的资源。简而言之，全球化管理者能够跨越国家和文化的界限成功地行使管理的职能。

相当一个时期以来，北美和西欧的管理实践被当作是世界的样板。今天对管理内容的研究有了世界性的观点。比较管理学(Comparative Management)的研究领域就是不同国家和文化环境中管理的系统性差异。在这个研究过程中需要提出并回答的一个重要问题是：管理理论具有普遍性吗？

美国学者海因茨·韦里克(Heinz Weihrich)指出，国际企业管理人员面对的许多因素不同于内向型的国内企业，管理人员必须同具有不同教育和文化背景以及价值观念的员工打交道，还必须应对各种法律、政治及经济等因素。因此，不难理解，这些环境因素对管理职能和企业职能的实施方式会产生影响，如表 4-3 所示。

表 4-3　国内企业与国外企业管理职能比较

管理职能	国内企业(工业化国家)	国际企业
计划 审视环境中的机会与威胁	国内市场	全球市场
组织 组织结构 管理层的看法	国内经营结构 类似	全球化经营结构 不同
人员 管理人才的来源 管理人员的定向	国内劳动力市场 母国取向	世界范围内的劳动力市场 全球取向
领导 领导与激励 沟通渠道	相近文化因素影响 相对较短	受多种不同文化的影响 长距离的网络
控制 汇报系统	类似要求	许多不同的要求

资料来源：海因茨·韦里克，哈罗德·孔茨．管理学——全球化视角(第十一版)．北京：经济科学出版社，2004．第 45 页．(因哈罗德·孔茨对管理职能的划分与本书略有差别，所以这里组织、人员两项职能可对应本书的组织职能。)

前面介绍了格尔特·霍福施泰德关于理解民族文化的框架，他认为管理理论不应当被普遍性地运用。他担心，许多管理理论是有种族主义倾向的，因而不能正确地对待文化差异。例如，他认为美国人重视参与领导，反映了这一文化对待权力差距的中庸立场。在那些权力差距较低的民族文化中，如在瑞典和以色列，就更具有民主化领导的特色；法国以及某些亚洲国家的权力差距较高，看来就不那么关注参与领导。

霍福施泰德也指出，美国学者的激励理论重视个人的绩效。他认为，这一观点反映了在美国、加拿大以及英国居于统治地位的文化高度重视个人主义的特点。在更具集体主义价值观的地方，由于激励更多地与群体关系联系在一起，个人主义的激励理论就可能不那么适用了。甚至一些普遍价值，如要求工作更为人性化，在不同的文化中也可能导致不同的管理倾向。直到最近，美国一直在为员工个人扩展和丰富工作的内容方面领先；而在世界其他地方(如瑞典)则注重为员工群体扩展工作内容。

对于多年来人们普遍感兴趣的日本管理经验也有类似的告诫。例如，研究者们给日本经验归纳了以下特点。[1]

(1) 终身雇用制——组织和个人都期望随着时间的推移共同成长和成熟。

(2) 工作轮换和增加工作经验——允许员工获得较丰富的经验，而不是局限于某一专门技能。

(3) 分享信息——包括关于任务目标和完成任务所需要的活动与可能遇到的问题的信息。

(4) 群体决策——分担对结果的责任和创造团队精神。

(5) 注重质量——每一个人都需要高质量地完成工作任务，并且帮助别人做到这一点。

尽管这些观念可能是有趣的和令人兴奋的，但是要汲取日本的管理经验并非易事。今天我们已经认识到，并非所有的日本企业都是严格地按照这样的风格行动的。日本社会的变化给企业的经营带来了压力，而这些经营活动自身也有着重要的文化根源。当一些企业仍然可以学习和得益于日本经验时，任何学习日本传统管理经验的人都必须充分地认识到文化差异的重要性(如霍福施泰德所描述的)，以及如何对其进行适当得变革以适应新的环境。

比较管理学最好的研究方法应当是清醒、开放、追根究底和始终警觉的。明确国外管理经验的潜在优势是重要的，同样，当这些经验应用于其他国家时，确定文化差异对其成败的影响方式也是重要的。我们能够、而且应当寻求新的观念，以促进变革和创新。但是，任何一种管理方法无论在别的地方表现得多么成功，我们决不能轻易地将其当做包治百病的灵丹妙药。的确，比较管理的研究并不是要提供最终的权威答案。但更确切地说，它是有助于开发创造性和批判性的管理思想——该领域的管理者做事的方式和他们是否能而且应该做得更好。

思考与讨论

中国文化与欧美和日本的文化有何差别，你认为存在中国式的管理吗？

---

[1] [美]小约翰·谢默霍恩．管理学原理．北京：人民邮电出版社，2005．第43页．

章节阅读 4-5

日本企业和美国企业的对比

日本与美国机构特点比较

日本机构	美国机构
终身雇佣制	短期雇佣
缓慢的评价和升级	迅速的评价和升级
非专业化的经历道路	专业化的经历道路
含蓄的控制	个人的决策过程
集体负责	个人负责
整体关系	局部关系

不仅是美国模式的部件，还包括由组成工作制度的方式都需要考虑。美国企业雇佣制的特点是短期。在从事体力劳动和办公室劳动的职工中，公司经常出现 50%的年度职工补缺率，在某些年度甚至高达 90%。一个企业可能花费 15 天来训练新雇员，但他们大概干了 2～6 个月就辞职了。即便是经理级人员，每年 25%的补缺率也并非罕见，以致负责协调企业全面工作的副经理们也经常更动。密执安大学的罗伯特·科尔(Robert Cole)教授的研究表明，美国公司人员的补缺率约为日本公司的 4～8 倍，而辞职和解雇在日本大企业内事实上是没有的。

资料来源：[美]威廉·大内. Z 理论. 北京：中国社会科学出版社，1984. 第 48～49 页.

日本、美国和中国的组织比较

日本	美国	中国*
(1) 集体责任和义务 (2) 决策责任不明确 (3) 非正式组织结构 (4) 众所周知的组织文化和理念；对其他公司的竞争意识	(1) 个人责任和义务 (2) 决策责任清晰、具体 (3) 正式的、官僚式组织结构 (4) 缺乏共同的组织文化；对职业而不是对公司的认同	(1) 集体和个人责任 (2) 试图引入“工厂责任制” (3) 正式的、官僚式组织结构 (4) 对公司认同，但缺乏竞争意识

*国有企业的做法

资料来源：[美]海因茨·韦里克，哈罗德·孔茨. 管理学——全球化视角(第十一版). 北京：经济科学出版社，2004.

第5章　管理伦理与社会责任

学习目标

(1) 理解伦理和管理伦理的概念。
(2) 识别管理伦理问题的五种类型。
(3) 区分四种伦理观。
(4) 列举影响管理伦理决策的三类因素。
(5) 阐述管理者改善企业伦理行为的几种途径。
(6) 区分社会责任、管理伦理与社会义务。
(7) 理解社会责任的古典观和社会经济观以及赞成和反对承担社会责任的论点。
(8) 识别企业承担社会责任的内容。
(9) 明确公司的社会责任和经济效益间的关系。

章前导读

道德的起源

把5只猴子关在一个笼子里，上头有一串香蕉，实验人员装了一个自动装置，一旦侦测到有猴子要去拿香蕉，马上就会有水喷向笼子，而这5只猴子都会一身湿。

首先，有只猴子想去拿香蕉，当然，结果就是每只猴子都淋湿了。之后每只猴子在几次的尝试后，发现莫不如此。于是，猴子们达成一个共识：不要去拿香蕉，以避免被水喷到。

后来，实验人员把其中的一只猴子释放，换进去一只新猴子A。

猴子A看到香蕉，马上想要去拿。结果，被其他4只猴子揍了一顿。因为其他4只猴子认为，猴子A会害他们被水淋到，所以制止它去拿香蕉，猴子 A 尝试了几次，被打得满头包，依然没有拿到香蕉。当然，这5只猴子就没有被水淋湿。

后来，实验人员再把一只旧猴子释放，换上另外一只新猴子B。

猴子B看到香蕉，也是迫不及待地要去拿。当然，一如刚才所发生的情形，其他4只猴子揍了猴子B一顿。特别是，猴子A打得特别用力。猴子B试了几次总是被打得很惨，只好作罢。

后来，慢慢地一只一只地，所有的旧猴子都换成新猴子了，大家都不敢去动香蕉。但是，它们都不知道为什么，只知道去动香蕉会被其他猴子揍。

这就是道德的起源。

思考与讨论

学生通过考试作弊获得学位或奖学金是道德的吗？

有人将公司的汽车作为私用道德吗？

一个推销员贿赂一位采购代理人以诱使其购买是道德的吗？

会计师事务所为企业提供虚假的审计报告应该受到怎样的惩罚？

企业应该在多大程度上回报社会，为社会的公益事业承担责任呢？

管理者在组织中从事的管理工作，受到组织的内部因素和外部竞争环境的影响，我们的组织在社会中生存和发展，也必然受到整个社会、行业、社区的法律、规范、文化、习俗等众多因素的影响，当组织的管理者、组织的目标与这些影响因素及其利益发生冲突时，管理的伦理和社会责任问题就产生了。

5.1 管理伦理

伦理(Ethics)是指判定行为是非、对错的原则和行为规范。“伦”是指人、群体、社会、自然之间的利益关系，包括人与他人的关系，人与群体的关系，人与社会的关系，人与自然的关系，群体与群体的关系，群体与社会的关系，群体与自然的关系，社会与社会的关系，社会与自然的关系等。“理”即道理、规则和原则。“伦”与“理”合起来就是处理人、群体、社会、自然之间利益关系的行为规范。[1]

“道德”与“伦理”这两个概念，一般并不做很严格的区分，它们经常可以互换使用，特别是作为“规范”讲时，更是如此，如“应该讲道德”与“应该讲伦理”是同一个意思，“道德规范”与“伦理规范”也是等同的。

组织的管理者经常需要协调很多人群之间的各种经济关系。我们常把这些人群称作“利益相关者”，其中包括顾客、雇员、股东、供货商、竞争对手、政府以及团体。当今的管理者必须考虑到组织所有的这些利益相关者，而不仅仅只是企业的股东或者是部门的上司们。过去，这些利益相关者大多集中在单个国家内，而现在他们更可能分散于不同的国家之中。顾客、供货商、竞争对手、雇员甚至股东，都常常遍布于世界各地。全球化的发展给现代企业管理者带来了一系列日益复杂的关系。当利益相关者的要求产生矛盾时，复杂性程度随之升级，这样的现实事例举不胜举。例如，是继续在一个现有的工厂里生产，还是将工作外包给一个别国企业，这个问题便涉及非常多的利益相关者：股东们期待他们的投资能够获得最大的回报，本地的雇员希望能够保住工作，外国的雇员希望得到工作机会，本地的社区希望保护它的税收对象不要流失，本地的政府则关心其居民的福利问题，而外国的社区也想借此增加它的税收对象等。无论管理者做出何种决策，总会有一些利益相关者获得利益，而他们所获得的必是另一些利益相关者所失去的。这就涉及了管理伦理的问题。

管理伦理(Business Ethics)，也称商业伦理，劳拉·纳什(Laura Nash)将其定义为：“研究如何将个人道德规范运用到商业企业的行为和目标之中。它不是单一的道德标准，而是研究企业如何影响代表企业的个人针对特定问题的立场。”纳什提出商业伦理处理管理决策的三个基本问题：

(1) 选择应该遵循什么法律并决定是否遵守这些法律。

(2) 在主流法律外的经济社会问题之间进行选择。

(3) 在自己利益和公司利益的优先性之间进行选择。[2]

5.1.1 管理伦理问题

管理者在实际的经营管理过程中，可能会涉及哪些方面的伦理问题呢？

管理的伦理问题，也称管理的道德问题，集中表现在管理者实际工作中所面临的道德困境，在这种困境中管理者经常会面临一些组织利益、相关群体利益与自身利益的两难选择，如要不要受贿，是否应该欺骗等。这种选择依据社会或组织特定的组织行为规范，即伦理规范，有些则完全依赖于管理者个人的道德准则及其选择。

---

[1] 周祖城．企业伦理学．北京：清华大学出版社，2005．第 1 页．

[2] [美]约瑟夫·W·韦斯．商业伦理——利益相关者分析与问题管理方法(第三版)．北京：中国人民大学出版社，2005．第 7 页．

美国学者戴维·J·弗里切把管理的伦理问题总结为5大类：即贿赂、胁迫、欺骗、偷窃和不公平歧视。这5类问题基本包括了管理者们所提到的大部分棘手的、应当受到谴责的不合伦理的商业行为。[1]

(1) 贿赂是通过购买影响力而操纵别人。贿赂被定义为“提供、给予、接受或要求有价值之物，以达到影响官员履行公共或法律职责时所做行为的目的。”有价值之物可以是现金或其他资产，也可以是交易完成后的回扣。贿赂使受贿人与其所在的组织之间产生利益冲突，受贿人对其所在的组织有一种受托义务，而贿赂产生的个人利益很可能与组织利益冲突。最常见的贿赂目的是增加销售、进入新市场、改变或规避公共政策。

(2) 胁迫是指用暴力或威胁控制他人。它的定义是“用武力、武器或威吓进行强制、限制、威胁，可以是实际地、直接地或明确地，诸如用武力强迫他人做违背其意愿的事，也可以是暗示地、合法地或推定地，诸如一方受另一方压力的制约去做依其本意不会做的事。”强制力常常是一方威胁要使用其对不利一方的控制权。胁迫包括威胁某人要阻碍其提升，让其丧失工作，或在行业中投票反对他，还可能是迫使某人做违背其个人信念的行为。使用胁迫的目的是让某人做违背其意愿的行为。受胁迫的对象也可以是一个公司，例如强迫一个零售商要得到其想要的产品就必须经营某种特定产品。

(3) 欺骗是通过误导来操纵他人或某个公司。欺骗是指“欺骗性的行为，以虚假的语言或行动蓄意误导，明知故犯地做虚假的关于现在或过去的报道或描述。”这种不诚实行为是违反商业伦理的最常见形式。欺骗包括对研究数据或会计数据进行歪曲或做假，做误导性广告，以及不真实地描述产品。它的表现还有篡改花销报告，剽窃其他产品的性能鉴定证书，以及不真实地描述财务状况。欺骗的范围从可能不产生危害或产生极小危害的小谎言到产生严重经济危害或人身伤害(包括死亡)的大的欺骗性阴谋。

(4) 偷窃就是拿走不属于自己的东西。约瑟夫·诺兰(Joseph Nolan)和杰奎琳·诺兰黑利(Jacqueline Nolan-Haley)把它定义为“盗窃的行为，即在未经主人同意的情况下取得其财产。”偷窃同样包括了许多种违反伦理的行为。财产可以是有形的或是抽象的。偷窃也包括在内部交易中把内部信息当作自己的来使用，以及制造假冒伪劣产品和价格欺诈，还包括使用一个公司的专有信息达到另一个公司的目的，这些信息可能是通过在未经许可的情况下使用该公司的计算机或程序而获得的。价格串通构成偷窃，因为串通价格比正常价格高，因此买方要为商品交换付出多于实际需要的钱。在签订和履行合同的时候做假也构成偷窃，因为被侵害方在未予同意的情况下就失去了有价物品。同样，欺骗顾客、过度推销以及不正当定价都是在未经财产所有人同意的情况下取得其财产。

(5) 不公平歧视的定义是“不平等待遇，或因种族、年龄、性别、国籍或信仰等而拒绝给予某人通常的权利，或在受优待者和不受优待者之间难以找到合理区别的情况下不能平等地对待所有人。”我们这里指的是“不公平”的歧视，要与基于大多数人公认的相关

[1] [美]戴维·J·弗里切．商业伦理学．北京：机械工业出版社，1999．第9～12页．

标准的“区别对待”相区分。人们是按其资格被雇佣的，报酬的多少反映了他们对组织的相对贡献。不公平歧视是指根据不恰当的标准区别对待一个人或一部分人，关键的问题是使用的标准是否与工作或职责的要求相对应。

戴维 • J • 弗里切(David J. Fritzsche)还以表 5-1 来分析上述不道德情形在宏观上产生的“恶”影响。

表 5-1　不合伦理的行为对企业的影响

行为	对决策者的影响	行为可能产生的结果
贿赂	不劳而获的个人收益 改变决策的选择	成本增加 产品/服务质量下降
胁迫	害怕迫害 改变决策的选择	成本增加 产品/服务质量下降
欺骗	改变决策的选择	满意度降低
偷窃	丢失资源	成本增加或产品/服务消失
不公平歧视	购买较差的服务 卖价低于市场价	成本增加、需求减少假象

资料来源：[美]戴维 • J • 弗里切．商业伦理学．北京：机械工业出版社，1999．第 21 页．

思考与讨论

试结合实际讨论研究管理伦理的必要性。

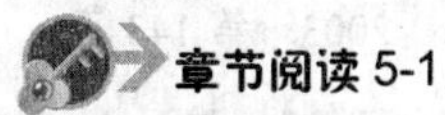
章节阅读 5-1

安达信公司的衰落

安达信公司始创于 1913 年，创始人为亚瑟 • 安德森。由于其惯有的专业化特色及严格标准，安达信赢得了公众的信任，并得以迅速崛起。1918 年，安达信率先提出了一个全新的业务概念——管理信息咨询，随即展开了在美国的迅速扩张。此后，安达信在业界中率先步入了计算机时代，独立开发出了世界上第一套商务应用软件，并为通用电气的一个厂建立了计算机化薪资管理系统，成为计算机商业化应用的先驱。

更为难得的是，在长达半个世纪的时间里，亚瑟 • 安德森的每一位继任者都以其创始人为楷模，继续保持其保护公众利益的姿态，甚至宁愿牺牲本公司和其他公司的利润，也要坚持使用严格的会计标准，从而使得安达信公司声誉日隆。2001 年，安达信已经发展成为全球第五大会计师事务所，代理着美国 2300 家上市公司的审计业务，在全球 84 个国家设有个分公司，拥有 4700 名合伙人，2000 家合作伙伴，专业人员达 8.5 万人，年度财政收入为 93.4 亿美元。

遗憾的是，好景不长，安达信的盛况在 2001 年 12 月 2 日这一天开始了逆转。这一天美国能源巨头——安然公司突然宣布申请破产保护。这一消息令美国人大为震惊，因为安然公司一直是美国工商界的巨擘，是美国企业部落中不可能倒塌的图腾之一。人们在惊叹这桩美国历史上最大的破产案时，逐渐将目光聚集到了为安然的账簿提供审计的安达信会计师事务所上。既然安然的问题并非一日之功，那么作为独立审计师的安达信怎么一直没有发觉？

紧接着，爆出了更惊人的消息：负责安然的审计事务的安达信会计师行竟然销毁掉了大量与之相关的文件！2001年3月14日，安达信公司被美国联邦检察官以妨碍司法的罪名起诉。得州休斯敦市的一个联邦大陪审团声称，在2000年10到11月间，"安达信心照不宣地、故意地、不诚实地劝说(雇员)修改、破坏、销毁及藏匿"与审计相关的文件。至此，冰山一角已显现。

随着调查的深入，越来越多的问题暴露出来。实际上，安达信在审计活动中的弄虚作假并非始自今日，也并非密不漏风，但均被它一一应付了过去，并未造成太大影响。于是，侥幸心理和短期利益驱使着安达信在做假的歧路上越走越远，终至东窗事发，不可收拾。在过去20年里，安达信至少有10次掏钱平息了政府或客户公司股东的怨气，以避免他们调查发现安达信故意忽略、无视甚至是隐瞒了客户公司的财务问题。仅在2000年，安达信就向佛罗里达州的家电制造商Sunbeam公司的股东支付了1.1亿美元的赔偿金，交换条件是他们不要指控安达信签字通过了该公司虚报的利润额。

2002年8月31日，媒体又传来消息，安达信美国公司在其总部芝加哥宣布，将退出公司从事了89年之久的上市公司审计业务。安达信美国公司已经到达了倒闭的边缘。

安达信的美国公司是安达信公司的主力，在鼎盛时期，其员工达到2.8万人，其审计的客户也曾有1200多家上市公司，可谓盛极一时。但就是这样一家赫赫有名的世界级公司，由于参与美国能源巨头安然公司做假账，仅仅9个月时间，安达信就从美国顶尖会计师事务所行列滑落到几乎关门大吉的地步。从媒体报道的消息来看，其景象颇为凄惨："公司雇员逐渐离去，文件也被储藏了起来，办公室的灯也被关上，办公用品已被捐献给慈善机构。"

无论结果如何，安达信的没落总是不争的事实。安达信作为全球五大会计师事务所之一，其实力不可谓不强，水平不可谓不高，可它最终还是失败了。打败安达信的不是其对手，恰恰是它自己。

有学者这样评价安达信事件：中国古代的哲人老子曾说过"胜人者有力，自胜者强"。企业真正的对手不是别人，而是企业自己。失去了伦理善恶标准的企业是注定要失败的，即使安达信这样的巨人也不例外……

资料来源：苏勇．现代管理伦理学．北京：石油工业出版社，2003．第143页．

5.1.2 四种伦理观

有关企业伦理的四种观点包括功利观、权利观、公正理论观和社会契约整合理论。

1. 功利观

第一种伦理观是伦理的功利观(Utilitarian View of Ethics)，它是指完全按照结果或后果制定伦理决策。功利观通过考察如何为绝大多数人提供最大的利益这种量化的方法来制定伦理决策。按照功利观的观点，一个管理者可以认为，解雇20%的工人是合理的，因为这将增加工厂的利润，提高留下的80%雇员的工作保障，并使股东获得最佳收益。功利主义鼓励效率和生产力，并符合利润最大化目标。但是，功利主义会造成一些利益相关者的权利被忽视。

2. 权利观

第二种伦理观是伦理的权利观(Rights View of Ethics)，这是关注于尊重和保护个人自由和特权的观点，包括隐私权、思想自由、言论自由、生命与安全以及法律规定的各种权利。

这应当包括当雇员告发他们的雇主违法时，应当保护雇员言论自由的权利。权利观的积极一面是它在保护个人的基本权利，但它在组织中也有消极的一面：它能够造成一种关注保护个人权利胜过把工作做好的工作气氛，而阻碍生产力和效率的提高。

3. 公正理论观

第三种伦理观是伦理的公正理论观(Theory of Justice View of Ethics)，这要求管理者公平和公正地贯彻和加强规则，并在此过程中遵守所有的法律法规。管理者可能会运用公正观理论来决定给那些在技能、绩效或职责处于相似水平的员工支付同等级别的薪水，其决策的基础并不是性别、个性、种族或个人爱好等。实行公正标准也会有得有失，它保护了那些可能缺少代表或无权的利益相关者的利益，但它也会助长一种使雇员降低风险承诺、创新和生产率的权利意识。

4. 社会契约整合理论

最后一种伦理观是伦理的社会契约整合理论(Integrative Social Contracts Theory)，这种观点认为应当根据实证因素(是什么)和规范因素(应当是什么)制定伦理决策，其基础是两种“契约”的整合：允许企业处理并确定可接受的基本规则的社会一般契约，以及处理社区成员之间可接受的行为方式的一种更为具体的契约。社会契约不是一种正式的书面合约，它是一种关于行为准则的非正式协议，这些行为规范是从人群或社会共有的目标、观念和态度中产生的。社会契约理论的基本要素列在图 5.1 中。最高规范是普遍的，因此它是对

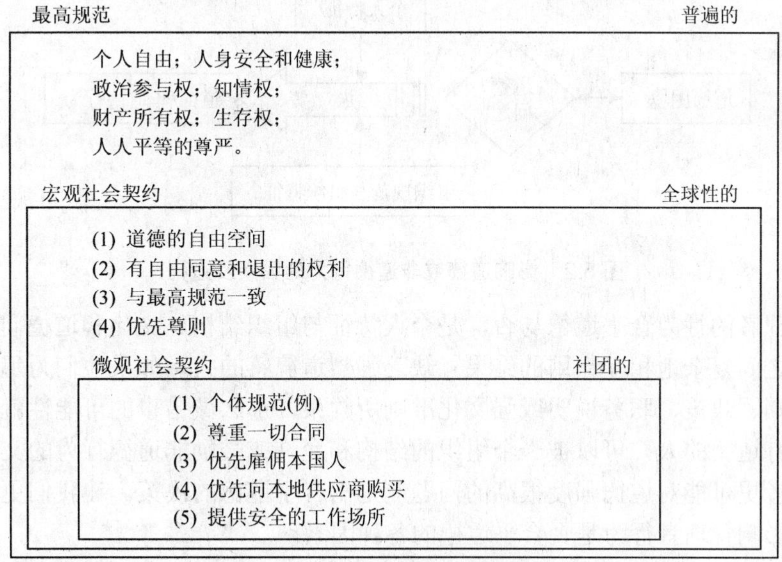

图 5.1 综合社会契约理论

资料来源：[美]戴维·J·弗里切．商业伦理学．北京：机械工业出版社．1999．第 44 页．本文引用时略有改动．

所有商业行为提出的要求。宏观社会契约作用于全球范围，它提供微观社会契约得以发展的特定条件。微观社会契约是宏观社会契约提供的自由空间中发展出的指导商业行为的特殊社会契约。因此，伦理准则可以是依特定社会要求而专门制定的。

大多数经营管理人员会采用哪种道德方式呢？或许持功利态度并不足为奇，为什么呢？因为这一观点与效率、生产力和利润等目标是一致的。但是，由于管理者所在的环境正在发生变化，这一观点也需要改变。强调个人权利、社会公正和社区标准的趋势意味着管理者需要以非功利标准为基础的道德准则。这对当今的管理者是一个实实在在的挑战，因为依据这些标准制定决策要比依据效率和利润等功利标准制定决策含有更多的模糊性，结果自然是管理者日益发现自己正在道德困境中艰难行进。

5.1.3 影响管理伦理的因素

管理者的行为反映了一定的道德水平，也是企业管理伦理的基本构成要素，其行为是否符合本组织和社会的伦理规范，直接影响着企业的经营业绩。那么哪些因素会影响管理者和组织在道德困境中的决策呢？

管理者在面临道德困境时，即面临前文所提的贿赂、胁迫、欺骗、偷窃、不公平歧视等问题的两难选择时，最后做出的决策是受到个人特征、组织规范与组织特征和道德问题本身等三个因素综合影响的，如图 5.2 所示。

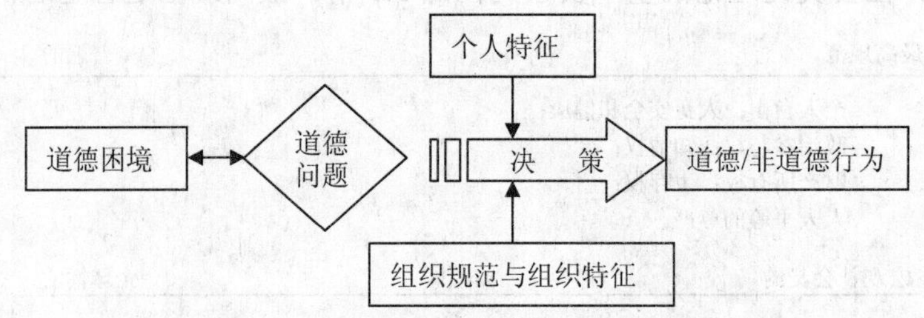

图 5.2　影响道德或非道德行为的因素及过程

一个管理者的行为合乎道德与否，是个人特征与组织结构、文化和道德问题强度这些变量的调节之间复杂地相互作用的结果。缺乏强烈道德感的人，如果他们为那些反对非道德行为的规则、政策、职务说明或强文化准则所约束，那么做错事的可能性就会小很多。相反，非常有道德的人，可以被一个组织的结构和允许或鼓励非道德行为的文化所腐蚀。此外，管理者更可能对道德强度很高的问题制定出合乎道德的决策。让我们更进一步来考察一下那些影响管理者行为是否合乎道德的各种因素。

1. 个人特征

经营管理是由个人和团体做出的，因此商业伦理事实上是组成商业界的每个人的伦理。

于是商业伦理的讨论就是对商业决策者伦理的讨论。弗里切认为个人伦理是受一系列因素，包括个人价值观、自我实力、环境依赖性、控制点、伦理发展水平等影响的。当然，现实中的伦理行为还受组织文化的影响，这点将在以后讨论，这里主要介绍个人价值观和伦理发展水平两个方面对管理者伦理决策的影响。

1) 价值观

道德水准是通过决策者解决环境中出现的商业问题的行为来揭示的，这些行为源自对产生问题的环境条件的态度。决策者的个人价值观体系是其个人态度的基础。因此，价值观是行为的先导，这样一来价值观就成为伦理决策的关键。

“价值观是一种观念，在这种观念的基础上人们按照偏好行事。”罗基奇认为价值观是一种约定俗成的观念。因此，伦理价值观是一种关于是非的约定俗成的观念。价值观的依据可以是一些规则，或依据法规的观念；价值观的依据还可以是预计的结果或目的。价值观作用于管理者的决策行为时，受到三种个人特征的影响，它们是自我实力、环境的依赖性和控制点。[1]

(1) 自我实力。自我实力实际上是自信的另一种说法。自我实力与个人观念相联系。自我实力强的人更多地依靠自己的个人价值观和是非观念，受他人的影响较少。

(2) 环境依赖性。当情况不清楚时，环境依赖性较强的人更多地用他人提供的信息来确定问题；而不依赖环境的人则依靠自己拥有的信息和自己开发的信息。

(3) 控制点。控制点反映了一个人如何理解自己对生命中事件的控制能力。“外部控制”认为生命中的事件是由命运、天命或运气控制的；“内部控制”认为生命中的事件是由自己的行动控制的。内部控制论者更容易对后果产生责任感，因为他们更依赖他们的个人价值观和是非观念来指导自己的行动。外部控制论者对行为后果的责任感较差，因此更容易受组织内其他力量的影响。

总的说，决策者行为对其个人价值的反映程度在某种程度上取决于决策者的自我实力、环境依赖性和控制点观念。一个自我实力较强，不依赖环境的内部控制论者 A，其行为往往较彻底地反映自己的个人价值观。一个自我实力较差且依赖环境的外部控制论者 B，其行为则与他的个人价值观关系甚少。因此，我们可以认为组织力量在决策过程中对 A 的个人价值观的中和作用比对 B 的个人价值观的中和作用要小。

2) 道德发展阶段

劳伦斯·科尔伯格(Lawrence Kohlberg)在对美国的男孩子进行了 20 年的研究中提出了道德发展的 6 个阶段，如表 5-2 所示。

[1] [美]戴维·J·弗里切．商业伦理学．北京：机械工业出版社，1999．第 90 页．

表 5-2 科尔伯格的道德发展阶段学说

层次	阶段
层次一：前传统的	第一阶段——有形后果决定行为正确与否。正确的行为是为了避免惩罚。
	第二阶段——满足个人需要的就是正确的。正确的行为是为了满足自己的需要。
层次二：传统的	第三阶段——得到他人同意的就是正确的。正确的行为是为了让他人认为自己是个好人。
	第四阶段——合法的就是正确的。正确的行为是为了遵守法律和权威。
层次三：后传统的	第五阶段——尊重个人权利和社会契约的就是正确的。正确的行为是为了遵守社会契约。
	第六阶段——普遍原则决定什么是正确的。正确的行为符合公正原则，公平原则和普遍人权原则。

资料来源：1981年纽约 Harper & Row 公司出版的《道德发展哲学》(The Philosophy of Moral Development)，作者劳伦斯·科尔伯格．本文转引自[美]戴维·J·弗里切．商业伦理学．北京：机械工业出版社，1999．第91页．

个人的道德按照这个阶段顺序地发展，很少有人能达到最高的两个阶段。科尔伯格认为，对小孩子来说，正确的行为是由外部法规和标准决定的，随着孩子的成熟，对正确行为的指导逐渐发展为内部控制。科尔伯格将伦理发展阶段分为三个层次——前传统的、传统的和后传统的，每个层次包括两个阶段。表 5-2 显示了每一阶段决定正确伦理行为的标准都不同。

科尔伯格的道德发展阶段理论为正确的道德行为提供了理论基础。如上所示，这一理论基础从以自我为中心转变为以团体为中心，进而变为原则性的。从哲学角度看，以原则性为理论基础是最佳的。但是，六个阶段都为道德行为提供了理论基础。于是易于得出这样的观点：处于较高道德发展阶段的人比处于较低道德发展阶段的人更易于做出符合伦理的决策。

2. 组织特征

不同的组织本身对其管理者的道德行为决策也会产生巨大影响，比如组织的目标、规章的制定、行为规范、部门结构、道德风气等。这里把这些因素主要归纳为结构变量和组织文化两个方面。

1) 结构变量

组织的结构设计有助于形成管理者的道德行为。有些结构提供了强有力的指导，而另一些结构却只是给管理者制造困惑。结构设计如果能够使模糊性和不确定性最小，并不断提醒管理者什么是道德的，就更有可能促进道德行为。

正式的规章制度可以减少模糊性，职务说明和明文规定的道德准则这类正式的指导可以促进行为的一致性。研究不断表明，上级的行为对个人在道德或不道德行为的抉择上具有最强有力的影响。人们注视着管理当局在做什么，并以此作为什么是可接受的和期望于他们的行为标准。有些绩效评估系统仅集中于成果，但也有一些评估系统既评价结果，也评价手段。如果仅以成果评价管理者，他们就可能迫于压力而“不择手段”地追求成果指标。与评价系统密切相关的是报酬的分配方式。奖赏或惩罚越是依赖于具体的目标成果，管理者实现那些目标并在道德标准上妥协的压力就越大。此外，不同的结构在时间、竞争、成本及施加给雇员的类似压力上也是不同的，压力越大，管理者就越有可能在道德标准上妥协。

2) 组织文化

文化的作用像胶水一样使组织的普遍同一性和共同行为结合在一起。它影响决策者的思想和感情，并提供行动指导。它体现在组织内的规范、仪式、传说、故事和例行习惯中。组织文化的内容和力量也会影响道德行为。

最有可能形成高道德标准的组织文化，是一种高风险承受力、高度控制，并对冲突高度宽容的文化。处在这种文化中的管理者，将被鼓励进取和创新，将意识到不道德的行为会被揭露，并对他们认为不现实的或不理想的期望自由地提出公开挑战。强文化比弱文化对管理者的影响更大。如果文化的力量很强并且支持高道德标准，它会对管理者在道德和非道德行为之间的决策产生非常强烈和积极的影响。而在一种弱的文化环境中，管理者更可能依赖于工作群体和部门准则作为行为指南。开放性质和民主性质的文化会将权利和责任授予在组织低层的人员，这增加了低层决策者参与非伦理决策行为的机会。但是，如果公司文化中的共同价值观反对在伦理方面可疑的行为，这种机会就减少了。相反，较专制并且伦理价值观较放任的文化会导致道德水平低下的行为。

3. 道德问题

把管理者或组织带入道德困境的问题本身也会对道德行为决策产生极大影响。一些组织或管理者对商业活动中的回扣、贿赂认为是可以接受的或者是默许的，而对制造伪劣产品、特别是假药是深恶痛绝的；同样是造假，有些管理者和组织认为盗版光碟、虚假广告并没那么严重。这些例子描述了影响一个管理者道德行为的第三方面的因素：道德问题本身的强度。根据罗宾斯教授的归纳和总结，与决定问题强度有关的 6 个特征是：危害的严重性、对不道德的舆论、危害的可能性、后果的直接性、与受害者的接近程度以及影响的集中性。[1]

这些因素决定了道德问题对个人的重要程度，如图 5.3 所示。根据这些原则，受到伤害的人越多，认为该行为是不可取的舆论越强，该行为将要造成危害的可能性越大，人们

[1] [美]斯蒂芬·P·罗宾斯．管理学．北京：中国人民大学出版社，2004．第 129 页．

越是能够直接地感到行为后果，观察者感觉与受害者越接近，该行为对受害者的影响越集中，问题强度就越大。当一个道德问题很重要时，也就是说，问题的强度比较大时，我们就更有理由期望管理者采取道德的行为。

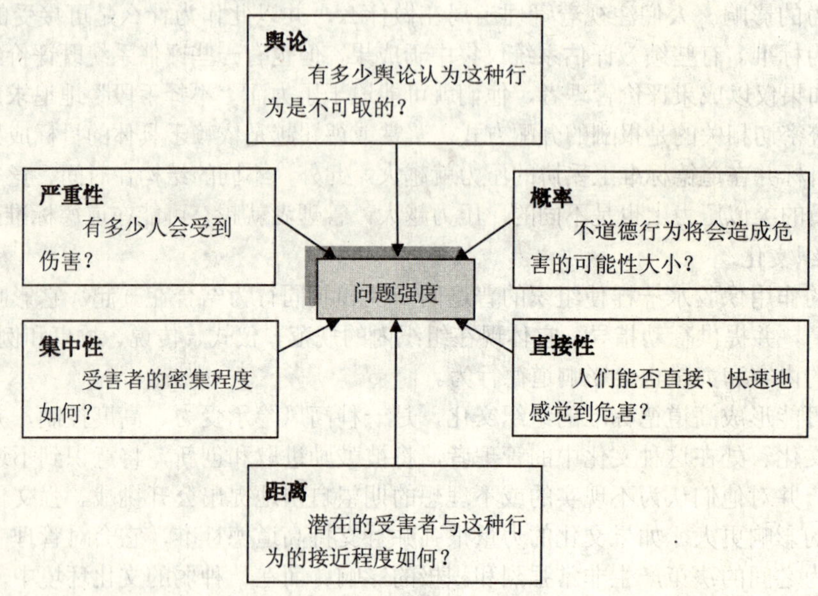

图 5.3　问题强度的决定因素

思考与讨论

综合应用上述影响管理伦理的因素分析章节阅读 5-2“变味的月饼”。

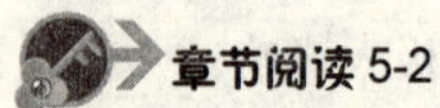

章节阅读 5-2

变味的月饼

2001 年 9 月 3 日，中央电视台“新闻 30 分”播出了南京冠生园旧月饼翻新“再利用”的新闻。

央视记者的第一次拍摄从 2000 年 8 月开始，断断续续一直到 10 月份才拍完，回收再加工的整个过程都拍到了。2001 年 6 月底再赴南京，就在附近租了间房，两部摄像机及望远镜等设备全都用上了，每天从南京冠生园上班开始盯，一直盯到他们收工，拍了 10 多盘素材，后来，光是整理、剪辑、做特技就用了一个月。另外还通过一些渠道进入过冠生园厂区偷拍。

经过央视记者一年多的努力，公众得以知道以下鲜为人知的一幕。

2000 年中秋节过后的第 9 天，南京冠生园食品厂当年没有卖完的价值几百万元的月饼被陆续从各地回收回来，并运进了一间蒙着窗户纸的车间。被回收的月饼主要有豆沙、凤梨和莲蓉三大类，它们都将在经历几道工序后，被重新加以利用。

去皮取馅是第一道工序，被剥出来的月饼芯接着重新搅拌、炒制，它们由一个个独立的月饼芯融成了一个整体，完成第二道工序，最后一步：入库冷藏。2001 年 7 月 2 日，南京冠生园就正式开工做新月饼了，这些保存了近一年的馅料也被悄悄派上了用场。

对于用陈馅做月饼，南京冠生园的老板吴震中自有一番他的说法："全国范围内这是一种普遍现象。月饼是季节性很强的产品，每一个厂家都想抢月饼这块市场，月饼这个市场很难估量，除非你是个体户，没有一个厂家，做几个卖几个的。"

记者："用陈陷做新馅，您认为合不合法，合不合情？"

吴震中："去年我曾经拿着这个题目，跟卫生防疫站的人就坐在这个地方讨论过这个事情，他们自己讲政府现在卫生防疫法里都没有一个明确的规定。但是为什么厂家它不能公开地这样讲，或者说承认这个事情，就是因为消费者的心理状态。"

记者："那实际上生产日期和保质期只是对厂家有效，对老百姓来说只是看看而已。"

吴震中："法令规定说，个别产品以分装的时间作为它的生产日期，这就使整个食品行业有了一个，我们不说它是漏洞，应该是有一个模糊的空间。"

卫生部食品化妆品监督管理处处长黄建生认为，"月饼加工企业使用回收的过期月饼加工食品的问题，属于违反《食品卫生法》第 9 条禁止生产经营的食品中'超过保质期限的食品'的规定，对于使用已经腐败变质或超过保质期限的食品重新加工食品，卫生部门应当依据食品卫生法严格查处。"

但是，在国家《食品标签通用标准》里，对保质期的解释中有这样一句话："超过此期限，在一定时间内食品仍然是可以食用的"，但这"一定时间"是多长，法律并没有继而做出明确规定，由此一些厂家认为，即使是超出保质期的月饼，只要它没长毛，就是干净的、可以利用的；另外一些厂家认为，被回收加工后的月饼馅料已经属于半成品，而国家并没有对各种半成品保存期限的详细规定；甚至还有一些卫生专家认为，只要是处于保质期内的月饼，就还是可以回收的。

如此看来，消费者即使吃到的是几年前的月饼馅料也属于正常。就此种种问题，卫生部有关官员及专家表示，他们会进行讨论。

南京冠生园用霉变的冷藏馅做来年的月饼，据知情人讲，此举始于 1993 年。而南京冠生园的经理吴震中则称，他们是遭到了"知情的同行暗算"，用陈馅当新馅在月饼行业是一种普遍现象，看来这回捅破的是"整个行业的窗户纸"。

"南京冠生园"事件发生后，南京一位不愿在媒体上透露姓名的月饼厂老总告诉记者，使用去年陈馅的厂家在南京虽然不是普遍的情况，但也确实存在。他透露，月饼馅料的成本一般要占到月饼市场零售价的 20%～30%，如果使用去年的陈馅，等于省下了今年投入的成本，所以一些厂家不惜铤而走险。而据了解，一些大的月饼生产厂家由于促销时间紧，战线铺得长而宽，中秋节一过退货也多，厂家面对如此大量的退货也舍不得扔，取出馅料冷藏后明年再用，也就减小了损失。从月饼厂的上游供货商——馅料厂来说，同样存在出售过期馅料的问题。一般而言，馅料厂的数量要比月饼厂的数量少得多，馅料厂一下面对巨大的供应量压力是很大的，可以说，短时间内它根本生产不出足够的量供应月饼厂。一个"好办法"就是把提前生产的馅料更改生产日期，伪装成新近生产的馅料欺骗月饼厂，更黑的馅料厂家直接从上年没有销完的月饼厂那儿收购陈馅，改头换面后作为当年新馅再出售给不明就里的月饼厂。

南京冠生园月饼旧馅再利用被曝光后，南京商家第二天一早紧急将其生产的月饼作撤柜处理。苏果超市早晨8点半前已将南京冠生园月饼全部撤出。人们在对月饼生产混乱无序和少数企业视百姓健康安全为儿戏深感愤恨的同时，也对南京人很有感情的“老字号”南京冠生园“落马”扼腕叹息。

“南京冠生园事件”还使国内其他冠生园企业蒙受了损失。当时上海冠生园集团的月饼已经运到北京、武汉、福州等地，南京冠生园月饼事件发生后，运到外地的月饼又纷纷退了回来，而实际上，上海的冠生园(集团)有限公司与南京冠生园食品有限公司没有任何资产关系。成都一家冠生园月饼厂因大量的退货、取消定单而被迫停产。

资料来源：节选自周祖城．企业伦理学．北京：清华大学出版社，2005．第26页．

5.1.4 改善道德行为

如果管理者确实想减少其组织中的不道德行为，他们有许多事情可以做。例如，他们可以努力挑选高道德标准的人，制定道德准则和决策规则，通过模范来影响大家，描述工作目标和绩效评估机制，提供道德培训，实施社会审计，以及向那些面临道德困境的人提供支持等。孤立地看，这些行动可能不会产生多大的影响，但将它们全部或绝大部分作为综合计划的一部分来实施时，便具有明显改善组织道德风气的潜力。[1]

1. 雇员甄选

假设个人处于不同的道德发展阶段并拥有不同的个人价值体系和个性，一个组织的雇员甄选过程——面试、测验、背景考察等应当用来剔除那些在道德上不符合要求的求职者。甄选过程应被视为了解个人道德发展水平、个人价值观、自我强度和控制中心的一个机会，但这并非易事。即使在最好的情况下，是非标准很成问题的人也可能被录用。但是，如果适当加强其他方面的控制，由此产生的问题并不严重。

2. 道德准则、决策规则的制定

对雇员来说，可能会对道德是非问题产生迷惑。道德准则是表明一个组织期望雇员遵守的基本价值观和道德规则的正式文件，是减少迷惑的一种流行做法。例如，《财富》500强企业中，有将近95%的公司都有自己的行为准则。从全球范围来看，道德准则日益流行起来，对22个国家的企业组织进行的一项调查发现，78%的企业已经正式颁布了自己的道德标准和道德准则。

但这些道德准则能发挥怎样的作用呢？事实上，它们并不总是能够有效地鼓励组织中的道德行为。对美国企业雇员及道德准则的一项调查发现，其中75%的雇员在过去12个月中曾经目睹过不道德的或违法的行为，包括销售欺诈、不安全的工作条件、性骚扰、利益冲突以及破坏环境的行为。这是否意味着不应当建立道德准则呢？ 答案是否定的。

[1] [美]斯蒂芬·P·罗宾斯．管理学．北京：中国人民大学出版社，2004．第131页．

3. 高层管理的领导

道德准则要求高层管理者以身作则。这是因为正是高层管理者建立了文化基调。在言行上，他们是表率，而且他们所做的可能比所说的更为重要。例如，如果高层管理者将公司的资源作为己用，扩大他们的费用支出，给予朋友优待，他们等于向全体雇员暗示这些行为是可以接受的。

高层管理者还可通过他们的奖惩行为来建立文化基调。选择谁或什么事作为提薪奖励或是晋升的对象，将向雇员传递强有力的信息。提升一个通过不正当方式取得重大成果的经理，将向其他人表明哪些不正当行为是可取的。当错误的行为被揭露时，那些希望强调道德行为的管理者必须惩罚做错事的人，并公布事实真相，让组织中每个人看到结果。这就传递了一条信息，即做错事就要付出代价，行为不道德不是雇员的利益所在。

4. 工作目标和绩效评估

雇员应该有明确的和现实的目标。如果对雇员的要求是不现实的，即使是明确的目标也能引起道德问题。在不现实的目标压力下，即使讲道德的雇员也会持“不择手段”的态度。当目标是清楚的、现实的，它会减少雇员的迷惑并使之受到激励而不是惩罚。

通常绩效评估中的一个关键问题是个人能否实现其工作目标。但我们应当谨记，当绩效评估只关注经济目标时，结果就会使手段合理化。如果一个组织希望雇员保持高的道德标准，它就必须在其绩效评估过程中包括这方面的内容。例如，管理者的年度评价中不仅应当包括目标的实现程度，还应逐点评估他的决策符合公司道德准则的程度。

5. 道德培训

越来越多的组织正在设立研讨会、专题讨论会和类似的道德培训项目来鼓励道德行为。道德研究人员估计，超过40%的美国公司提供了某种类型的道德培训。但对这些培训项目并非没有争议，主要的争议是围绕着是否能够真正教授道德而进行的。例如，批评者强调，由于人们在年轻时就形成了自己的价值体系，教授道德的努力是无意义的；而支持者却指出，价值观可以经过童年后的学习获得，此外，他们引用的一些证据表明，教授解决道德问题的方法能使道德行为产生实质性的差别。这种培训提高了个人道德发展水平，即使没有取得任何结果，这种道德培训也增强了对经营道德问题的意识。

道德培训可以带来很多好处。它们可以灌输组织的行为标准；它们是那些希望雇员在制定决策时考虑道德问题的高层管理者的一个有力工具；它们可以阐明什么行为是可以接受的，什么是不可以接受的；最后，当雇员在讨论他们共同关心的问题时，可以确信并不是只有自己遇到了道德困境，这种强化能够在他们必须采取令人不快但合乎道德的立场时，增强他们的自信。

6. 独立的社会审计

一种重要的制止不道德行为的因素是害怕被抓住的心理。按照组织的道德准则评价决策和管理行为相独立的社会审计提高了发现非道德行为的可能性。这种审计可以是一种常规性评价，就像财务审计一样定期实施，或者是在没有预先通知的情况下随机抽查。一个有效的道德评价计划或许应同时包括这两种方式。为了保证诚实正直，审计员应对公司的董事会负责，并直接将审计结果呈交给董事会，这就赋予了审计员一种权力，并能减少那些被审计的组织对审计员施加报复的机会。

7. 正式的保护机制

我们最后建议组织提供正式的机制，以保护那些处于道德困境的雇员能按照自己的判断行事而不必担心受到惩戒。组织可以采取道德咨询员的方式，当雇员面对道德困境时，能够向咨询员寻求指导。道德咨询员的角色就是一块共鸣板，一个让雇员开口唠叨自己的道德问题及其起因并发表意见的渠道。当各种选择明确后，咨询员可以扮演促成"正确"选择的倡议者的角色。还有些组织任命了道德官员，由他们设计、指导和修改组织所需的道德计划。此外，组织可以设立一个专门的申诉程序，使雇员能够放心地利用它。

思考与讨论

为什么说要综合应用上述途径才能有效提高组织的管理伦理水平？

5.2 企业的社会责任

前文探讨了管理者在面临道德困境时，其道德和非道德行为的判断、决策及其影响因素，以及改善组织及其员工道德行为的途径。这些研究主要从微观层次中管理者与组织的利益相关者的角度来分析组织的管理伦理问题。这一节将从宏观层次中组织与社会的角度来介绍管理伦理问题，这就是企业的社会责任。

5.2.1 什么是社会责任

从企业发展的角度来考察，一个企业的健康发展一般会经历这样 4 个层次，承担 4 种相应的责任。

(1) 从它开办的那一天起，它就必须遵守相应的法律，如《中华人民共和国公司法》《中华人民共和国反垄断法》《中华人民共和国消费者权益保护法》等，违背这些法律，随之而来的法律诉讼会使企业遭受巨大损失，甚至会被强制性关门歇业、破产清算。因此，它必须承担应有的法律责任。

(2) 企业的正常运转与发展依赖于它的盈利能力，它必须在法律许可的范围内，在追求正义、公平、公正的基础上，为其利益相关者寻求财富或价值的最大化，也就是要承担它的经济责任。但是，对于一个企业来说，要获得更大的发展，它还必须对其内部顾客(雇员)和外部顾客、供应商与销售商保持正义、公平、公正。

(3) 企业必须履行自己的伦理责任，即管理伦理责任。

(4) 企业还必须为自己确立更长远、更宏大的目标，为人类的进步、社会的发展、生活质量的改善贡献它的一份力量，亦即承担社会责任。这里的社会责任是指狭义的社会责任。

将社会责任与社会义务加以比较，将会使我们更好地理解这一概念。社会义务(Social Obligation)是指一个企业承担其经济的和法律的责任的义务。守法谋利是法律所要求的最低程度，也是企业经济上基本要求。若只是以社会义务作为对自己的要求，那么企业在追求社会目标时将仅限于有利于其经济目标的程度。这种做法认为企业唯一的社会责任就是对股东的责任。社会责任加入了一种道德的要求，促使人们从事使社会变得更美好的事情，而不做那些有损于社会的事情。一个具较高伦理水平和有社会责任感的组织从事有助于改善社会的事情，绝不只限于法律要求必须做的或经济上有利的事情，它之所以如此做是因为这些事情是应做的、正确的或是合乎道德的。社会责任要求企业明辨是非，决策合乎道德标准，经营活动合乎道德规范。一个具有社会责任感的组织做正确的事情，因为它自觉有责任这样做。

社会责任(Social Responsibility)并不是新概念。虽然早在 20 世纪初叶就涉及这一思想，但直到 1953 年，霍华德・R・鲍恩(Howard R. Bowen)的《企业家的社会责任》一书的出版，才大大推动了有关社会责任的讨论。鲍恩提出了企业应考虑其决策的社会含义。正如人们可能预料的那样，对社会责任的定义目前尚没有完全一致的看法。从对 439 名管理人员的调查来看，68%的管理人员都同意下述定义：“企业的社会责任就是要认真地考虑公司的行动措施对社会的影响。”[1]

约瑟夫・M・麦克格尔(Joseph M. McGuire)认为：“企业社会责任概念意味着企业不仅仅有经济和法律义务，而且还对社会负有超过这些义务的某些责任。”

斯蒂芬・P・罗宾斯(Stephen P. Robbins)把社会责任定义为企业追求有利于社会长远目标的一种义务，它超越了法律和经济所要求的义务。

上述定义虽然不是完全相同的，但都认为社会责任是指组织在遵守法律规范和谋求利润的基础上，还主动追求和承担有利于整个社会和谐发展的相关责任。

与前文提及的管理伦理和社会义务联系起来，我们可以看到，上述企业发展的 4 个层次可以概括为三个阶段，如图 5.4 所示。前两个层次构成社会义务阶段；第三个层次构成管理伦理阶段；第四个层次构成社会责任阶段。三个阶段是紧密联系的，一个企业只有获得了发展的基础，才有更多的能力捐助社会，承担更多的社会责任；反过来，一个贡献社会、具有良好声誉的企业，他建立的良好的公共关系，为它赢得合同、树立品牌、增强盈利能力又起到了促进作用。当然，这三个阶段之间并没有严格的界限。

[1] 哈罗德・孔茨，海因茨・韦里克．管理学——全球化视角(第十一版)．北京：经济科学出版社，2004．第 33 页．

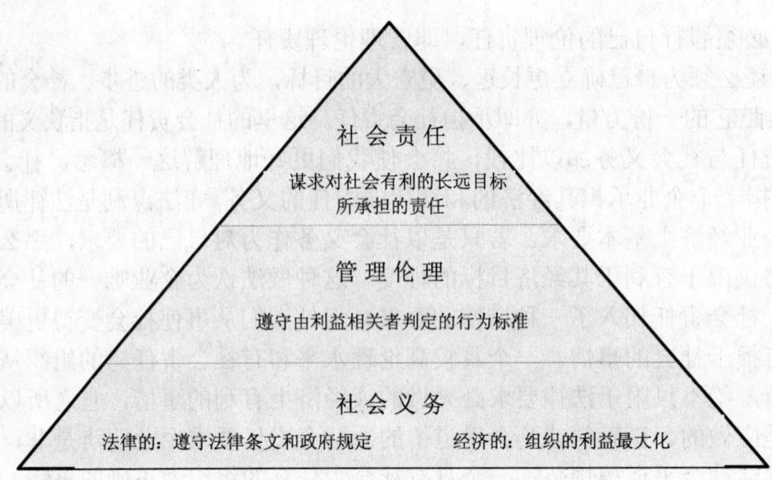

图 5.4　社会责任、管理伦理和社会义务

正如前文所述，这样相对于社会义务和管理伦理的社会责任，只是狭义的社会责任，其承担社会责任的对象是组织以外整个社会中的非直接利益相关者。而广义的社会责任则可以认为，承担社会责任的对象包括企业内部的股东、员工；企业外部的顾客、竞争对手、供应商、合作伙伴以及这个社会中的更加广阔的社会群体。我们可以从下文社会责任的扩张模型中进一步认识广义的社会责任的内涵。

思考与讨论

试讨论企业应该为社会中的哪些群体负责，或者说是承担社会责任？

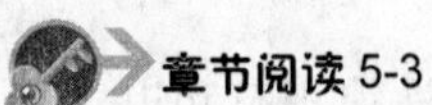

章节阅读 5-3

2006 年社会责任十大事件

《WTO 经济导刊》企业社会责任发展中心的专家通过对一年来企业社会责任事件的盘点，从法律法规、企业履行社会责任、企业社会责任运动以及政府、工会、媒体、社会责任消费和社会责任投资等 10 个方面选出其认为有影响的十大事件进行点评并发布，以期引起社会更广泛的关注和思考。

● 2006 年 1 月 1 日《中华人民共和国公司法》修订案正式施行，要求公司要承担社会责任。

● 2006 年 3 月 27—28 日　2006 企业社会责任优秀案例展和中国企业社会责任上海国际论坛以“责任竞争·贡献中国”为主题，力推“责任竞争力”理念。责任竞争力=企业社会责任+企业的专业化优势。

● 2006 年 7 月 29 日 外资企业工会，沃尔玛深国透百货有限公司普江店工会正式成立。

● 2006 年 9 月 14 日　SK-II 事件。国家质检总局的一份报道称：日本宝洁出品的 SK-II 品牌系列化妆品日前在广东检验出禁用物质铬和钕。随后，这个拥有 25 年历史的高级化妆品遭遇了全国范围的退货风潮，并且被强制下架。

●2006年12月12日《2006中国纺织服装行业社会责任年度报告》发布。这是中国第一份有关企业社会责任发展状况的行业综合报告。

●2006年3月10日　国家电网公司对外发布社会责任报告。国家电网公司作为关系国家能源安全和国民经济命脉的中央直属的国有独资企业，2005年在世界500强中排名36位，拥有150多万员工，对经济社会具有重要影响力、带动力。据悉，这是我国中央企业首次对外发布的社会责任报告。

●2006年6月15日《第一财经日报》记者王佑以"血汗工厂黑幕：机器罚你站12小时"为标题报道了富士康深圳基地工人超时加班和工场环境恶劣的现象。富士康公司因此起诉该篇报道的记者和编辑侵害名誉权和商业信誉，并索赔3 000万元，随后又戏剧性地撤消诉讼。

●2006年11月23日上海社保基金案。上海市社保局原局长祝均一被查出非法动用巨额社保基金进行违规投资，并收贿赂。11月23日国家审计署发布公告，对除上海、西藏之外的29个省区市、5个计划单列市的审计中发现，近年来合计约71.35亿元"养命钱"被违法违规动用。

●2006年9月25日深交所正式颁布实施《上市公司社会责任指引》。《指引》明确了上市公司作为社会成员之一，应对职工、股东、债权人、供应商及消费者等利益相关方，承担起应尽的责任。

●2006年12月21日常州市政府与市工会2006年联席会议传出消息：常州市政府将设立企业社会责任奖。

5.2.2　企业社会责任的内容

企业应当承担多少以及何种类型的社会责任呢？我们可以通过一个组织社会责任的扩展模型和企业社会责任的内容来回答这个问题。

1. 企业社会责任的扩展模型

在追求社会目标方面，所做的一切取决于认为对其负有责任的人，即利益相关者。参照图5.4，企业在不同发展层次和阶段需要对其负有责任的对象是不一样的，随着企业往更高层次发展，其所需负有责任的对象越来越多，承担的社会责任也就越来越广泛，如图5.5所示。

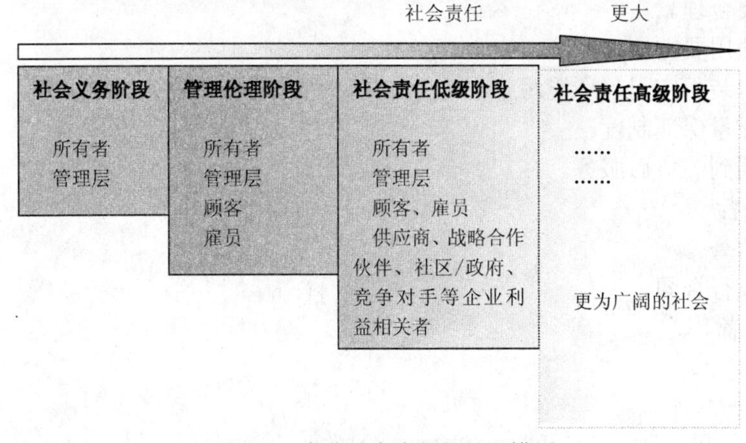

图5.5　企业社会责任的扩展模型

(1) 处于社会义务阶段的管理者，将努力通过成本最小化和利润最大化来提高股东的利益。虽然必须遵守所有的法律法规，但是这一阶段的管理者并未感到有义务满足其他的社会需要。这与弗里德曼的社会责任古典观是一致的。

(2) 在管理伦理阶段，管理者将承认他们对顾客和雇员的责任，致力于为顾客提供良好的产品和服务，并集中注意力于人力资源管理，因为他们希望招聘、保留和激励优秀的员工。这一阶段的管理者将承担提高产品和服务的质量、安全性、环保性等，以及改善工作条件、扩大雇员权力、增加工作保障等方面的责任。

(3) 在社会责任低级阶段，管理者将社会责任扩展到具体环境中的其他利益相关者，即供应商、战略合作伙伴、社区/政府、竞争对手等。这一阶段的管理者的社会责任目标包括合理的价格、公平竞争、良好的供应商关系、社区服务以及类似的举措。他们的哲学就是，只有通过满足具体环境中其他各种构成的需要，才能实现他们对股东的责任。

(4) 最后，社会责任高级阶段同社会责任的严格意义上的社会经济定义一致。在这一阶段，管理者感到他们对社会整体都负有责任。他们经营的事业被看作公众财产，他们对提高公众利益负有责任。承担这样的责任意味着管理者积极促进社会公正、保护环境、支持社会活动和文化活动。即使这样的活动对利润产生消极的影响，他们的态度也不改变。

2. 企业社会责任的内容

目前人们所接受的企业社会责任的具体内容十分广泛，可大致概括为以下几方面。[1]

1) 对顾客的责任

(1) 深入调查并千方百计地满足顾客的需求。

(2) 广告要真实。

(3) 交货要及时。

(4) 价格要合理。

(5) 产品使用要方便、经济、安全。

(6) 产品包装不应引起环境污染。

(7) 实行质量保证制度。

(8) 提供周到的售后服务。

2) 对供应者

(1) 恪守信誉。

(2) 严格执行合同。

3) 对竞争者

公平竞争。

---

[1] 周祖城．企业伦理学．北京：清华大学出版社，2005．第42页．

4) 对政府、社区

(1) 执行国家的法令、法规。

(2) 照章纳税。

(3) 保护环境。

(4) 提供就业机会。

(5) 支持社区建设。

5) 对所有者的责任

(1) 提高投资收益率。

(2) 提高市场占有率。

(3) 股票升值。

6) 对员工的责任

(1) 公平的就业、上岗、报酬、调动、晋升机会。

(2) 安全、卫生的工作条件。

(3) 丰富的文化、娱乐活动。

(4) 参与管理、全员管理。

(5) 教育、培训。

(6) 利润分享。

7) 在解决社会问题方面

(1) 救济无家可归人员。

(2) 安置残疾人就业。

(3) 资助失学儿童重返校园。

(4) 在高校设立奖学金。

(5) 支援边穷地区发展经济。

(6) 帮助老人。

(7) 资助文化、教育、体育事业。

5.2.3 赞成和反对社会责任的争论

关于企业是否应该承担社会责任，大多数观点都偏于极端。一端是古典的或纯粹经济学的观点，认为管理当局唯一的社会责任便是利润最大化，我们称之为古典观；另一端则是社会经济学的立场，主张管理当局的责任远不止于创造利润，还包括保护和增进社会福利，我们称之为社会经济观。

1. 关于社会责任的两种对立观点

1) 古典观

密尔顿·弗里德曼(Milton Friedman)于 1970 年 9 月 13 日在《纽约时报杂志》(New York

Times Magazine)上发表了题为《企业的社会责任就是增加利润》的文章，文中对企业的社会责任提出了鲜明的观点。

密尔顿·弗里德曼认为，企业有且只有一种社会责任，即在游戏规则(公开的、自由的、没有诡计与欺诈的竞争)范围内，为增加利润而运用资源、开展活动，主张管理当局唯一的社会责任就是利润最大化。他还主张不管何时当管理者自作主张将组织资源用于“社会利益”时，都是在增加经营成本，这些成本只能要么通过高价转嫁给消费者，要么降低股息回报由股东所吸收。必须指出，弗里德曼并不是说组织不应当承担社会责任，他支持组织承担社会责任，但这种责任仅限于为股东实现组织利润的最大化。

2) 社会经济观

社会经济观认为管理当局的社会责任不只是创造利润，还包括保护和增进社会福利。这一立场是基于社会对企业的期望已经发生了变化这样一种信念。

这一观点的代表人物是阿基·B·卡罗(Archie B. Carroll)。他认为，企业社会责任概念之所以受到重视是对社会环境的日益关注和社会契约变化的结果。企业社会责任是社会在一定时期对企业提出的经济、法律、道德和慈善期望。公司并非只是对股东负责的独立实体，它们还要对社会负责，社会通过各种法律法规认可了公司的建立并通过购买产品和服务对其提供支持。此外，社会经济观的支持者认为，企业组织不仅仅是经济机构。社会接受甚至鼓励企业参与社会的、政治的和法律的事务。

2. 赞成和反对社会责任的争论

进一步考察企业是否应该承担社会责任这一争论的内容有助于我们的判断和选择。归纳众多学者的研究，赞成和反对企业承担社会责任的主要理由可简示在图 5.6 中。

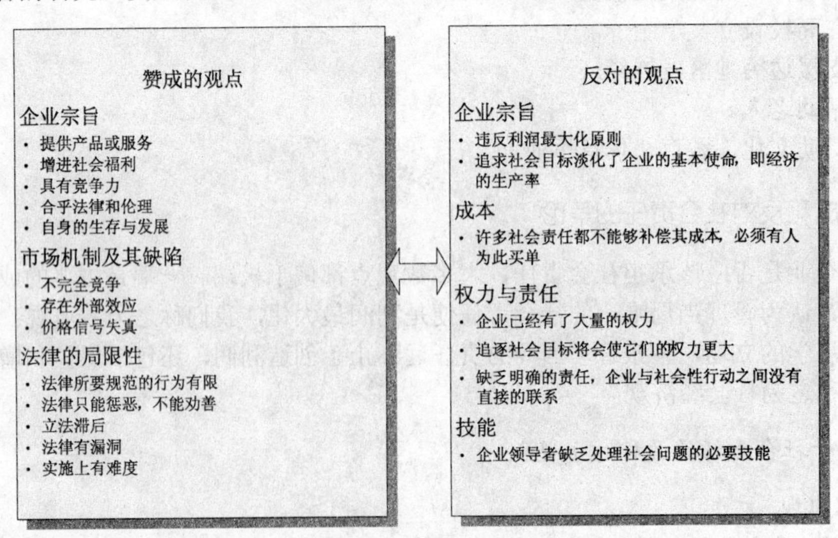

图 5.6 赞成和反对企业承担社会责任的理由

圣加·L·霍姆斯曾就履行企业社会责任后的可能结果询问了美国560家企业的高层管理者，结果如表5-3所示。

表5-3　履行企业社会责任后的可能结果

积极的结果	百分比	消极的结果	百分比
企业信誉改善	97.4	短期获利率下降	59.7
社会制度得到强化	89.0	消费者承担的价格提高	41.4
经济制度得到强化	74.3	管理绩效评价标准有冲突	27.2
雇员的工作满足感增加	72.3	对股东不利	24.1
避免政府干预	63.7	生产率下降	18.8
高级管理者的工作满足感增加	62.8	长期获利能力降低	13.1
企业生存的机会增多	60.7	政府干预增加	11.0
有利于吸引更好的管理人才	55.5	经济制度削弱	7.9
长期获利能力增强	52.9	社会制度削弱	3.7
留住和吸引顾客	38.2		
投资者喜欢对社会负责的公司	36.6		
短期获利能力增强	15.2		

资料来源：陈炳富，周祖城．管理伦理．天津：天津人民出版社，1996．第22-23页．

上述调查结果表明，在西方管理者对承担企业社会责任的态度比较积极，多数人认为履行社会责任能产生许多正面的结果，而反面结果较少。可见，履行企业社会责任已得到了比较普遍的认同。其实，企业社会责任是企业为所处社会的全面和长远利益而必须关心、全力履行的责任和义务，是企业对社会的生存和发展在道义方面的积极参与。

思考与讨论

企业应当承担多少以及何种类型的社会责任一直是一个引起关注和争论的热点问题。简述企业承担社会责任与企业自身积累发展之间的关系。

企业承担社会责任会对经营绩效产生什么影响？

5.2.4　社会责任与经营绩效

许多学者都曾尝试回答这样的问题：社会责任活动会降低一个公司的经济绩效吗？大量的研究已经探讨了这一问题。它们发现了什么呢？总结而言，多数研究表明社会参与和经济绩效之间是正相关的。例如，一项研究发现企业的社会绩效与过去的和将来的财务绩效呈正相关的关系。但是，我们在这些结果中提炼任何让人信服的假设时都应当谨慎，因为存在着某些与衡量“社会责任”与“经济绩效”有关的方法论问题。大多数方法是通过分析年度报表内容，引证公司文档中有关社会活动的描述，或者采用公众感觉的“声誉”指数来确认企业的社会绩效。这些标准作为可靠的社会责任尺度显然是有欠缺的。尽管经济绩效尺度(如净收入、权益收益率或每股价格)更为客观，但它们通常仅用于短期的经济绩效。社会责任对企业利润的冲击，积极的或消极的，要多年后方能见效。若存在着时间的滞后，短期财务指标便不可能得出有效的结果，而且这里还有一个因果关系的问题。例如，如果有证据表明社会参与和经济绩效是正相关的，这也许并不意味着社会参与产生了更高的经济效益，也可能正相反，就是说，它可能表明正是高利润才使得企业能够参与社会活动。我们不应忽视这些方法论上的“因果关系”。实际上，一项研究发现，如果这些研究中不完善的实证分析“正确”的话，那么社会责任对公司财务绩效的影响是中性的。

由此我们可以得出什么结论呢？其中最有意义的结论是，没有足够的证据表明，一个公司的社会责任行动明显降低了其长期经济绩效。如果政治和社会压力迫使企业承担社会责任，这就意味着管理者在实施计划、组织、领导和控制时必须考虑社会目标。[1]

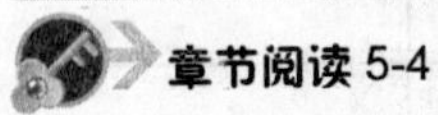

章节阅读 5-4

强生公司的道德选择

1982年9月30日，星期二，强生公司总部得到消息：在芝加哥有人服用掺有氰化物的“泰诺”(Tylen01)胶囊后死亡。泰诺是强生一个子公司的产品，占止痛药市场35%的份额，其销售额大约占强生总销售额的7%，利润占强生总利润的15%～20%。

由于公司内部沟通失灵，强生一开始否认这一事实，但第二天早晨便向报界承认了此事。公司管理层认为，虽然生产工厂并未出现氰化物污染，但是公司不应心存侥幸。

强生的董事长兼首席执行官詹姆斯·伯克决定亲自负责处理泰诺危机。10月4日，星期一，他到华盛顿会见联邦调查局(FBI)和美国食品与药品管理会(FDA)的人士。他考虑收回泰诺胶囊，但两个机构的人士都建议他不要这样做。伯克解释说：“联邦调查局不希望我们那样做，因为如果那样的话就会使掺毒者这么认为：‘嗨，我赢了，我能迫使一家大公司就范’. 而FDA的人则怀疑如果那样做的话，所制造出来的恐慌比可能消除的还要多。”然而，第二天，当加利福尼亚州又发生了一起涉及泰诺的中毒事件后，FDA同意伯克收回所有的泰诺胶囊。

这次共收回了零售价值1亿多美元的3100万瓶泰诺胶囊，收回活动从向消费者提供药片换回胶囊的广告开始。强生公司为了澄清事实真相，登出广告许诺以药片换回胶囊，并向医生、医院和销售商发出50万份邮递电报，向媒体发表声明，以便找到所有尚留在市场上的泰诺胶囊，伯克出现在大型全国电视节目中，强生还允许麦克·华莱士来拍摄强生公司战略小组的会议，并在高收视率的电视专栏节目《60

[1] [美] 斯蒂芬·P·罗宾斯. 管理学. 北京：中国人民大学出版社，2004. 第119页.

分钟》中播放。

按道理讲，药品是在离开公司后被下毒的，强生与污染药品的人没有任何来往。但是，强生公司还是陷入了困境。泰诺的销售额大幅度下降。据估计，损失将近80%。强生报道说，他们1982年采取的保护公众的主动行为使公司损失了1亿美元。然而，到1985年底，泰诺的市场销售额达到了新的高峰。

1986年2月9日，有人发现纽约州的一名年轻妇女死在床上，她前一天晚上服用过两颗超力泰诺胶囊，这两颗胶囊内掺有氰化物。泰诺的噩梦重演了!

这次中毒事件十分令人费解，因为为了对付早先1982年出现的中毒事件，已对药瓶进行了三层密封。首席执行官詹姆斯·伯克立刻取消所有胶囊装泰诺的广告，强生建立了一个由高级主管们组成的危机处理小组来对付此事。举行会议时，伯克认为，没有任何包装是可以阻止掺毒的，将来也不可能有这样的包装。2月16日，公司决定收回所有泰诺胶囊，并停止所有胶囊装的药品在药店里出售。

泰诺马上经历了第二次快速复苏。5个月内，市场份额重新回升到原来的90%。之后，强生重新成为市场止痛药的领导者。

资料来源：[美]罗伯特·F·哈特利. 商业伦理. 北京：中信出版社，2000，第369-378页.

第3篇 决策与计划

第6章 决策的过程与方法

学习目标

(1) 理解决策的概念、类型及特点。
(2) 理解决策过程包括的具体内容。
(3) 理解组织决策的影响因素。
(4) 运用经营单位组合分析法和政策指导矩阵的决策方法分析现实问题。
(5) 掌握选择活动方案的确定型、风险型和非确定型评价方法。

章前导读

选　择

三只不同的动物被一个人关进了三个不同的笼子。人对动物说："我可以满足你们每个动物一个愿望，请说吧。"

浪漫的熊猫说："我要一个美丽的雌熊猫。"

贪吃的猴子说："我要很多很多的核桃。"

勤奋的鸽子说："给我一大叠信纸和一只笔。"

三年以后，人决定放他们出来。

第一个冲出来的是猴子，他抱着一大堆核桃，大喊道："给我砸开！给我砸开！"原来干硬的核桃壳使他无法享受到美味。接着出来的是熊猫，只见他怀里抱着一个小熊猫，雌熊猫拉着一个小熊猫，还有一个小熊猫跟在身后。

最后出来的是鸽子，他紧紧握住人的手说："这三年来我每天与外界联系，我的生意不但没有停止，反而增长了两倍！

这个故事告诉我们，什么样的选择决定什么样的生活。今天的生活是由三年前我们的选择决定的，而今天我们的选择将决定我们三年后的生活。我们要接触最新的信息，了解最新的趋势，从而更好地创造自己的未来。

决策是管理的核心，整个管理过程都是围绕着决策的制定和组织实施展开的。在管理的各项职能中，几乎都会遇到决策问题，也就是说，决策并不只限于计划职能，但决策在管理中的重要地位在计划职能中得到了最好的体现。"管理就是决策"，赫伯特·西蒙的这句话说明了决策与管理的关系。管理是一个动态过程：一方面，它要密切注视环境不断发生的变化；另一方面，又要详察组织内部各种情况的演变趋势。这两种变化给组织带来新的问题、新的矛盾和冲突。对组织中这些不断涌现出的新问题、新矛盾冲突进行分析、判断，并提出对策，使之得以缓解或解决，这就是决策。从这个意义上讲，随着时间的推移，决策贯穿于整个管理过程中，无论是规划设计、组织管理，还是领导激励、管理控制，都有决策的"身影"。决策的质量影响着组织的活力和绩效。本章在探讨决策的内涵与外延的基础上，将阐述决策制定的系统过程，提供基本决策方法。

6.1　决策的内涵与外延

西蒙认为：决策一词从广义上理解，它和管理一词几乎同义。这一定义肯定了决策在管理中的重要地位，但是认为管理就是决策，也是不恰当的。如果把管理看作只是做决策，无疑将会使管理的定义有失偏颇，既不便于对管理学的理论体系科学地分类，也无法将许多实际上属于管理的重要内容包括进去。正确理解决策的含义，对于改进现实中的决策工作有重要意义。

对决策概念的理解尽管众说纷纭，但基本内涵大致相同，区别主要在于对决策概念作狭义的理解还是广义的理解。狭义地说，决策是在几种行动方案中进行选择。广义地说，决策还包括在做出最后选择之前必须进行的一切活动。显然，要准确把握决策的概念，应该从广义上去理解。所以，一般认为，决策就是指组织或个人为了实现某种目标而对未来一定时期内有关活动的方向、内容及方式的选择和调整过程。在管理学研究中，决策是作为“决策制定过程”来理解的，而不仅仅指选择方案的行为。

6.1.1 决策的构成要素及衡量标准

1. 决策的构成要素

虽然决策活动形形色色，但不论哪种决策，都有几项共同的构成要素，各个构成要素之间是密切关联的。

(1) 决策者：可以是单独的个人或群体的组织机构(如委员会)。

(2) 决策目标：决策行动所期望达到的成果和价值。

(3) 自然状态：不以决策者主观意志为转移的情况和条件。

(4) 备选方案：可供选择的各种可行方案。

(5) 决策后果：决策行动所引起的变化或结果。

(6) 决策准则：选择方案所依据的原则和对待风险的态度。

2. 衡量决策有效性的标准

一项决策是好是坏，效果如何，必须得到及时准确的评价，以便于改进决策工作。评价决策工作有效性的主要标准有以下几点。

(1) 决策的质量或合理性，即做出与执行的决策在何种程度上有益于实现个人或组织的目标。

(2) 决策的可接受性，即做出与执行的决策在何种程度上是下属乐于接受并付诸实施的。

(3) 决策的时效性，即做出与执行决策所需要的时间和周期长短。

(4) 决策的经济性，即做出与执行决策所需要的投入在经济上是否是合理的。

在决策效果评价时要综合考虑以上四个方面的因素。有时，一项决策的质量确实很高，但花费了很长时间才制定出来，而且不易得到实施，或者实施的成本过高，这样的决策也不会给个人或组织带来好的效果。

6.1.2 决策的分类

1. 战略决策和战术决策

按决策问题的综合性程度及性质，或从决策调整的对象和涉及的时限可把决策分为战略决策和战术决策。

(1) 战略决策涉及组织的全局性、根本性问题，是关乎组织的生存和发展的长远性决策。战略决策是事关组织未来的生存与发展的大政方针方面的决策。它多是复杂的、不确定性的决策，涉及组织与外部环境的关系，常常依赖于决策者的直觉、经验和判断能力。战略决策的例子如企业使命目标的确定，企业发展战略与竞争战略、收购与兼并、产品转向、技术引进和技术改造，组织结构改革等。

(2) 与战略决策相对应的战术决策，通常包括管理决策和业务决策，均属于执行战略决策过程的具体决策。其中，管理决策是对组织人、财、物等有限资源进行调动或改变其结构的决策，涉及信息流、组织结构、设施等，如营销计划与营销策略组合、产品开发方案、员工招收与工资水平、机器设备的更新等。业务决策则主要是解决组织日常生产作业或业务活动问题的一种决策，与改善内部状况及效率有关，如生产进度安排、库存控制、广告设计等。

战略决策和战术决策是相互依存和相互补充的，战术决策是实现战略决策必需的步骤和环节，没有战术决策，再好的战略决策也只是空想。反之，战略决策是战术决策的前提，没有战略决策，战术决策也就失去了意义，对组织的存在与发展也是无益的。

2. 确定型决策、风险型决策和非确定型决策

按环境因素的可控程度(或环境特点)，可把决策分为确定型决策、风险型决策和不确定型决策。确定型决策的环境是稳定的(可控的)，是指在此环境基础上所作的决策。风险型决策也称随机决策，此类决策的决策环境是不完全确定的，自然状态不止一种且决策者不知道哪种自然状态会发生，但是其发生的概率是可以得到的。非确定型决策的环境是不稳定的，决策者对决策环境一无所知，只能凭决策者的主观判断和倾向进行决策。

3. 程序化决策和非程序化决策

按决策所涉及的问题，可把决策分为程序化决策和非程序化决策。程序化决策处理的是企业大量日常性的、重复性的常见问题。而非程序化决策处理的是企业新颖的、突然发生的、性质和结构不明的、不可重复性、具有重大影响的问题。

(1) 程序化决策是指那些例行的、按照一定的频率或间隔重复进行的决策。程序化决策处理的主要是常规性、重复性的问题。为了提高程序化决策的效率和效果，必须对赖以处理问题的政策、程序或规则进行详细的规定。否则，即使是面对程序化的问题，决策者也难以快速地做出决策。

(2) 非程序化决策是指那些非例行的、很少重复出现的决策。这类决策主要处理的是

那些非常规性的问题。例如，企业面临的重大投资问题、组织变革问题、新产品开发或新市场开拓问题等。非程序化决策往往缺乏信息资料，无先例可循，无固定模式可依，常常需要决策者倾注全部精力，进行创造性思维。一般来说，由组织的最高层所做的决策大多是非程序化的。这类决策问题只能依靠决策者的经验、直觉判断，将问题分解为若干小问题逐一解决。随着决策者地位的提高，所面临的非程序化决策的数量和重要性都逐步提高，面临的不确定因素增加，决策难度加大，决策者进行非程序化决策的能力变得越来越重要，进行决策所需的时间也会相对延长。因此，许多组织都一方面设法提高决策者的非程序化决策能力，另一方面尽量使非程序化决策向程序化决策方向转化。

4. 竞争型决策和非竞争型决策

按决策对象的特点，可把决策分为竞争型决策和非竞争型决策。竞争型决策是指决策对象是具有理性思维并能采取行动的人或组织，决策的结果不仅取决于决策者本人的选择，还要取决于决策对象(决策者完全不能把握的对抗者、竞争者)的选择。非竞争型决策是指决策者面对的各种自然状态(泛指除人以外的实体和现象)，其特点是以决策者为一方，以自然状态为另一方，决策的结果一般符合统计规律，但是决策质量依赖于对自然状态发生概率的判断。

5. 群体决策和个人决策

按决策的主体，可把决策分为群体决策和个人决策。

1) 群体决策

群体决策是组织整体或组织的某个部分对未来一定时期的活动所作的选择或调整。群体决策是充分发挥集体的智慧，由多人共同参与决策分析并制定决策的整体过程。群体决策是在环境研究的基础上制定的，通过环境研究，认识了外界在变化过程中对组织的存在造成的某种威胁或提供的某种机会，了解了自己在资源占有和能力应用上有何优势和劣势，便可据此调整活动的方向、内容和方式。群体决策时，决策主体的决策能力不仅取决于诸如学识、胆略、经验等个人素质，还取决于组织中由上述个人素质组合所形成的整体智能结构和决策方式。最常用的群体决策有互动小组、德尔菲法、名义小组法等形式。

(1) 互动小组是最普遍的群体决策形式。它可以是一个已经存在的组织，如组织中的某一个职能部门、某一个部门中的科室、或者某一个常设委员会；也可以是一个特意成立的组织，如一个攻关小组、一个特别委员会等。组织成员就某一问题交谈、讨论、达成一致、进一步完善、最后完成决策。这种方法的好处就是通过小组成员间的互相作用，有利于产生新主意、新点子，同时也有利于促进小组成员间的互相理解和沟通。缺点在于政治行为容易引起过大的影响。

(2) 德尔菲法是由美国兰德公司提出的一种复杂、耗时的方法。德尔菲法从不允许群体成员一起面对面开会。它的规范做法有如下几点。

① 通常在组织内部和外部挑选研究某一特殊领域的专家成立一个小组。

② 确定问题。通过一系列仔细设计的问卷，要求专家小组成员提供可能的解决方案。

③ 要求专家在规定的时间匿名、独立地完成第一组问卷。

④ 组织者把回答内容汇集起来，然后将这些结果综合反馈给小组成员。

⑤ 小组成员看过结果后，再次提出他们的方案。

⑥ 重复数次④、⑤步骤直到取得大体上一致的意见。

德尔菲法避免了群体成员间过度的相互影响、降低了组织的花费。但德尔菲法的缺点是太耗费时间。由于时间方面的限制，这种方法一般不用于日常事务的决策，但在许多重大问题的预测和决策中被认为具有显著的效果。

(3) 名义小组法也是一种常用的群体决策方法。与德尔菲法不同，名义小组法的成员要求集中在一起工作。但它也不同于互动小组，小组成员之间不允许自由讨论，因而被称为名义小组。这种方法主要用于提出新颖的、创造性的主意和方案。运用这种方法的步骤如下。

① 由组织者挑选适当的成员组成小组，再告之大致的问题范围，然后请小组成员独立地写出尽可能多的方案。

② 每个成员将自己的想法提交给群体。然后一个接一个地向大家说明自己的想法，直到每个人的想法都表述完并被记录下来为止(通常记在一张活动挂图或一块黑板上)。在所有的想法都被记录下来之前不进行讨论。

③ 然后群体开始讨论，以便搞清楚每个想法，并做出评价。

④ 由全体成员对各种方案进行打分表决，得分最高的方案便成为小组决策的结果。

这种方法的优点主要在于，群体成员一起开会但不限制每个人独立思考的内容，而传统的会议方式往往做不到这一点。

最新的群体决策方法是将名义小组法与尖端的计算机技术结合的电子会议。参与决策的群体围坐在一张 U 形的桌子旁(这张桌子上除了一系列的计算机终端外别无他物)，将问题显示给决策参与者，他们把自己的回答打在计算机屏幕上，个人评论和票数统计结果都投影在会议室内的屏幕上。这一改进的名义小组法的优点主要是匿名、诚实和快速。但这一过程缺乏面对面的口头交流所传递的大量信息。

2) 个人决策

个人决策是指个人在参与组织活动中的各种决策。也可以说，决策者只有一个人的决策活动称作个人决策，所以也称为个体决策。因此，个体决策受决策者个人的经验、知识水平、决策能力、思想观点、欲望、意志等因素的影响，使决策具有强烈的个人色彩。有的人机敏，对事物的感知迅速，善于从不完全的情报中获取重要的信息；有的人深邃，善于透过事物的表面现象抓住事物的本质；有的人果敢，能够面对复杂的形势“快刀斩乱麻”，大胆地做出抉择。因此，在处理同一问题时，不同决策者做出的方案选择可能会有很大的不同。

个体决策和组织决策都各具优缺点，但两者都不能适用于所有情况。群体决策相对于个体决策的优点有以下几点。

(1) 提供完整的信息，提高决策的科学性。具有不同背景、经验的成员在收集的信息、解决问题的类型和思路上往往都有很大差异，他们的广泛参与有利于增加决策的全面性，提高决策的科学性。

(2) 产生更多的方案。组织拥有更多数量和种类的信息，能制定出比个人更多的方案。当组织成员来自不同专业领域时，这一点就更为明显。

(3) 容易得到普遍的认同，有助于决策的顺利实施。如果让受到决策影响和实施决策的人们参与了决策的制定，他们更容易接受决策，并鼓励他人也接受。

(4) 提高合法性。群体决策制定过程是与民主思想相一致的，因此人们觉得组织制定的决策比个人制定的决策更合法。

群体决策的主要缺点有以下几点。

(1) 消耗时间长，速度、效率可能低下。

(2) 因组织职位、经验、对有关问题的知识、易受他人影响的程度、语言技巧、自信心等因素不同，很可能出现以个人或小群体为主发表意见、进行决策的情况。

(3) 屈从群体思维，即要求在组织成员中取得一致的欲望会战胜取得最好结果的欲望。它通过抑制不同的、少数派的和标新立异的观点以取得一致。群体思维削弱了组织中的批判精神，影响了决策的质量。

(4) 责任不清。组织成员共同承担责任，但实际上谁对最后的结果负责却模糊不清。

思考与讨论

群体决策和个体决策哪个更有效？

6. 初始决策和追踪决策

按决策的起点，可把决策分为初始决策与追踪决策。初始决策是零起点决策，是在有关活动尚未开始，环境未受到影响的情况下所作的。追踪决策是非零起点的决策，是在活动已经开始，环境已受到影响的情况下所作的。

初始决策是指组织对从事某种活动或从事该种活动的方案所进行的初次选择；追踪决策则是在初始决策的基础上对组织活动方向、内容和方式的重新调整。初始决策是在对组织、环境的某种认识的基础上做出的，而追踪决策则是由于这种环境发生了变化，或者是由于组织对环境特点的认识发生了变化而引起的。组织中的大部分决策都属追踪决策。

6.1.3 决策的原则

1. 目标性原则

任何组织决策都必须首先确定组织的活动目标。决策是为了实现特定目标的活动，没有目标就无从决策，目标已经实现，也就无需决策。

2. 可行性原则

决策的目的是为了指导组织未来的活动。组织的任何活动都需要利用一定的资源。决策方案的制定和选择，不仅要考察采取某种行动的必要性，而且要注意实施条件的限制。

3. 选择性原则

决策的基本含义是抉择。如果只有一种方案，无选择余地，也就无所谓决策。没有比较就没有鉴别，更谈不上优化。在制定可行方案时，应满足整体详尽性和相互排斥性的要求。所谓整体详尽性，是指将各种可能实现的方案尽量都考虑到，以免漏掉那些可能是最好的方案。所谓相互排斥性，就是说可行方案本身要尽量相互独立，不要互相包含，当然更不应当为了选择硬凑出某个方案来。

4. 满意性原则

选择活动方案的原则是满意原则，而非最优原则。最优原则要求：①决策者了解与组织活动有关的全部信息；②决策者能正确地辨识全部信息的有用性，了解其价值，并能根据此制定出没有疏漏的行动方案；③决策者能够准确地预测每个方案在未来的执行结果。

然而，在管理过程中，这些条件是难以同时具备的。也就是说，尽管管理者热切希望做到最佳，但是信息、时间和确定性的局限限制了最佳效果的实现，因此，他们通常会采纳一个令人满意的，即在目前环境中是足够好的行动方案。

5. 循环性原则

决策是一个过程，而非瞬间动作。决策是为达到一定的目标，从两个或多个可行方案中选择一个合理方案进行分析判断和抉择的过程。不仅如此，在实际运用中，随着决策的进行和环境的变化需要在原有决策的基础上再作新的决策，所以，决策实际上是一个“决策——实施——再决策——再实施”的连续往复的循环过程。

6. 动态性原则

决策目标的制定以过去的经验和组织当前的内外环境为基础，决策的实施将使组织步入不断变化发展的未来。在此过程中，任何可能对决策产生影响的因素的变化都要求在一定程度上修正决策、甚至重新决策以更好地实现决策目标。决策活动的相互关联性也要求决策者必须根据对其决策结果产生重大影响的其他人的决策，灵活调整自己的决策方案。

6.1.4 决策理论

研究决策理论具有代表性的是以“经济人”假说为基础的古典决策理论和美国管理科学家西蒙的行为决策理论。

1. 古典决策理论

古典经济学的基本命题是完全理性和"最大化或最佳原则"，它把人类行为抽象为经济人的行为，以经济人行为作为研究的前提条件。

经济学家们给经济人赋予一种完全的理性。这种经济人有一个完整而内在一致的偏好体系，具体包括以下几点。

(1) 决策者总能够在面临的备择方案中做出抉择，决策者完全了解有哪些备选的替代方案。

(2) 决策者为择优所进行的计算，不受任何复杂性问题的限制。从而在一个详细说明和明确规定的环境中进行"最大化选择"或说"最佳选择"，即选择的都是纯理论上的最优解。

(3) 在确定决策时，决策者对每项措施的唯一结果都具有完全的了解，择优也是准确无误的。

(4) 在风险决策时，决策者对每项措施各种可能的结果能准确地了解它的概率分布，在这种情况下，理性的选择就是选定期望值最大的措施。

2. 行为决策理论

行为决策论的代表人物西蒙认为古典决策理论只能处理相对稳定和与竞争性均衡相差不大的经济行为，无法满意地处理有关不确定和不完全竞争情况下的决策行为[1]，这种理想主义的模式不一定能指导人们的实际决策活动。于是，西蒙在其著作《管理行为》一书中提出了具有重大影响或者说震撼经济学领域的"满意标准"和"有限理性标准"理论，从而用"管理人"取代了"经济人"，开创了决策研究的新领域，它把众多学者的研究目光从"完全理性"下的"应当如何"转向"有限理性"下的"实际如何"，使决策理论研究的结果更切合实际，更具有实际的指导意义。

为什么说理性是有限制的呢？这主要是由于在现实生活中很少具备完全理性的假定前提。

(1) 人的知识是有限的。人不可能掌握全部的信息，很难做到对复杂多变的现实情况有完全地了解和对未来发展情况有准确地预测。因而常常要在缺乏完全了解的情况下，一定程度地根据主观判断进行决策，且决策时也很难考虑到所有可能的措施。

(2) 人的能力是有限的。这里能力的含义很广泛，包括技术能力、设计能力、计算能力、想象力、创造力、注意力、洞察力等。这也限制了人们识别问题的准确性、设计方案的完善性和穷尽性、评价方案的精确性和实施的正确性。

(3) 人在影响其决策的价值观和目标观念上是受限制的。人的价值取向与多元目标并

---

[1] [美]赫伯特·西蒙. 管理行为. 北京：北京经济学院出版社，1988. 第2页.

非始终如一。“如果一个人对组织很忠诚，他的决策就会显示出对组织目标的真诚接受；如果决策者缺乏这种忠诚心，决策者的个人动机就可能干扰管理效率。要是决策者仅仅忠于自己所在的小单位，决策者的决策有时就会不利于该单位所属的上级机构或更大的单位。”[1]

(4) 决策环境的高度不确定性和极度复杂性。在不明确的环境下难以作出理性的抉择。

因此，现实生活中的个人或企业的决策，都是在有限理性的条件下进行的。完全的理性促使决策人寻求最佳措施(即“最优解”)，而有限理性促使决策者寻求符合要求的或令人满意的措施(即“满意解”)。寻求“最优解”的前提条件是具有一套能对所有措施进行比较的标准；寻求“满意解”的前提条件是具有一套说明符合最低限度要求的措施的标准，用以选定符合或超过这个标准的措施。比如，在一个草垛里散落着一些缝衣针，如果寻找“最优解”就要把所有的针都找到，逐一比较找出最尖锐的一根；如果寻找的是“满意解”，那么只要找到的针尖锐得能够缝制要缝的衣服，那就满足了要求，不用再找下去了。

西蒙认为，绝大多数的人类决策，不管是个人的还是组织机构的，仍属于寻找和选择“满意解”的过程。因此，西蒙的决策理论不仅是经济学的一个组成部分，而且能为企业和政府的决策者提供决策工作的基本思路和方法，具有很重要的实践意义。

古典经济学的决策理论与西蒙的行为决策理论的分歧反映了它们对决策的本质是主观选择还是客观选择的认识不同。

古典经济学理论的“完全理性”和“经济人”这两个基本命题意味着它把决策看作是一种客观选择，假定不受主观条件的影响和制约。这样就可推知，决策者无所不知，无所不能，从而能在穷尽的选择方案中按照科学的排列顺序和计算方法，选择客观上的“最优”方案。而西蒙的行为决策理论的“有限理性”和 “管理人”这两个基本命题则意味着把决策在相当程度上看作是一种主观选择，但不否认决策的客观性。西蒙分析了个体心理、动机、感知、记忆、忠诚、认同等主观因素对管理行为尤其是对决策行为的影响。因而“管理人”在决策时，就要受到多重决策标准和诸多主观、客观因素特别是主观因素的影响，从而最终选择出对决策者来说 “满意”方案。决策者不同，主观“满意”方案就不同，而客观的“最优”方案却不会随着决策者的不同而不同。主观“满意”方案也不能保证决策的正确性，因为它毕竟带有相当大的主观成分。若这种主观“满意”方案反映的是客观事实且适应客观规律的发展变化，那么决策是正确的；否则，决策是失误的。

决策的主观性和客观性告诉我们，要想使决策避免失误，要么尽量减少决策的主观成分，要么保证主观符合客观、与客观相统一、既不超前也不落后客观情况的变化。

---

[1] [美]赫伯特·西蒙．管理行为．北京：北京经济学院出版社，1988．第39页．

章节阅读 6-1

灵活决策的理论基础

曾经人们都认为这个世界的发展可以被管理者的智力所影响，因此决策是一种改变企业命运的努力，这种信念持续了一个世纪。然而，这种信念近年来受到了挑战。按照灵活决策的理论，决策后采取行动的结果是由你的组织所采取的行动和其他组织正在采取的行动所共同决定的。灵活决策的应用有两个重要的理论支撑，即博弈论和混沌理论。

1. 博弈论

博弈论就是研究人们作出的相互依赖的选择的。博弈至少包含两个人，他们是根据期望别人所作出的选择而作出选择的。博弈论首先用在第二次世界大战后限制核武器的战略计划中，现在用在像制定竞争性价格等商业决策中。在日常生活中我们经常体验到博弈论，两人下棋或者一个司机想把车开到空车道上，而另一个司机试图进入车流中就是两人博弈的情形。按照我们的理解，博弈的关键就是其结果是通过相互作用产生的。

博弈论使我们认为决策过程是两个决策者同时适应对方存在的过程。每个人都可以作出合理的决策，也可以作出灵活的决策。

2. 混沌理论

混沌理论是专门研究大的社会结构中的动态模式的，它是系统论的产物。混沌理论学者关注系统中的“湍流”。在“湍流”状态下，不仅未来是不可预测的，现实也是不稳定的。在这种情况下，管理者至少能够选择一个可以达到的目标。拉尔夫·斯塔奇认为，混沌是一个呈三种状态的形式，即平衡、非平衡和有限的不稳定状态。系统能否发展演化的前提条件是系统远离平衡态，处于非平衡态的封闭系统，必定走向无序的热混沌状态，即退化为平衡态。所以，决策者的任务就是尽力使组织处在第三种状态中，只有这样，组织才能创新发展。

资料来源：斯通纳(Stoner). 管理学教程. 北京：华夏出版社，2001. 第205页.

6.2 决策制定过程

决策是企业管理的核心和基础，完成一项决策应该做好哪些工作呢？有人把这些工作总结为“5W1H”：做什么(What)，为什么(Why)，谁来做(Who)，什么时候做(When)，什么地点(Where)，怎样做(How)。即首先要确定做什么，也就是确定决策目标，然后要在头脑中形成一个初步的决策思路，即为什么这样做而不那样做，选择什么样的人来完成既定的任务，以及在什么地点完成等。同样地，在完成了以这一系列的准备工作后，管理者或多或少地也获得了一些经验和教训，而这些经验和教训将帮助我们进行下一轮的决策分析。这一完整的活动过程就被称为决策制定过程，即管理者在决定某项活动之前所作的关于识别决策问题、确定决策标准、为决策标准分配权重，开发备选方案、分析备选方案、选择备选方案、实施方案、评估决策结果、再次识别决策问题的一个循环往复的过程。

决策是解决问题的过程。管理人员每天要解决的问题很多，问题的难度和特点也会不一样，如果能够找到解决问题的共同思路，不仅有助于问题的解决，还有助于提高管理工作效率。决策过程的研究就是为了达到这种目的。不同学者关于决策过程的总结略有差异，但主要内容是一致的，较为详尽的决策过程包括以下9个阶段(图6.1)。

1. 识别决策问题

识别决策问题是决策过程的首要活动，决策者必须知道哪里需要行动。管理者通常需要密切关注与其责任范围有关的数据。这些数据包括市场当中的各种有效的需求信息和组织内部的供给能力。识别出实际供给能力与需求状况是否匹配，并做出相应的调整，以最大限度地满足需求，获得更多的利益。企业外部的需求信息给经营者带来的就是市场机会，而分析内部的供给能力就是识别决策问题。

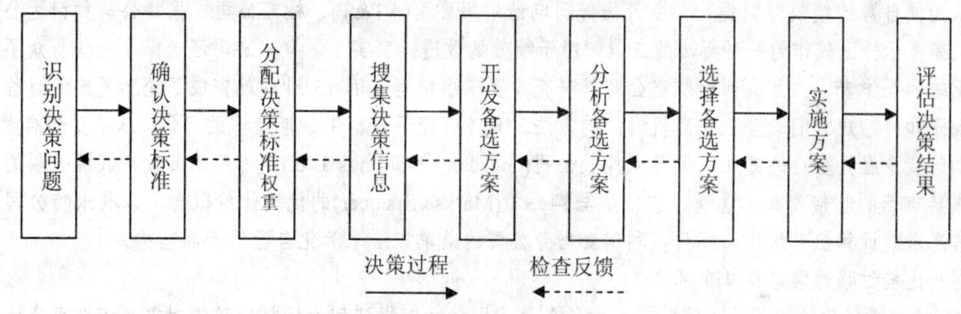

图6.1　决策制定过程

资料来源：斯蒂芬·P·罗宾斯. 玛丽·库尔特. 管理学(第七版). 北京：中国人民大学出版社，2004. 第158页的图示修改.

识别决策问题并不简单，决策制定过程始于一个存在的问题，具体地说即存在着现实与期望状态之间的差异。怎么使管理者意识到事情的差异呢？显然，他们必须将事情的现状和某些标准进行比较。标准是什么？它可以是过去的绩效、预先设置的目标、组织中其他一些单位的绩效或是其他组织中类似单位的绩效。在差异被明确之后，决策者就可以开始对问题进行系统地分析。分析问题的前提条件是收集解决问题所需要的最好的实际资料。所需资料的数量和收集信息的范围主要取决于差异的性质和复杂程度。所需资料和信息来自于：①经验；②对过去解决问题的方法进行客观的考察；③往日的销售、财务、生产、人事等方面的资料；④他人和其他组织的观点、建议和想法。

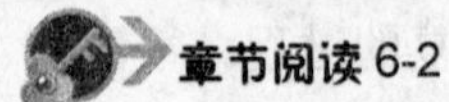
章节阅读 6-2

标杆比较

标杆比较(Bench Marking)是寻求那些具有杰出绩效的竞争对手或非竞争对手的最佳实践，其基本思想是，管理者可以通过分析然后复制领先者的方法来提高自身的质量，即使是小型的公司，也可以通过标杆比较获得巨大的利益。

标杆比较背后的历史很有趣。在 20 世纪 70 年代日本企业积极地模仿其他企业的成功做法，将它们访问世界上其他公司所学到的经验应用于改进自己的产品和过程。美国施乐公司搞不清楚日本的复印机制造商怎么以大大低于施乐公司的成本的价格在美国市场上销售中型复印机，因此施乐公司负责制造的主管就带领一个团队到日本访问，仔细研究他们竞争对手的成本和过程。研究结果令他们感到震惊，他们的日本竞争对手在效率方面大大领先于施乐公司，因此施乐开始运用标杆比较来分析与日本企业之间的效率差距，从而使自身的绩效得到提升。今天像美国电话电报公司(AT&T)、杜邦公司、福特公司和柯达公司等企业，都将标杆比较作为一种标准的工具，用于绩效的改进。事实上，有些公司还选择了一些与众不同的标杆比较的合作者。例如，西南航空公司就研究了赛车小组怎么用 15 秒钟就完成了轮胎更换的过程，从中找到了如何缩短它们的登机和离机时间的方法。IBM 研究了拉斯韦加斯赌城的运作，从中受到启发，改进了如何减少雇员盗窃的方法。佐丹奴控股公司(Giordano Holdings Ltd.)是一家总部设在我国香港的面向大众服装市场的制造商和零售商，它借用马狮公司(Marks&Spencer)的优质优价概念，以利米特公司的销售点信息采集计算机系统作为标杆，利用麦当劳公司的菜单方法来简化自己的产品结构。

标杆比较过程通常包括 4 个部分。

(1) 建立标杆化计划团队。团队最初的任务是识别什么应当被列为标杆比较的对象，识别可资比较的组织以及决定数据收集的方法。

(2) 团队首先从内部收集工作方法的数据，然后从外部收集其他组织的相应数据。

(3) 通过数据分析确认绩效的差异和造成差异的原因。

(4) 制定和实施行动计划，最终达到或超过其他组织的标准。

管理者或者标杆化团队怎么从其他组织中收集数据呢？首先，需要决定究竟要与谁进行比较。利用与顾客、供应商和雇员的接触网络，征求他们的意见，看看谁是适合进行标杆比较的最佳公司。贸易协会和产业专家通常知道哪些组织是最优秀的，那些获得过地区或国家质量奖的公司可以作为潜在的标杆比较对象，还可以利用竞争对手网站上提供的丰富的信息资源。许多公司网站描述了正在开发的新产品或服务，通常还包含可供分析的财务信息。此外，专家还建议，管理者不要忽略与其他组织发展合作的伙伴关系的可能性，以便分享标杆比较的数据。显然，这种合作伙伴关系必须建立在互利的基础上，不过，如果在寻求改进你的客户满意度时，并且已经有了一个很大的客户基础，就可以和其他的具有互补性的组织交换数据。

资料来源：斯蒂芬·P·罗宾斯，玛丽·库尔特. 管理学(第七版). 北京：中国人民大学出版社，2004. 第 235-236 页.

2. 确认决策标准

确认决策标准即决策者必须明确决策要实现的具体目标，即决策想获得的结果，例如，就餐时我们需要考虑到就餐环境、价格、口味、服务态度等相关信息。

决策目标是制定和实施决策的基础，确定的目标只有含义明确、内容具体，才能对控制和实施决策起到指导作用。确认决策标准，要注意以下几点。

(1) 决策标准应有确定的内涵，切忌含混笼统。例如，笼统提出“实现区域经济跨越式发展”的标准，就会引起各种不同的理解和解释，在决策者中间产生不一致的思想认识，从而无法做出正确决策。必须明确经济发展的具体内容是什么，具体指标和时间要求如何。

(2) 要明确决策标准是否有附加的约束条件。决策标准分为有条件标准和无条件标准。有条件标准具有附加条件，如要求新产品增加 10%，同时要求保持原有的产品系列结构，并且不得降低资金周转速度和利润。即使决策执行结果在增加品种方面达到了标准，但不符合附加条件的要求，也不能算是达到了标准，这就是有条件的标准。无条件标准是不附加任何条件的标准。企业管理决策中的标准基本上是有条件的，因此，在明确标准时，必须严格明确地规定约束条件。

(3) 要确定衡量标准实现程度的具体指标。明确、清晰的决策标准要求对其预定达到的目标，有具体的标准规定，以便为拟定方案提供参考依据，同时作为检查决策执行结果的尺度。无论决策标准的内容及性质如何，其衡量标准都应尽量用数量指标表示，以利于监督、控制和检查评价。对于确实难以用数量指标表示的标准，则应尽可能地加以精确描述。

(4) 确定可行性的决策标准。确定决策标准，不仅应根据管理需要，还要考虑实现的可能性。因为需要只是决策者的主观愿望，需要结合客观实际条件才能实现。即主观愿望必须切合实际，才有可能实现。

3. 分配决策标准权重

在确认了决策的标准后，决策者常面临不止一个决策过程的难题，这时就需要为每一项标准分配权重，以便能区分决策标准的重要程度和主次顺序。管理决策常常面临多标准并存的情况，尤其是战略决策，所提出的问题经常需要考虑两个或两个以上的标准，问题的解决也有赖于同时满足这些标准的要求。因此，必须根据重要性将标准区分为必须达到的标准和希望达到的标准。必须达到的标准是不能打折扣的，应当首先满足和实现。希望达到的标准则是不确定绝对限制的，只规定相对的要求。为了对多标准进行区分，可将标准按其相互关系加以取舍和适当合并，并按标准的重要程度排出等级，从而迅速抓住主要矛盾和核心问题，确立精炼完整、主次分明的决策标准体系，以利于拟定备选方案和评价选择最优方案。

4. 搜集决策信息

包括为决策作相关的可行性分析、收益—成本分析、需求预测等支持组织和决策者进行决策的各种相关的、有效的信息。

5. 开发备选方案

在研究了现状，确定的决策标准和取得了相关信息资料之后，接下来的步骤是开发备选方案。决策者应该尽可能多地考察备选方案，因为备选方案越多，解决办法越完善。过去的经验、创造性和管理方面的最新实践都有助于拟定备选方案。

开发备选方案的过程是一个具有创造性的过程。在这一阶段，决策者必须开拓思维，充分发挥想象力。寻求更多备选方案的一种方法是"头脑风暴法"，产生备选方案的另一种方法是"集思广益法"。

不同的备选方案最好是能够相互替代、相互排斥的，而不是相互包容的。可供选择的替代方案越多，备选方案的相对满意程度就越高，决策质量就越有保障。

一般而言，备选方案的开发过程大致可分为以下几个步骤：首先，在研究环境和发现不平衡的基础上，根据组织的宗旨、使命、任务和消除不平衡的标准，提出初步设想；然后，对提出的各种改进设想加以集中、整理和归类，形成若干个内容比较具体的可以考虑的初步方案；最后，在对这些初步方案进行筛选、修改和补充以后，对留下的可行方案做进一步完善处理，并预测其执行的各种结果，如此便形成了有一定数量的备选方案。

6. 分析备选方案

分析备选方案即对每一种方案展开分析并与决策标准进行比较，对每一个方案的可应用性和有效性进行检验。决策者必须对每一个备选方案所希望的结果和不希望的结果出现的可能性进行检验。可运用一些标准对方案进行比较，在这些标准中常用的分析因素有：每个备选方案涉及的风险、可以利用的时间、需要的时间、可利用的设施和资源、费用效益分析等。具体可采用以下参数进行分析比较：预期收益最大化或损失最小化值、最大后悔值、市场占有率变化值，经营风险或投资风险最小化值，成本费用最小化值等，相关的方法将在 6.3 节中介绍。如果所有的备选方案都不令人满意，决策者还必须进一步开发新的备选方案。

7. 选择备选方案

备选方案的比较分析虽然表明了哪一个备选方案更优，但是决策者不能只考虑备选方案的优越性，还必须在选择最佳方案时考虑到组织的资源约束。一般在选择备选方案时总是遵循使执行该方案过程中可能出现的问题的数量减少到最小，执行该方案对实现组织标准的贡献达到最大的基本原则。在选择方案过程中要充分重视过去的经验、直觉判断、他人的建议等因素。在时间和成本允许的条件下，可采取局部实验的方法来检验备选方案。此外，在方案的选择过程中，决策者要注意以下几点。

(1) 统筹兼顾，尽可能保持组织与外部结合方式的连续性，充分利用组织现有的结构和人员条件。

(2) 注意反对意见，因为反对意见不仅可以帮助决策者从多种角度去考虑问题，促进方案的进一步完善，而且可以提醒决策者防范一些可能出现的弊病。

(3) 决策者要在充分听取各种意见的基础上，根据自己对组织任务的理解和对形势的判断，权衡各方利弊，作出决断，掌握“议”与“断”的度。

8. 实施方案

实施方案即如何将决策付诸实施。实施方案包含了将决策传送给有关人员和部门，并要求他们对实施结果作出承诺。选择出备选方案后，决策过程并没有结束。决策者还必须使方案付诸实施。决策者必须设计所选方案的实施方法。一个成功的决策者必须具备这两种能力：既要能作出决策，又要有将决策转为有效行动的执行力。具体应从以下几方面做好组织实施工作。

(1) 制定切合实际的实施计划。包括认真拟定实施决策方案的具体步骤；制定相应的实施措施与方法；编制实施行动的程序或日程表；结合有关资源编造实施方案的资金预算等。

(2) 向决策方案执行人员传达实施要求，落实各项行动。包括有计划地组织调配人力、物力、财力等经济资源；建立和调整有关组织机构并分配任务项目；将决策标准及行动方案细化并下达任务指标和工作规范等。这将有利于全体执行人员相互理解，相互支持，共同努力，充分调动全体员工的积极性。

(3) 建立重要的工作报告制度，以便随时了解方案的进展情况，及时调整决策方案。

9. 评估决策结果

评估决策结果是指看看问题是否得到了解决，并不断地对方案进行修改和完善以适应环境的不断变化。决策者可以通过实践以及反复的决策来提高决策水平。为了提高决策质量，一些信息的反馈是必要的。决策者应按照决策标准以及实施计划的要求，对决策方案的执行进展情况进行检查，以便于及时发现新问题、新情况，发现执行情况与预计情况之间是否存在偏差，并找出原因，保证和促进决策方案的顺利实施。

6.3 决策的方法

决策方法按照定量方法应用的程度可划分为主观决策法和计量决策法。主观决策法主要包括：德尔菲法、头脑风暴法与反头脑风暴法、创造工程法等。计量决策法主要包括：确定型决策法、不确定型决策法、风险型决策法和计算机模拟决策方法等。在管理实践中，主观决策法和计量决策法也存在交叉。除上述分类以外，决策方法通常还可分为关于组织活动方向和内容的决策方法和在既定方向下从事一定活动的不同方案的选择方法。

6.3.1 确定活动方向的分析方法

这类方法可以帮助企业根据自己的特点，选择企业或某个部门的活动方向，主要有经营单位组合分析法、政策指导矩阵法等。

1. 经营单位组合分析法

在纷繁复杂、迅速变化的市场中，每一个企业都会面临这样的问题：我们是做什么的，我们将来应该做什么，以及我们怎样做才能做到最好。企业确定自己的经营领域，从而进一步决定自己的市场行为，这就是领域界定。领域界定对于任何企业都是十分必要的，它是企业制定战略决策目标的主要内容之一，也是企业市场定位的前提。只有先弄清楚企业是做什么的，接下来才能进一步细分市场，采用创造性的经营策略，力求在这一细分市场中争得尽量多的机会，取得尽量多的经济效益。领域界定的主要目的是给企业领导层做出关于哪些业务领域应该建立、哪些应该保留、哪些应该收缩、哪些应该放弃等的决策提供依据。这不能仅凭主观印象，而应根据其潜在利润科学地分析判断。这方面的方法尤以美国波士顿咨询公司的“市场增长率—相对市场份额矩阵法”应用最为广泛，如图 6.2 所示。利用经营单位组合分析法进行决策，是以“企业的目标是追求增长率和利润”这一基本假设为前提的。拥有多个经营单位的企业具有这样的优势：它可以将获利较高而潜在增长率不高的经营单位所创造的利润投向那些增长率和潜在利润都很高的经营单位，从而使资金在企业内部得到最有效的利用。

图 6.2 中，横坐标代表该公司的市场地位，一般用相对市场占有率(即相对于最大竞争者的市场份额)来表示，纵坐标代表市场发展前景，一般用整个市场销售收入的年增长率来表示。该矩阵分为四个方格，每个方格代表不同类型的业务领域。

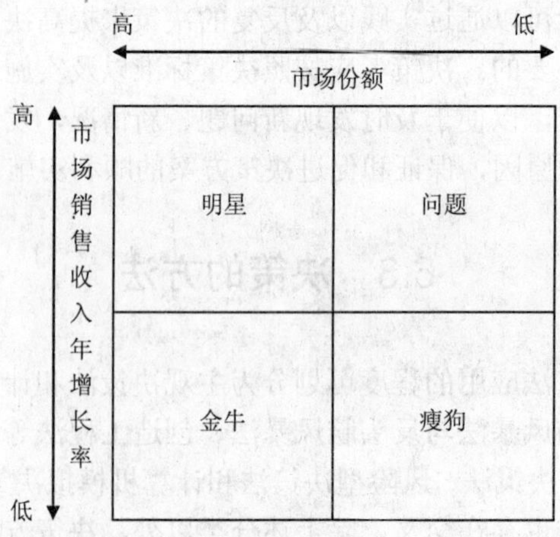

图 6.2 经营单位组合分析法

(1) 问题领域。这一领域位于高的市场增长率和低的市场份额区域，说明该公司力图进入一个已有领先者占据的高速增长的市场。这一领域需要大量的资金来开发，以提高它们的市场占有率，成为公司的“明星”。但该领域有较大风险，需慎重选择。

(2) 明星领域。这一领域的市场份额和市场增长率都很高，具有一定的竞争优势。但由于该领域市场增长率很高，公司若一松懈，很容易让后来者居上。为了保持优势地位，也需要投入很多资金，因而这一领域并不能给公司带来丰厚的利润。但当市场增长率减慢以后，它就转变成“金牛”，源源不断地为公司创造利润。所以，一家公司若没有明星领域，则缺乏上升的后劲，需密切留意。

(3) 金牛领域。这一领域处于低的市场增长率和高的市场份额区域。由于市场增长率下降，公司不必大量投资以扩展规模，同时也因为公司在该领域是市场领先者，它还享有规模经济和边际利润的优势，因而金牛是公司名副其实的“摇钱树”。公司从这里获得利润来支持明星类、问题类领域及新项目的研究与开发。

(4) 瘦狗领域。这是处于低市场增长率和低市场份额区域的业务领域，在竞争中处于劣势，没有太大发展空间，公司必须考虑其存在的必要性。如果公司拥有瘦狗类领域较多，应进一步收缩或退出。

思考与讨论

总结经营单位组合法的优点和不足。

2. 政策指导矩阵法

政策指导矩阵法是根据市场前景和相对竞争能力来确定企业不同经营单位的现状和特征的分析方法。市场前景由盈利能力、市场增长率、市场质量和法规限制等因素决定，分为吸引力强、中等和无吸引力三种；相对竞争受到企业在市场中的地位、生产能力、产品研究和开发等因素的影响，分为强、中、弱三类。这两种标准、三个等级的组合，可把企业经营单位分成 9 种不同类型，如图 6.3 所示。

经营单位的相对竞争能力	吸引力强	吸引力中等	吸引力弱
强	1	4	7
中	2	5	8
弱	3	6	9

市场前景

图 6.3 政策指导矩阵

根据经营单位所处的不同位置，应选择不同的活动方向。

(1) 处于区域 1 和 4 的经营单位竞争能力较强，也有足够理想的市场前景，应优先发展，保证这些经营单位所需的一切资源，以维持它们有利的市场地位。

(2) 处于区域 2 的经营单位，虽然市场前景很好，但企业未能充分利用；竞争实力已有一定基础，但还不够强大。因此，应不断强化，努力通过分配更多的资源来加强其竞争能力。

(3) 处于区域 3 的经营单位可以采取两种不同的决策。由于企业在一定时期内的资金能力有限，只能选择少数最有前途的产品加速发展，而对其余产品则逐步放弃。

(4) 位于区域 5 的经营单位一般在市场上有 2～4 个强有力的竞争对手，因此没有一个公司处于领先地位，可行的决策是分配足够的资源，使之能随着市场的发展而发展。

(5) 区域 6 和 8 的经营单位，由于市场吸引力不大，且竞争能力较弱，或虽有一定的竞争实力(说明已为此投资并形成了一定的生产能力)，但市场吸引力很小，因此应缓慢地从这些经营领域退出，尽可能多地收回资金，投入到盈利更大的经营部门。

(6) 区域 7 的经营单位可利用自己较强的竞争实力，去充分开发有限的市场，为其他快速发展的部门提供资金来源，但该部门本身不能继续发展。

(7) 区域 9 的经营单位因市场前景暗淡，企业本身实力又很小，所以应尽快放弃，将抽出的资金转移到更有利的经营部门。

思考和讨论

试比较政策指导矩阵法与经营单位组合分析法的异同。

6.3.2 选择活动方案的评价方法

一般来说，任何决策者进行决策时都必须对各个备选方案进行权衡比较，这就要求决策者必须对未来(包括决策可能带来的影响)进行预测。例如，竞争对手对自己新开列的价目表可能做出哪些反应、新供应商的可靠性以及未来三年的利润水平等。根据问题或机会的性质、影响决策目标的未来环境的可预测程度，可以把决策的状态分成以下三种，即具有高度预测性的确定性、具有一定预测性的风险性和具有高度不可预测性的不确定性。

1. 确定型决策法

确定型决策是指已知未来情况的决策。这类决策的每一种备选方案，其结果只有一个数值，抉择的任务就是从中找出结果最好的方案。构成确定型决策，有三个前提条件：一是决策问题中的各种变量及相互关系均能用计量的形式表示；二是决策结果的单一性，每个备选方案只有一种确定的结果；三是决策方案是能推导出最佳解的方程。确定型决策具有重复出现的特点，处理这类问题，往往有固定的模式和标准方法，最常用的方法有：直观判断法、盈亏平衡分析法、ABC 风险法、线性规划法、经济批量法、投资效果分析法等。

1) 盈亏平衡分析法

盈亏平衡分析法又称量本利分析法，它是根据盈亏平衡点来选择经济合理的产量。它被广泛运用于利润的预测、目标成本的控制、生产方案的优选、价格的制定等决策问题中。现在，盈亏平衡分析法已经成为决策的有力工具，日益为企业经营管理者所重视。

量本利分析法的基本公式如下

$$\pi = R - C = Q \times (p - v) - F$$

式中 π——利润；

R——销售收入；

C——总成本；

Q——销售量；

p——销售单价；

v——单位变动成本；

F——固定成本。

上式可以用盈亏平衡图表示，如图 6.4 所示。销售收入减去变动成本后的余额称为临界贡献。这个余额先要抵偿固定成本，剩余部分为利润。可见，临界贡献是对固定成本和利润的贡献。当总的临界贡献与固定成本相等时，恰好盈亏平衡。这时，在一定范围内增加产品的产销量就会增加利润。

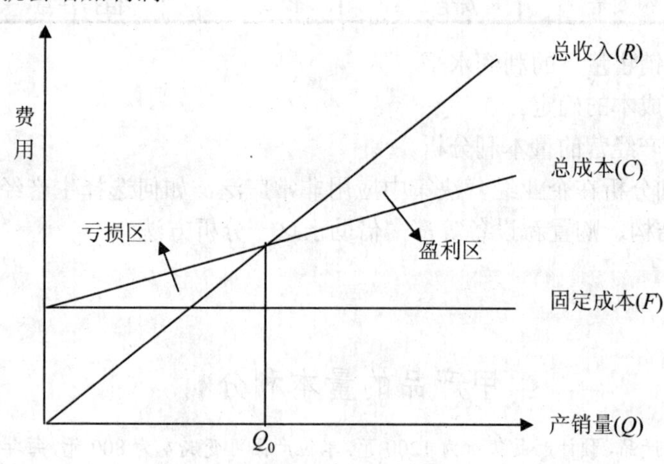

图 6.4 盈亏平衡图

当上式中，$\pi = 0$ 时，企业不亏不盈时，则有

$$Q_0 \times (p - v) = F \text{，} \quad Q_0 = F / (p - v)$$

式中 Q_0——盈亏平衡点的产销量；

$(P-v)$——单位临界贡献。

$$R_0 = F/(1-v/p)$$

式中　R_0——盈亏平衡点销售收入；

$(1-v/p)$——临界贡献率。

企业在满足社会需要的前提下，要自负盈亏，尽可能多地获利，这样，为求得一定目标利润下的产销量已成为量本利分析的一个重要问题，可用以下公式表示

$$Q_0 = (F+\pi)/(p-v)$$

$$R_0 = (F+\pi)/(1-v/p)$$

在经营决策中量本利分析还可以做以下几方面的分析。

(1) 分析企业的经营安全率 L。

$$L = \frac{Q-Q_0}{Q} \times 100\%$$

$Q-Q_0$ 为安全余额，余额越大，说明企业经营状况越好；越接近于 0，说明企业经营状况越差，发生亏损的可能性越大。经营安全率是相对指标，便于不同企业和不同行业的比较。企业经营安全率的经验数据如表 6-1 所示。

表 6-1　企业经营安全率

经营安全率	40%以上	30%～40%	20%～30%	10%～20%	10%以下
安全等级	很安全	安全	较安全	值得注意	危险

(2) 预测一定销售量下的利润水平。

(3) 企业目标成本的确定。

(4) 多品种生产经营的量本利分析。

总之，量本利分析在企业经营决策中应用非常广泛，如何选择生产经营方式、开发新产品、调整产品结构、购置新设备等都需借助于这一分析方法。

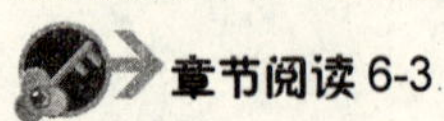

甲产品的量本利分析

某工厂为推销甲产品，预计产品售价为 1200 元，单位产品可变成本为 800 元，每年需固定费用为 1800 万元。试计算：

(1) 该企业的经营安全率。

(2) 盈亏平衡时的产量。

(3) 当企业现有生产能力为 60 000 台的时候，每年可获的利润。

2) 线性规划法

线性规划模型是一种特殊的有约束的最优化模型。在线性规划中，所有的关系都是用

线性函数的形式来表示的，所有的线性规划模型都有如下的代数形式。

最大化(或最小化)

$$c_1x_1 + c_2x_2 + \cdots + c_nx_n$$

约束

$$a_{11}x_1 + a_{12}x_2 + \cdots + a_{1n}x_n \begin{cases} \leqslant b_1 \\ = b_1 \\ \geqslant b_1 \end{cases}$$

$$a_{21}x_1 + a_{22}x_2 + \cdots + a_{2n}x_n \begin{cases} \leqslant b_2 \\ = b_2 \\ \geqslant b_2 \end{cases}$$

$$\vdots$$

$$a_{m1}x_1 + a_{m2}x_2 + \cdots + a_{mn}x_n \begin{cases} \leqslant b_m \\ = b_m \\ \geqslant b_m \end{cases}$$

非负约束

$$x_1，x_2,\cdots，x_n \geqslant 0$$

注意，每一个约束只限于≤、=、≥中的一种(不允许绝对的>或<)，这一结构有如下特征。

(1) 决策变量。我们称 x_1，$x_2,\cdots$，x_n 决策变量，它们的取值大于或等于 0。这些变量代表了决策可能采取的行动，例如安排 10 个电话接线员上星期二下午的班。

(2) 目标函数。我们称函数 $c_1x_1 + c_2x_2 + \cdots + c_nx_n$ 为目标函数，它或者取最大化(如利润)或者最小化(如成本)，这要依赖于系数 c_1，c_2，…，c_n 的性质。这样问题就可以表述为：在满足系统约束的条件下，使该函数尽可能地大或小。

(3) 约束函数。决策变量的数值会影响目标函数，也会影响每一个约束函数。模型要求其取值不违背约束条件。数字 b_1，b_2，…，b_m 合起来称作右边项(RHS)。这些数字间接地限制了决策变量的可能取值。这些右边值可以是资源约束，如可用的总工时数。

(4) 参数。目标函数中的系数与右边项都是参数。在求解问题的过程中，参数的值是保持不变的，但之后可以改变。例如，目标函数的系数为单位利润，右边项为可供使用的资源。

(5) 常数。系数 a_{11}，a_{12}，…，a_{1n} 代表每一个决策变量对第一个右边项所代表的资源的单位耗费。这些系数表明资源利用率是不变的。例如，生产一个蛋糕所需要的牛奶克数。

下面结合实例介绍线性规划决策方法的应用。

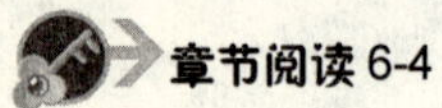
章节阅读 6-4

金穗饼屋的中秋促销

金穗饼屋计划在中秋节前一周搞一次促销活动。饼屋前有 $400m^2$ 的空地，可用来陈列这次促销的商品，即 x 瓶红葡萄酒与 y 盒礼品装的月饼。每瓶红葡萄酒的批发成本为 100 元，需要 $2m^2$ 的陈列空间，售价是 150 元；每盒月饼的批发成本为 50 元，需要 $4m^2$ 的陈列空间，售价为 70 元。办这批货的项目预算为 8 000 元。红葡萄酒的可能销售量最多为 60 个，但按预订价格出售的月饼看起来前景是无限的。商店的经理希望总利润达到最大，他必须决定备办多少红葡萄酒和月饼。这个问题可以用公式表示为如下的线性规划问题：

令：x——红葡萄酒的进货数

y——月饼的进货数

最大化	$50x + 20y$	总利润
约束	$2x+4y \leqslant 400$	陈列空间
	$100x+50y \leqslant 8000$	预算
	$x \leqslant 60$	销量限制
	$x，y \geqslant 0$	

决策变量 x 和 y 同时在目标函数和约束函数中出现，这就确保了最优解一定满足约束条件。目标是总利润最大化，利润是以每销售一瓶红葡萄酒和一盒月饼的售价与进价之差来表示的。因此，目标函数为最大化 $(150-100)x + (70-50)y$，即 $50x+20y$。前两个约束说的是资源的限制(即可用的陈列空间和预算的资金数)。$400m^2$ 的空地是一个小于或等于的约束条件，其中，每瓶红葡萄酒占用 $2\,m^2$，而每盒月饼占用 $4\,m^2$。同样，8000 元的预算是用于红葡萄酒和月饼的进货，它们的单位进价分别为 100 元和 50 元。最后，红葡萄酒的销量限制为 60 瓶。

2. 风险型决策法

风险型决策法是在有明确目标的情况下，依据通过预测得出的不同自然状态下的经济效果(损益值)及其出现的概率作出决策。由于自然状态并非是决策者所能控制的，所以决策结果要承担一定的风险，故称为风险决策。

风险型决策也称随机型决策，它一般要具备下列 5 个条件。

(1) 有一个明确的决策目标，如最大利润、最低成本、最短的投资回收期、最佳资金利润率等。

(2) 存在着决策者可供选择的两个以上可行方案(S_i)。

(3) 存在着不以决策者主观意志为转移的两种以上的自然状态(N_j)。

(4) 不同的可行方案在各种自然状态下的损益值 Q_{ij} 可以计算出来。

(5) 能够预测各种自然状态发生的概率 $P_j(1 \leqslant j \leqslant n)$，且 $P_1 + P_2 + \cdots P_j + \cdots + P_n = 1$。

风险型决策的基本原理是以决策矩阵为基础，分别计算各个方案在不同自然状态下的

损益期望值 E_i，进行比较，从中选择一个合理方案。

下面结合实例介绍风险型决策的几种常用的决策方法。

1) 决策表法

决策表法，就是将每种可行方案的期望值求出来，然后根据目标的要求，比较其期望值的大小，选择最大收益期望值或最小损失期望值的行动方案为最优方案(期望值即在不同自然状态下可能得到的值或期望得到的值，它以决策矩阵为基础)。

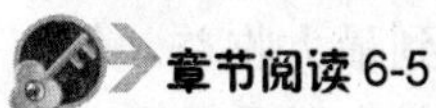

章节阅读 6-5

某企业的生产决策(决策表法)

某企业生产某种产品，销售价格为 10 元/个，成本为 8 元/个。该产品当天生产当天销售。每销售一个产品可盈利 2 元，而当天销售不出去，每个产品损失 1 元。已知该企业每天的产量可以是 0 个、1 000 个、2 000 个、3 000 个和 4 000 个。根据市场调查和历史记录已知，这种产品每天的市场需求量及相应发生的概率如表 6-2 所示。试问企业如何决策安排生产量？根据上述资料决策的步骤是：

(1) 确定风险决策的矩阵关系，绘制决策矩阵，如表 6-2 所示。

(2) 计算不同方案在不同自然状态下的期望值。

$$\text{期望值 } E_i = \sum_{j=1}^{n} P_j \times Q_{ij} \ (1 \leqslant i \leqslant m)$$

$E_1 = 0\times0.1+0\times0.2+0\times0.4+0\times0.2+0\times0.1=0$(元)

$E_2 = -1000\times0.1+2000\times0.2+2000\times0.4+2000\times0.2+2000\times0.1=1700$(元)

$E_3 = -2000\times0.1+1000\times0.2+4000\times0.4+4000\times0.2+4000\times0.1=2800$(元)

$E_4 = -3000\times0.1+0\times0.2+3000\times0.4+6000\times0.2+6000\times0.1=2700$(元)

$E_5 = -4000\times0.1+(-1000)\times0.2+2000\times0.4+5000\times0.2+8000\times0.1=2000$(元)

表 6-2 某企业生产产品决策矩阵

自然状态 N_j(个) / 结果 Q_{ij}(元) / 概率 P_j / 方案 S_i(个)	0	1000	2000	3000	4000	期望值 E_i
	0.1	0.2	0.4	0.2	0.1	
0	0	0	0	0	0	0
1000	−1000	2000	2000	2000	2000	1700
2000	−2000	1000	4000	4000	4000	2800
3000	−3000	0	3000	6000	6000	2700
4000	−4000	−1000	2000	5000	8000	8000

(3) 确定优选方案。在本例中，方案 3(E_3)的期望值最大，可作为优选方案，即每天生产 2000 个产品时的最大期望值可达 2800 元。

各方案的期望利润都是将该方案在各种自然状态下的收益与损失加权平均的结果，它掩盖了偶然情况下的损失，所以有一定的风险。正是由于决策存在着风险，所以不同的决策者对待风险就会持不同的态度、不同的标准，也就有可能选择不同的方案。在风险决策的条件下，企业可以组织一些人专门从事市场调查和预测，提供情报，随机应变地生产。由于获得了完全信息，每天的生产量正好等于每天的需求量，所以能得到最大收益。但市场需求要受到多种因素的影响，非企业所能控制，所以仍须将此时的利润分别乘以概率。

2) 决策树法

决策树法的基本原理也是以决策矩阵为依据，通过计算做出择优决策，所不同的是决策树是运用树状图形来分析和选择决策。决策树风险型决策具有层次清晰、一目了然、计算简便等特点。

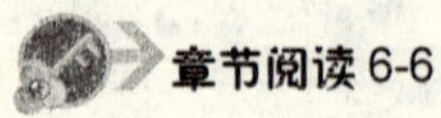
章节阅读 6-6

某企业的生产投资决策(决策树法)

某企业为生产某种新产品，设计了两个基建方案，即新建一个车间和改造原有的生产线。建车间需投资 120 万元，改造生产线需投资 60 万元，两者的使用期都是 10 年。根据市场调查的资料预测，当前 3 年销路好的概率为 0.6 时，后 7 年销路好的概率可提高到 0.8；当前 3 年销路差的概率为 0.4 时，后 7 年的销路肯定差。两个方案的年度损益值如表 6-3 所示。在此条件下，企业应如何决策？

表 6-3　年度损益值

自然状态	概率值	建车间	改造生产线
销路好	0.6	120	60
销路差	0.4	−10	30

(1) 画决策树，如图 6.5 所示。

(2) 由右至左推算各点的损益期望值。先计算投资使用 7 年的损益期望值:

点④: $120\times0.8\times7+(-10)\times0.2\times7=658$ (万元)

点⑤: $120\times0\times7+(-10)\times1.0\times7=-70$ (万元)

点⑥: $60\times0.8\times7+30\times0.2\times7=378$ (万元)

点⑦: $60\times0\times7+30\times1.0\times7=210$ (万元)

点②: $658\times0.6+(-70)\times0.4+120\times0.6\times3+(-10)\times0.4\times3-120=450.8$ (万元)

点③: $378\times0.6+210\times0.4+60\times0.6\times3+30\times0.4\times3-60=394.8$ (万元)

(3) 方案选择。建车间的净收益值为 450.8 万元，改造生产线的为 394.8 万元，因此建车间的方案为最佳方案。

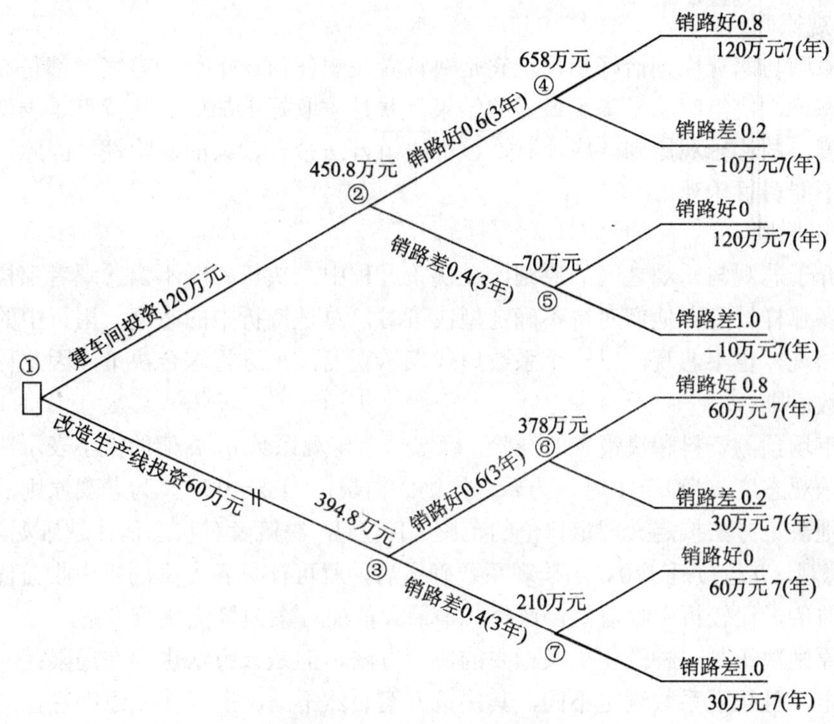

图 6.5 某企业生产产品决策树

3. 非确定型决策法

当只具备风险型决策的前 4 个条件，而各种状态发生的概率事先无法预测时，决策就是不确定型的。不确定型与风险型决策的主要区别在于：前者不能进行期望值的计算。因此，就不能依据期望值计算的结果按照各种不同的标准进行决策。其原因是解决这类问题所提出的方案中只能预测到可能出现的几种自然状态，而每种自然状态发生的概率由于缺乏资料或经验都无法估计。所以对不确定型问题的决策只能计算出各种方案在可能出现的几种自然状态下的收益值或损失值，并根据计算结果按照决策者个人的特点、经验和对未来状况的分析判断能力来进行决策。通常采用的方法有悲观(小中取大)原则决策法、乐观(大中取大)原则决策法、折中原则决策法、最小后悔原则决策法、等概率原则决策法。

1) 悲观原则

这种决策原则的运用，往往是决策者认为形势比较严峻，在未来发生的各种自然状态中，最坏状态出现的可能性较大。因此，决策时总是基于最坏的结果，即从各个行动方案的最小收益值中选取效益值最大的方案为决策方案。其特点是体现了决策者保守悲观的态度，故称悲观原则。

2) 乐观原则

乐观原则与悲观原则恰好相反，它是决策者设想任何一个行动方案，都是在收益最大的自然状态下，决策时总是基于最好的结果，并且争取好上加好。其特点是表现了决策者的乐观态度，故称乐观原则。应注意，该种决策方法带有较大的风险性，因此，决策者在运用时，不能盲目乐观。

3) 折中原则

这是介于悲观与乐观之间的原则，在决策过程中，决策者既不像悲观者那样保守，也不像乐观者那样冒险，他们对待不确定型决策时，总是持折中的态度，用折中的标准来平衡，既不乐观，也不悲观，以一个系数口代表乐观度，来进行综合决策，因此称折中原则或乐观系数原则。

根据市场预测资料和决策者的经验，确定一个乐观系数 a。a 值的大小表示决策者对决策问题的乐观态度，当 $a=1$ 时，为乐观原则的情况；当 $a=0$ 时，为悲观原则的情况。因此折中原则决策方法按定义规定口值的范围为[0，1]，决策者对状态估计越乐观，a 越接近于1；越悲观，a 越接近于0。当乐观系数确定后，就可计算各方案的折中收益值。各方案的折中收益值，比较折中收益值，选择其中最大值的方案为最优决策方案。

折中原则决策是一种既积极又稳妥的决策方法，但是该方法也存在局限：一是乐观系数不易确定，且乐观系数测定不同，其决策方案必然不同。所以按此原则进行决策时，乐观系数的选择至关重要，不同素质和经验的决策者，会做出不同的选择；二是该方法在理论上的缺陷，即它只注意到最好和最坏两种自然状态，而没有用到其他自然状态的损益值，这说明，折中原则决策法没有充分利用全部信息，这样自然会影响决策效果。

4) 最小后悔原则

当决策者选定某一决策方案以后，如果发现所选方案在实际操作中并非最佳，这样，决策者就会感到后悔。这种后悔，实际是一种机会损失。所谓机会损失，是由于市场上出现了高需求，而决策者采取了较保守的方案，或市场上出现了低需求，而决策采取了投资较大的方案所造成的收益差额。最小后悔原则介绍和确定了一种后悔值。后悔值是指每一方案在每一自然状态下所可能获得的损益值与同一自然状态下理想方案的最大收益值之差。首先列出由后悔值组成的矩阵，然后为每个方案选择最大后悔值，最后再从这组最大后悔值中选出最小后悔值所对应的方案作为最佳方案。

5) 等概率原则

等概率原则的指导思想是在不能确定各种自然状态的概率的情况下，可以将它们按同等概率来对待，然后，求各方案的收益期望值，具有最大收益值的方案就是最优决策方案。

等概率决策法一般只适用于有限状态的参数空间(即状态参数只取有限个值)的情况，对无法估计的无限状态则无能为力。另外，等概率原则决策法是假设所有状态都出现，且都以相等机会出现，因此这个假设很难与事实相符。同时，等概率决策法掩盖了状态发生的主次，所以，决策者应该区分情况运用此方法。

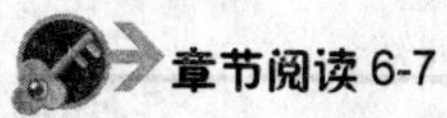
章节阅读 6-7

某企业的生产投资决策(非确定型决策)

某企业准备生产一种新产品，对于市场的需要量估计为三种情况，即销路好、销路一般和销路差。企业拟定了三种方案，即第一方案是改建生产线；第二方案是新建生产线；第三方案是与外厂协作生产。对这种产品，企业拟生产五年，不同方案的收益值如表 6-4 所示。请分别用等概率决策法、悲观原则决策法、乐观原则决策法、最小后悔值法进行决策。

表 6-4　某企业不同决策方案的收益值(单位：万元)

各种方案的概率与收益 / 不同决策方案	在不同状态下各个方案的预期收益值		
	销路好 (0.3)	销路一般 (0.4)	销路差 (0.3)
改进生产线	18	12	-4
新建生产线	24	10	-8
与其他企业协作	10	7	16

6.3.3　计算机模拟决策方法

多年来，由于决策科学和电子计算机技术的突飞猛进，人们有可能通过电子计算机来协助决策者进行信息的加工处理，从而辅助决策者进行决策。计算机辅助决策运用得较多的是电子计算机模拟技术：模拟就是用模型“模仿”实际系统和目标与环境、条件的关系，来研究、分析、揭示事物发展规律的一种方法。

为了模拟现代企业经营过程，往往需要建立非常复杂的模型和进行大量的运算，而电子计算机的大容量存储信息和高速运算的高超能力就为模拟现代企业极其复杂的经营过程提供了可能。通过模拟可以在极短的时间内把本来不可试验的企业经营过程重复试验千万次，每次都可随机地改变各变量的数值，揭示各种变量间的内在关系，并且计算机还能自动地比较各种不同方案在不同环境和条件下可能得到的结果，从而为决策者提供非常有用的信息。

决策支持系统有很多模型可以运用到多个领域，支持管理者的决策，表 6-5 列出了决策支持系统运用在著名企业的例子。特别是，数据导向决策支持系统及模型导向决策支持系统两者都已变得更为强大而复杂，提供细密的决策信息并促使内部和外部的企业流程更精确地协同合作。这些决策支持系统协助企业改善其供应链管理或客户关系管理。

表 6-5　决策支持系统范例

机　构	决策支持系统应用
通用意外保险公司	顾客购买模式和欺诈检测
美洲银行	顾客特性分析
联合航空公司	航班调度和客户需求预测
美国国防部	国防合约分析
National Gypsum	整体的计划与预测
Burlington	商店地点及存货组合
KeyCorp	瞄准直邮营销客户
Frito-Lay 公司	价格、广告、促销选择

在企业经营决策系统中，利用电子计算机模拟决策的程序如下。

(1) 提出问题。企业经营决策就是要解决企业经营中的问题。作为企业的决策者必须感觉敏锐、深谋远虑，善于及时发现和提出企业经营中必须解决的问题，企业总是在不断解决问题中前进的。

(2) 确定决策目标。围绕所提出的问题，通过对系统的调查研究，从总体和长远的观点来确定企业经营决策的目标。目标要求具体、明确，并且要有衡量标准。复杂而重大的经营问题通常不止一个决策目标，如果属于多目标决策的问题，则应根据各个目标在系统中所处的地位和作用，分清主次，抓住重点目标。

(3) 收集信息、分析环境。经营决策的科学性是建立在各种信息资料完备和可靠基础上的。完备的信息是指进行决策时必不可少的信息，无关的信息只能是决策的累赘。在掌握完备准确信息的基础上，要对实现目标的系统环境进行分析，确定有关约束条件，并区分哪些因素是可以控制的，哪些因素是不可以控制的。

(4) 模拟模型。模拟模型不是真实世界的简单“模仿”，它是对真实世界复杂现象的高度抽象和概括。经营决策的模型应当反映系统中各种变量相互间的关系和在一定条件下的运动变化。

(5) 对模型进行测试和验证。模型终究只是模型，它与真实世界之间必然存在差异，这种差异会不同程度地导致模型失真，从而使决策发生偏差。因此，建模后要利用过去的统计资料，对模型进行测试、验证和修正。如此反复多次，直到得出比较满意的模型为止。

(6) 设计模型框图。在模拟模型确定之后，就要根据决策目标和系统特点设计出模型框图。设计框图的方法有两种；一是定时模拟法，即按固定的时间长度对系统进行观察记录和统计各项参数的变化；二是事件模拟法，即按事件的逻辑关系建立系统的模拟框图，并且只在系统状态发生变化时才进行各项参数的观察、记录和统计。以上两种方法都是从记录到参数变化中去揭示各变量间关系和内在规律的。

(7) 编写程序并输人。根据模拟框图，以专用的计算机语言和通用的计算机高级语言编写程序，经调试并修改后即可输入计算机。

(8) 计算机模拟。将各种不同方案的变量，按规定的程序输入计算机。计算机按程序运算后显示出模拟结果，取得一个满意的解。

(9) 决策。由企业经营决策者分析计算机模拟的结果，并综合考虑其他非定量因素，对经营决策的问题作出最后决策。

第7章　计划工作与计划方法

学习目标

(1) 掌握计划的含义与作用。
(2) 按不同标准划分的不同类型的计划及其作用。
(3) 计划工作的程序及编制过程各阶段的具体内容。

章前导读

管理目标

企业管理就是要在各种各样的需要和目标之间求得平衡，这就要求作出判断，寻求某一个唯一的目标，实质上是企图寻求一种灵丹妙药。有了这种灵丹妙药，就没有必要对错综复杂的现实作出判断了。但是这显然是不可能的。人们所能做的是使做判断成为办得到的事情，这就需要缩小判断的范围，减少可供选择的方案，找出一个明确的核心，事实要有根有据，对行动和决定的作用和效果要有可靠的计算。而要做到这些，由于企业的本身性质，常常需要有多重目标。

那么，这种目标应该是什么呢？答案只有一个，在每一个领域中，只要企业绩效和成果对企业的生存和兴衰有直接的利害关系，就需要订出目标来。这些领域受到管理部门每一项决定的影响，因此管理部门在作任何一项决定时都要考虑它们。管理部门的决定对于管理企业会产生什么具体的影响，要取决于这些领域。企业必须要得到什么成果，要有效地向着这些目标走，需要做些什么，所有这一切，都只能从这些领域的情况中看到。

资料来源：彼得·德鲁克，帅鹏，刘幼兰．管理实践．北京：工人出版社，1989．第 75 页．

决策是管理者最重要、最困难和最需要冒风险的活动。从管理学的观点来看，决策最直接的含义就是指在若干可供选择的行动方案中作出抉择。在管理的计划、组织、领导和控制等职能中，几乎都会遇到决策问题。

在管理实践中，在运用计划和决策这两个词时，通常混淆不清。事实上，计划与决策是两个既相互区别、又相互联系的概念。它们相互区别是因为这两项工作解决的问题不同。决策是关于组织活动方向、内容以及方式的选择。任何组织，在任何时期，为了表现其社会存在，必须从事某种为社会所需的活动。在从事这项活动之前，组织必须首先对活动的方向、内容和方式进行选择即进行决策。而计划则是对企业内部不同部门和成员在一定时期内具体任务的安排，它详细规定了不同部门和成员在一定时期内从事活动的具体内容和要求。

计划与决策又是相互联系的，决策是计划的前提，计划是决策的逻辑延续。决策为计划的任务安排提供了依据，计划则为决策所选择的目标活动的实施提供了组织保证。在实际工作中，决策与计划相互渗透，有时甚至是不可分割地交织在一起的。一方面，决策制定过程中，不论是对内部能力优势或劣势的分析，还是在方案选择时关于各方案执行效果或要求的评价，实际上都已经开始孕育着决策的实施计划；另一方面，计划的编制过程，既是决策的组织落实过程，也是决策的更为详细的检查和修订过程。

7.1 计划概述

海因茨·韦里克、哈罗德·孔茨将计划定义为："确定使命和目标以及完成使命和目标的行动。"多数学者认为，计划是预先制定的行动方案。计划制定者面临着一种挑战就是如何应付未来的不确定性。计划是控制的基础，计划是通向目标的桥梁，计划使将来可能不会发生的事情变得可能。计划是一个利用智慧的过程，它要求我们必须有意识地决定行动方案。

7.1.1 计划的含义与作用

1. 计划的含义

一般而言，计划是对未来行动的预先安排，计划是所有管理职能中最基本的方面，它是对未来活动所进行的提前安排和打算，是一种针对未来的筹谋、规划、策划、企划等。古人所说的"运筹帷幄"，就是对计划职能最形象的概括。任何组织和管理活动都需要计划。计划工作的内容包括对组织活动环境的分析与预测，组织活动方向、内容和方式的选择和决策，以及将决策加以落实的具体计划方案的编制等环节。在综合前辈学者对计划定义的基础上，可从以下不同的角度加深对于计划含义的理解。

(1) 计划主要是一种思维过程，是一个利用智慧的过程，它要求管理者必须有意识地决定行动方案。

(2) 计划是实现目标的方法手段。如果目标设置合理，且对实现这些目标的工作进行了有效的计划并得到执行，那么就能实现预期的结果。计划引导一个人按照既定方向前进。

(3) 计划是重要的管理职能，是控制的基础。

(4) 计划是预先制定的行动方案。计划制定者面临着一种挑战，这种挑战就是如何应付未来的不确定性。计划制定者要展望未来并预测他认为将会发生的事情，即预测明天、下周、下月甚至明年将会发生的事情，以使他的计划与这种状况相适应。

(5) 计划就是为要做的事情制定规则，避免迷惑与匆忙行事，充分利用资源并且减小浪费。

(6) 计划是一个连续的行为过程。由于环境条件有变化，原有计划或者被修改，或者被新计划所替代。当一种状态要求一整套全新的目标时，新的计划就会代替原有的计划。因此，计划一直处于变动或修改阶段，但并不是被取消。

(7) 计划是通向目标的桥梁，计划使将来可能不发生的事情变得可能发生。尽管我们很少能够准确地预测未来，完美的计划也会受到不可控制因素的干扰，但我们仍需进行计划，否则我们只能任事态发展。

2. 计划的作用

总的说来，计划就是预测未来，是未来行动的具体化，并决定未来的行动方案，以达到既定的目标。计划的作用体现在以下几点。

(1) 计划有助于决定选择什么样的机会，即通过计划过程鉴别和选择有益的方案。

(2) 通过制定目标和选择利润最大的备选方案，计划使我们能够鉴别和确定行动方案。

(3) 计划有助于降低管理风险，减少不确定性因素对管理活动的影响。实际中，有些变化是无法事先预知的，而且随着计划期的延长，这种不确定性也就相应增大，但通过计划工作，进行科学的预测可以把将来的风险减少到最低程度。

(4) 计划有助于提高资源的配置效率，节约管理成本。计划工作的一项重要任务就是要使未来的组织活动均衡发展。预先对此进行认真的研究，能够减少不必要活动所带来的浪费，能够避免在今后的活动中由于缺乏依据而进行轻率判断所造成的损失。计划工作要对各种方案进行技术分析，选择最适当的、最有效的方案来达到组织目标。此外，由于有了计划，组织中成员的努力将合成一种组织效应，这将大大提高工作效率从而带来经济效益。计划工作还有助于用最短的时间完成工作，减少迟滞和等待时间，减少盲目性所造成的浪费，促使各项工作能够均衡稳定地发展。计划将组织活动在时空进行分解，对现有资源的使用进行合理地分配，通过规定组织的不同部门在不同时期应从事何种活动、何地需要多少数量的何种资源，从而为组织资源筹集和供应提供依据，使组织的可用资源充分发挥作用，并降低成本。

(5) 计划指明了组织未来的发展目标，为实施组织、领导、控制等管理职能奠定了基础。在计划制定之后，计划工作并没有结束，他们还要根据计划进行指挥。他们要分派任务，要根据任务确定下级的权力和责任，要促使组织中的全体人员的活动方向趋于一致从而形成一种组织行为，以保证达到计划所设定的目标。为了保证不同成员在不同时间所从事工作的有效性，所有管理活动必须相互协调地进行，必须科学地分工。计划的编制将组织的目标在时间和空间上详细地分解，从而为科学分工提供了依据。

计划职能与控制职能具有不可分离的联系。计划的实施需要控制活动给予保证。在控制活动中发现的偏差，有可能使管理者修订计划，建立新目标。因此，计划是控制的基础，它为有效控制提供了标准和尺度。没有计划，控制工作也就不存在。

综上所述，组织成功与否在于是否制定和运用计划。组织将计划工作放在首位，管理活动将得到有效的协调且能够按时完成，员工的工作就会避免重复，部门之间可以实现有效的合作与协调，员工的技能与潜力得到充分的发挥，成本得到控制，最终工作质量将提高。

7.1.2 计划的类型

计划的种类复杂多样，根据不同的背景，不同的需要编制出各种各样的计划，表 7-1 列出了按不同方法分类的计划类型。

表 7-1 计划的类型

分类原则	计划种类
按计划的时间界限划分	长期计划
	中期计划
	短期计划
按计划制定者的层次划分	战略计划
	战术计划
	作业计划
按计划的职能标准划分	业务计划
	财务计划
	人事计划
按计划的范围划分	政策
	程序
	方法
按计划的约束力划分	指令性计划
	指导性计划

1. 长期计划、中期计划与短期计划

计划可以按照时间期限的长短分成长期计划、中期计划和短期计划。通常将 1 年及其以内的计划称为短期计划，1 年以上到 5 年以内的计划称为中期计划，5 年以上的计划称为长期计划。但是对一些环境变化很快，本身节奏很快的组织活动，其计划分类也可能一年计划就是长期计划，季度计划就是中期计划，月计划是短期计划。

通常长期计划主要是方向性和长远性的计划，它主要回答的是组织的长远目标与发展方向以及大政方针问题。中期计划是根据长远计划制定的，它比长期计划要详细具体，是考虑了组织内部与外部的条件与环境变化情况后制定的可执行计划。短期计划则比中期计划更加详细具体，它是指导组织具体活动的行动计划，它一般是中期计划的分解与落实。

在管理实践中，长期、中期和短期计划必须有机地衔接起来，长期计划要对中、短期计划具有指导作用，而中、短期计划的实施要有助于长期计划的实现。不考虑长期计划目标，仅局限于短期任务的完成，这种管理工作实际上属于一种无目的的行为。

2. 战略计划、战术计划与作业计划

应用于整体组织的、为组织设立总体目标和寻求组织在环境中的地位的计划，称为战略计划。战略计划是对组织全部活动所作的战略安排，通常它具有长远性、单值性和较大的弹性，需要通盘考虑各种确定性与不确定性的情况。战术计划一般是一种局部性的、阶段性的计划，它多用于指导组织内部某些部门的共同行动，以完成某些具体的任务，实现某些具体的阶段性目标。作业计划则是给定部门或个人的具体行动计划。作业计划通常具有个体性、可重复性和较大的刚性，一般情况下是必须执行的命令性计划。战略计划趋向于包含持久的时间间隔，通常为 5 年甚至更长，它们覆盖较宽的领域，不规定具体的细节。此外，战略计划的一个重要任务是设立目标；而作业计划趋向于覆盖较短的时间间隔，如月计划、周计划、日计划，同时作业计划假定目标已经存在，只是提供实现目标的方法。

战略计划、战术计划和作业计划，强调的是组织纵向层次的指导和衔接。具体来说，战略计划往往由高层管理人员负责，战术计划和作业计划往往由中、基层管理人员甚至是具体作业人员负责，战略计划对战术计划和作业计划具有指导作用，而战术计划和作业计划的实施能够确保战略计划的实施。

3. 业务计划、财务计划与人事计划

按照职能标准，可以将计划分成业务计划、财务计划以及人事计划。组织是通过从事一定专业活动立身于社会的，业务计划是组织的主要计划。长期业务计划主要涉及业务方面的调整或业务规模的扩大，短期业务计划则主要涉及业务活动的具体安排。比如，作为经济组织，企业业务计划包括产品开发、生产作业以及销售促进等内容。长期产品计划主要涉及产品新品种的开发，短期产品计划则主要与现有品种的结构改进、功能完善有关；长期生产计划安排了企业生产规模的扩张及实施步骤，短期生产计划则主要涉及不同车间、班组的季、月、旬乃至周的作业进度安排；长期营销计划关系到推销方式或销售渠道的选择与建立，而短期营销计划则是对现有营销手段和网络的充分利用。

财务计划与人事计划是为业务计划服务的，也是围绕着业务计划而展开的。财务计划研究如何从资金(本)的提供和利用上促进业务活动的有效进行，人事计划则分析如何为业务规模的维持或扩展提供人力资源的保证。

4. 指令性计划和指导性计划

计划按照其对执行者的约束力大小，可分为指令性计划和指导性计划两大类。其中指令性计划一般是由上级主管部门向下级下达的具有严格约束力的计划。指令性计划一经下达，计划的执行者就必须遵照计划开展活动，并且要尽一切努力去完成计划。指导性计划可以是上级主管部门下达的，也可以是同级部门编制的，它对于计划执行者不具有严格的约束力，是一种参考性的计划。对于这种计划，计划执行部门可以根据本部门的具体情况，决定是执行计划还是需要对计划进行必要的修改，这样实际上计划执行者就是在指导性计划的指导下开展本部门活动的。

7.1.3 影响计划有效性的权变因素

1. 组织层次

在大多数情况下，基层管理者的计划活动主要是制定作业计划，当管理者在组织中的等级上升时，他的计划角色就更具有战略导向性。对于大型组织的最高管理者，他的计划任务基本上都是战略性的。而在小企业中，所有者兼管理者的计划角色兼有战略和作业两方面的性质。图 7.1 表明了组织层次与计划及决策类型之间的一般关系。

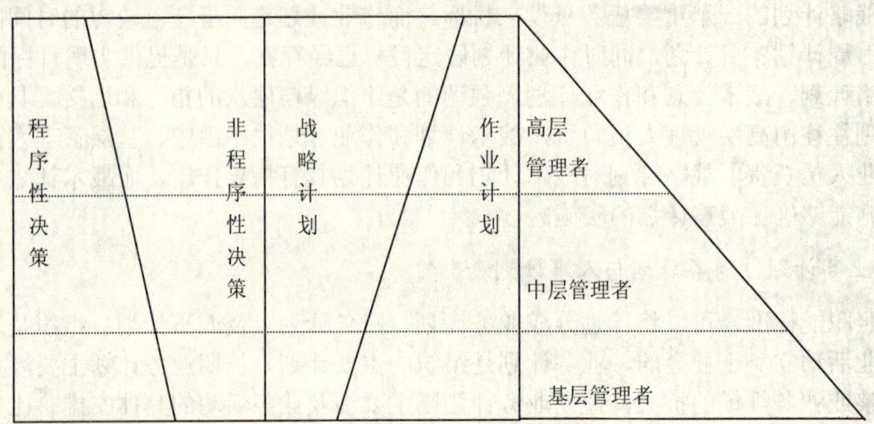

图 7.1 组织层次与计划及决策类型的关系

2. 组织的生命周期

组织都要经历一个生命周期，开始于形成阶段，然后是成长、成熟阶段，最后是衰退阶段。在组织生命周期的各个阶段上，计划的类型并非都具有相同的性质，计划的时间长度和明确性应当在不同的阶段进行相应调整。在组织的形成阶段，管理者应当更多地依赖指导性计划，因为处于这一阶段要求组织具有很高的灵活性。在这个阶段上，目标是尝试性的，资源的获取具有不确定性，辨认目标顾客很难，而指导性计划使管理者可以随时按需要进行调整。在成长阶段，随着目标更确定、资源更容易获取和顾客的忠诚度的提高，计划也更具有明确性，因此管理者应当制定短期的、更具体的计划。当组织进入成熟阶段这一相对稳定的时期，可预见性最大，从而也最适于长期的具体计划。当组织从成熟阶段进入衰退阶段，计划也从具体性转入指导性，这时目标要重新考虑，资源要重新分配，管理者应制定短期的、更具指导性的计划。

3. 环境的不确定性程度

环境的不确定性越大，计划越应当是指导性的，计划期限也应越短。如果正在发生迅速和重要的技术、社会、经济、法律和其他变化，那么，精确规定的计划反而会成为组织取得绩效的障碍。此时，环境变化越大，计划就越不需要精确，管理就越应当具有灵活性。

总之，在不断变化的世界中，计划必须是灵活的。因为，在不断变化的世界中，环境变得更具有动态性和不确定性，所以不可能准确地预测未来。因此，管理良好的组织很少在非常详细的、定量化的计划上花费时间，而是开发面向未来的多种方案，但这并不等于说计划是不重要的。

试讨论计划与决策有何联系和差别。

7.2 计划工作的程序

计划不是一次性的活动，而是无限的过程。随着条件的改变、目标的更新以及新方法的出现，计划过程一直在进行。因为企业经营的环境持续变化，所以需要对计划进行更新和修改。计划编制过程中必须采取科学的方法。完整的计划编制过程如图 7.2 所示。

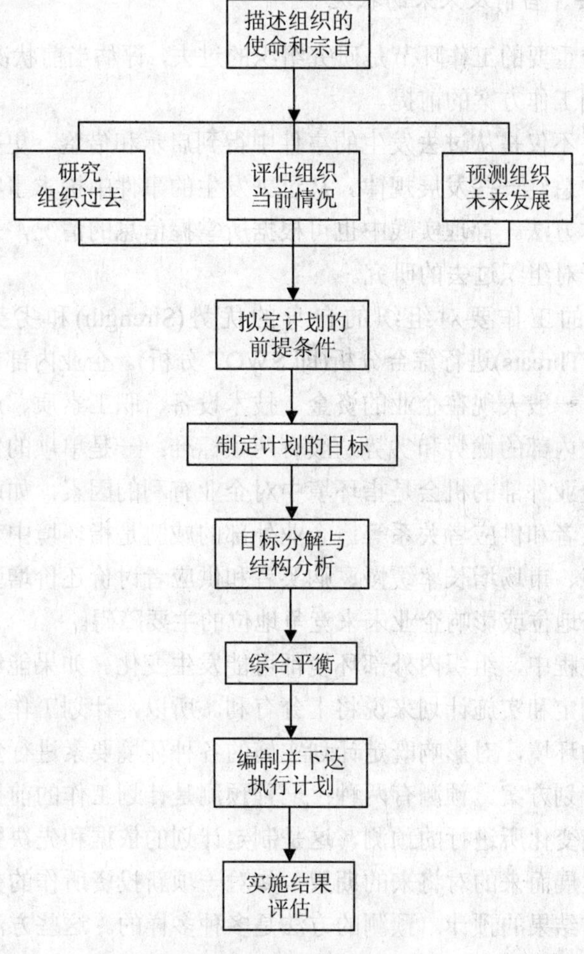

图 7.2　计划编制的过程

1. 描述组织的使命和宗旨

计划工作过程起源于组织的使命和宗旨。这里存在两种情况：一是组织并不存在明确的使命和宗旨，界定并描述组织的使命和宗旨便成为计划工作的重要内容，新创办的组织和处于重大变革时期的组织往往属于这种情况；二是存在明确的组织使命和宗旨，需要正确地理解组织的使命和宗旨，并将其贯彻到计划的制定与实施工作中。在正确理解组织的使命和宗旨的基础上，还要把组织的使命和宗旨传播给组织成员及各种各样的相关利益群体，让参与计划的制定与实施工作有关的人员了解并接受组织的使命和宗旨，这将十分有利于计划的实施。

2. 认识组织过去、当前及未来的状况

计划工作的一个重要的工作环节是研究组织的过去，评估当前状况，预测未来的发展。这是制定和实施计划工作方案的前提。

研究组织的过去不仅是从过去发生的事件中得到启示和借鉴，更重要的是探讨过去与现在的联系，并从中总结一些发展规律。从过去发生的事件中探求事物发展一般规律有演绎法、归纳法等基本方法。管理实践中也可根据所掌握信息的情况，采取个案分析、时间序列分析等工具展开对组织过去的研究。

评估当前状况的工作要对组织的自身的优势(Strength)和劣势(Weakness)、机会(Opportunity)和威胁(Threats)进行综合分析(即 SWOT 分析)。企业内部的优势和劣势是相对于竞争对手而言的，一般表现在企业的资金、技术设备、职工素质、产品、市场、管理技能等方面。判断企业内部的优势和劣势一般有两项标准：一是单项的优势和劣势；二是综合的优势和劣势。企业外部的机会是指环境中对企业有利的因素，如政府支持、高新技术的应用、良好的购买者和供应者关系等。企业外部的威胁是指环境中对企业不利的因素，如新竞争对手的出现、市场增长率缓慢、购买者和供应者讨价还价增强、技术老化等。这是影响企业当前竞争地位或影响企业未来竞争地位的主要障碍。

在计划的实施过程中，组织内外部环境都可能发生变化。如果能够及时预测内外部环境的可能变化，对制定和实施计划来说将十分有利。所以，计划工作人员应设法预见计划在未来实施时所处的环境，对影响既定计划实施的各种环境要素进行预测。然后，在此基础上，设计可行的计划方案。预测有两种：一种预测是计划工作的前提，比如对未来经营条件、销售量和环境变化所进行的预测，这是制定计划的依据和先决条件；另一种预测是从既定的现行计划发展而来的对将来的期望，如对一项新投资所作的关于支出和收入的预测，这是对计划工作结果的预计。预测的方法是多种多样的。这些方法往往具有较强的专业技术特征，每一种方法都需要各自的情况、资料和数据。而且各种方法的复杂程度不同，应用条件和范围亦不尽相同，所以应当有选择地加以运用。

3. 拟定计划的前提条件

计划的前提条件就是计划在未来实施时预期的内外部环境。计划是要在未来实施的，未来的内外部环境条件必然会影响和制约计划的实施。因此，正确认识和把握那些重要的前提条件就成为计划工作的一个不可或缺的步骤。

计划的前提条件可以从不同的角度加以分类。根据范围可以将之分为企业外部的前提条件和企业内部的前提条件；根据是否能够定量表示，又可将之分为定量的前提条件和定性的前提条件；此外，还可以根据企业对计划前提条件的可控程度加以分类，将之分为可控的、部分可控的和不可控的前提条件。在这些制约未来计划实施的因素中，有些因素是组织已经能够把握的已知条件，如企业的现行政策和规划等，相当多的则是未知的或未被把握的因素。这就要求管理人员必须设法进行预测。预测在管理中具有非常重要的意义。预测能促使主管人员向前看，面向未来，做好应付未来各种情况的准备。预测工作还有利于发现工作中哪些环节存在着缺陷。因此，一个合格的主管人员不仅要能够在情况发生变化时迅速做出反应，还必须能够预测到变化，并为此采取相应的措施。

一般而言，对计划前提条件的预测主要有两个方面：一方面是对外部环境因素的预测，主要包括对未来经济形势和经济发展的预测，对科学技术进步的预测以及对未来的社会、政治、文化、伦理等各方面的预测；另一方面是对市场的预测(或称销售预测)，这是企业计划前提条件的最主要内容。为了有效地确定计划的前提条件，必须采取合理选择前提条件、准备多套备选的前提条件、保证前提条件一致、有效地沟通计划的前提条件等措施以夯实计划制定的基础。

4. 制定计划的目标

计划工作的第四步是为整个组织及其所属的机构确定计划的目标，包括长期目标和短期目标。目标设定预期结果，指明要达到的终点和重点。目标对于组织来讲至关重要，因为所有的努力和活动都是为了实现目标。目标指明了组织发展的方向，将作为行为的标准与实际行动进行比较，可看出它也是控制过程的一个重要方面。目标决定了在既定环境中组织应当扮演的角色。由于目标的存在，可以很好地协调组织成员的努力和活动。通过为组织成员制定目标可以保持高度的积极性，促使他们去实现这些目标。

5. 目标分解与结构分析

目标或任务的分解是将决策确定的组织总目标分解落实到各个部门、各个活动环节，将长期目标分解为各个阶段的分目标。通过分解，确定了组织的各个部门在未来各个时期的具体任务以及完成这些任务应达到的具体要求。分解的结果是形成组织的目标结构，包括目标的时间结构和空间结构。正如我们前面介绍的滚动计划法。目标结构描述了组织中较高层次的目标(如总体目标与长期目标)与较低层次目标(如部门、环节、个人与各阶段目标)相互间的指导与保证关系。

目标结构的分析是研究较低层次的目标对较高层次目标的保证能否落实，即分析组织在各个时期的具体目标能否实现，从而能否保证长期目标的达成；组织的各个部分的具体目标能否实现，从而能否保证整体目标的达成。如果较低层次的某个具体目标不能充分实现，则应考虑能否采取有关补救措施，否则就应调整较高层次的目标要求，有时甚至可能导致至关决策的重新修订。

6. 综合平衡

综合平衡首先是分析由目标结构决定的或与目标结构对应的组织各部分在各时期的任务是否相互衔接和协调，因此包括任务的时间平衡和空间平衡。时间平衡是要分析组织在各时期的任务是否相互衔接，从而能否保证组织活动顺利地进行；空间平衡则要研究组织各个部分的任务是否保持相应的比例关系，从而能否保证组织的整体活动协调地进行。其次，综合平衡还要研究组织活动的进行与资源供应的关系，分析组织能否在适当的时间内筹集到适当品种和数量的资源，从而能否保证组织活动的连续。最后，综合平衡还要分析不同环节在不同时间的任务与能力之间是否平衡，即研究组织的各个部分是否能够保证在任何时间都有足够的能力去完成规定的任务。由于组织的内外环境和活动条件经常发生变化，从而可能导致任务的调整，因此在任务与能力平衡的同时，还需留有一定的余地，以保证这种将会产生的调整在必要时有可能进行。

7. 编制并下达执行计划

在上述各阶段任务完成之后，接下来应制定具体的计划方案。计划方案类似于行动路线图，是指挥和协调组织活动的工作文件，要清楚地告诉人们做什么、何时做、由谁做、何地做以及如何做等问题。制定计划方案包括提出方案、比较方案和选择方案等工作，这与前面讲的决策方案的选择是一样的。

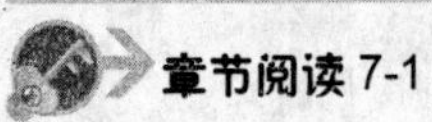

组织中不同层次的计划类型

执行计划通常有如图 7.3 所示的层次体系和表现形式。

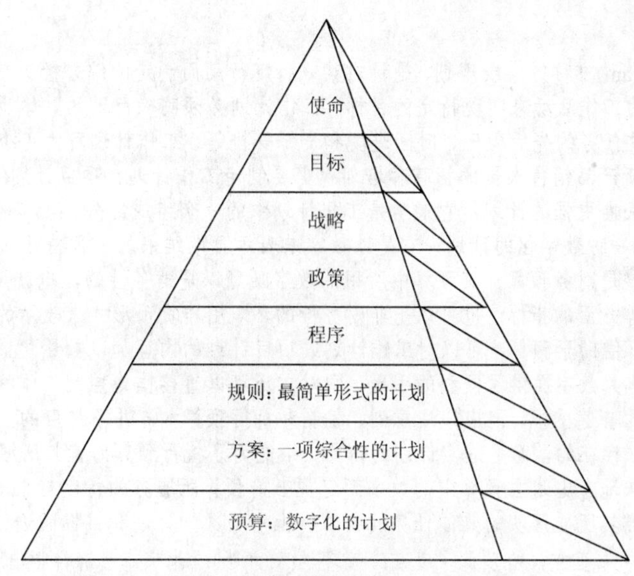

图 7.3 执行计划的层次体系与表现形式

1) 战略与政策

政策是组织对成员做出决策或处理问题所应遵循的行动方针的一般规定。政策不要求采取行动，而是用来指导决策和行动。政策和战略虽然经常混同使用，但两者有明显区别：战略给出了组织决策和行动的方向、目标和资源分配方案，政策则指导组织成员如何决策和行动。如某企业制定的一项人事方面的战略是“在 5 年内大大提高职工的素质”，相应的一项人事政策是“在今后 5 年中仅招收学有专长的职工”。政策要规定范围或界限，但制定政策本身的目的不是要约束有关人员的行为，而是鼓励有关人员在规定范围内自由地解决问题。作为明文规定的政策，通常被列入计划中，成为人们思考和行动的指南。政策具有稳定性，一经制定，就要持续到新政策出台为止。

2) 程序与规则

程序也是一种计划，它规定了一个具体问题应该按照怎样的顺序来进行处理。程序就是用来指导行动的一系列工作步骤，大多数的政策都伴有说明该项政策下的行动该如何得到执行的程序方面的书面规定。比如，招聘一名职工，可能要经过刊登招聘广告、初选、面试和试用等几个环节，参与这一招聘工作的可能既有人事部门的人员，也有所聘职位的直接主管，有时甚至还要报请上级主管部门批准或备案。借助于程序，企业就可以对那些重复发生的常规或例行性问题规定出标准的操作方法，以此规范有关人员的行为。如果说程序是对一系列相互关联的活动确定出各项工作开展的先后次序的话，那么，规则就是执行程序中的每一步骤时所应遵循的原则和规章。规则是在具体场合和具体情况下，关于允许或不允许采取某种特定行动的规定。规则与政策的区别在于前者不留任何的灵活处理空间，后者则保持有一定的自由度。所以，规则对人的行为具有最强大的约束力。政策、程序和规则制定出来后，要责令有关人员遵照执行，以保持其应有的严肃性。但另一方面，现实情况又是不断变化的，任何规定在执行中都有可能出现过时或不适应新情况的问题，所以，适时的修正又是必要的。因此，组织在制定常用计划时，必须规定这些计划所适用的范围及需要提出修正的具体条件，以妥善处理计划的灵活性和稳定性的关系。

3) 方案与预算

工作计划(Program)亦称方案或规划，是针对某一特定行动而制定的综合性计划，它指明组织如何用一定资源、通过一定的工作活动来实现特定的目标。工作计划必须明确行动的具体步骤、各步骤的任务和执行的方法、完成这些任务的先后顺序、时间进度和资源安排等。工作计划可大可小，如一项新产品的开发需要有工作计划，新产品销售人员的招聘和培训也需要制定工作计划。项目计划(Project)是针对组织的特定课题而制定的专一性更强的计划，它通常是工作计划中的一个组成部分。

预算(Budget)是一种数字化的计划，它是以数字来表示预期结果的一种特殊计划形式。西方企业中所制定的预算并不仅仅是财务预算。其预算中所用的数字既可以是财务性的，也就是用货币形式来表示的，如现金开支和收入等方面的指标；也可以是非财务性的，即用非货币形式来表示的，如消耗的工时、完工期限和产品产量等。借助于预算，可以对工作计划或项目计划的内容加以数量化、精确化的规定。不仅如此，预算也为汇总有关数字提供了便利的手段，同时它还可以直接作为控制工作的依据。所以，预算的编制受到了许多企业的普遍重视。但应该注意到，编制和执行预算本身并不是目的，而应该将之作为手段来看待。预算不是孤立存在的，而是落实计划的需要。不能为了执行预算而置其所服务的计划于不顾，也不能在编制预算时一味地考虑过去预算中的数字而忽视当前预算所服务的特定对象。无论预算的制定还是考核，都必须紧密结合其所要落实的具体任务的要求和上一层次的计划和目标而进行。

资料来源：海因茨·韦里克，哈罗德·孔茨. 管理学(第九版). 北京：经济科学出版社，1993. 第71页.

8. 实施结果评估

计划是面向未来的管理活动，未来是不确定的，不管计划多么周密，在实施过程中都可能因为内外部环境的变化而无法顺利开展，有的情况下甚至需要对预先制定的计划予以调整。僵化的计划有时比没有计划更糟。因此，在制定计划的同时，还应该制定应急计划，即事先估计计划实施过程中可能出现的问题，预先制定一套甚至几套备选方案，这样可以加大计划工作的弹性，使之更好地适应未来环境。

选择确定出计划方案之后，计划工作并未完成。因为如果计划不能转化为实际行动和业绩，再好的计划也没有用处。因此，实施全面计划管理的组织，应把实施计划包括在计划工作中，组织中的计划部门应参与计划的实施过程，了解和检查计划的实施情况，与计划实施部门共同分析问题，采取对策，确保计划目标的顺利实施。

思考与讨论

编制计划的过程中我们为什么要研究过去？

7.3 计划的方法

计划工作效率的高低和质量的好坏在很大程度上取决于所采用的计划方法。现代计划方法为制定切实可行的计划提供了手段。在质量方面，现代计划方法可以确定各种复杂的经济关系，提高综合平衡的准确性，能够在众多的方案中选择最优方案，还能够进行因果分析，科学地进行预测；在效率方面，由于采用了现代数学工具并以计算机技术为基础，大大加快了计划工作的速度，这使得管理人员可以借助于许多量化的和科学的方法来进行计划。总之，现代计划方法具有许多优点，已经逐渐为更多的计划工作所采用。

计划的方法多种多样，在此仅对几种常见的方法作简单的介绍。

7.3.1 预测

预测是根据现在和过去的信息推测未来的事件或状况。许多管理人员依靠自己的直觉对未来事件进行推测。凭借工作经验，他们能够做到这一点。但是环境的复杂性使得凭直觉来预测不再是一种有效的方法。而且由于发展趋势常常偏离历史趋势，这就使得短期或长期的预测变得越来越困难。

管理者在进行决策与计划时离不开市场信息和需求预测信息。信息的数量和质量直接影响决策水平和组织的供求管理。因此，管理者在决策和计划之前应尽可能做好多渠道的信息收集工作以及需求预测工作，以使组织的供给能够尽量与需求相适应。但是，管理者不计成本的收集各方面信息也是不可取的。管理者在决定收集什么样的信息、收集多少信息以及如何处理它们时都需要遵循经济性原则。因此，适量的信息和科学的预测分析是管理决策的重要基础。

预测是计划管理的一个组成部分，是对未来可能发生的情况的预计与推测。未来情况有很大的不确定性和变化，预测不可能是绝对准确的。即使是十分周密的预测，也可能与未来事实不完全相符，甚至相差很远。事实上，与未来事实完全一致的预测是相当少见的。然而，“凡事预则立，不预则废”，尽管预测不可能百分之百准确，它仍具有不可忽视的作用。预测不仅是长期的战略性决策的重要组成，而且是短期的日常经营活动的重要依据。任何组织都应当通过预测来指导自己的生产活动。通常预测的方法主要有主观模型、时间序列模型和因果模型。

1. 主观模型

大多数预测方法，如时间序列模型和因果模型，都是建立在相对稳定的数据基础之上的，因此我们可以做出合理有用的预测。然而，在某些情况下，我们只有很少甚至根本没有数据可以用来参考，或者那些数据只在短期内存在关联，它们对于长期预测是毫无用处的。当缺少足够的或合适的数据时，我们只好借助于主观的定性的预测方法，这包括基层预测法、市场调研法、小组共识法、历史类推法和德尔菲法。

1) 基层预测法

基层预测法是基于联系累加来自低层的预测。基层预测从分层结构中处于最低层末梢的开始，直接处理所要预测的对象那里收集的信息，把这些信息汇总，得到预测结果，例如通过汇总每一个销售人员(他们是对这一领域最为了解的人)的预测，便可得到对总销售额的预测。其假设前提为：那些离顾客最近、最了解产品最终用途的人员对产品未来的需求情况了解得也最清楚。尽管这一假设并不总是正确，但在很多情况下仍不失为一个有效的假设，也因此成为这一方法的基础。

最低一级预测结果汇总后将送至上一级，通常为一个分区仓库。分区仓库在考虑安全库存和订货批量大小等影响因素后，再将这些数据信息传至更上一级，可能为区域仓库。这一过程不断重复，直至输入最顶层。如果以制造公司为例，这些信息将会递交给生产系统。

2) 市场调研法

企业经常聘请外部的、擅长于市场调研的公司进行这类预测。也许在市场营销课上接受过这种市场调查。当然，也不可避免地会接到各种电话，询问对产品偏好、收入、生活习惯等情况。

市场调研主要用于产品研究以获得开发新产品的创意，了解顾客对现有产品的好恶，了解特定层次的顾客偏好哪些竞争性商品等。同样，收集数据的方法主要有问卷调查和上门访谈两种。

3) 小组共识法

在小组共识这一方法中，“三个臭皮匠胜过诸葛亮”的思想被广泛推广。即相对于由背景范围比较狭窄的成员组成的小组而言，由来自不同职位的、背景更为广泛的成员组成的小组所做的预测更加可靠。小组共识是通过开放式会议进行的，会议中，来自不同级别的管理者和职员自由地交换想法。但与这种公开讨论方式相违背的一个问题是：级别较低的职员可能会被高层管理者的意见所左右。例如，某种产品的销售人员可能对该产品未来的需求情况估计得很准确，但他在会议上却可能不会对市场副总裁的截然不同的观点提出反对意见。德尔菲法(随后还将介绍)正是为改正自由讨论的上述弊端而发展起来的。

当依据预测而作的决策范围更广或层次更高时(如引进一条新的生产线或考虑战略性产品决策等)，一般使用高层决策。顾名思义，这表明会议所涉及的是高级管理人员。

4) 历史类推法

历史类推法假定一种新服务的引进和成长方式与另一种可获得可靠数据的事物相类似。它经常用于预测某种新服务的市场渗透力或生命周期。一种产品进入市场，其生命周期包括引入期、成长期、成熟期和衰退期。

应用历史类推法的一个有名的案例是：根据几年前黑白电视机市场的经验来预测彩色电视机市场的渗透力。当然，合适的类推并不是显而易见的。比如，物业管理服务需求的成长类似于儿童护理服务的成长。

5) 德尔菲法

我们在小组共识中曾指出，职位较高的人的意见或看法往往比职位较低的人的意见更受重视。更糟的是，职位较低的人经常因害怕而不敢表达自己的真实观点。为避免出现这种情况，德尔菲法隐去了参与预测研究的各成员的身份，每个人的重要性都相同。其操作过程是：由主持人设计调查问卷并发给每个参与者，各个成员的意见经汇总后以匿名方式和新一轮问卷一起再反馈给全组的每个成员。其具体步骤如下。

(1) 选择参与的专家。专家组成员应包括来自不同领域的学识渊博的人士。

(2) 通过问卷调查(或电子邮件)，从各个参与者处获得预测信息(包括对预测所假设的前提和限制)。

(3) 汇总调查结果，添加适当的新问题，重新发给所有专家。

(4) 再次汇总，提炼预测结果和条件，再次提出新的问题。

(5) 如有必要，重复步骤(4)。将最终结果发给所有专家。

经过上述三轮预测，德尔菲法通常能得到满意的结果。该方法所需的时间取决于专家组成员数目、进行预测所需的工作量以及各个专家的反馈速度。

德尔菲法强调过程的反复，目的就是为了使专家的意见逐渐趋于一致以用于未来计划的制定。这是典型的劳动密集型方法，需要投入大量的具有专业知识的人。显而易见，德尔菲法是一种代价高昂且非常耗时的方法。在实践中，一般仅用于长期预测。

2. 时间序列模型

时间序列是指一组均匀分布的数据点(按小时、天、星期、月等排列)。例如，每月 IBM 公司所出售的个人计算机的数量，美国环球航空公司每季度乘客单位英里的收益、公立医院每月收治的病人数，还有每天在华盛顿特区搭乘地铁的乘客数等。根据时间序列来预测，将来的值都是从过去发生的值预测得出的，其他变量都已经融入时间序列过去的数值中了。这种预测方法是基于这样一种假设：将来的数据集合是过去数据集合的一个函数。换言之，这些模型是观察过去一段时间所发生的情况，然后用过去的一系列数据来进行预测。这一方法的一个缺点就是将来新的因素会推翻原先的结论。

对时间序列进行分析，就是把过去的数据分解成几个因素，然后设想它们以后的变化。一般来说，时间序列由 4 个因素组成：长期趋势、季节变动、循环变动和不规则变动。在大多数模型中，预测人员都假设不规则变动从长期来看是平均的。所以，他们集中考虑季节变动和由长期趋势及周期性因素构成的综合变动。

1) 移动平均法

如果能假设服务的需求在一段时间内保持稳定，那么移动平均法(Moving Average)是相当有用的。4 个月的移动平均数是由过去 4 个月的需求简单相加除以 4 得到的。每过一个月，就把最近 1 个月的数据加到前 3 个月的数据之中，去掉最前面那个月的数据。这样就消除了数据列中的短期的不规则的数据。

从数学的角度来说，简单移动平均数(作为下一期的需求的估计)的公式为

$$\text{移动平均数} = \frac{\text{前}n\text{期的需求总和}}{n}$$

等式中，n 是期数。比如 4 个月、5 个月，或 6 个月，得出的值相应就是 4 个月、5 个月和 6 个月的移动平均数。

表 7-2 中是某花卉公司的产品需求及预测，右边是当 n 为 4 个月的移动平均数求出的预测值。

表 7-2　某花卉公司的产品需求及预测

月份	某产品实际销售额	4 个月移动平均值
1	10	
2	12	
3	14	
4	16	
5	18	(10+12+14+16)/4=13
6	23	(12+14+16+18)/4=15
7	26	(14+16+18+23)/4=17.75
8	30	(16+18+23+26)/4=20.75
9	28	(18+23+26+30)/4=24.25
10	18	(23+26+30+28)/4=26.75
11	16	(26+30+28+18)/4=25.5
12	14	(30+28+18+16)/4=23

2) 加权移动平均法

如果各期的统计数据呈一个总体的趋势，就可以利用权数来强调近期数据的作用。因为按其重要性更强调了近期的数据，这就使得加权移动平均法对变化反应更为灵敏。设定一个正确的加权系数需要有一定的经验，所以选择出来的权数大都有点武断。如果过于强调近期数据的重要性，预测值也许会反映出需求或是销售量变化太大。求加权移动平均数用数学公式可以表达为

$$\text{加权移动平均数}=\frac{\sum(\text{第}i\text{期的权数})(\text{第}i\text{期的需求})}{\sum\text{权数}}$$

例如，利用上表中的需求量，该花卉公司决定对过去的 4 个月加权，来预测服务的需求量，最近 4 期值的权数分别为 4(上个月)，3(2 个月前)，2(3 个月前)，1(4 个月前)。

运用加权移动平均法，所得结果如表7-3所示。

表 7-3　某花卉公司加权移动平均值

月份	某产品实际销售额	4 个月加权移动平均值
1	10	
2	12	
3	14	
4	16	
5	18	(4×16+3×14+2×12+10)/10=14

续表

月份	某产品实际销售额	4 个月加权移动平均值
6	23	(4×18+3×16+2×14+12)/10=16
7	26	(4×23+3×18+2×16+14)/10=19.2
8	30	(4×26+3×23+2×18+16)/10=22.5
9	28	(4×30+3×26+ 2×23+18)/10=26.2
10	18	(4×28+3×30+2×26+23)/10=27.7
11	16	[(4×18)+(3×28)+(2×30)+26]/10=24.2
12	14	[(4×16)+(3×18)+(2×28)+30]/10=20.4

在这次预测中，近期统计数据的权数大一点，预测值变得更为准确一些。

简单移动平均法和加权移动平均法都非常有效，能消除统计数据中的大幅变动，从而使估计值比较稳定。然而，移动平均法并不是完美的。增大 n 的值(n 为期数)的确能较好地消除大幅波动，但同时也使得对统计数据中的真实变化反应不灵敏。另外，简单移动平均数不能很好地反映出它的变化趋势。由于它们所求的是平均数，总是和过去的值保持一致，不会预测到比过去更高或更低的水平。

3) 指数平滑法

在指数平滑法中我们需要注意的两个重要的术语是指数平滑和预测误差。

指数平滑法(Exponential Smoothing)也是一种移动平均法，使用很方便，能够有效地用计算机处理。指数平滑法公式如下。

新一期预测值=上期的预测值+α (上期的实际值-上期的预测值)

在公式中，α 是权数，也可称作平滑常数(Smoothing Constant)，取值在 0～1 之间。公式也可以用数学式表达为

$$F_t = F_{t-1} + \alpha(A_{t-1} - F_{t-1})$$

式中 F_t——新一期预测值；

F_{t-1}——上期的预测值；

α——平滑常数；

A_{t-1}——上期的实际需求。

这一概念并不复杂。最新的需求量估计值是在上期的预测值基础上，按一定百分比的预测误差调整后得到的。预测误差是指上期的实际值与上期预测值之间的差。

例如，在 3 月份，一位汽车经销商预测 4 月份某品牌轿车将有 100 辆的需求量。4 月份实际的需求量为 151 辆。假设权数 α 为 0.2，我们可以用指数平滑法来预测 5 月份的汽车需求量。

把数字代入公式，得

5 月份的需求量预测值=100+0.2(151-100)=110.2

这样经四舍五入后，5 月份该品牌汽车的需求量预计为 110 辆。

我们可以调整 α 的值，对最近数据(如果它很高)增加权数，或对过去的数据(如果它很

低)减少权数。α 越接近于 0，预测值越接近上期的预测值。这和简单移动平均法形成鲜明的对比：用简单移动平均法预测下一期的需求量时，所有数据的权数是一样的。

预测误差(Forecast Error)可以定义为

$$\text{预测误差} = \text{实际需求量} - \text{预测值}$$

测量整体预测误差的一种方法叫做平均绝对偏差(Mean Absolute Deviation，MAD)。通过加总所有的预测误差的绝对值，然后除以数据的期数 n，求得整体预测误差。

$$\text{MAD} = \frac{\sum|\text{预测误差}|}{n}$$

例如，某运输企业的运用指数平滑法对未来 6 个月的需求进行预测，如表 7-4 所示，假设第 1 个月的预测值为 135，在 α 分别为 0.1 和 0.5 的情况下的所有的预测值(四舍五入到个位)以及两次预测值的 MAD。

表 7-4　某运输企业运用指数平滑法平均绝对偏差的计算

月份	实际卸货量	预测值 ($\alpha = 0.1$)	绝对偏差 ($\alpha = 0.1$)	预测值 ($\alpha = 0.5$)	绝对偏差 ($\alpha = 0.5$)
1	145	135	10	135	10
2	165	136	29	140	25
3	135	139	4	153	18
4	175	139	36	162	13
5	190	143	47	169	21
6	205	148	57	180	25
7	180	154	26	193	13
绝对总偏差总和			209		125
$\text{MAD} = \frac{\sum\|\text{预测误差}\|}{n} \approx 29.86$			MAD≈17.86		

按照这个分析，加权系数 $\alpha = 0.5$ 时要比 $\alpha = 0.1$ 时更优，因为它的 MAD 比 $\alpha = 0.1$ 时的 MAD 要小。

除了 MAD，还有三种常用的方法来检验过去预测误差的程度：第一种是均方误差法(Mean Squared Error，MSE)，是预测值与实际值之差的平方的平均数；第二种是平均绝对百分误差法(Mean Absolute Percent Error，MAPE)，此种方法是用百分数表示预测值与实际值之差的绝对值，加总后求得平均数；第三种是偏差法(Bias)，用它显示预测值过高还是过低(高，高多少；低，低多少)。实际上，偏差法可以显示出整体误差的平均数和它的走向。

4) 时间序列外推法和季度调整

时间序列外推法(Time Series Extrapolation)适用于呈线性趋势的一系列的历史数据，把趋势线影射到将来，求得中期或长期的预测值。在这一节中，我们将只观察线性趋势(Linear Trends)。

如果我们要用精确的统计方法来绘制一条线性趋势图，可以运用最小二乘法。最小二乘法(Least-squares Method)在每一本统计学教科书中都有详尽的叙述。运用这个方法，可以得到一条直线，这条直线上每个点和实际值之差的平方和最小。直线方程如下

$$y = a+bx$$

式中 y——服务需求计算所得的预测值，也称因变量(Dependent Variable)；

a——y 轴截距；

b——回归斜率(也称对给定的 x 值 y 的变化率)；

x——自变量(这里是时间)。

斜率 b 求解公式是

$$b = \frac{\sum xy - n\overline{x}\overline{y}}{\sum x^2 - n\overline{x}^2}$$

y 轴上截距 a 的计算公式是

$$a = \overline{y} - b\overline{x}$$

例如，某旅游景点 2001—2006 年接待游客人数(见表 7-5)，试预测 2007 年接待游客的数量。

表 7-5　2001—2006 年间某旅游景点接待游客人数统计表

年份	游客数量/万人
2001	190
2002	200
2003	400
2004	350
2005	220
2006	300

在一组连续的时间序列中，我们可以把 x 值(时间)转换成一些简单的值，以减少计算量。这样，把 2001 年视为第 1 年，2002 视为第 2 年，2003 年视为第 3 年，以此类推，计算得表 7-6。

表 7-6　2001—2006 年间某旅游景点接待游客人数需求量的相关计算

年份	时间段	游客数量	x^2	xy
2001	1	190	1	190
2002	2	200	4	400
2003	3	400	9	1200
2004	4	350	16	1400
2005	5	220	25	1100
2006	6	300	36	1800
	$\sum x = 21$	$\sum y = 1660$	$\sum x^2 = 91$	$\sum xy = 6090$

$$\overline{x}=\frac{\sum x}{n}=\frac{21}{6}=3.5 \qquad \overline{y}=\frac{\sum y}{n}=\frac{1660}{6}\approx 276.67$$

$$b=\frac{\sum xy-n\overline{xy}}{\sum x^2-n\overline{x}^2}=\frac{6090-6\times 3.5\times 376.67}{91-6\times 3.5^2}=\frac{279.93}{17.5}=15.996$$

$$a=\overline{y}-b\overline{x}=276.67-15.996\times 3.5=220.684$$

这样可以得出一元线性回归方程：$\hat{y}=220.684+15.996x$。计算 2007 年的预测值，根据我们的转换规则，2007 变成 $x=7$，把 $x=7$ 代入上述方程：

2007 年游客人数 = 220.684 +15.996×7 = 332.656(万人)，游客人数预计有 333 万人。

我们也可以预测 2008 年的需求量，把 $x=8$ 代入同一方程：

2008 年游客人数= 220.684 + 15.996×8 = 348.652(万人)，游客人数预计有 349 万人。

最后，我们可以把过去的需求量做成图，同时把回归直线画在图上，来检验是否正确。

在上例中运用的时间序列法需要长时间观察数据的趋势。但是，对某些季节中重复发生的变化，就有必要对预测做季度调整。比如，煤和燃油的需求量，通常总是在寒冷的冬季达到最高。分析每月或是每季度的统计数据，就很容易看出季节变动趋势。有几个常用的方法可以求得季节指数。在下一个例子中，将演示怎样处理历史数据中的季节变动因素。

表 7-7 中列出了 2001—2006 年各年度的季节指数，根据季节指数，可以预测到 2007 年每季度的游客数量。

表 7-7　某旅游景点接待游客人数 2001—2006 年季节指数一览表

	春	夏	秋	冬
2001	0.820	1.358	1.012	0.717
2002	0.878	1.414	1.036	0.670
2003	0.750	1.360	1.151	0.738
2004	0.768	1.368	1.241	0.722
2005	0.741	1.256	1.465	0.513
2006	0.856	1.568	1.666	0.634

为使季节指数更具有代表性，进一步对上述各年的季节指数求平均值，得春、夏、秋、冬各季的指数分别为：0.802 167、1.387 333、1.261 833、0.665 667，又 2007 年预计接待游客 333 万人，则每个季节的游客人数为：

春季：0.802 167 × 333/4≈67(万人)

夏季：1.387 333 × 333/4≈115(万人)

秋季：1.261 833 × 333/4≈105(万人)

冬季：0.665 667 × 333/4≈55(万人)

3. 因果预测模型

因果预测模型的假定条件与时间序列模型相似，即数据遵从于过去某种不变的模式，在我们希望预测的信息和其他因素之间存在着稳定的关系。从简单的回归分析(它是预测所基于的根本技术)到计量经济模型(它使用一系列公式组)，这些都属于因果预测模型。

因果预测模型(Causal Forecasting Models)通常要考虑到与预测变量相关的几个变量。一旦找出相关的变量，就可以建立统计模型求出预测值。

在因果分析法中要考虑到许多因素。比如说，一种产品的销售量可能和公司的广告预算、产品的价格、竞争者所制定的价格、推销策略等相关，甚至和整个经济状况以及就业率的高低都有很大的关系。在这里，产品的销售量是因变量(Dependent Variable)，其他变量都是自变量(Independent Variables)。管理者得找出销售量与其他变量之间的最优的统计关系。最常见的定量因果预测法就是线性回归分析法(Linear Regression Analysis)。

我们可以运用在时间序列外推法中运用的最小二乘法这个数学模型来完成线性回归分析。需要预测的变量是因变量 $\hat{y}$，但现在自变量 x 不再是时间了。

$$\hat{y} = a + bx$$

式中 $\hat{y}$——因变量的值(这里是销售量)；

a——y 轴上的截距；

b——回归直线的斜率；

x——自变量。

为了说明问题，我们以某建筑公司 L 该公司在某西南城市进行城市改造工程)为例。一段时间后，该公司发现它的改造工程的费用随该地区工资的变化而变化。表 7-8 中列出了 6 年来该公司的收入和该城市按时取酬的职工工资总收入。

表 7-8 6 年来该公司的收入和该城市按时取酬的职工工资总收入

公司的销售量 y (万元)	地区工资总收入 x (百万元)
2.0	1
3.0	3
2.5	4
2.0	2
2.0	1
3.5	7

根据最小二乘法，得到

$$\hat{y} = 1.75 + 0.25x$$

即：销售量 = 1.75+0.25×工资收入

如果预测在该城市的工资总收入明年为 600 万元，我们就可以根据线形回归方程估计出该公司的销售收入为：

$$销售量 = 1.75+0.25\times6 = 1.75+1.50 = 3.25(百万元)$$

即：销售量 = 3 250 000(元)

在这个例子的最后说明因果预测法(如回归法)的一个主要缺陷：即使我们已经得出了回归方程，要估计下期因变量 y 的值，首先要知道自变量 x 的预测值(这里 x 为工资总收入)，虽然这并不是所有预测都会遇到的问题，但也可以想象得出，确定一些常见的自变量的预期值(如失业率、国民生产总值、价格指数等) 也是很不容易的。

7.3.2 盈亏平衡图

制定计划常常应用盈亏平衡图。盈亏平衡图的原理详见第 6 章。几乎每个管理人员都要制定利润计划，盈亏平衡图对于制定利润计划非常有用。为了获利，总成本一定不能超过总收益。运用盈亏平衡图，可以找到盈亏平衡点(即总成本等于总收益的那一点)，管理人员能够判断公司是否能销售足够多的产品以达到盈亏平衡，并制定相应的计划。

7.3.3 滚动计划法

在管理实践中，长期、中期和短期计划必须有机地衔接起来，长期计划要对中、短期计划有指导作用，而中、短期计划的实施要有助于长期计划的实现。不考虑长期计划目标，仅局限于短期任务的完成，这种管理工作实际上属于一种无目的的行为。

滚动计划法是用来编制和调整长期计划的一种十分有效的方法，它对促进长、中、短期计划的衔接是十分有效的。这种方法的基本思想是：由于长期计划所涉及的时间期限比较长，而计划又是面对未来的工作，未来的不确定性因素很多，必然会有许多情况事先无法准确地预测和估计，如果一定要将长期计划制定得像短期计划那样具体，势必影响计划工作的经济性。所以，在编制长期计划时，就应采取“近具体、远概略”的方法，对近期计划制定得尽量具体，以便于计划的实施；对远期计划只规定出大概的要求，使员工明确奋斗的方向。然后根据计划在具体实施过程中发现的差异和问题，不断分析原因，并结合对内外环境情况的分析予以修改和调整。在计划的实施过程中将远期计划逐渐予以具体化，使之成为可实施的计划，进而把长期计划与短期计划有机地结合起来。这样既保证了计划工作的经济性，又能使计划与实际情况相吻合，提高了计划工作的科学性。图 7.4 是以本期 5 年计划为例说明了这种方法的基本操作。

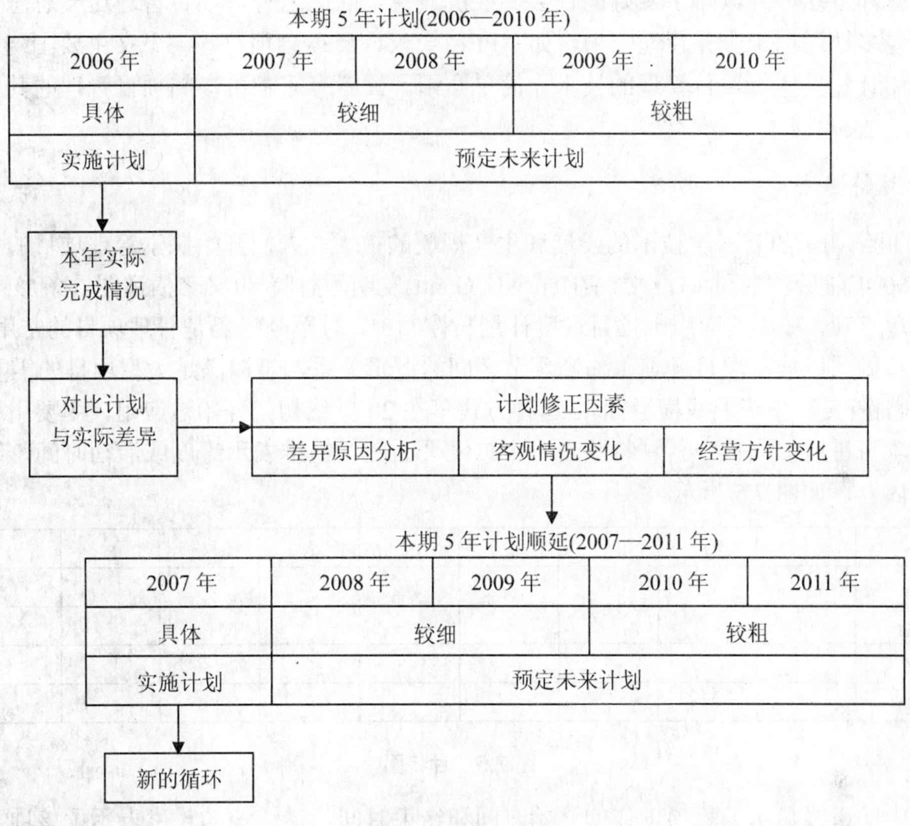

图 7.4 滚动计划法

7.3.4 项目管理的技术

项目，来源于人类对有组织的活动的划分。随着人类的发展，有组织的活动逐步分化为两种类型：一类是连续不断、周而复始的活动，人们称之为“作业或运作(Operations)”，如企业日常生产产品的活动；另一类是临时性、一次性的活动，人们称之为“项目(Projects)”，如企业的技术改造活动、一项环保工程的实施等。从最广泛的含义来讲，项目是一个特殊的将被完成的优先任务，它是在一定时间内，满足一系列特定目标的多项相关工作的总称。项目管理是伴随着社会的进步和项目的复杂化而逐渐形成的一门管理学科，目前在人们生产实践中起着越来越重要的作用。20 世纪 80 年代以来，我国项目管理体制首先在建设项目上有了突破。云南鲁布革水电站水利工程是我国第一个利用世界银行贷款，并按世界银行基本规范进行国际性招标的项目管理工程，它揭开了我国工程项目管理的序幕。随后在二滩水电站、三峡水利枢纽建设和其它大型工程建设中，都相应采用了项目管理这一有效管理思想和方法，并取得了良好的社会和经济效益。除此之外，项目管理这一思想也开始被越来越多地运用于服务管理中来，如 APEC 会议，奥运会项目等。下文主要围绕甘特图法、网络计划技术等项目管理的技术作简单介绍，读者有兴趣可参阅项目管理的其他相关书籍。

1. 甘特图法

20 世纪初，随着科学技术的发展和生产规模的扩大，人们开始探索管理项目的科学方法。1900 年前后，亨利・L・甘特(Henry L. Gantt)发明了甘特图(又名横道图、条形图)。甘特图简单直观，被广泛应用于项目进度计划与控制中，时至今日仍是管理项目的常用方法。但是甘特图难以展示项目各项工作和环节之间的逻辑关系，难以满足大型项目的需要。

甘特图(又称条形图或横道图)，这种方式早在 20 世纪初就开始被应用，主要用于项目计划和项目进度的安排中。甘特图是一个二维平面图，横维表示进度或活动时间，纵维表示工作内容，如图 7.5 所示。

	1	2	3	4	5	6	7	8	9
A									
B									
C									
D									

图 7.5　甘特图

图中横道线显示了每项工作的开始时间和结束时间，横道线的长度表示了该项工作的持续时间。甘特图的时间决定着项目计划粗略的程度，根据项目计划的需要，可以把小时、天、周、月等作为度量项目进度的时间单位。如果一个项目需要一年以上的时间才能完成，则可以选择周甘特图或者是月甘特图；若一个项目需要一个月左右的时间就能完成，则选择日甘特图将更有助于实际项目的管理。

甘特图简单直观、容易制作、便于理解，在资源优化过程中，一般都借助于甘特图。但是甘特图也存在很多弱点，例如，甘特图不能系统地表达一个项目所包含的各项工作之间的复杂关系，难以进行定量的计算和分析，难以进行计划的优化等。这些弱点严重制约了甘特图的进一步应用。所以，传统的甘特图一般只适用于比较简单的小型项目。甘特图除了用于进度计划的编制外，还可以用于进度控制。

在项目管理的实践中，将网络图与甘特图相结合，使得甘特图得到了不断地改进和完善。除了传统甘特图以外，还有带有时差的甘特图和具有逻辑关系的甘特图。

2. 网络计划技术

为了适应对复杂系统进行管理的需要，20 世纪 50 年代末，在美国相继研究并使用了两种进度计划管理方法，即计划评审技术(PERT)和关键路线法(CPM)。将这两种方法用于进度管理，形成了新的进度计划管理方法，即网络计划技术，并很快地渗透到各行业、各领域。实践证明，这类方法是满足现代工业、国防、科学技术需要的科学管理方法。网络计划技术的原理是：把一项工作或项目分成各种作业，然后根据作业顺序进行排列，通过网络对整个工作或项目进行统筹规划和控制，以便用最短的时间和最少的人力、物力和财力去完成既定的目标或任务。

关键线路法可以计算出项目中每项工作的最早最迟开始和最早最迟结束的时间，通过最早时间和最迟时间的差额可以分析每一项工作相对的时间紧迫程度，这种最早和最迟时间的差额称为时差，时差为零的工作通常称为关键工作，由关键工作组成的，从开始工作到结束工作的一条或几条单向路线，称为关键线路。关键线路法的主要目的就是确定项目中的关键工作和关键路线以保证在项目实施过程中能抓住主要矛盾，确保项目按期完成。

计划评审技术(PERT)的基本形式与 CPM 网络计划基本相同，只是在工作持续时间的确定方面与 CPM 法有一定的区别，即 CPM 法仅需要一个确定的工作时间，而 PERT 需要估计三个工作时间(即最乐观时间、最可能时间、最悲观时间)，然后计算工作的期望时间。

网络计划技术的基本形式是计划评审技术(PERT)和关键路线法(CPM)。PERT 和 CPM 并无本质的区别，但从使用目的来说略有不同。用 PERT 法编制项目进度计划时，以“箭线”或“事项”代表工作，按工作顺序，依次连接完成网络结构图，在估计工作的持续时间的基础上，即可计算整个项目工期，并确定关键路线。这种方法重点是研究项目所包含的各项工作的持续时间。网络计划技术是用网络图对项目任务的工作进度进行安排和控制，以保证实现项目预定目标的科学的计划管理技术。一般网络计划是指在网络图上加注工作的时间参数等而编制成的进度计划。所以，网络计划主要由两大部分组成，即网络图和网络参数。网络图是由箭线和节点组成的用来表示工作流程的有向、有序的网状图形，如图 7.6 所示。网络参数是根据项目中各项工作的延续时间和网络图所计算的工作、节点、路线等要素的各种时间参数。若按网络结构的不同，可以把网络计划分为双代号网络和单代号网络。

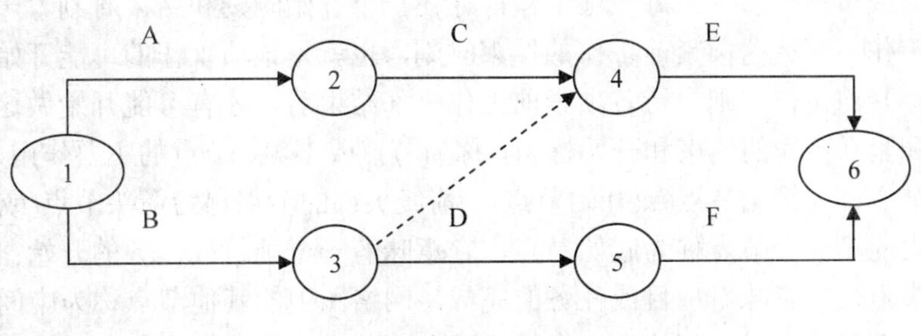

图 7.6 网络图

用 CPM 法编制项目进度计划时，其图形与 PERT 法基本相同。除了具有与 PERT 法相同作用之外，CPM 法还可以调整项目的费用和工期，以研究整个项目的费用与工期的相互关系，争取以最低的费用、最佳的工期完成项目。

PERT 无法准确地确定工作持续时间，只能以概率论为基础加以估计，在此基础上，计算网络的时间参数。而 CPM 法可以以经验数据为基础较准确地确定各项工作的持续时间。对于一般项目来说，根据经验和知识，能够对项目的各项工作所需时间进行合理、准确地确定。

1) 网络图的基本构成

网络图(又叫箭线图或统筹图)，它是项目及其组成部分内在逻辑关系的综合反映，是进行计划和计算的基础。目前，在项目计划中广泛应用的网络图有双代号网络图和单代号网络图。在双代号网络图中，网络是由若干表示工作的箭线和节点组成的，其中每一项工作都用一根箭线和两个节点来表示，每个节点都编以号码，箭线的箭尾节点和箭头节点就是每一工作的起点和终点。以下以双代号网络图为例，说明网络图的基本构成。

(1) 箭线(或工作)“→”。在一个项目中，任何一个可以定义名称、独立存在、需要一定时间或资源完成的工作(或称活动、任务、工序等)都可以用一个箭线表示。一个箭线所表达的工作任务的具体内容可多可少，范围可大可小。例如，可以把整个产品设计作为一项工作，也可把产品设计中的每一道工序、任务作为一项工作。完成一项工作需要人力、物力，占用一定的时间和空间。有些工作，如油漆后的干燥、等待材料等，它们虽不消耗资源，但是要消耗时间，在完成任务过程中，它们同样是一个不可缺少的过程。这些不消耗资源的等待结果的过程也应被视为工作。工作通常可以分为以下两种。

① 需要消耗时间和资源的工作。这类工作称为实工作，在网络图中用实箭线表示。一般在箭线的上方标出工作的名称，在箭线的下方标出工作的持续时间。箭尾表示工作的开始，箭头表示工作的完成。

② 既不消耗时间，也不消耗资源的工作。这类工作称为虚工作，在网络图中用虚箭线表示。虚工作是虚设的，只表示相邻工作之间的逻辑关系，它的持续时间为零。

(2) 节点(或事项)“○”。每一项工作都存在一个开始时刻和结束时刻。一项工作若只有一项紧前工作，那么这项紧前工作的结束时刻，也就是该项工作的可能开始时刻；一项工作若有数项紧前工作，则要待各项紧前工作全部结束后，才有可能开始做这项工作。这种紧前工作和紧后工作的结束和开始标志，称为节点或事项。节点的主要作用是联结箭线。箭线尾部的节点称为箭尾节点(或开始节点)；箭线头部的节点称为箭头节点(或结束节点)。

网络图中的第一个节点称为起始节点，它意味着一个项目或任务的开始；最后一个节点称为终止节点，它意味着项目或任务的完成。网络图中的其他节点称为中间节点。在网络图中，就一个节点来说，可能有许多箭线通向该节点，这些箭线就称为内向箭线或内向工作；若由同一个节点发出许多箭线，这些箭线称为外向箭线或外向工作。

节点具有时间的内涵，不同类型的节点具有不同的时间内涵。起始节点标志着整个网络计划和相关工作开始的时刻；终止节点标志着整个网络计划和相关工作完成的时刻；箭尾节点标志着相应工作的开始时刻，箭头节点标志着相应工作完成的时刻；中间节点标志着内向工作的完成和外向工作开始的时刻。

(3) 路线。从起始节点开始，沿着箭线的方向连续通过一系列箭线与节点，最后到达终止节点的通路称为路线。每一条路线都有自己确定的完成时间，它等于该路线上各项工作持续时间的总和，也是完成这条路线上所有工作的计划工期(该工期也可称为路长)。

在网络图的各条路线中，路长最长的路线称为关键路线，位于关键路线上的所有工作称为关键工作；其他路线则称为非关键路线，位于非关键路线上的所有工作都称为非关键工作。有时，关键路线往往不止一条，可能同时存在若干条关键路线(即这几条路线的路长相同)。关键路线和关键工作直接影响整个项目工程的实现。

关键路线并不是一成不变的，在一定条件下，由于干扰因素的影响，关键路线可能会发生变化，这种变化可能体现在两个方面：一是关键路线的数量可能增加；二是关键路线和非关键路线可能会发生互相转化。例如，非关键路线上的某些工作的持续时间被拖延了，使得非关路线的路长超出了关键路线的路长，则该路线就转化为关键路线，而原来的关键路线就转化为非关键路线。

2) 网络图的绘制步骤

用网络计划方法编制进度计划的第一步是绘制网络图。通常是先画一个初步网络图，在此基础上进行优化和调整，最终得到正式的网络计划图。绘制初步网络图可以按下列步骤进行。

(1) 项目分解。根据计划要求将项目分解为各项独立的工作，宏观控制的网络计划，可以分解得粗一些；具体实施的网络计划，可以分解得细一些。一般项目分解和工艺、方法的选定是密切相关的。

(2) 工作关系分析。工作关系确定各项工作之间的逻辑关系，一般根据已确定的项目实施的方法、工艺、环境条件以及其他因素，对项目进行分析，通过比较、优化等方法确定合理的逻辑关系。工作分析的结果是明确各项工作的紧前和紧后的关系，形成项目工作列表。

(3) 估计工作的基本参数。在网络图中，工作的基本参数包括工作持续时间和资源需要量。一般，应对每项工作估计两个持续时间(即工作的正常持续时间和最短持续时间)。正常持续时间是指在正常条件下，完成该工作所需要的时间；最短持续时间是指通过采取特殊措施(如增加资源的投入等)，完成该工作所用的最短时间。

(4) 绘制初步网络图。将项目所包含的各项工作及其关系用网络图表示。

3) 网络计划时间参数计算及关键路线

绘制网络图是为了对项目进度进行安排，并综合考虑资源和成本因素，对项目计划进行优化。为此，必须首先计算网络计划时间参数，这是网络计划实施、优化、调整的基础。

(1) 网络计划时间参数的组成。

网络计划时间参数可归纳为以下三类。

① 节点参数：包括节点最早时间和节点最迟时间。

② 工作参数：包括基本参数、最早时间、最迟时间和时差。

③ 路线参数：包括计算工期和计划工期。

(2) 关键路线的确定。

关键路线的确定主要有以下三种方法。

① 根据关键工作确定关键路线。首先确定关键工作，关键工作组成的路线就是关键路线。

② 根据自由时差确定关键路线。关键工作的自由时差一定最小，但自由时差最小的工作不一定是关键工作。若从起始节点开始，沿着箭头的方向到终止节点为止，所有工作的自由时差都最小，则该路线是关键路线，否则就是非关键路线。

③ 根据关键节点确定关键路线。凡节点的最早时间与最迟时间相等，或者最迟时间与最早时间的差值等于计划工期与计算工期的差值，该节点就被称为关键节点。关键路线上的节点一定是关键节点，但按关键节点组成的线路不一定就是关键路线。因此，仅凭关键节点还不能确定关键路线。

关键路线决定着项目的完成工期，是完成计划的关键。因此，为确保整个项目按计划完成，管理者需集中力量对关键路线上的各关键工序进行控制，在关键工序上挖潜，以达到缩短工期、降低费用和合理利用资源的目的。值得注意的是，关键路线是相对的、可变的。在计划执行过程中，可以通过对关键工序加以有效控制和调度，使原来的关键路线变成非关键路线，而原来的某一条或某几条非关键路线就有可能变为关键路线。这时控制的重点就应转移到新的关键路线上，并对新的关键工序实施重点控制。一般来说，网络分析方法特别适合于项目性的作业，如大型设备的制造、各种工程建设项目等。

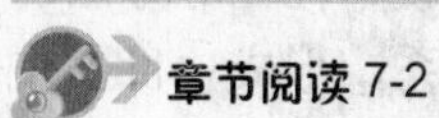

研发项目的网络计划

王先生是某一新型全自动滚筒洗衣机研制项目的项目人员，为了更好地对全自动滚筒洗衣机研制过程进行有效监控，保证全自动滚筒洗衣机项目按期、保质完成，需要采用网络计划技术对进度进行动态管理。现在，项目分析师已对该项目作出了项目分解，并分析出了工作间的逻辑关系和完成这些工作的所需的时间，如表 7-9 所示。

表 7-9 项目工作列表

工作代号	工作描述	紧后工作	工作所需时间(天)
A	总体计划	B	15
B	单元定义	C、G、J	20
C	机体设计	D	15
D	传动装置试制	E、L	30
E	滚筒试制	F	20
F	壳体试制	M	10
G	电脑控制系统设计	H	30
H	电脑控制系统试制	I	30
I	电脑控制系统测试	M	30
J	电动机设计	K	20
K	电动机试制	L	40
L	电动机测试	M	10
M	总装	N	20
N	总测试	…	15

编制双代号网络图如图 7.7 所示。

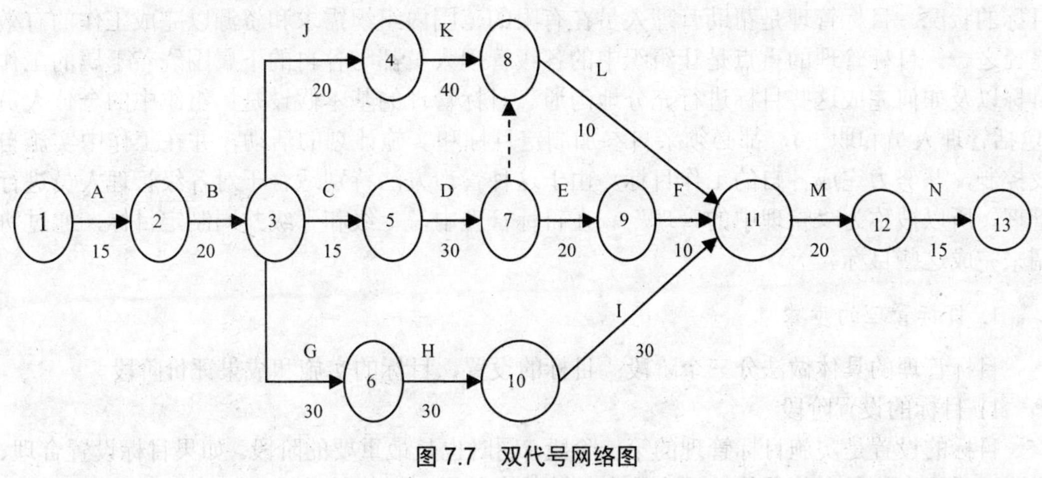

图 7.7 双代号网络图

4) 网络计划技术的优点与缺点

网络计划技术有如下优点。

(1) 促使管理人员重视计划工作。因为如果不进行计划，不了解各个局部之间的相互逻辑关系，就谈不上网络分析，所以管理人员必须重视计划工作。

(2) 增进组织内部的意见交流。因为它可将各单位、部门或作业机构的工作关系清楚地显示在网络图上，所以管理者可明确工作对于实现目标的重要程度以及与其他单位的依赖关系，在工作进度和控制上与员工进行及时而有效的意见交流。

(3) 优化工程的时间进度与资源利用。调动非关键路线上的人力、物力和财力从事关键作业，进行综合平衡，这样既能节省资源又能加快工程进度。

(4) 有利于管理人员将注意力集中于关键问题上。由于对关键路线上的关键工作实施重点控制，可发挥例外管理的功效。

(5) 便于组织与控制。对于复杂的大项目，通过采用网络计划法可以将一个大型的项目分成许多部分来分别控制，这样在保证各局部最优的情况下，保证整个项目最优。

当然，网络计划法也有缺点：由于作业时间的长短直接关系到关键路线的确定及控制效果，所以，如果无法确定作业时间或对进度“瞎估计”，那么网络计划法可能就没有意义了；网络计划法强调时间因素而忽略费用因素。

7.3.5 目标管理

目标管理(Management by Objectives，MBO)，由美国著名企业家彼得·德鲁克(Peter Drucker)在1954年提出，经由其他一些人发展，逐步成为西方许多国家普遍采用的一种系统地制定目标并对其进行管理的有效方法。

目标管理作为一种管理方法，鼓励创新，防止工作中出现相矛盾的目标或者根本没有目标的状况。目标管理是帮助管理人员在有限的范围内组织需求和资源以完成工作的有效途径之一。目标管理的重点是让组织中的各级管理人员都与各自的下属围绕着下属的工作目标以及如何完成这些目标进行充分地沟通。目标管理的基本假设是：组织中的全体人员(包括管理人员和职工)，都必须亲自参加制定目标和实施计划的活动，并在工作中实施自我控制，并努力完成各自的工作目标。由于这种管理方法特别适合于对各级管理人员进行管理，所以被称为“管理中的管理”。在目标管理中，上级和下级共同制定目标，通过协调来完成这些目标。

1. 目标管理的步骤

目标管理的具体做法分三个阶段：目标的设置、目标的实施和成果评价阶段。

1) 目标的设置阶段

目标的设置是实施目标管理的第一阶段，同时也是最重要的阶段。如果目标设置合理、明确，后两个阶段中的具体管理实施和评估就容易了。目标的设置可细分为五个步骤。

(1) 最高管理部门提出组织的预定目标。最理想的目标体系是从组织的最高管理部门开始的，这使目标的实现容易得到最高管理部门的支持。但是，由最高管理部门确定的目标只能是初步的和暂时的。所以，目标管理也可由下级和职工提出，上级批准。但是，不管是哪种形式，首先必须共同商量决定；其次，领导必须根据企业的长远规划和面临的客观环境，对应该和能够完成的任务目标有一个清醒的认识，对应当确立的目标数量和目标标准心中有数。简单地将下级的目标汇总，不是目标管理，而是放弃管理；将预定的目标视为不可改变的，强迫下级接受也不是目标管理，这样做，职工不会有参与感。

(2) 进行有关组织人事的决策。即根据主要目标和次要目标的要求，对组织与人事进行分析，建立或调整组织机构和人员配置，以便使每个目标都有人明确负责。尽可能做到某个目标只属于一个主管，一个部门。对需要跨部门配合的目标也应明确谁主谁从。

(3) 确定下属目标。即根据组织的总目标要求，组织下属部门和人员进行学习讨论，并依此设定下级自己的目标，进而把组织的总目标分解成具体的工作目标，层层落实到科室、车间、班组和每个职工身上。此外，在商定具体目标时还要注意：目标必须有重点，有顺序，不能太多(5～6 项即可)，多则容易顾此失彼；目标必须具体化、定量化，以便于测量；目标要有“挑战性”，既要有实现的可能性，又要留有余地，目标太低，不能鼓舞士气，失去目标管理的意义，目标太高，通过努力还完不成，也会破坏激励机制。

(4) 目标的平衡和调整。上级和下级要就实现各项目标所需要的条件以及实现目标后的奖惩事宜达成协议，并授予下级相应的支配人、财、物和对外交涉等权利。

(5) 目标体系的整理和确立。上级和下级商妥后，由下级写成书面协议、编制目标记录卡片，当整个组织汇总所有资料后，就可绘制出目标图。

2) 目标的实施阶段

目标的实施阶段的工作内容主要包括以下几点。

(1) 对下级按照目标体系的要求进行授权，以保证每个部门和职工能独立地实现各自的目标。

(2) 加强与下属的交流，进行必要的指导，最大限度地挖掘下属的积极性和创造性。

(3) 严格按照目标及保证措施的要求从事工作，定期或不定期地进行检查等，检查应是外松内紧的，利用双方经常接触的机会和正常的信息反馈渠道自然地进行。检查最好是自下而上地进行，由下级主动提出问题和报告，领导对下级工作中的问题不要随意训斥、指责，更不能推卸责任。

3) 成果评价阶段

在达到预定的目标之后，由下级提出书面报告，上下级在一起对目标完成情况进行评估，决定奖惩、工资和职务的提升和降免，并同时讨论下一轮的目标，开始新的循环。如果目标没有完成，应分析原因，总结教训，但最忌互相指责。上级应主动承担应承担的责任，并启发下级作自我批评，以维持相互信任的气氛，为下一循环打好基础。

2. 实施目标管理的要素

(1) 推行目标管理要有一定基础管理条件。所谓基础管理是指各项规章制度比较完善，信息比较通畅，能够比较准确地度量和评估工作的成果。这是推行目标管理方法的基础。

(2) 每一位管理者在一定领域中都有其职责，并在这些负有职责的领域中设置目标。对于目标的需求和有效性，上级和下级都有责任。

(3) 制定评价目标的有效标准，并对结果进行及时反馈以实现对工作进度的实时控制。

(4) 主管人员积极参与、协调和授权。在目标管理中，领导的重要职能是协调，首先表现在设置目标过程中的协调；其次表现在执行过程中的协调。要使员工的方向一致，目标之间要相互支持，这就需要领导者掌握一些协调的方法。另外，目标管理中的领导者应善于授权，因为没有分权就不能创造个人自由地达到目标的条件。

(5) 有效的前景调查和计划活动。目标管理的成功取决于在既定条件下对具体问题、人性和实践的仔细研究。所以，实施目标管理之前必须考察整个管理结构的所有方面。

(6) 目标管理要循序渐进、长期坚持。推行目标管理需要许多配套工作，如提高人员的素质，健全各种责任制，做好其他管理的基础工作，制定一系列有关的政策等。只有长期坚持，不断发展和完善，目标管理才能收到良好的效果。

3. 目标管理的评价

从通用汽车公司最早开始推行目标管理技术到现在，目标管理已在全世界得到了广泛应用。从应用效果上看，有成功的，也有失败的。实施一项目标管理计划可能需要2～5年，在这段时间内，除计划以外有许多因素也会影响组织的运行。因此，客观地分析目标管理的优缺点，有助于扬长避短，收到实效。

1) 目标管理的优点

(1) 改善管理工作，提高管理水平。目标管理迫使管理人员考虑依据结果拟定计划，而不是只计划活动或工作。为了确保目标的实现，目标管理要求管理者必须思考完成目标的方式、组织和成员，以及需要的资源和援助。而且，明确目标是最好的激励手段和控制标准。

(2) 组织明晰化。目标管理要求管理人员分清组织的作用和结构，尽可能地围绕关键结果来设置职位，并尽可能把完成一项组织目标的成果和责任划归到一个职位或部门。这条原则的实施常常使我们发现组织的缺陷。目标管理是促进分权管理使组织具有弹性的最好办法。

(3) 鼓励员工勇于承诺和敢于实现。目标管理鼓励员工对其目标承担义务。员工不再只是做所分配的工作、遵循指导、等待决策，而是参与目标的制定、将自己的想法加入到计划中去、明确自己的处置权限等。当员工掌握了自己的命运之后，他们就会敢于承诺，并充满热情地去实现目标。

(4) 形成有效的控制。目标管理不仅提高了计划工作的有效性，而且有助于形成有效的控制。控制包括衡量结果，并采取措施纠正偏差以保证目标的实现。

(5) 目标管理表现出良好的整体性。组成一个完整的目标锁链和目标体系之后，将企业的所有任务和目标联成一个有机的整体：目标自上而下层层分解，目标自下而上层层保证。

2) 目标管理的缺点

(1) 目标难以制定。真正考核的目标是很难确定的，尤其是当它们有一定程度的弹性时，如随季节变化或者随年度变化时，真正让每一个管理人员和员工都订出数量化的目标有时是很困难的。

(2) 强调短期目标。在多数实现目标管理的组织中，管理人员所确定的目标一般都是短期的，很少超过一年。强调短期目标的危险性是显而易见的，它极有可能以牺牲长期目标为代价。

(3) 目标的商定很费时间。目标的商定要几上几下，目标的双向沟通、协商，以至协议的书面表达形式都需要很多时间。

第8章 战略管理

学习目标

(1) 了解战略计划和战略管理的重要性。
(2) 理解战略管理的过程。
(3) 掌握战略环境分析的方法。
(4) 了解企业战略选择的基本类型。
(5) 了解如何实施战略规划。

章前导读

竞争未来

研究商业战略的人与实行商业战略的人均十分注重获得与保持市场份额问题。对大多数公司来说，市场份额是衡量一个企业战略地位强弱的主要标准。但是，在几乎尚未存在的市场中，市场份额的意义何在？在产品或服务的概念尚未完全明确、客户层面不明确、客户喜好不甚熟悉的行业，如何最大限度地增加份额？竞争未来，是竞争商机份额，不是竞争市场份额。这种竞争，是要最大限度地扩大未来商机份额，即一个公司在广阔的商机领域有可能获取的商机，不管是在家用信息系统、基因工程药品、金融服务、先进材料，还是其他的领域。

有个问题每个公司都必须做出回答，即以我们目前的技术，或者说以我们以后将叫做的专长而言，在未来商机中我们能占有多少份额。这个问题又会连带引出以下问题：必须培养那些新专长，如何修正对“已服务市场”的看法，我们才能在未来商机中占有较大的份额。无论是一个国家还是一个公司，都应想想，如何去吸引并增强构成专长的技术(例如光电子学、生物拟态学、遗传学、系统一体化、金融工程)，让这些技术成为通向未来商机的大门。

资料来源：普拉哈拉德．竞争大未来．北京：昆仑出版社，1998．第 33～34 页．

20 世纪 80 年代以后，西方企业管理转移到了以战略管理为中心的阶段，这是与 80 年代后企业所生存的客观环境发生的巨大变化分不开的。当企业的生存和发展受到严重挑战时，制定战略计划至关重要。在动态的和不确定的环境下，战略管理是重要的，因为它能使管理者以一种系统化的、综合化的方式分析环境，评价他们组织的优势和劣势，以及识别机会和开发竞争优势。竞争优势是组织有别于竞争对手的地方，是它的竞争特色，它之所以重要是因为一个组织应当能够有效地开发它的资源和潜能，以及开发它的核心能力，从而保持它的优势。

8.1 战略管理概述

战略管理是一组管理决策和行动，它决定了组织的长期绩效。战略管理包括几乎所有的基本管理职能，也就是说组织的战略必须被计划、组织、实施和控制。

8.1.1 战略管理的层次

企业经营战略是一个分层次的逻辑结构，企业规模大小不同，企业战略层次也不同。从事单一业务的中小企业的战略一般有两个层次：公司经营战略和职能战略。公司经营战略又可细分为营销战略、生产战略、人力资源战略、财务战略等。从事多元化经营的大型企业一般可分为公司层总体战略、事业单位层战略和职能层战略三个层次。

1. 公司层总体战略

如果一个组织拥有两个或两个以上的事业单位，那么它将需要一个公司层战略，公司层战略有时又称总体战略。它以公司整体为研究对象，研究整个企业(公司)生存和发展中的一些基本问题：公司的使命及方针是什么，公司总体目标是什么，公司应该采取什么样的战略态势(进攻型、稳定型、收缩型)，应该有什么样的事业组合，各种事业的地位如何等。

2. 事业单位层战略

事业单位层战略属于支持战略，亦称经营单位战略，即在公司层战略的指导下，为保证完成公司制定的战略规划而制定本事业单位的战略计划。他要回答下列问题：为完成公司总体目标，本事业部应该采取什么样的行动。

3. 职能层战略

职能层战略是职能部门为支撑事业单位层战略而制定的本职能部门的战略。它要回答的问题是：为支持和配合事业单位层战略，本部门应该采取什么行动。如果说公司层总体战略和事业单位层战略强调“做正确的事”，那么职能层战略则强调“将事情做好”。与前两者相比，职能层战略更为具体，更具可操作性。综上所述，三个战略层次之间相互作用，构成一个企业战略的完整体系。

8.1.2 战略的类型

企业战略分为企业总体战略和企业经营战略两大类。企业总体战略考虑的是企业应该选择进入哪种类型的经营业务，经营战略考虑的则是企业一旦选定某种类型的经营业务，则应该如何在这一领域里竞争或运行。

1. 企业总体战略

企业总体战略是涉及企业经营发展全局的战略，是企业制定经营战略的基础，一般有以下几种类型。

1) 单一经营战略

单一经营战略，是指企业把自己的经营范围限定在某一种产品上。这种战略使企业的经营方向明确、力量集中、具有较强的竞争能力和优势。单一经营战略的优点是：把企业有限的资源集中在同一经营方向上，形成较强的核心竞争力；有助于企业通过专业化的知识和技能提供满意和有效的产品和服务，在产品技术、客户服务、产品创新和整个业务活动的其他领域开辟新的途径；有利于各部门制定简明、精确的发展目标；可以使企业的高层管理人员减少管理工作量，集中精力，掌握该领域的经营知识和有效经验，提高企业的经营能力。世界上许多企业都是通过单一经营而成为某一领域的主导者的。但单一经营战略的风险是：企业把所有的鸡蛋都放在同一个篮子里，当行业出现衰退或停滞时，难以维持企业的长远发展。

2) 纵向一体化战略

纵向一体化战略，是指企业在同一行业内扩大企业经营范围，后向扩大到供应商的业务领域，前向扩大至最终产品的业务领域。企业实行纵向一体化战略的目标可以提高企业的市场地位，保障企业的竞争优势。后向一体化可以在原材料供给需求大、利润高的情况下，把一个成本中心变成利润中心，还可以摆脱企业对外界供应商的依赖；前向一体化的好处是保证企业分销渠道的畅通，维护生产的正常秩序。纵向一体化战略的不足是需要的投资较大。

3) 多元化战略

多元化战略，是指企业通过使开发新产品、开拓新市场相配合而扩大经营范围的战略。这种战略一般适用于那些规模大、资金雄厚、市场开拓能力强的企业。其作用主要是分散风险，有效地利用企业的经营资源。

4) 国际化战略

国际化战略，是指实力雄厚的大企业把生产经营方向指向国际市场，从而推动企业进一步发展的战略。实施国际化战略的常用方式有输出商品和建立跨国公司两种。从国际上看，输出商品往往是企业国际化的起点，由于实施跨国经营会面临各种关税和非关税壁垒，因此，一些资金雄厚、生产技术和经营能力强的企业，稳定地占领了国外市场后，常常会在海外国际市场建立独资或合资企业，以充分利用当地政府的各种优惠政策，绕过所在国的贸易壁垒，降低生产和营销成本，强化竞争能力。

2. 企业经营战略

企业经营战略是企业或企业的某一经营单位为了实现企业的目标，在一定时期内所作的经营发展策略具体设想与谋划。经营战略是企业总体战略的具体化，其目的是使企业的经营结构、资源和经营目标等要素，在可以接受的风险限度内，与市场环境所提供的各种机会取得动态平衡，实现经营目标。

人们按照不同的标准对企业的经营战略做了不同的分类。

(1) 按照战略的目的性，可把企业经营战略划分为成长战略和竞争战略。成长战略，是指企业为了适应企业外部环境的变化，有效地利用企业的资源，研究企业为了实现成长目标如何选择经营领域的战略。成长战略的重点是产品和市场战略，即选择具体的产品和市场领域，规定产品和市场的开拓方向和幅度。竞争战略，是指企业在特定的产品与市场范围内，为了取得差别优势，维持和扩大市场占有率所采取的战略。竞争战略的重点是提高市场占有率和销售利润率。企业经营战略归根到底是竞争战略。从企业的一般竞争角度看，竞争战略大致有低成本战略、产品差异战略和专业化战略三种可供选择的战略。

(2) 按照战略对市场环境变化的适应程度，可以把企业经营战略划分为进攻战略、防守战略和撤退战略。进攻战略的特点是：企业不断地开发新产品和新市场，力图掌握市场竞争的主动权，不断地提高市场占有率。进攻战略的着眼点是技术、产品、质量、市场和规模。防守战略也称维持战略，其特点是以守为攻，后发制人。所采取的战略是：避实就虚，不与对手正面竞争；在技术上，实行拿来主义，以购买专利为主；在产品开发上，实行紧跟主义，后发制人；在生产方面着眼于提高效率，降低成本。撤退战略是一种收缩战略，目的是积蓄优势力量，以保证进攻重点方向取得胜利。

8.1.3 战略管理过程

所谓战略管理，是指对战略目标的形成，战略对策的制定和战略方案的实施的整个过程进行计划、组织、指挥、协调、控制的活动。它大致可分为战略制定和战略实施两个阶段。战略管理的过程如图 8.1 所示。

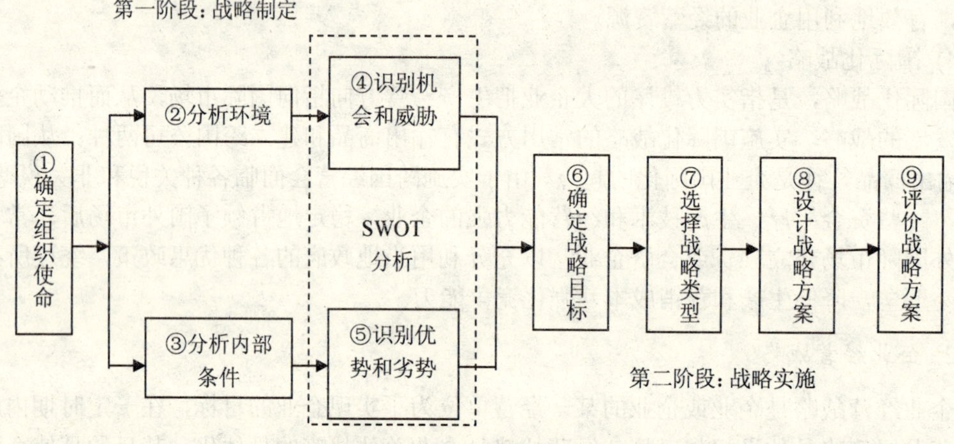

图 8.1 战略管理过程示意图

思考与讨论

企业的长期计划与企业的战略有何联系和差别？

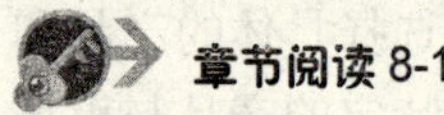

章节阅读 8-1

战略与战略管理的历史沿革

进入 20 世纪 70 年代以来，组织所面临的环境发生了根本性的变化，环境越来越风云变幻：市场需求

变化日益加快，并朝着多样化、个性化方向发展；社会、政治、经济环境复杂多变。面对着这样一个瞬息万变的环境，组织依靠过去那种传统的计划方法来制定未来的计划已经显然不合时宜了，而应该高瞻远瞩：审时度势地对外部环境的可能变化做出预测和判断，并在此基础上规划出组织的生存目标。在风云变幻的环境中，人们发现：效率并不完全等于效益，如果企业的发展方向错误，效率越高反而效益越低。因此，对企业来说，战略的成功是最大的成功，战略的失败是最大的失败。企业要谋求长远的生存和发展，就必须审时度势，准确地把握未来，制定出正确的战略计划。

管理者认识到战略管理对于提高组织绩效的重要作用。主要表现在：其一，战略管理包含了许多重要的管理决策；其二，战略计划为管理者提供了特定的目标，并使组织中的管理人员具有一致的愿望；其三，具有正式战略管理体系的公司，其财务回报要高于那些没有战略管理系统的公司；其四，战略管理已经超出了营利企业的范围，进入到政府机构、医院以及其他的非营利组织中。

自 1965 年美国著名管理学家安索夫(H. I. Ansoff)所著的《企业战略论》一书问世以来，欧洲、美国、日本一些国家的企业开始时兴制定经营战略，以解决那些对企业成败有长期的、方向性的、决定性影响的重大问题。1979 年，安索夫在其所著的《战略管理论》一书中从企业战略计划在其实施阶段怎样才能获得成功着手，以环境、战略和组织三者为支柱，构建了现代企业战略管理的基本框架。

20 世纪 80 年代以来，以西方发达国家为代表的现代企业管理的重心发生了新的转移。如果说在 50 年代以前企业管理的重心是生产，60 年代的重心是市场，70 年代的重心是财务，那么，自 80 年代起重心转移到战略管理上来了。这种重心的转移不是人为的或是偶然的，而是现代社会生产力发展水平和社会经济发展的必然结果。

8.2 战略制定的过程

8.2.1 确定组织当前的使命

使命是对组织目的的陈述，使命回答了如下的问题：企业存在的理由是什么。定义组织的使命会迫使管理者仔细地确定企业的产品和服务的范围。使命陈述提供了理解一家企业存在原因的线索，表 8-1 是对典型的使命陈述构成要素的描述。

表 8-1 使命陈述构成要素

使命陈述构成要素
顾客：谁是组织的顾客？ 我们相信，我们的首要责任是对医生、护士和患者，以及对母亲和所有使用我们产品和服务的人负责。——强生公司
产品和服务：组织的产品和服务是什么？ AMAX 公司的主要产品是：钼、煤炭、铁矿石、铜、铅、锌、石油和天然气、钾、磷酸盐、镍、钨、银、金和镁。——AMAX 公司
市场：组织在哪些地区开展竞争？ 虽然我们也会寻求全球的机会，但我们的重点是北美市场。——布洛克威公司
技术：组织的技术状况如何？ 不连续颗粒涂敷技术是我们各个领域的共用技术。——纳舒尔公司

续表

对生存、成长和盈利的关注：组织对成长和财务稳定作出承诺了吗？ 这方面，公司将谨慎地从事运营，将通过利润和成长确保胡佛公司的最终成功。——胡佛世界
哲学：组织的基本信念、价值观、追求和道德准则是什么？ 玫琳凯化妆品公司的全部经营哲学基于下述信条：分享和关怀人们快乐地倾注其时光、知识和体验的地方。——玫琳凯化妆品公司
定位：组织的主要竞争优势与核心能力是什么？ 皇冠泽勒巴克公司承诺，通过释放每一位雇员的建设性与创造性能力和能量，在未来的1000天内超越竞争对手。——皇冠泽勒巴克公司
对公共形象的关注：组织怎么响应公众对社会和环境的关注？ 同承担世界性的保护环境的义务。——道化学公司
对雇员的关注：组织将雇员看做最有价值的资产吗？ 巴玛公司寻求愿意在团队氛围中学习和贡献的人们。我们提供安全的工作环境，雇主与雇员具有平等的机会，关注雇员的发展和工作保障，发展相互间的尊重和信任，实行内部晋升政策。我们重视每个雇员的意见。——巴玛公司

资料来源：斯蒂芬·P·罗宾斯，玛丽·库尔特．管理学(第七版)．北京：中国人民大学出版社，2004.第206页．

一个组织的使命包括组织哲学和组织宗旨两个方面。所谓组织哲学，是指一个组织为其经营活动方式所确定的价值观、信念和行为准则。所谓组织宗旨，是指规定组织去执行或打算执行的活动，以及现在的或期望的组织类型。明确组织宗旨，有重要作用。没有具体的宗旨，要制定清晰的目标和战略实际上是不可能的。此外，一个组织的宗旨不仅要在创业之初加以明确，而且在企业遇到困境如繁荣昌盛之时，也必须经常予以确认。

企业使命的表述多见于企业广告、简介汇报材料之中，通常只能在比较广泛的层次上阐明企业的态度与观点，客观上不应该详细，但是太笼统的表述又会显得无所不包，难以对实际操作起到有效的指导作用。因而在具体的操作中如何措辞以便恰到好处地表述企业的使命，只能依赖于在实践中不断地探索。

8.2.2 分析环境

分析环境是战略过程的一个关键步骤。组织的环境在很大程度上界定了管理者的选择范围。成功的战略将是与环境吻合的战略。每一个组织的管理者都需要分析环境，只有当管理者确切地把握了环境正在发生的变化，以及意识到它对组织可能产生的重要影响时，战略制定过程才算是与管理实践紧密结合，而不是“闭门造车”。

在市场经济条件下，企业所处的环境是不断变化的，而且变化速度日趋加快，这给企业经营带来了巨大的风险，企业为了谋求生存和发展就必须对环境进行分析、预测。一个企业的成败在很大程度上取决于企业能否准确地把握环境的变化，并对其及时做出响应。因此，对企业环境分析是企业经营战略形成的重要前提，是经营战略成功实施的基础。

分析环境的目的就是识别和发现环境中各种有利于企业发展的机会和各种不利于企业生存和发展的因素，为企业制定经营战略提供客观依据。企业的环境因素包括两类：一类是对任何企业都有广泛影响的环境因素，比如：国家的政治法律环境、经济环境、社会文化环境、物质技术环境等，这些环境称为一般环境、间接环境或宏观环境；另一类是对企业生产和经营有直接影响的环境因素，比如：行业的性质、市场状况、竞争者状况、供应者状况、替代品状况等，这些环境称为直接环境因素或微观环境。

1. 分析企业的宏观环境

企业面临的宏观环境又称一般环境，由政治法律环境、经济环境、社会文化环境、物质技术环境及地域环境等构成，它是企业开展经营活动的基础。

1) 政治法律环境

政治法律环境是由法律、政府机构和在社会上对各种组织及个人有影响和制约的集团构成。在政治法律环境中我们还必须注意到消费者权益组织的成长和发展。这对企业经营决策会产生十分重大的影响。

2) 经济环境

宏观经济环境主要指一个国家的人口数量及其增长趋势、国民收入、国民生产总值及其变化情况，这些指标能够反映出国民经济发展的水平和发展速度。企业更关注所在地区或所服务地区消费者的收入水平、消费偏好、储蓄情况、就业状况等微观经济环境，这些因素直接影响企业市场的大小。

3) 社会文化环境

社会文化对服务企业的影响往往是直接的，它指的是人们赖以生存的社会形成人们的基本信仰、价值观和生活准则。而且，人们的社会文化概念会随时间的推移以及物质条件的改善产生巨大的变化。这些变化几乎无所不在地对大多数行业都产生了影响，此外，它也提供了更多的新的市场机会。

4) 物质技术环境

现代的服务业与传统意义上的服务业已经有了根本性的变化，现代服务企业是指那些知识和技术密集的、附加值较高的经济组织，技术的应用已经成为左右服务企业竞争力的重要乃至关键的因素。每一项技术的出现，都在某种程度上改变着人们的生活方式和消费行为。

5) 地域环境

地域环境比较容易理解，企业所处地区的自然环境、气候条件、自然条件等一系列因素都会对企业的市场活动产生重要的影响。

2. 分析企业的微观环境

企业的微观环境或直接环境是指对企业生产经营活动有直接影响的各种条件和因素的总和。微观环境分析主要包括行业性质分析、市场环境分析、竞争力量分析等。

1) 行业性质分析

任何企业都在某一特定的行业内从事生产经营活动。所谓行业是指以劳动分工为基础的生产同类产品而互相竞争满足同类用户需求的一组企业。行业的环境状况如何，对企业的生存和发展有着直接的影响。分析行业环境主要从行业的前景、行业的产业政策、行业的结构等几个方面进行。通过对行业的性质、现状和发展趋势分析，为企业制定经营战略时正确地选择生产经营领域提供依据。

2) 市场环境分析

市场是影响企业生存和发展的最直接最具体的环境。研究和分析市场的目的就是通过对市场行为的研究，把握市场需求的一般趋势，寻找企业发展的机会和可能的风险。市场分析一般从市场类型、市场需求及其变化趋势、消费者行为等几个方面进行。

3) 竞争力量分析

美国哈佛大学商学院教授迈克尔·波特(Michael E. Porter)认为，企业最关心的是其所在行业的竞争强度，而竞争强度又取决于 5 种基本竞争力量，如图 8.2 所示。这 5 种竞争力量分别来自：行业中现有企业间的对抗、潜在的进入者的威胁、替代品的生产商的威胁、购买者的讨价还价能力、供应者的讨价还价能力等。正是这些力量的状况及综合强度影响和决定了企业在行业中的最终获利能力。

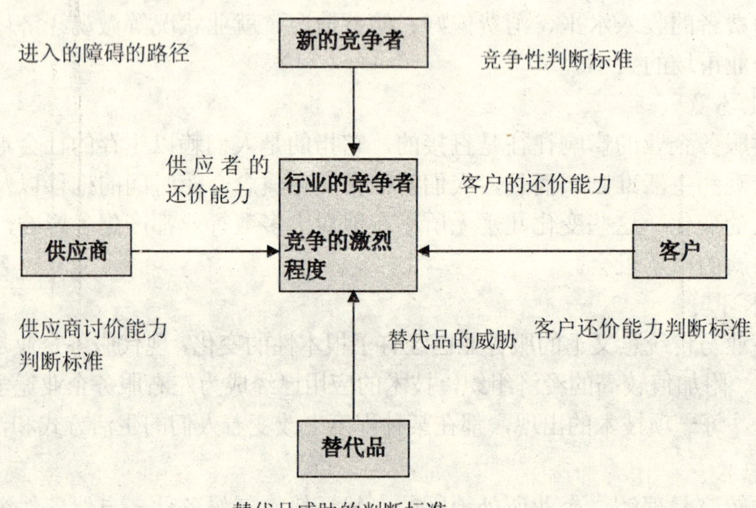

图 8.2　行业竞争力量分析

资料来源：COMPETITIVE ADVANTANGE: Creating and Sustaining Superior Performance by Michael E. Porter. Copyright © 1985 b Michael E. Porter y. 麦克尔·波特. 竞争优势. 北京：华厦出版社，1997.

(1) 进入威胁。新的对手进入或可能进入市场，会导致市场格局发生变化以及市场价格变化。服务行业进入威胁的大小取决于进入者所面对的进入壁垒和准备进入者可能遇到的已经进入者的反击程度。

(2) 替代威胁。从广义上来说，一个产业的所有公司都与生产替代产品的产业竞争。[1]这一点在服务业中尤其突出。比如运输服务，航空运输、火车、汽车以及轮船运输彼此构成了替代威胁。服务企业必须充分意识到所处行业类型与相关产业之间的关联性，而且这种关注往往需要全产业的集体行动。

(3) 买方讨价还价能力。在产品竞争状况下，买方的产业竞争手段往往就是压低价格、要求更高的产品质量或索取更多的服务项目而从中获利或者更多的让渡价值，这种讨价还价的结果一般是以产品利润为代价的。但是买方的讨价还价能力往往也和买方(或者说是服务的提供方)的地位有关系。

(4) 供方讨价还价能力。服务企业依类别不同对于供方的依赖程度也有所差异。对于那些在服务行业中实体产品所占比例加大的项目而言，供方的讨价还价能力的确有所表现。当然，供方的讨价还价能力还取决于供方所处的行业竞争情况。

(5) 现有竞争对手的竞争。研究竞争主要的内容还是对现有竞争对手的研究。服务行业的经营模式相对于物质产品的经营更容易受到竞争对手的模仿，这就是要求服务行业进行不断的创新并努力吸引和留住顾客，提升顾客的满意度和忠诚度。在服务行业，竞争的主要战术通常有大量广告、业务创新、差别定位以及客户资源等。

8.2.3　分析内部条件

为了使企业的外部环境、内部条件和经营目标三者达到动态平衡，企业必须弄清楚以下几点：企业的自身资源(人力、财力、物力、技术、组织、管理)状况如何；企业与竞争对手相比有哪些优势和劣势；自己的长处在哪里、薄弱环节在哪里；强外部环境中哪些机会企业应该而且能够抓住；哪些威胁可以避免；只有这样，才能使企业的经营战略建立在客观真实的基础上，才能真正实现外部环境、内部条件和经营目标三者之间的动态平衡。内部条件分析主要包括企业组织结构分析、能力和资源条件分析。

1. 企业组织结构的战略因素分析

企业组织结构，是指企业内部人员、职位、职责、关系、信息等五大要素的相互连接方式。企业组织结构是企业的一个重要的战略资源，它是企业内部条件的一个重要方面。它与经营战略的关系是：经营战略需要靠企业组织结构来支持。因此，组织结构的状况决定和制约着企业的战略，要制定符合实际的企业战略，就必须对企业现有的组织结构进行剖析。剖析的内容包括企业内部权利关系、内部的信息沟通方式、产品或服务的配置连接

[1] 迈克尔·波特．竞争战略．北京：华夏出版社，1997．第22页．

方式、部门之间的协调程度及所能支持的企业战略类型等。

2. 企业能力和资源的条件分析

这里的资源是泛指企业从事生产经营活动或提供服务所需要的人力、资金、物料、机器设备、组织管理、市场营销等方面的能力和条件。这些能力和条件是支持企业经营战略的物质基础。从企业经营战略的本质来看，企业经营战略就是建立起相对竞争对手的优势，而要建立起优势就必须了解企业自身与竞争对手相比较在资源方面哪些是属于自身的优势，哪些是自身的劣势，然后趋利避害，发挥优势、克服劣势，建立起自己的优势地位。因此，需要对自身资源条件全面地分析，并与竞争对手相对比。

管理者必须认识到，每一个组织，不管是大型的还是中小型的，都在某种程度上受到它所拥有的资源和能力的限制：组织的雇员具有哪些技能； 组织拥有哪些资源；它的成功是来自创新产品吗；组织的财务状况如何；顾客怎么看待组织以及它的产品和服务质量等。内部分析提供了关于组织特定资源和能力的重要信息。企业能力并不表现为企业的实物资产，甚至并不表现为士气、技术或知识。企业能力是企业获取并运用资产的能力，使企业资产呈现良好的结构趋势；使企业通过文化建设和制度安排创造高昂士气的能力；使参与者同心同德并步调一致；使企业获取并充分运用设备、技术和知识的能力；使企业人、财、物同先进适用的技术和知识良好地结合。能力不像有形资产那样逐渐“耗损”，能力用得越多就越精炼，越有价值。

虽然企业所有能力都为企业竞争优势做出贡献，但只有核心能力才能创造持续的动态的竞争优势。从这种意义上说，企业的功能是专心致志于企业核心能力工作，而其他非核心能力部分的工作则可以通过市场交易、虚拟化、联盟等形式从企业外部获得。

8.2.4 SWOT 分析

将图 8.1 步骤④和步骤⑤结合在一起，就构成了对组织内部资源和能力以及对组织外部环境的评估(见图 8.2)，这种方法通常称为 SWOT 分析，即对组织的优势、劣势、机会和威胁的分析。SWOT 分析是将对企业内外部条件各方面内容进行综合和概括，进而分析组织的优劣势、面临的机会和威胁的一种方法。在实际的运营管理活动中我们一般采用这样的分析方法为企业制定相应的发展战略。

SWOT 有 4 个方面的内涵：优势、劣势、机会和威胁。优劣势分析主要是着眼于企业自身的实力及其与竞争对手的比较，而机会和威胁分析将注意力放在外部环境的变化及对企业的可能影响上，但是，外部环境的同一变化给具有不同资源和能力的企业带来的机会与威胁却可能完全不同，因此，两者之间又有紧密的联系。

1. 优势与劣势分析

当两个企业处在同一市场或者说它们都有能力向同一顾客群体提供产品和服务时，如果其中一个企业有更高的盈利率或盈利潜力，那么，我们就认为这个企业比另外一个企业更具有竞争优势。换句话说，所谓竞争优势是指一个企业超越其竞争对手的能力，这种能力有助于实现企业的主要目标——盈利。但值得注意的是：竞争优势并不一定完全体现在较高的盈利率上，因为有时企业更希望增加市场份额，或者多奖励管理人员或雇员。

竞争优势可以指消费者眼中一个企业或它的产品有别于其竞争对手的任何优越的东西。虽然竞争优势实际上指的是一个企业比其竞争对手有较强的综合优势，但是明确企业究竟在哪一个方面具有优势更有意义，因为只有这样，才可以扬长避短，以实击虚。

由于企业是一个整体，并且由于竞争优势来源的广泛性，所以，在做优劣势分析时必须从整个价值链的每个环节上，将企业与竞争对手做详细地对比，如产品是否新颖、制造工艺是否复杂、销售渠道是否畅通及价格是否具有竞争性等。如果一个企业在某一方面或几个方面有优势正是该企业应具备的关键成功要素，那么，该企业的综合竞争优势也许就强一些。需要指出的是，衡量一个企业及其产品是否具有竞争优势，只能站在现有潜在用户角度上，而不是站在企业的角度上。

企业在维持竞争优势过程中，必须深刻认识自身的资源和能力，采取适当的措施。因为一个企业一旦在某一方面具有竞争优势，势必会吸引到竞争对手的注意。一般地说，企业经过一段时期的努力，建立起某种竞争优势；然后就处于维持这种竞争优势的状态，竞争对手开始逐渐做出反应；而后，如果竞争对手直接进攻企业的优势所在，或采取其他更为有力的策略，就会使这种优势受到削弱。

2. 机会与威胁分析

环境发展趋势分为两大类：一类表示环境威胁，另一类表示环境机会。环境威胁指的是环境中一种不利的发展趋势所形成的挑战，如果不采取果断的战略行为，这种不利趋势将导致公司的竞争优势受到削弱。环境机会就是对公司行为富有吸引力的领域，在这一领域中，该公司将拥有竞争优势。

对环境的分析也可以有不同的角度，比如，一种简明扼要的方法就是 PEST 分析，即从政治(法律)的、经济的、社会文化的和技术的角度分析环境变化对本企业的影响。

SWOT 分析还可以作为选择和制定战略的一种方法，它提供了 4 种战略，即 SO 战略、WO 战略、ST 战略和 WT 战略。SWOT 方法的基本点，就是企业战略的制定必须使其内部能力(优势和劣势)与外部环境(机会和威胁)相适应，以获取经营的成功。

思考与讨论

在制定战略的过程中，企业为什么要进行战略分析？

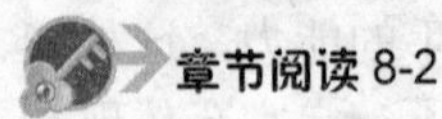

章节阅读 8-2

中国移动通信企业的 SWOT 分析

随着市场经济体制的日臻成熟和中国加入 WTO，中国移动通信企业面临着来自越来越多、越来越强的国内外竞争对手的压力。分析全球移动通信市场，从与当前显示的中国联通等以及潜在的其他国内外移动通信运营公司对比中，我们将发现中国移动通信企业内部资源的优势 S、劣势 W，以及企业外部环境的机会 O 和威胁 T。

1. 竞争优势(S)分析

移动独立运营后，锐意改革，开拓创新，加快发展，赢得了机制与文化、网络资源、运营经验、企业形象等一系列优势。一是机制与文化优势。中国移动是按照现代企业制度要求组建的国有特大型骨干企业。二是通信网络资源优势。中国移动自组建以来，加快了基础网络建设，使移动通信网络规模迅速成为全球第一；突出抓好业务网络建设，实现了基础业务网络向智能目标网的升级，GPRS 网络覆盖绝大部分移动本地网；重视支撑网络建设，初步建成计费结算、营业账务、客户服务和客户信息管理、经营分析一体化的 BOSS 系统和实时监控的网管系统；实现了与 90 多个国家与地区、50 多个运营公司的漫游，塑造了网络。三是良好的运营经验和优质的客户管理优势。企业坚持“持续为社会、为企业创造更大价值”的企业价值观和“沟通从心开始”的服务理念，实施服务与业务领先，不断拓展市场，努力为客户提供全方位、个性化的服务。四是日趋增强的盈利能力和举足轻重的社会影响力优势。

2. 竞争劣势(W)分析

与世界一流通信企业相比，中国移动在企业管理、效益与效率、创新等方面还存在一定差距，比如，运行机制不够规范化、现代化管理所必需的支撑手段待完善、员工素质相对较低与人力资源结构不合理等。

3. 机会(O)分析

“十五”期间，党和国家确定了“以信息化带动工业化，发挥后发优势，实现社会生产力的跨越式发展”的战略，企业、政府信息化建设、电子商务等的蓬勃发展为移动通信企业发展带来了无限商机。同时，随着国民经济的稳步发展，将进一步促进消费水平的提高，促进信息通信服务的普及。对于地处西部地区的移动通信企业而言，党和国家“西部大开发”战略的实施，将是一个难得的机会。

4. 威胁(T)分析

移动企业直面竞争，承受着两种威胁：一是入世后全球化竞争的威胁，二是滞后的电信立法或尚不健全的法制环境。

面对加入 WTO 后全球化竞争的市场大格局，移动通信企业发展竞争的内部条件与外部环境已发展为两种矛盾：一是竞争优势与劣势的矛盾；二是机会与威胁的矛盾。对这两种矛盾的各个方面进行对比分析，我们认为在竞争优势与劣势的矛盾中，优势是矛盾的主要方面，它决定了内在条件这个矛盾的性质；在机会与威胁的矛盾中，机会是矛盾的主要方面，它决定了外部环境的性质。由此看出，移动企业的战略定位应是通过对企业资源进行有效整合，巩固和提升网络综合能力，突出业务与服务的领先优势，提高运营与管理水平，培育先进的企业文化，从而打造强大的核心竞争力，跻身全球通信业一流水平。

资料来源：赵子河．移动竞争的战略思考．通信企业管理．2002. 10.

8.2.5 确定战略目标

企业使命从总体上描述了企业的经营业务、性质与发展方向，为指导与管理企业的各项活动提出了一个共同的主题。企业使命的表述一般比较抽象，在经营战略实施中，通常需要用经营战略目标的形式将企业使命具体化与明确化。

企业战略目标，是指企业在完成其基本使命过程中所追求的特定时空条件下的具体结果。也就是说，企业在定义了自身的使命后确定能满足顾客需要的程度。它具体包括以下三方面内容：一是成长性目标，是指表明企业成长、发展程度的目标，如市场占有率的提高、扩大联合企业的数量、产量翻一番等；二是收益性目标，是指表明企业获利程度的目标，如利润总额、资金利润率等；三是社会性目标，是指表明企业对社会做出贡献的程度或企业的公众形象如何的目标，如环境保护、节约能源等方面的目标，以及企业公众形象或企业的知名度等。

8.2.6 选择战略类型

战略需要在公司层面、事业层面和组织的职能层面上分别建立。管理者需要开发和评估战略性的选择，然后选择能够充分发挥组织优势和利用环境机会的战略。在经过环境分析、组织资源与能力的分析后，应用 SWOT 分析法使组织认识自身所面临的机会与威胁，了解本身的优势与劣势。战略选择的实质是组织有效的战略类型，从而实现组织的战略目标。下面列举了三种类型的战略，企业可根据具体情况，选择、组合乃至创造新的战略类型。

1. 竞争战略选择

竞争战略的主要目标是抵御 5 种竞争作用力的影响，在竞争行业和市场中形成竞争优势，以获得超过竞争对手的利润。对此，著名战略管理专家迈克尔·波特提出的总成本领先、差别化、集中化三种竞争战略最具影响力，是各类企业参与市场竞争时使用最普遍的几种竞争战略。

虽然成本领先、差别化和集中化三种战略侧重点有所不同，但它们所体现的竞争思想不外乎两条：一是如何使企业在行业内或特定市场上成为成本最低的生产者，二是如何使企业产品和服务形成与众不同的特色。成本领先与差别化着眼于从全行业范围内分析战略优势，而集中化则强调在特定市场范围内确立自己的战略优势地位。

1) 成本领先战略

成本领先战略是指通过加强产品与服务在开发、生产、营销过程的成本控制，最大限度地降低成本，使企业在行业内具有比竞争对手低的成本，成为成本领先者。任何行业经过长期竞争，客观上都存在着行业的平均成本，这个平均成本是行业内企业能否生存的生命线，当一个企业的成本高于行业的平均成本时，企业将无法经营下去；只有当企业成本等于或低于行业的平均成本时，企业才能够生存。一个企业的成本低于行业平均成本越多，其拥有的竞争优势就越强，它可以在不降低企业利润的条件下以较低的价格向市场提供产品和服务，将成本优势转化为产品或服务的价格优势，然后借助价格优势扩大本企业在行业内的市场份额，实现成本优势向竞争优势的转化。从某种意义上说，成本领先战略是企业所采用的最普遍、最基本的竞争方式之一。

运用成本领先战略，还有助于企业构筑进入壁垒，阻止新的竞争者进入自己所在的行业，有效地保持自己的竞争地位，增强企业对供方和买方的讨价还价的能力，抵御替代品的进攻。总之，成本领先战略具有全方位抵御 5 种竞争作用力、保持企业竞争优势的能力，是服务业中广泛运用的竞争战略之一。

实施成本领先战略的条件是：一个企业应该占有较高的市场份额，或者有良好的原材料供应渠道，或者具有较高的技术水平、设施设备，最重要的是要建立严格的成本控制系统，对服务活动各个环节加强成本控制，取得成本优势。

实现成本领先战略的途径有以下几个方面。

(1) 以低价格吸引顾客，扩大市场占有率，实现规模经济。如北京国美电器商城近年来所取得的成功，很大程度上得益于其采用的以价格优势扩大市场占有率的竞争策略。

(2) 生产经营标准化，降低管理成本。如麦当劳、肯德基等洋快餐，将服务活动分解为一系列的标准化的作业流程，降低服务作业的复杂程度，不仅降低了员工的培训成本，同时可以从社会上获得大量的兼职员工。

(3) 连锁经营，降低经营成本。这是目前商业、餐饮、旅游等服务行业所普遍采用的经营方式。连锁经营可以从集中进货中获得价格优惠、通过统一广告宣传降低广告成本、采用统一的标准化管理模式降低管理成本，比单店经营具有相对成本优势。

(4) 将生产作业与交易相分离。对于一些不需要顾客在场的服务，如洗衣、家电维修、洗印照片等可将作业与交易分离。例如，家电维修中心可在顾客相对集中且服务场地费用较高的不同地点设家用电器收取点，而服务场地费用较低的地方设家用电器的修理车间，这样做既有利于降低服务场地的成本，也有利于发挥高水平修理技师的作用，实现规模经济。

2) 产品差别化战略

产品差别化战略是指服务企业向市场提供具有特色的服务产品。差别化战略同样具有抵御五种竞争作用力的功能。其赢得顾客靠的是顾客对服务品牌的忠诚，降低顾客对其他同类服务产品的敏感性，巧妙地规避竞争风险。竞争对手要打破顾客忠诚所付出的成本，构成了进入壁垒。

实施产品差别化的方法主要有服务品牌形象的树立、服务产品的设计、特色服务的提供等。如麦当劳树立的关注社会公益事业的企业形象，在消费者心目中留下了良好的印象。特别是麦当劳针对少儿顾客设计的过生日活动、提供游乐项目、赠送小礼品等，对获得少儿顾客及其家长对麦当劳的认同感、增强忠诚度起到了重要的作用，以至于许多小孩都把去麦当劳就餐作为每周的重要活动之一。

提供个性化服务，将标准化的服务产品转化为订制的服务产品。比如饭店、航空公司将顾客的姓名和对服务需求的特点储存起来，当顾客再次接受服务时，按照所储存的顾客信息提供服务，将会给顾客留下深刻的印象。

3) 市场集中化战略

所谓的市场集中化战略，就是将某一特定的顾客群或细分市场作为服务企业的主攻方向，向某一特定的顾客群提供高效、优质的服务产品。采用市场集中化战略的优势在于：由于集中于特定市场，服务企业能够更深入地了解顾客的需求，可以有针对性地提供服务产品，更好地满足顾客的需要；同时有利于技术水平的提高，降低成本，形成核心竞争力。

许多大城市的公共交通系统中，在同一条线路上，往往既有票价低廉并可以使用月票的普通公共汽车，也有票价相对较高配备了空调设备的豪华型公交车，还有小公共汽车，为不同消费水平的乘客出行提供公共交通服务，满足消费者的需要。从事不同档次公共交通经营的企业都可以从自己的目标市场中获得收益。

在零售业中，如北京友谊商店的目标顾客群主要是公司白领和外国驻华机构的职员。而遍布在各居民小区的超市、连锁店、便利店的目标顾客群则主要是家庭主妇，向她们提供销售日常生活消费品的服务。

IT 业中的软件开发公司，大都采用市场集中化的战略，一个软件公司一般只做一至两类软件，如有的专门开发零售业管理信息系统软件，有的专门为制造业开发企业资源计划系统软件，还有的专门做财务管理软件等。

随着科学技术的发展，社会分工日趋细化，试图由一个企业垄断整个行业或全部市场的状况已经受到严峻挑战。无论是制造业企业还是服务业企业，在产业链条中选择自己最擅长的业务作为主攻方向，并形成核心竞争力，已经成为现代企业战略的必然选择。

思考与讨论

试讨论企业上述三种基本战略的优缺点。

在管理实践中，除了上述三种主要的竞争战略选择外，如何保证服务的质量、改进和创新是公司有效参与竞争不可或缺的基石。要创造出公司的竞争优势，就必须清楚地明白自己的公司、自己的客户和竞争对手所处的战略位置。

2. 核心能力在企业内和企业外扩张的成长战略

美国学者哈梅尔(Hamel)和普拉哈拉德(Prahalad)研究认为，“核心能力是组织内的集体知识和集体学习，尤其是协调不同生产技术和整合多种多样技术流的能力”“如果公司有意在未来的市场上获取巨大的利润份额，就必须建立起能对未来顾客所重视的价值起巨大作用的专长”“企业的竞争是核心专长的竞争”。[1]一项能力能成为企业的核心能力必须通过三项检验。

(1) 用户价值(Customer Value)。核心能力必须能够使企业创造顾客可以识别的和看重的、而且在顾客价值创造中处于关键地位的价值。

(2) 独特性(Competitor Differentiation)。与竞争对手相比，核心能力必须是企业所独具的，如果不是独具的，其必须是比任何竞争对手胜出一筹的能力。

(3) 延展性(Gate-way to New Markets)。核心能力必须是企业向新市场延展的基础，企业可以通过对核心能力的延展而创造出丰富多彩的产品。

虽然企业所有能力都对企业竞争优势做出贡献，但只有核心能力才能创造持续的动态的竞争优势。在企业能力构成中，各种能力的相对重要程度不是一成不变的，而是随着环境以及顾客偏好而变化的。

如何增强企业的竞争力呢？如何实现企业成长呢？方法只有一个：充分利用核心能力。“充分利用”的内涵是：将自己有限的人力、物力、财力配置于核心能力之上，让核心能力长出丰硕的果实。不认识核心能力，企业很可能分散配置资源，这可能获取一些可观的利润，但它在未来必然失败。“充分利用”的实质是集中精力干最重要的事情。集中精力干好最重要的事情是企业家的重要才能。“充分利用核心能力”还有另一层隐含义，即充分利用企业外部的人力、物力、财力配置于自己非核心能力之上。因为只有如此，企业才可能将自己有限的人力、物力、财力配置于核心能力之上。

企业成长的基础是核心能力。核心能力可以通过一体化、多元化和加强型等战略形式向企业内扩张，也可以通过出售核心产品、非核心能力的虚拟运作和战略联盟等战略形式在企业间扩张，各种战略形式选择的原则如表 8-2 和表 8-3 所示。

表 8-2　核心能力在企业内扩张的成长战略选择原则

成长战略(Development Strategy)核心能力企业内扩张	一体化战略	前向一体化(Forward Integration)	企业获得分销商或零售商的所有权或加强对他们的控制
		后向一体化(Backward Integration)	企业获得供应商的所有权或加强对他们的控制
		横向一体化(Horizontal Integration)	企业获得生产同类产品的竞争对手的所有权或加强对他们的控制
	多元化战略	同心多元化(Concentric Diversification)	企业增加新的但与原有业务相关的产品与服务
		横向多元化(Horizontal Diversification)	企业向现有顾客提供新的与原有业务不相关的产品或服务
		混合多元化(Conglomerate Diversification)	企业增加新的、与原有业务不相关的产品或服务

[1]普拉哈拉德．竞争大未来．北京：昆仑出版社，1998．第210页．

续表

	加强型战略	市场渗透(Market Penetration)	企业通过加强市场营销，提高现有产品或服务在现有市场上的市场份额
		市场开发(Market Development)	企业将现有产品或服务打入新的区域市场
		产品开发(Product Development)	企业改进或改变产品或服务而提高销售

资料来源：戴维·R·费雷德，李克宁．战略管理(第六版)．北京：经济科学出版社，1998.

表 8-3　核心能力在企业外扩张的成长战略选择原则

成长战略：核心能力企业外扩张	战略联盟 (Strategic Alliance)	企业与其他企业在研究开发、生产运作、市场销售等方面进行合作，以相互利用对方资源
	虚拟运作 (Virtual Operation)	企业通过合同、股权、优先权、信贷帮助、技术支持等方式同其他企业建立较为稳定的关系，从而将企业价值活动集中在自己的优势方面，而将非专长方面外包出去
	出售核心产品 (Core Products Saling)	企业将价值活动集中于自己的少数优势方面，产出产品或服务，并将产品或服务通过市场交易出售给其他生产者进一步生产加工

资料来源：戴维·R·费雷德，李克宁．战略管理(第六版)．经济科学出版社，1998.

下面以案例的形式来探讨核心能力在企业内扩张与外扩张战略的具体应用及对企业的影响。

1) 多元化战略与多元化陷阱

企业虽然有一个成功的主业，也不能随意多元化，一次失败的多元化足以影响全局，拖垮整个企业。因此，对于多元化一定要慎重，三思而后行。每次进入新领域之前，应做好可行性研究和全盘策划，对产品进入的市场做到心中有数。如果每个产业仅仅只占领了很小的市场份额，公司因把资源分散于过多的产品，而不是专为获取高利润水平的少数主导产品服务，这也可能跌入品牌多元化的陷阱。在这种情况下，公司应除去较弱的产品，并建立一套严格的审查程序以选择新的产品。

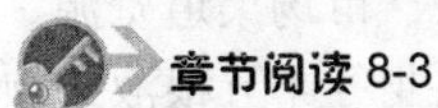
章节阅读 8-3

五粮液的多元化战略

很少在媒体露面的五粮液集团总裁王国春日前接受了来自北京的 10 余家媒体组成的新闻采访团的采访，首次正面澄清了社会上前段时间对五粮液多元化战略的一些误传，并正式对外披露了五粮液多元化发展的战略。

做芯片是假的，做显示器是真的

对于曾经一度盛传的关于五粮液要投资100亿做芯片的传闻，大家肯定记忆犹新。这则传闻曾经引来了业界的广泛争议，褒贬不一。当时就有人指出，五粮液之前“做亚洲第一流的制药集团”的理想并未成功，而作为一个外行，又如何来做芯片？

王国春向记者透露，制药厂的情况还是乐观的。五粮液的制药厂去年实现利润2000万元，而今年预计纯利润最起码能达到几千万元；至于对去年关于五粮液做芯片这个传闻，不知道是怎么传出去的，五粮液根本没有这项计划。学机械工程专业的王国春说，IT产业中芯片及软件这两大核心技术被英特尔及微软垄断，不符合五粮液多元化战略必须遵循的标准，所以五粮液是不可能去冒险的。但王国春透露，如果说IT产业中还有最后一块蛋糕可以切分的话，那就是显示器市场。王国春明确表示他已经对此动了心。

据王国春介绍，五粮液要做的这种显示器是一种叫OLED的有机显示器，这种显示器不但具备CRT显示器亮度高、耗能少的特点，又具备LCD显示器轻巧薄的特点。而OLED显示器相比液晶显示器最大的优点就是不受环境的限制，即便在阳光下也能轻松地看清图案文字，并具有卷折的功能。据了解，这项技术目前在国外也尚未开发成功。对于这个符合了五粮液多元化战略标准的项目，五粮液决意进入。据王国春透露，五粮液已于上月与在这方面拥有自主知识产权的国内科研人员签订了投资协议，五粮液已经投入了第一笔风险投资，目前五粮液处于绝对控股的地位。

造汽车整车是假的，造柴油发动机是真的

记者在五粮液集团参观时看到，五粮液的模具工厂大致分为两个部分：一部分专做高精尖的零件及模具，如飞机上的一些齿轮等；另一部分就是专门做汽车模具。王国春介绍，仅模具工厂的设备投入目前就达到了10多个亿。

在做汽车模具厂之前，王国春到世界前五大模具厂进行过考察和调研。如今五粮液模具厂的个体规模、设备配置均处于全球领先的地位。据悉，五粮液目前已经与重庆长安、广州本田等厂家进行合作。王国春同时表示，这是一项风险投资，下一步要进一步扩大研究。预计五粮液的柴油发动机明年就可以问世。

资料来源：曾朝辉. 五粮液变“芯”——谨防多元化陷阱. 当代经理人，2003. 第12期.

品牌多元化的一个基本原则，就是向主业的上下游发展。但是投资电脑芯片业与柴油发动机业，实在距离五粮液的本行太远了。轻易进入一个不熟悉的领域，是现在企业经营的大忌。非关联性的跨行业多元化本身就具有极大的风险，何况这两个行业又是高投入、高风险、高标准行业，进入的门槛非常高。

多元化应该有利于企业资源的优化配置，而五粮液原有的人才资源、市场渠道资源、采购渠道资源、研发能力、制造能力，全部都不支持这两个行业的制造业务。五粮液必须重起炉灶，一切从零开始，投资非常巨大。从企业战略角度说，这种多元化是“不相关多元化”，即新业务与原有业务之间没有类似的核心技术，没有可以相互支持、相得益彰的业务能力，没有任何共享资源。

企业多元化的一个前提，就是企业在主业上已经非常强大，无后顾之忧。否则，多元化就不是防范风险，而是增加风险。如果做不到这一点，就谈不上分散风险。尽管多元化企业将资金分散到若干个行业里，涉足了许多门类，但如果每个类别都不占先，一旦发生危机，倒闭的趋势会如同多米诺骨牌一样迅速扩散，影响全局。

2) 企业外扩张的成长战略的应用

章节阅读 8-4

美特斯邦威公司的虚拟经营实践

美特斯邦威集团，以休闲系列服饰闻名中国市场。目前“美特斯邦威”在全国设有 900 多家专卖店。(周成建创办的美特斯邦威集团在国内服装行业率先运用“虚拟经营”策略，走品牌连锁经营的发展道路，采取定牌生产和特许连锁经营的方式，用计算机信息化网络管理手段使企业快速发展，在服装业独树一帜。)自 2003 年起，全系统销售额突破 20 亿元，美特斯邦威集团由此发展成为中国休闲服饰行业的龙头企业之一。广东、上海、江苏等地上百家生产厂家为其定牌生产、进行特许连锁经营，从而使一无厂房二无设备的美特斯邦威，迅速拥有了遍布全国的、年产 1000 多万套系列休闲服的强大生产基地，成为全国休闲服饰业的龙头老大、全国民营企业 500 强之一。

1. 定牌生产——成功的虚拟生产策略

虚拟生产或者说外包加工(OEM)，是虚拟经营的最初形式，具体是指企业采用“借鸡生蛋”的办法，借用外力对内、外部资源进行整合，从而弥补自身生产能力的不足，实现从“无”到“有”的功效。虚拟生产实质上是对传统企业生产组织模式的一次划时代的革命。美特斯邦威公司创立初期，资金实力不足，而市场规模的迅速扩张与有限的生产能力之间的矛盾日益突出。目前的服装加工已经成为一种成熟化、低附加值的工作，服装的价值主要由设计和品牌构成，加工制造所占的比重相当低。正是基于这点，公司决定将产品的加工制造全部外包出去，实行生产的虚拟化。具体是由公司将设计图纸交给生产厂家，让他们负责严格按图纸式样进行定牌生产，并保证相应的质量，产品通过公司销售网络销售出去。现在，公司的所有产品都不是自己生产制造，而是全部外包给广东、江苏、上海等地的 60 多家生产企业加工制造，这不仅使公司节约了 2 亿多元的生产基建投资和设备购置费用，而且又充分发挥了其他加盟厂家的生产能力。

2. 特许连锁经营——成功的虚拟的销售策略

虚拟销售是企业借用和整合外部的销售力量或销售网络为己所用，以扩大或完善自身销售网络的策略。实行虚拟销售策略的企业获得销售方面的功能，但却不一定拥有众多与之相对应的实体组织，它是通过外部的资源、力量来实现这一功能的。实质是对传统销售模式的一次革命。虚拟销售主要有代理销售、特许连锁经营和网络营销等形式，而美特斯邦威公司主要采取了特许连锁经营形式。

美特斯邦威公司成立后，为了更好地利用企业资源，实现规模扩张，决定采取特许连锁经营策略，以“借网捕鱼”的方式，将公司的销售网络虚拟化。具体是通过契约的方式，将特许权转让给加盟店。加盟店加入连锁系统后，要使用美特斯邦威公司统一的商标、商号和服务方式，并按不同区域分别向总部交纳 5～35 万元的特许权转让费。产权分散而经营权高度集中，是特许连锁经营形式最显著的特色。公司总部建立了现代化的电脑信息管理网络和配送中心，总部负责对连锁店进行包括货品管理、员工管理、服务管理、货场管理、资讯管理、形象管理等方面的培训，整个连锁销售网络保持统一形象、统一价格、统一宣传、统一配送、统一服务“五统一”标准。自 1995 年开设第一家专卖店以来，至今已拥有 500 多家连锁店，其中 85%为产权独立的加盟店。

特许连锁经营这种“借网捕鱼”的虚拟销售策略，为美特斯邦威公司的迅速成长提供了充足的外部资源。首先是直接、间接地增加了公司的财务资源。由于特许连锁店的投资和管理费用基本上由加盟商承担，这就使公司能在资金不足的情况下迅速发展业务。如果所有连锁店均由总部投资，那么就需要多投资 2 亿元。总部还通过特许费的形式，聚集了一大笔无息发展资金，从而有可能将较多的资金投入到产品设计和品牌宣传中。其次是直接、间接地增加了公司的人力资源。由于连锁店遍布全国，有利于在全国范围内借用和吸纳人才，使得起步较晚的美特斯邦威公司，成为温州人力资源储备最雄厚的公司之一，从而为公司持续发展奠定了坚实的基础。

资料来源：根据周成建《虚拟经营与美特斯邦威公司的实践》江苏纺织. 2001. 8. 的论文改写

3. 防御性战略

在企业成长的道路上，经常采取一些防御性战略，以退为进，以迂为直，以使企业更加健康地成长。常采用的防御性战略有收缩、剥离和清算等形式，各种战略形式选择的原则如表 8-4 所示。

表 8-4　防御性战略选择原则

防御战略 (Defensive Strategy)	收缩(Etrenchment)战略	通过减少成本和资产对企业进行重组，以加强企业基本的和独特的竞争能力
	剥离(Divestiture)战略	企业出售分部、分公司或任一部分，以使企业摆脱那些不盈利、需要太多资金或与公司其他活动不相适宜的业务
	清算(Liquidation)战略	企业为实现其有形资产价值而将公司资产全部或分块出售

资料来源：戴维·R·费雷德．战略管理(第六版)．北京：经济科学出版社，1998.

8.2.7　设计战略方案

企业经营战略目标制定出来以后，接下的工作就是如何实现战略目标，而要实现战略目标就得制定相应的方案，即实现战略目标应采取的相应的措施和方法。战略方案包括下列内容：战略重点的确定、战略步骤的划分和战略措施的制定。

1. 战略重点的确定

要实现战略目标，有许多矛盾需要解决，解决矛盾的过程，实际上就是战略目标的实现过程。在战略目标实现过程中起着关键作用并需要加强的部门、环节、项目就是战略重点。战略重点可能是某些薄弱环节，也可能是某些有发展优势的地方。它是资金、人才、技术投入的重点，也是决策人员实行战略指导的重点。确定战略重点需要决策者们科学地分析、准确地判断。一般是从企业组织结构、文化、资源、市场需求4个方面去寻找。

2. 战略步骤的划分

一个战略目标的实现不可能一蹴而就，它总是需要分若干步骤才能完成，这是事物发展的一般规律。每一阶段都应确定本阶段相应的战略目标、战略重点和战略措施。

3. 战略措施的制定

企业经营战略的实现是需要一定资源来支撑，并需要各职能部门紧密配合，否则，战略目标是不可能实现的。战略措施的内容主要包括战略资源的筹集及分配方案，市场、生产、采购、科研与开发、人力资源、财务等方面所采取的措施。

8.2.8 评价战略方案

战略管理过程的最后一个步骤是评价战略方案，即对战略的有效性进行评估，决定需要作出哪些必要的调整。企业可借助于以下战略评价方法或工具来达到选择理想战略的目的。

增长率—市场占有率矩阵法(BCG矩阵)、行业吸引力-竞争能力分析法、生命周期法、产品-市场演化矩阵法、PIMS 分析(市场战略对利润的影响)等方法。读者也可参阅其他战略管理的相关书籍对上述评价方法作深入研究。

8.3 战略的实施与控制

战略制定出来以后，必须得到实施，一个战略的成功与否取决于实施的成功与否，不管战略制定得多么有效，如果不能成功地实施等于纸上谈兵。经营战略实施是按照既定的战略方案，有条不紊、循序渐进地推进战略从纸上的文字逐步转化为实际的良好的战略目标。具体包括以下几点。

(1) 经营战略实施行动计划的制定，按战略实施要求调整组织机构及合理的资源配置等战略实施准备。

(2) 创造良好的战略实施环境，建立经营战略实施的内部管理支持系统，发挥经营战略实施过程中领导的作用等。

(3) 建立经营战略实施的评审系统与监控系统，加强对经营战略实施的评审与控制。

8.3.1 经营战略实施准备

经营之道，战略为首。但仅有好的目标、方针、计划和政策，而没有有效的实施方案，再完美的战略也只是一张仅供欣赏的美丽图画而已；如果是没有实施准备，则战略更是一纸空文。因此，“先胜后战”“事备而后动”的用兵法则，同样是经营战略实施应遵循的重要法则。如何进行经营战略实施准备，主要包括三个方面的工作。

1. 编制经营战略实施行动计划

重点考虑由谁来执行战略计划，在执行战略计划过程中必须做些什么，怎样做好成功实施战略所必须做的事情。并且将企业各项日常经营业务与经营战略计划的实施直接、清楚地联系起来，使企业经营战略管理与企业运行融为一体，做到既可适应战略性质与变动的需要，又能保证企业日常经营的正常运行，从而顺利地实现企业的总体目标。

2. 满足经营战略要求的组织调整

具体包括：开发或调整能够响应经营战略需要的组织结构模式；建立起经营战略实施赖以成功的组织实力；为关键战略岗位选配合适的人才等。

3. 进行资源配置

具体包括人力资源的选择与安排、战略项目规划与预算、重点战略目标的资源分配等。

8.3.2 经营战略实施推进

经营战略实施准备工作就绪，紧接着就是经营战略实施的推进。所谓经营战略实施推进，是指在经营战略实施过程中，按照制定的战略实施计划向经营战略目标不断逼近的过程。经营战略推进是经营战略实施阶段的攻坚环节，事关经营战略成败。经营战略实施的推进将有大量的日常管理工作，主要有营造一个良好的经营战略实施的内部环境，动员全体员工投入战略实施；建立起适应经营战略需要的内部管理支持系统；发挥经营战略实施的领导作用，不时地校正组织的战略行为，保证战略实施的成功。

1. 营造战略实施环境

营造一个良好的经营战略实施的内部环境，是企业经营战略实施推进的条件，这个内部环境主要是指与经营战略实施完全和谐一致的企业文化。企业文化具有刚性和连续性的特点，一旦形成便很难改变。当企业制定了新的经营战略，原有的企业文化就可能成为实施战略的阻力。因此，在战略实施过程中，企业内部新旧文化的协调和更替是经营战略实施成功的重要保证。

2. 建立管理支持系统

建立适应经营战略需要的内部管理支持系统是经营战略实施推进的重要手段，内部管理支持系统，是指围绕经营战略实施推进所进行的日常管理工作的集合。主要包括经营战略政策指导，经营战略实施推进方式与程序，以及保证经营战略实施正常推进的信息网络系统。

3. 发挥经营战略实施的领导作用

实施企业经营战略是一种较长期的投入，其结果不可能像日常经营那样，当年见效。

从企业发展角度来看，经营战略侧重于支出而不是产出，经营战略实施要冒大风险，而且可能中途改变战略；在一个经营战略周期内，可能领导更换频繁；不同的战略，目标各异，达到目标必须采取的行动也不尽相同；战略实施结果捉摸不定，甚至可能与预期相反，难以衡量；环境的变化常常打乱一环紧扣一环的战略计划与实施。凡此种种，使人们难以将战略成果与个人业绩联系起来，从而加大了经营战略管理工作的难度。因此，在经营战略实施推进过程中，充分发挥经营战略实施的领导作用，是经营战略实施成功的关键。

企业经营战略管理不同于日常经营管理，领导者除了实施组织、协调、指挥和控制等基本管理职能外，还要扮演战略管理者、变革创新者、资源配置者、任务分配者、发言者、谈判者、学习的楷模等各种促成战略实施的角色。经营战略实施的领导作用主要体现在三个方面：努力创造一种支持经营战略实施的组织文化，促进员工自信与成就感的建立；保持对于不断变化的环境的适应能力；保持战略与战略目标的一致性，以实现战略的成功。

8.3.3　经营战略实施评审与控制

经营战略实施的评审与控制是企业经营战略管理过程的最后一项工作，是为了保证经营战略有效地实施，使之达到预定目标而采取的系统措施。

1. 经营战略实施评审与控制的动态过程

企业经营战略实施评审与控制，是指经营战略管理者为保证经营战略计划有效实施，按预定的标准，采取一系列行动，并通过不断评审和信息反馈，对战略不断修正、纠正偏差，使实际工作与经营战略计划尽可能一致，以达到预定目的的活动。企业经营战略实施评审与控制是一个动态过程，它由 5 个阶段组成：列出经营战略计划的期望；根据期望结果定出相应的标准；根据标准对工作做出评价；由战略评审者进行评审，找出偏差，分析原因；针对偏差采取纠偏行动。这 5 个阶段的活动有机地结合在一起，构成一个完整的企业经营战略实施评审与控制过程，如图 8.5 所示。

2. 经营战略实施控制方法

经营战略实施控制的方法主要有开关型控制、事后控制和事前控制三种。

(1) 开关型控制，又称事中控制或行与不行的控制。其原理是：在经营战略实施推进过程中，按照既定的标准检查战略行动，确定行与不行，类似于开关的通与止。

(2) 事后控制，又称反馈控制。其原理是：在经营战略实施推进过程中对行动的结果与期望的结果进行衡量，然后根据偏差大小及其发生的原因，对行动过程采取校正措施，以使最终结果符合既定的标准。

(3) 事前控制，又称前馈控制或跟踪控制。其原理是：在经营战略实施中，对战略行动的结果趋势进行预测，并将预测值与既定的标准进行比较，发现可能出现的偏差，从而提前采取纠偏措施使战略实施推进始终不偏离正常的轨道，保证经营战略目标的实现。

思考与讨论

为什么说战略实施是一项需要“全员参与”的工作？

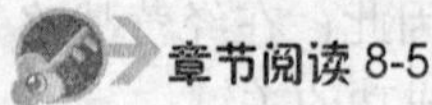

章节阅读 8-5

沃尔玛的成本领先战略和差异化战略

“天天平价”——成本领先战略的典范

1962 年，萨姆·沃尔顿在他的第一家商店挂上沃尔玛招牌后，在招牌的左边写上了“天天平价”，在右边写上了“满意服务”，38 年来，这句话几乎就是沃尔玛全部的经营哲学，从一家门店发展到 4000 家门店，这一原则从未更改过。

国际零售业巨头沃尔玛就是成功运用成本领先战略的典型，它能够以比其他竞争对手低得多的价格向顾客销售商品并打出“天天平价”的招牌，主要原因是沃尔玛占有比其竞争对手成本低的优势。沃尔玛的成本优势来自于以下几个方面。

(1) 大量订货得到的商品进货价格优惠。

(2) 减少现场销售人员，节约劳动力成本。

(3) 先进的计算机信息系统支持下的高效、快速的商品配送体系，既减少了商品库存积压损失，又减少了商品销售的机会损失。

(4) 沃尔玛独具特色的店址选择策略，一般选择城市的近郊区建店，降低了店铺单位营业面积的成本。

从而使其在世界零售业中确立了无与伦比的竞争优势，并坐上世界企业五百强的头把交椅。

“满意服务”——差异化战略的实施标准

沃尔玛除了采用成本控制在同行胜出之外，其经营秘诀还在于不断地去了解顾客的需要，设身处地为顾客着想，最大程度地为顾客提供方便。沃尔顿常说：“我们成功的秘诀是什么？就是我们每天每个小时都希望超越顾客的需要。如果你想象自己是顾客，你会希望所有的事情都能够符合自己的要求——品种齐全、质量优异、商品价格低廉、服务热情友善、营业时间方便灵活、停车条件便利等。”因此，沃尔玛尽管以货仓式经营崛起于零售业，其经营方式决定了不可能提供过多的服务，但他们始终把超一流的服务看成是自己至高无上的职责，在所有沃尔玛店内都悬挂着以下两条标语。

(1) 顾客永远是对的。

(2) 顾客如果有错误，请参看第一条。

沃尔玛不仅为顾客提供质优价廉的商品，同时还提供细致盛情的服务。如果顾客是在下雨天来店购物，店员会打着雨伞将他们接进店内或送上车。有一次，一位顾客到沃尔玛寻找一种特殊的油漆，而店内正好缺货，于是店员便亲自带这位顾客到对面的油漆店购买。沃尔玛经理对员工说：“让我们用友善、热情对待顾客，就像在家中招待客人一样，让他们感觉我们无时无刻不在关心他们。”

为了消除服务水平的差异，沃尔玛建立了规范化的服务标准。这些服务标准十分具体简洁，例如，美国沃尔玛商场的员工被要求宣誓：“我保证，对三公尺以内顾客微笑，并且直观其眸，表达欢迎之意。”

在员工培训时，公司甚至要求员工微笑的标准是上下露出一共八颗牙齿，沃尔玛这样告诫第一次进店的员工：“顾客来到商店，是来给我们付工资的，这样无论如何，我们都要好好对待顾客，永远要尽力帮助顾客，永远要走到顾客的身边，问他们是否需要帮助。”

沃尔玛还宣称：“我们争取做到每件商品都保证让你满意，可以一个月内退货，并拿回全部货款。”沃尔玛之所以这样做，不仅仅是因为它在保持平价的同时，保证顾客尽量采购名牌优质产品，更重要的是它认为，重新夺回一个顾客的忠心所耗费的成本，比保持现有顾客要多五倍，因此，沃尔玛宁可要回一件不满意的商品，而不愿失去一位不满意的顾客。

正是这种时刻把顾客需要放在第一位，善待顾客的优良服务品质，以及在价格上为顾客创造实惠的经营战略。使沃尔玛赢得了顾客的信任，从而带来了巨大商机。“顾客永远是对的”，这句沃尔顿先生对同仁的告诫一直流传至今，并一直在为沃尔玛的繁荣发挥着不可估量的作用。

资料来源：奥尔特加·加塞特. 信任萨姆——全球最大零售商沃尔玛的秘密. 上海：华东出版社，2001.

第4篇 组 织

第9章 组织结构与组织设计

学习目标

(1) 准确把握组织的概念及组织的组成要素。
(2) 定义组织结构、组织设计。
(3) 说明组织结构的相关要素。
(4) 识别组织设计的影响要素。
(5) 描述常见的组织类型。

章前导读

老农移石

有一位老农的农田当中，多年以来横亘着一块大石头。这块石头碰断了老农的好几把犁头，还弄坏了他的播种机。老农对此无可奈何，巨石成了他耕田时挥之不去的心病。

一天，在又一把犁头被弄坏之后，老农想到巨石带来的无尽麻烦，终于下决心铲除这块巨石。于是，他找来撬棍伸进巨石底下，惊讶地发现，石头埋在地里的并没有想象那么深、那么厚，稍使劲就可以把石头撬起来，然后用大锤打碎，清除出地。老农脑海里闪过多年被巨石困扰的情景，再想到本可以再早些把这桩头疼事处理掉，禁不住一脸的苦笑。

从这则寓言故事中，我们会领悟出企业管理中的道理：遇到问题应立即弄清根源，有问题更须立即处理，绝不可拖延。

企业管理活动中，往往会遇到反复出现的问题或不良现象，如若讳疾忌医或拖延了事，积压下来，就必然给企业带来困难，甚至使企业的生产经营活动无法正常进行，严重时还会威胁到企业的生存。所以，对企业管理中出现频率较多的问题，不应回避，而是抓住苗头，及时调查，追根溯源，找出解决的途径和办法。

管理者在组织中工作，为了在当前的动态环境中保证组织有效地运转，必须建立可以支持和促进员工有效完成任务、实现组织目标的结构——组织结构。它应当能够动态适应环境变化的要求，既能保证高效率，又能保持灵活性。

9.1 组织与组织结构

组织无时无刻不在我们身边，并在许多方面改变着我们的生活。但是组织有什么样的作用呢？它们为什么重要？理查德・L・达英特列出了 7 个方面的原因说明组织的重要性。[1]

(1) 组合所有的资源以达到期望的目标和结果。

(2) 有效地生产商品和服务。

(3) 为创新提供条件。

(4) 运用以计算机为基础的现代制造技术。

(5) 适应并影响变化的环境。

(6) 为所有者、顾客和雇员创造价值。

[1] 理查德・L・达英特．组织理论与设计(第六版)．大连：东北财经大学出版社，2002．第11页．

(7) 适应多样化、伦理、职业形态以及雇员的激励与协调等进一步的挑战。

作为一个系统的组织的概念，在本书第 1 章已作过介绍。巴纳德认为，组织不是集团，而是相互协作、相互作用的系统。正式组织是人们自觉地、有意识、有目的地加以协调的两个或两个以上人的活动或力量的系统。作为过程，组织是在一定的时间和空间内向各个成员分配工作，统一各种行为的动态活动；作为结构，组织是把动态活动中有效合作的相互关系相对静止从而形成的静态模式。

9.1.1 组织的构成要素

组织作为一个系统，一般包括 4 个要素。

1. 目标和宗旨

任何组织都是为目标而存在的，不论这种目标是明确的还是模糊的，目标总是组织存在的前提。没有目标，也就没有组织存在的必要性。组织通过连续地更新宗旨和目标保持其延续性。

2. 人员

人既是组织中的管理人员，又是组织中被管理的人员，建立良好的人际关系，是建立组织系统的基本条件和要求。明确每个人在系统中所处的位置以及相应的职务，便可形成一定的职务结构。

3. 组织结构

设计一个合理的组织结构，并不断进行调整以适应内外环境的变化是组织的主要职能。组织结构设计是为了合理地配置组织成员的劳动，建立相对稳定的工作秩序。组织设计的基本工作包括：设计职务类别与数量，确定管理层次；根据组织的性质与特点，进行横向管理部门的划分；明确规定各管理职位之间的权责义务关系，选择合适的组织结构形态。

确定了组织内的职务划分和等级层次之后，明确规定每个职位的职权职责便是必不可少的工作，也是整个组织得以运转的基础。

职权(Authority)是指由组织制度正式确定的，与一定管理职位相关联的决策、指挥、分配资源和进行奖惩的权力。这种权力是一种职位的权力，而不是某个特定个人的权力。一个人离开了管理职位就不再享有该职位的任何权力。

职责(Responsibility)是指由组织制度正式确定的，与职权相应的承担与完成特定工作任务的责任与义务。它反映了上下级之间的一种关系。下级有向上级报告自己工作绩效的义务或责任；上级有对下级工作进行必要指导的责任。组织中的任何一个职位都必须权责对等。当管理者向下属布置工作任务，委授一部分职权时，应同时委派相应的执行职责，但这并不等于管理者放弃了这些责任，而是与下属分享并保留最终职责，也就是说管理者应对其下属的工作行动承担最终责任，这有利于加强对双方的约束。

一个组织内部各个职位之间的职权关系依据其指向、作用和范围可以划分为直线职权、参谋职权和职能职权三种基本类型。

4. 劳动分工与协作

劳动分工是指将一项完整的工作分解成若干较简单的步骤，每个人只专门从事其中某一个步骤的活动，所有相关步骤的专门活动整合起来就构成了全部工作。

自从亚当·斯密阐述劳动分工思想后，劳动分工能带来明显的经济效益的观点得到了普遍的认同。劳动分工有助于提高生产效率和工作质量；劳动分工可以为不同员工各自的特殊技能能得到更有效的运用创造条件；劳动分工有助于推广标准化操作应用，为大规模生产和低成本提供了可能性；劳动分工使组织内部的资源配置更为合理，节约工资成本和培训费用。在泰勒德科学管理时代，生产流水线上，工人们分别承担某一固定工序的标准化操作，是劳动分工的典型例子。劳动分工的过度细化，使工作本身变得过于单调、枯燥、而毫无乐趣可言，长期只承担一项简单工序的员工不了解自己工作的最终价值与意义，缺乏进一步学习和提高的空间，从而产生厌倦、烦闷、压抑的情绪，以致出现生产率下降、质量降低、旷工和离职流动率提高等现象，抵消甚至超过专业化的经济优势。因而，劳动分工与生产率之间并非简单的线性关系，把握劳动分工的合理尺度与界限是组织结构设计中常常遇到的现实问题。

协作是指许多劳动者在同一劳动过程中或彼此相联系的不同劳动过程中，相互配合，依照计划和分工为实现共同目标进行协调、合作的劳动形态。劳动分工对协作提出了更高的要求，只强调分工而缺乏协作必然导致各生产环节之间脱节，无法形成整体合力。在现代社会的组织中，有效协作对于缩短劳动时间，减少资源浪费，高效率地实现组织目标无疑具有更为重要的意义。

9.1.2 组织结构的概念

什么是组织结构？所谓组织结构(Organizational Structure)就是组织中正式确定的使工作任务得以分解、组合和协调的框架体系。[1]它包含三方面的内容：限定组织中的正式报告关系，即职权层级数目和管理幅度；确定将个体组合成部门、部门再组合成整个组织的方式；设计确保跨部门沟通、协作与力量整合的制度。[2]组织结构一般反映在组织图上。通过组织图，我们可以清楚地了解一个组织是如何运行的，组织的构成部门及其关系，各职位、部门如何整合为整体，图 9.1 就是一张示例性的组织结构图。

---

[1] [美]斯蒂芬·P·罗宾斯，玛丽·库尔特．管理学(第七版)．北京：中国人民大学出版社，2005．第267页．

[2] [美]理查德·L·达英特．组织理论与设计(第七版)．北京：清华大学出版社，2003．第102页．

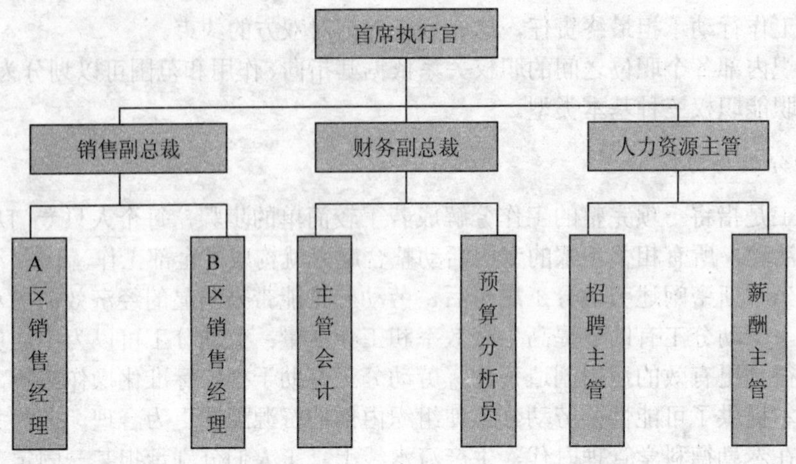

图 9.1 组织结构示例图

9.1.3 组织结构的理论基础

1. 工作专门化

工作专门化(Work Specialization)其实质就是将工作任务细分成若干步骤，每个员工完成其中的一个步骤。因此，每个员工仅需要专门从事某一部分活动而不是全部活动。亨利·福特将其应用于汽车装配，使福特厂的每一位工人都只负责一项专门的、重复性的工作。最终使福特厂能在雇佣熟练程度相对较低的工人的情况下，以每隔 10 秒钟生产 1 辆车的速度进行汽车的装配生产。值得注意的是，虽然在 20 世纪上半叶，工作专门化的确在一定程度上提高了生产率，但是到了 60 年代，这种做法也导致了一系列问题，例如组织成员的厌倦情绪、疲劳、低质产品或服务、较大的员工压力、高离职率等，并在一定程度上超过其创造的经济优势。于是管理者尝试其他管理方式来改变这种情形，例如工作的扩大化、丰富化。这些措施在增加员工满意程度的同时使生产率得到了明显提高。

2. 部门化

部门化通过工作专门化设立不同职位后，我们需要将这些职位加以组合，使任务得以协调开展。组织部门化就是组织按照职能相似性、任务活动相似性或关系紧密性的原则把组织中的专业技能人员分类整合到各个部门，然后配以管理人员进行协调领导、统一指挥。部门化可以建立在不同的标准之上，例如地区、业务职能、目标顾客等。下面介绍几种常用的部门化标准。

1) 职能部门化

职能部门化是比较基本、比较传统的部门化方式。它依据所履行的职能来组合工作，即按照生产、财务、人事、管理等基本工作活动或技能相似的要求，分类设立部门。尽管因为各组织的目标和要开展的工作活动是有差异的，具体的职能会有不同，但这种部门化方式可以在各种类型组织中得到应用。其优点包括：符合工作活动专业分工要求，可以调动员工积极性，强化控制，避免部门重叠设置；突出业务活动重点，保证管理层的权威。缺点是：助长部门利益的出现，部门间难以协调，从而影响组织整体目标的实现；职权过分集中，部门负责人虽在本部门得到锻炼，但缺少全面培养，不利于高层管理人员的成长；缺乏灵活性，人、财、物过分集中，对市场或顾客需求的反应不够灵敏。

2) 产品或服务部门化

产品或服务部门化是根据产品线或服务来组合工作的。在这种方式下，每一种主要产品或服务领域都划归到一位主管人员的管辖之下，该主管人员对所开展的由其负责的产品或服务的一切活动负责。其优点是：各部门可以专注于各自产品或服务的经营，提高专业化经营的效率；有助于组织高层对产品或服务的评价、指导和调整；有助于高层管理人员的培养。缺点是：每一种产品或服务下的职能机构的重复设置会导致成本的增加；企业需要设置多个产品或服务主管人员；各产品或服务部门的独立也可能会导致部门利益影响组织整体利益的情形。

3) 地区部门化

地区部门化是按照地理区域划分组织的业务活动，并设置管理部门管理其业务活动。如在本国内运营的组织可以划分为西南部、中西部、西北部、东北部等，而全球化运营的组织可分设北美、亚太地区、欧洲、南美等。其优点包括：增强地区部门对当地市场的灵活应对能力；鼓励地区部门参与决策和经营的程度；通过职员本土化，为当地创造就业岗位，从而有利于与当地关系的协调，并且减少组织的外派成本。

4) 流程部门化

流程部门化是根据工作或者业务的流程来组合业务活动，使各项工作按照处理产品或为顾客提供服务的工艺过程的顺序来组织。其优点包括：在组织内部形成良好的学习氛围；容易发挥集中的技术优势；易于协调管理，对市场需求能做出快速反应。缺点是：容易产生部门间的利益冲突，部门之间的协调易出现问题；权责相对集中，不利于较全面的管理人才的培养。

5) 顾客部门化

顾客部门化是根据目标顾客的不同利益需求来组合工作的。一些顾客具有某些相同的需要或问题，需要相对应的部门才能更好地予以满足。其优点是：组织设立针对不同类型的顾客设立不同的部门来满足其需求，并在此过程中可以不断加强与顾客的沟通，取得顾客及时的反馈，有助于组织的发展；企业可以根据客户的反馈不断创造顾客需求，建立可持续发展的竞争优势。缺点是：可能由于无法跟上顾客需求的变化，结果适得其反，造成产品或服务结构的不合理，引起与顾客的矛盾和冲突；需要加强协调与处理客户关系的部门工作人员。

章节阅读 9-1

部门化发展新趋势

在部门化方面，最近出现了两种趋势。一是顾客部门化越来越得到普遍使用，被认为是能更好地监测顾客的需要并能对其需要变化作出更好的反应的一种部门化方式。例如，比恩公司(L. L. Bean)就是根据顾客通常购买什么组建了 6 个顾客群部。这种安排使该公司能更好地理解顾客并对其需要作出快速的反应。另一趋势是，跨职能团队(Cross-Function Teams)越来越受到管理者的青睐。这是将各专业领域的专家们组合在一起协同工作。例如，塞马斯公司(Thermos Corporation)是闻名世界的生产饮料容器和快餐盒的企业，它以跨专业领域的弹性化的团队取代了传统的受制于职能边界的部门化结构。其中有一个团队名为“生活方式团队”，开发出了一种新型的电烧烤架，广受消费者欢迎。这一团队由工程、营销、制造各领域的人员组成，他们从事着将这一产品成功地推入市场的各方面的工作，包括确定目标市场、设计产品、定出可行的制造方案等。

资料来源: [美]斯蒂芬·P·罗宾斯，玛丽·库尔特. 管理学(第七版). 北京: 中国人民大学出版社，2005. 第 270 页.

3. 组织层级与管理幅度

在确定组织结构时，我们应当弄清楚完成工作任务需要设定的层级数，而有效的管理幅度是决定组织层级数的最基本因素。管理幅度(Span of Control)指组织中上级管理者能够有效地指挥和领导多少个下属。管理幅度在很大程度上决定了组织中管理层次的数目及管理人员的数量。假设其他条件不变，一般情况下，管理幅度越大，组织越有效率。

组织层级与管理幅度的互动关系如图 9.2 所示，如果一个组织的管理幅度各层次均为 4，而另一个组织的幅度为 8，那么，幅度大的组织就可减少两个管理层次，大约精减 800 名管理人员。从成本角度看，宽幅度明显是更有效率的。但超过了某一点，宽幅度会导致管理效率降低。也就是，当幅度变得过大时，下属员工的绩效会因为管理者没有足够的时间提供必要的指导和支持而受到影响。

各种成功的组织中，管理幅度往往是不同的。“二战”期间，艾森豪威尔担任盟军最高司令官，只设立了 3 名直属下级，这 3 名下级没有一个设置多于 4 名下属的；而在 20 世纪 70 年代，通用汽车公司的总经理设立了两名执行副总经理和一个由 13 名副总经理组成的小组向他报告。所以，寻求适合于任何组织的管理幅度是不现实的。组织确定管理幅度时应当考虑的因素很多，主要包括：所要完成工作的内容和特性，管理者和下属人员的工作能力，工作条件和工作环境等。比如，主管的分析能力、理解能力、表达能力等，而对于训练程度较高、经验较丰富的员工，他们所需要的直接监督也就较少。所以，领导这些训练有素、经验丰富的员工的管理者就可以保持较宽的管理幅度。其他决定合适管理幅度的权变因素还包括：管理人员的管理层次、下属工作任务的相似性和复杂性、组织使用标准程序程度、工作环境稳定性、组织管理信息系统的先进程度、组织文化以及管理者偏好的管理风格等。

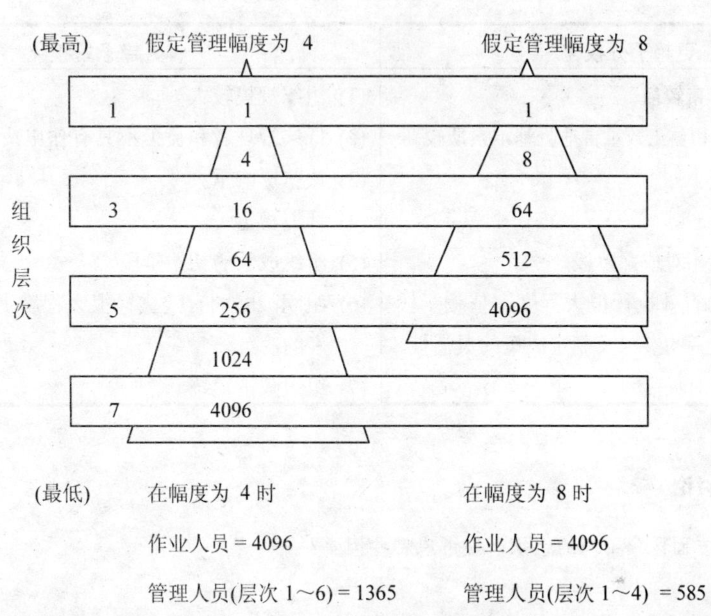

图 9.2 组织层级与管理幅度的互动关系

4. 集权与分权

有些组织由高层管理者作出几乎所有的决策，低层管理人员一般只是负责执行方面的工作。而另一种极端的情况是，负责采取行动的那一层次管理人员会被授予尽可能多的决策权力。前一类型的组织是高度集权的，后一类型的组织则为高度分权的。

集权化(Centralization)反映决策权在组织层级系统中较高层次上的集中程度。如果组织高层管理者在作出关键决策时，从不或很少从低层取得决策投入，而下级部门必须服从上级的指挥，依据上级的决策办事，这样的组织就是集权的。而分权是指决策权在组织层级系统中较低层次上的分散程度。如果组织中较低层的管理人员越能作出决策，那么，组织的分权化(Decentralization)程度就越高。在分权化程度较高的组织，高层管理者将一部分决策权授予低层部门的管理人员，让他们行使这些权力，支配一定的资源，在一定职权范围内自行解决相关问题。

集权或分权只是相对的概念。组织不可能是绝对集权的，也不能是绝对分权的。很少有组织能够在所有决策都集中于高层管理者团体时仍能有效地运行；而将所有决策都授予低层员工的组织，在有效运行上肯定也会出现问题。因此，组织应当将集权和分权有效地结合，使组织既能保持目标的统一性又具有足够的灵活性。

影响组织集权或分权程度的因素很多，表 9-1 列出了一些相关的因素。

表 9-1　影响集权和分权程度的相关因素

更趋于分权化	更趋于集权化
(1) 组织部门分布较散	(1) 组织规模较大
(2) 低层管理者和员工数量合适且基本素质较高	(2) 低层管理者和员工不具有作出决策的能力和经验
(3) 决策影响较小	(3) 决策影响重大
(4) 环境复杂	(4) 环境稳定
(5) 组织成长的相对成熟阶段	(5) 组织成长的初始阶段
(6) 组织战略的有效执行很大程度上依赖于较低层次管理者的参与及制定决策的灵活性	(6) 组织战略的有效执行很大程度上依赖于高层管理者的决策
(7) 组织政策相对灵活	(7) 组织政策较统一

思考与讨论

从组织结构方面区分不同的组织时应考虑哪些因素？

9.2 组织设计

管理者在发展或变革一个组织的结构时，他们就在开展组织设计工作。并不是所有组织的结构都完全相同。不同规模的组织其结构会有所不同。而且，即使规模相同，各类组织也未必采取相同的结构。不同的组织可以对应不同的有效的组织结构，在一个组织中有效的结构，不见得对另一组织也有效。

概括国内外学者的基本观点，组织设计(Organizational Design)就是进行专业分工和建立使各部分相互有机地协调配合的系统过程。组织设计是一个涉及组织的工作专门化、部门化、管理层次和管理幅度、集权与分权等的过程。

9.2.1　组织设计的任务

组织的目标确定之后，如何使这些目标得以顺利实现，就需要制定并保持一种职务系统，使组织中的每一个人清楚自己在组织工作中的作用以及相互之间的关系，并使他们能有效地在一起工作。组织设计就是进行专业分工和建立使各部分相互有机地协调配合的系统过程。具体地说，组织设计的任务是建立组织结构和明确组织内部的相互关系，提供组织结构图和职务说明书。

1. 根据组织的性质与特点，进行横向管理部门的划分

部门是指由若干性质相同或内在联系紧密的职务组成的管理单位。在同一级管理层中，需要将工作任务与性质有明显差异的职务进行分类并确定其权责界限及其相互关系，以便提高主管人员的工作效率，可以说，划分部门是劳动分工思想在组织结构设计中的运用方式之一。尽管划分部门是对所有组织都普遍适用的有效方法，但具体的划分依据或标准却千差万别，主要受组织活动的特点和环境条件的影响。总之，各种部门划分形式各有其优点与局限，需认真权衡，没有标准模式。

2. 设计职务类别与数量，确定管理层级

根据组织的规模和其工作任务的性质，仔细分析需要设置哪些工作岗位和相应的管理职务，认真研究每个职务应承担的职责及担任该职务的人员应具备的素质要求是组织结构设计的基础，一般由基层开始，向上逐级设置，最终确定组织的全部管理职务类别、数量与管理层级。但在考虑现有组织结构的改进与调整时，也往往自上而下地重新组合各类职务和确定纵向等级层级。

3. 明确规定各管理职位之间的权责义务关系，选择合适的组织结构形态

为使组织有效运转，就必须明确各类职务及各管理职位之间的相互关系，使每一个担任管理职务的人都能清楚地了解自己的权限职责是什么、对哪位上级负责、可以直接指挥的下属有哪些、通过何种途径与有关部门建立工作联系等。这些上下左右的有机联系使组织成为一个协同运作的完整系统，系统的结构形态差异主要是由决策指挥权力的分配及各项工作任务的组合形式决定的。合适的组织结构形态，既符合组织工作任务和性质特点的要求，又能高效率地运作实现组织目标。

组织结构设计的任务完成之后，其工作成果表现为组织结构图和职务说明书。前者用图形表示组织结构的框架体系，层次关系清楚，职务分工一目了然。图 9.1 中方框表示各管理职位及其相应的职务；箭线表示了权力的指向及上下级关系。同一层次的不同部门分别有各自的下属和不同的工作领域，各部门主管服从上一级主管的指示并向其汇报工作，同时又负责指导下一级主管的工作。职务说明书要求能简单而明确地指出该管理职务的工作内容、职责与权力、与组织中其他部门和职务的关系，要求担任该项职务者所必须具备的基本素质、技术知识、工作经验、处理问题的能力等。

9.2.2 组织设计原则

在进行组织设计时，应当遵循以下基本的原则。

1. 专业分工与协作相结合的原则

专业化分工就是要把组织活动的特点和参与组织活动的员工的特点结合起来，把每个员工都安排到合适的领域中积累知识、发展技能从而不断地提高工作效率。实质上，组织设计就是对管理人员的管理劳动进行分工。部门化设计是根据相关性的标准对不同部门的管理人员的管理劳动进行横向分工；层级设计则是根据相对集权或相对分权的原则把与资源配置方向或方式选择相关的权力在不同层级的管理机构或岗位上进行纵向地安排。协作是指许多劳动者在同一劳动过程中或彼此相联系的不同劳动过程中，相互配合，依照计划和分工为实现共同目标进行协调、合作的劳动形态。只强调分工而缺乏协作必然导致各生产环节之间脱节，无法形成整体合力。在现代社会的组织中，有效协作对于缩短劳动时间、减少资源浪费、高效率地实现组织目标无疑具有更为重要的意义。

2. 统一指挥原则

统一指挥原则要求每位下属应该有且仅有一个上级，在上下级之间形成一条清晰明确的指挥链(Chain of Command)。如果出现多个上级，就会因为上级可能下达彼此不同甚至相互冲突的命令而令下属无所适从。尽管有些时候必须打破统一指挥原则，但是为了避免多头领导指挥，组织的各项活动应该有明确的区分，并且应该明确界定上下级的职权、职责以及沟通联系的具体方式。

3. 目标统一原则

组织结构的设计和组织形式的选择必须有利于组织目标的实现。任何一个组织都与既定的组织目标有密切关系，否则它就没有存在的意义。为此，组织目标层层分解，机构层层建立，直到每一个人都了解自己在总目标实现中应完成的任务。这样建立起来的组织机构才是一个有机整体，才能为保证组织目标的实现奠定基础。

4. 控制管理幅度原则

控制管理幅度原则是指一个上级直接领导下属的人数应该有一定的限度，并且应该是有效的。法国的管理学者格拉丘纳斯(V. A. Graicunas)曾用数学公式说明当上级的控制幅度超过 6～7 人时，与下级之间的关系会越来越复杂，以至于最后超出其控制范围。所以管理者的管理幅度一定要合理。

5. 权责匹配原则

每个部门和部门中的每个成员都有责任按照工作目标要求保质保量地完成工作任务，同时，组织也必须授予自主完成任务必需的权力。职权与职责要匹配。如果有责无权，或者权力范围过于狭小，责任方就有可能因缺乏主动性、积极性而无法履行责任，甚至无法完成任务；如果有权无责，或者权力不明确，权力人就有可能滥用权力，势必影响到整个组织系统的顺畅运行。

6. 因事设职与因职用人相结合

组织设计的根本目的是保证组织目标的实现，是使目标活动的每一项内容都能落实到具体的岗位和部门上，即“事事有人做”，而非“人人有事做”。因此，组织设计中，自然而然地要求从工作特点和需要出发，因事设职，因职用人。但这并不意味着组织设计可以忽视人的因素，忽视人的特点和人的能力。

7. 柔性经济原则

组织的柔性是指组织的各个部门、各个人员都可以根据组织内外部环境的变化而作出相应的调整和变动。组织的结构应当保持一定的柔性以减小组织变革所造成的冲击和震荡。组织的经济是指组织的管理层次与幅度、人员结构以及部门工作流程必须设计合理，以达到管理的高效率。组织的柔性与经济是相辅相成的，一个柔性的组织必须符合经济的原则，而一个经济的组织又必须使组织保持柔性。只有这样，才能保证组织机构既精简又高效，避免形式主义和官僚主义作风的滋长和蔓延。

此外，组织设计的原则还有：稳定性与适应性相结合及均衡性原则等。

9.2.3 影响组织设计的因素

面对现代化的大型组织和竞争日趋激烈的外部环境和不确定的市场需求，管理者由于能力和精力的局限性，根本无法直接安排组织内部所有的活动。所以，管理者需要以系统、权变的观点重新设计组织结构。组织应当被设计成一个开放系统，它能够不断地与外部环境进行资源和信息的交换，不断地进行组织内部各种关系的调整，从而保证组织的灵活性和适应性。按照管理学者西拉季的观点，管理者采用什么样的组织设计取决于一些权变因素，权变的组织设计必须考虑战略、环境、规模、技术等因素，针对不同的组织特点设计不同的组织结构，目的就是通过建立柔性灵活的组织，动态地反映外在环境变化的要求，并能在组织成长的过程中，有效地积聚新的组织资源，同时协调好组织中部门与部门之间、人员与任务之间的关系，使员工明确自己在组织中的权力和应承担的责任，有效地保证组织活动的开展，最终保证组织目标的实现。图9.3描绘了影响组织设计的各种因素。

1. 目标与战略

组织结构与组织战略紧密相联：战略决定和影响组织活动的总目标，以及实现这一总目标的方法，而组织结构应当有助于组织目标的实现。在组织结构与战略的关系上，一方面战略的制定必须考虑组织结构的实现；另一方面，一旦战略形成，组织结构应做出相应的调整。适应战略要求的组织结构，能够为战略的实施、组织目标的实现提供必要的前提。

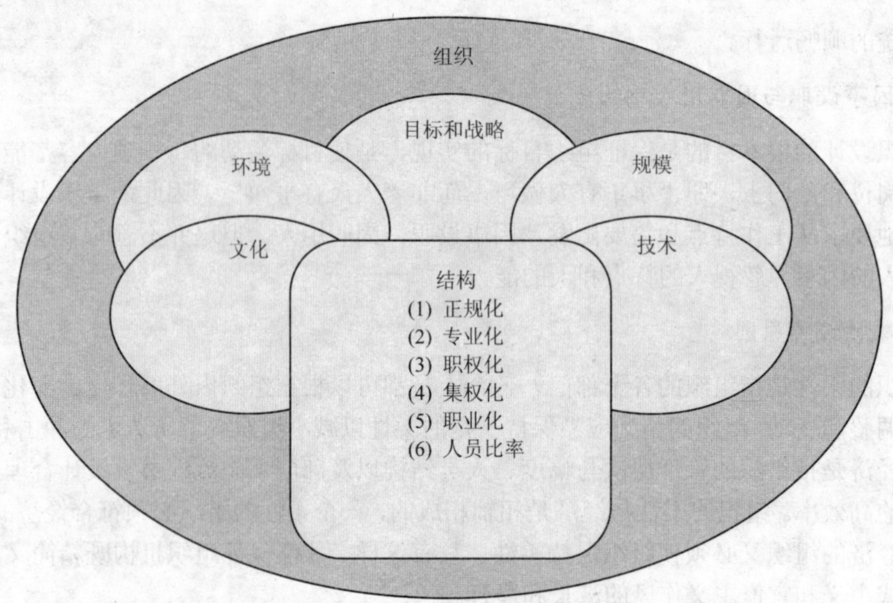

图 9.3　组织设计的情境变量和结构变量

资料来源：[美]理查德·L·达英特. 组织理论与设计(第七版). 北京：清华大学出版社，2003. 第 20 页.

战略选择的不同，在两个层次上影响组织的结构：不同的战略要求开展不同的业务活动，这会影响管理职务的设计；战略重点的改变，会引起组织工作重点的改变，从而引起各部门与职务在组织中重要程度的改变，因此要求对各管理职务以及部门之间关系作相应调整。钱德勒(Chandler)最早对战略—结构关系进行了研究。[1]基于对美国若干大公司长达 50 多年的研究，他得出了结论：公司战略的变化导致组织结构的变化。这些组织一般起始于相对单一的产品，只要求一种简单、松散的结构。随着组织成长，它们的战略变得越来越复杂。总结许多成功组织的经验，如果保持在单一行业内发展，很多组织偏好采用集权的职能结构，而那些实施多元化经营的公司，一般采用分权的事业部结构。为了不断满足公司新的发展战略的要求，公司也要适时地变革组织结构，以保持组织的统一性。

2. 组织规模与组织生命周期

组织的规模会影响其结构。大型组织往往比小型组织更专业化、部门化、规范化和集权化，也往往具有更高的复杂程度。大型组织一般都制定和实施较严格的规章制度，按照一定的工作程序控制和实现标准化作业，员工和部门的业绩也有客观标准，较容易考核；

[1] A. D. Chandler Jr. , *Strategy and Structure: Chapters in the History of the Industry Enterprise*. Cambridge: MA MIT Press, 1962.

相反，小型组织往往凭借管理者的能力来对组织进行控制，组织显得比较松散而富有活力，因而规范化程度比较低。在集权与分权方面，在大型组织中，决策往往由那些具有完全控制权的高层管理者作出，因而组织的集权化程度较高。然而，为了能够对日益复杂的环境作出快速反应，组织规模应是越大越需要分权，而在分权化程度较高的组织中，决策更多地是由较低的层级上作出的，因此决策速度越快，信息反馈也就越及时。另外，大型组织的复杂性是显而易见的。由于横向和纵向关系的复杂性，大型组织经常需要建构新的部门来应对规模扩大带来的问题。同时，组织中部门规模的不断扩大，部门管理者控制力也会不断减弱，部门又会产生新的压力，结果造成部门林立的臃肿格局；另一方面，随着员工数量的增加，在一定管理幅度条件下的管理的层级数也必然增多。这都会大大增加管理的成本，降低管理的效率。关于人员结构比率，根据“帕金森定律”，由于各种原因，受到激励的管理者往往会倾向于在组织中增加更多的管理者以巩固他们的地位。但是，无论如何，高层管理人员与一般员工之间的结构比率应当是均衡的，任何不一致都应当通过积极主动的变革来加以调整。

组织的成长也表现出生命周期特征，而在生命周期各个阶段，组织结构也可能是不相同的。奎因(Robart E. Quinn)和卡梅隆(Kim Cameron)把组织的生命周期划为创业、集合、规范化和精细 4 个阶段。他们认为企业的成长是一个非正式到正式、低级到高级、简单到复杂、幼稚到成熟的阶段性发展过程。而每个阶段都由两个时期组成：一个是组织的稳态发展时期，组织在这个时期的结构与活动都比较稳定；另一个是组织的变革时期，即当组织进一步发展直到从内部产生一些新的矛盾和问题，使组织结构与活动不相适应，此时就必须通过变革使组织结构适应内外环境的变化，使组织保持适应性，组织的发展就是在如此循环往复中进行的。

3. 技术因素

组织运用技术将原材料等资源投入转换为产出，所以技术的变化往往要求组织结构做出相应的改变和调整。英国学者伍德沃德(Joan Woodward)等人以英国南部的一些小型制造企业为对象，对技术作为组织结构的重要影响因素进行了调研。他们根据制造业技术的复杂程度把技术划分为三类：单件小批量生产技术(Unit Production)、大批量生产技术(Mass Production)和流程生产技术(Process Production)。随着技术复杂程度的加大，组织结构的复杂程度也在相应提高，管理层级、管理人员与一般人员的比例及高层管理人员的管理幅度也在增加。虽然大批量生产组织通过严格的规范化管理，能够有效地提高管理的效率，但对于小批量生产企业或流程生产企业来说，权力过分集中和规范化却不是很合适的。

近年来，随着信息技术的发展，制造业技术也有了质的变化。包括计算机辅助制造(CAM)、计算机辅助设计(CAD)、管理自动化、计算机数控(CNC)等技术的运用，使得生产部门能够以较低的成本、在较短的时间内大量生产高质量的各种定制产品，而这些技术使组织也具备了专业化程度较低、管理幅度小、层级少、高度分权的结构特点。

4. 环境

政治、经济、文化等方面会对组织目标产生间接影响，而客户、政府、竞争对手等环境条件会对管理目标产生直接影响。这些条件决定了导致环境不确定性的复杂性和变动性。组织环境的不确定性就是决策者由于缺乏全面的环境信息，无法准确预测未来的环境变化进而无法做出正确的决策。

尽管一些组织面临相对稳定和简单的环境，而另一些组织面临动态和复杂的环境，但总而言之，只有建立与外部环境相适应的组织结构才可能保证组织有效地运行。组织设计者可以对传统职位和职能部门进行相应调整；根据外部环境的不确定程度设计不同类型的组织结构；根据组织的差别性、整合性程度设计不同的组织结构；通过加强计划和对环境的预测减少不确定性；通过组织间合作尽量减小组织自身要素资源对环境的过度依赖性等原则性方法提高组织对环境的应变性。

5. 组织文化

组织文化对于组织的成功或失败有很重要的作用。组织文化是被组织成员广泛认同、普遍接受的价值观念、思维方式、行为准则等群体意识的总称。根据外在环境的变化适时变革组织文化常被视为组织成功的基础。因此，组织文化要适应组织结构、战略发展的需要，保证组织文化与战略、环境、组织结构的一致性。

思考与讨论

企业为什么要进行组织设计?

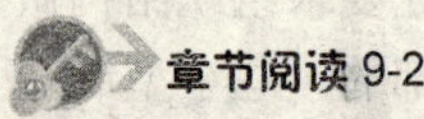

章节阅读 9-2

新数据公司的组织设计

被电子数据系统(EDS)公司收购以前，新数据公司就面临着转型的需要。新数据公司是美国最大的提供直接邮寄产品(如书刊、日用消费品)的供货以及金融和健康方面服务的订单执行商。当拉里·琼斯接任总裁时，这家公司背着很大的债务，而且因为产品性能问题和越来越糟糕的顾客服务，顾客的数量在直线下降。于是，琼斯重新设计了组织结构，旨在增强各职能部门的协作，并使公司重新专注于顾客。

公司过去的职能型结构一直运行良好并促使新数据公司成长为一个拥有 5000 名员工、2.4 亿美元销售收入的企业。但此时，公司规模如此之大，部门化分工如此鲜明，以至订单交货过程始端的员工对于后续的其他阶段将进行哪些工作根本无从知晓。电子营销运营机构、函件处理部门、仓库以及配送中心在地理位置上相分离，信息方面也不共享。顾客感到他们的业务在这个大转盘运转过程中丢失了。琼斯的解决方案是将公司转变为事业部型结构，每一事业部内设若干跨职能的团队。他把新数据公司改组为三个按所服务的不同产业领域分设的事业部和一个独立的国际事业部。其中，出版事业部集中于书、杂志和在线出版业务；日用消费品事业部处理像菲利浦·莫里斯公司这样的日用消费品厂商的业务；服务事业部则提供电信、金融服务、健康保健业的顾客服务。国际事业部则是以爱尔兰首府利默里克为基地，处理所有海外业务。在每一个事业部内，顾客服务中心团队负责对一个大客户或若干小客户的所有服务。员工均成为团队的一部分，提供完整的服务，而不是仅限于像函件处理或打印这样的工作。设立能集中注意力于逐渐了解和掌握顾客需要的团队，这使新数据公司扭转了与顾客的关系，并改善了公司的财务绩效。这样，当电子数据系统公司试图通过一项收购增强其森特罗伯(Centrobe)事业部的经营能力时，新数据公司就表现出很强的吸引力。电子数据系统公司的森特罗伯事业部旨在向顾客提供一系列的保健方案。

拉里·琼斯来到新数据公司时面临的就是一个组织结构的设计问题。由于组织结构设计上的缺陷，导致公司各职能部门间的协调和沟通出现问题，由此形成的服务水平使顾客感到不满。琼斯通过组织结构的调整，使每位员工都围绕顾客开展工作，并取得了明显的改进。

资料来源：[美]理查德·L·达芙特. 组织理论与设计.（第七版）. 北京：清华大学出版社，2003. 第101-102页.

9.3 常见的组织结构类型

组织结构设计受到多种因素的影响与制约，各种组织结构形态各异，体现着组织的宗旨与特征，虽然并没有统一的标准模式，但此本书将介绍9种较为常见的基本类型。

1. 直线型组织结构

直线型组织结构，如图9.4所示，小型组织经常使用。其结构特点：是部门化程度低，管理幅度宽，权力通常集中在管理者(既是经营者，又是所有者)手中，正规化程度较低，垂直层次少，员工之间关系比较松散。

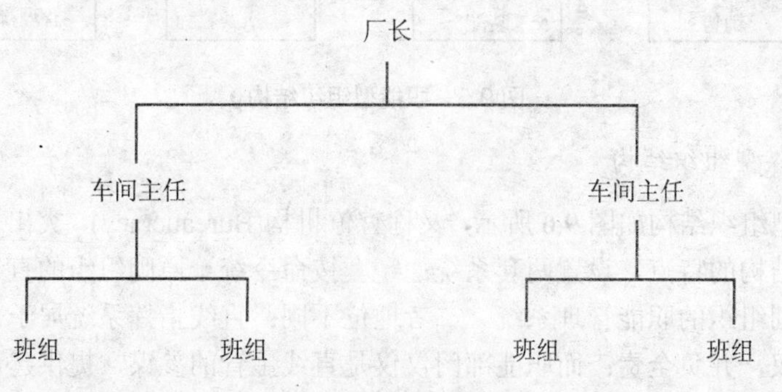

图9.4 直线型组织结构

大多数组织在事业开创时期，都采取由所有者和员工组成的简单组织结构。这时的直线结构的特点就是低度部门化、宽管理幅度，职权集中于一个人手中，且正规化程度低。当组织成长到一定时期，一般会达到一个转折点，这时它不得不增加人员以应对规模增加的工作任务和要求。而随着员工的增多，结构通常会变成更具专门规化的特征。不仅定立了规则条例，也增设了部门和管理层次，这样组织就逐渐呈现出官僚机构的特征。这时，管理者可能选择将组织改组为职能型结构或事业部型结构。

直线组织结构的优点是：直线结构，费用低廉；权力集中，指挥统一；信息明确，责任分明；沟通简单，联系简捷。缺点也比较明显：一是容易造成信息滞留，决策迟缓，导致组织运作障碍；二是面临高风险性，个人的知识能力有限，常常顾此失彼，决策失误的可能性增加；三是容易导致专制和滥用职权。

2. 职能型组织结构

在职能型组织结构中，如图 9.5 所示，除直线主管(例如银行、保险企业的客户经理，饭店的销售经理等)外还设立了一些机构，分担某些职能管理的业务，比如人力资源管理部门。而这些职能机构同样有权在自己的业务范围内，向下级下达指令。比如，露华浓就是按照运营、财务、人力资源和产品研究开发这些职能来组织的。

职能型组织结构的优点是：适应管理工作分工较细的特点，发挥职能机构的专业管理作用，减轻上层主管的负担。职能型组织结构的弱点是：多头管理，不利于集中领导和统一指挥，对基层是“上边千条线，下面一根针”，感觉无所适从，造成管理混乱。

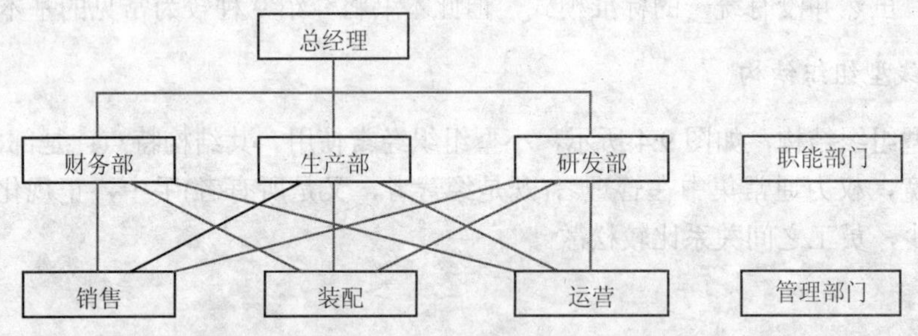

图 9.5　职能型组织结构

3. 直线参谋型组织结构

直线参谋型组织结构如图 9.6 所示，又称官僚机构(Bureaucracy)，突出了简单组织结构和职能型组织结构的特点，设置两套系统：一套按命令统一原则组织的直线指挥系统，一套按专业化原则组织的职能管理系统。二者地位不同：直线指挥系统居于主要地位，拥有对下级的指令权，并负全责；而职能部门仅仅是直线主管的参谋，提供建议和指导，没有命令指挥权。这种组织结构具有专门化和高度正规化的特点，通过职务专门化，制定正规的制度和规范，实行集权式决策，控制跨度狭窄，通过命令链进行经营运作。这种结构的优点是：集中领导，秩序井然，效率较高；产生规模效益，节约成本，处理问题比较容易。缺点是：部门之间沟通不够，不能集思广益；主管与参谋之间容易出现冲突，致使上层的协调工作量加大；由于工作专门化导致了各个部门之间的冲突，职能部门的目标有时会凌驾于整个组织的总目标之上；条条框框多，缚手缚脚，压制员工的创造性和积极性；组织的适应性较差，对新情况不能及时做出反应。直线参谋型组织结构适宜于中小型服务企业。

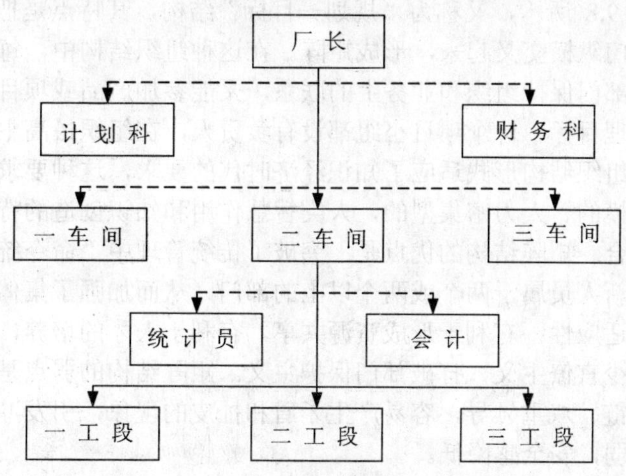

图 9.6 直线参谋型组织结构

4. 事业部结构和超事业部结构

事业部制如图 9.7 所示，用 8 个字来概况："集中决策，分散经营"，即在集权领导下实行分权管理。组织或按产品，或按地区设立多个事业部，各自有独立的产品和市场，实行独立核算。

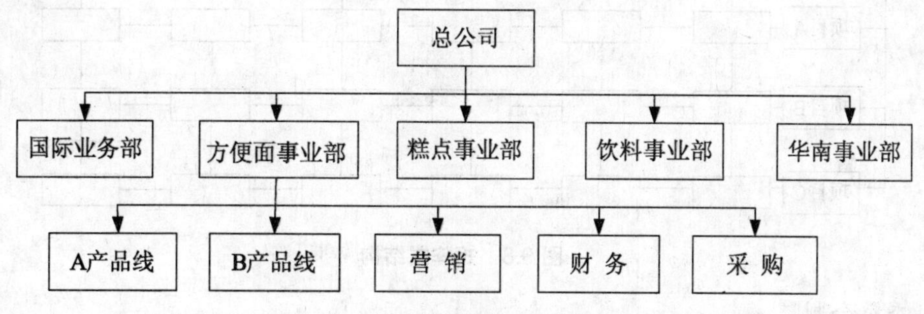

图 9.7 事业部结构

采用事业部型结构的典型例子就是沃尔玛公司，其属下的事业部有沃尔玛不动产部、国际部、专卖店、山姆俱乐部以及购物广场。事业部制的优点是：能使高层摆脱具体的日常管理事务，致力于公司的战略性决策和长远发展规划；充分放权，有利于培养和训练管理人才。其缺点是：机构重复，造成管理人员的浪费；由于独立经营，人员的流动和互换困难，相互援助差；部门之间缺乏整体感，容易忽视整个组织的利益。事业部制适宜于大型组织和跨国企业。

5. 矩阵结构

矩阵结构如图 9.8 所示，又称为“规划—目标”结构，其特点是把按职能划分的部门与按项目划分的部门纵横交叉起来，形成矩阵。在这种组织结构中，每一个知识的创造者和运用者既与职能部门保持组织和业务上的联系，又能参加产品或项目小组的工作。为了保证完成一定的管理目标，每个项目小组都设有负责人，在组织最高主管的直接领导下进行工作。“矩阵”组织结构形式适应了知识经济时代的要求，这种要求是人们的生产和研究开发不再是大规模的、人力密集型的，人类智慧作用和知识创造的特点是个性化思维与集体思维的有机结合。矩阵结构的优点是：突破了传统管理中“命令统一”的原则，使每一个管理和知识创新人员属于两个或两个以上的部门，从而加强了集体的合作与联系，具有较大的机动性与适应性；有利于形成资源共享，有利于人才的培养，有利于部门协调，信息传递迅速；减少官僚主义，打破部门保护主义。矩阵结构的弱点是：由于员工接受双重任务、双重命令链、双重领导，容易产生矛盾和扯皮的现象，引发冲突；员工的心理压力较大，稳定性减弱，安全感降低。

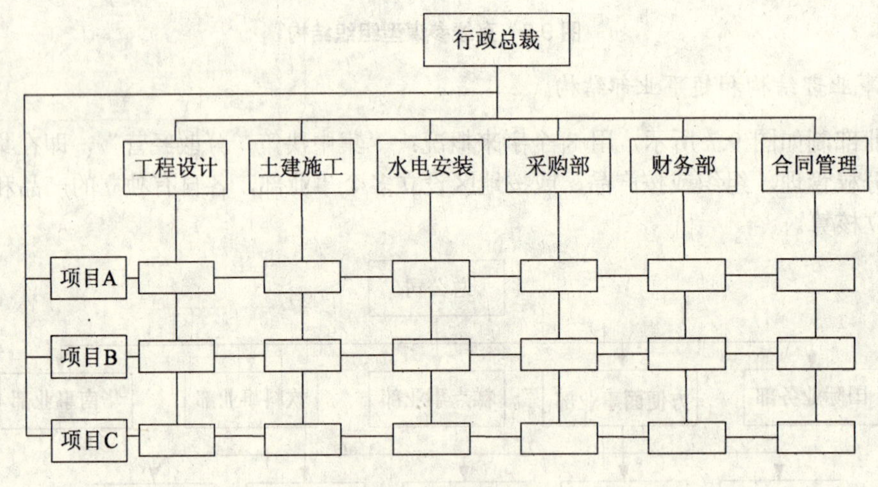

图 9.8 矩阵式结构

6. 委员会制

委员会制即集体管理，是指将组织中的最高决策权交给两位以上的主管人员，即把权力分散到一个集体中去。董事会制是委员会组织结构的形式之一。由组织拥有者(通常是股东)组成最高决策机构——董事会，对组织中的重大事件进行管理决策。委员会制的优点是：能够集思广益，避免个人滥用职权现象；能代表各方面的利益；减轻主要管理者的负担；有利于信息沟通；员工参与管理，可激发员工的积极性。委员会制的缺点是：耗费时间长、成本高，妥协与犹豫不决，决策效率低下；责任难以明确，管理者的绩效难以考核等。

7. 工作团队结构

工作团队结构具有高度任务取向性，打破部门壁垒，资源共享，授权等特点。工作团队作为典型官僚机构的补充，既能使组织得到官僚机构标准化的好处，又有因团队的存在而增强组织的灵活性和对市场环境变化的适应性。近年来，团队越来越多地出现在组织内和组织之间。流程再造使得组织内形成了许多跨部门的团队，组织间的合作使得超越组织边界的跨组织团队大量涌现。团队结构的出现从根本上改变了组织的构造和运作方式，不仅提高了局部的工作效率，而且从根本上促进组织的转型。在工作团队结构中，比较常见的团队形式有问题解决型团队、自我管理型团队和多功能型团队等。

8. 虚拟组织

虚拟组织结构如图 9.9 所示，把组织的某些职能都移交给外部力量，组织的核心是管理人员，他们的任务就是协调和控制组织与生产、分配、销售等职能部门的关系(通常为契约关系)，实现组织目标。虚拟组织是典型的“借鸡生蛋”策略的体现。

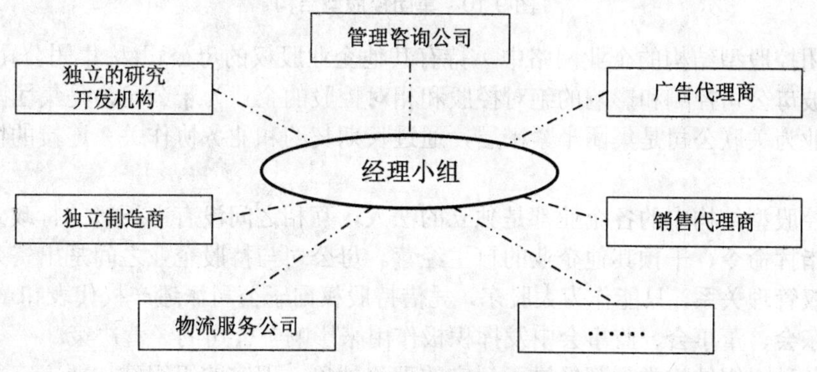

图 9.9　虚拟组织结构

虚拟组织决策集中化的程度很高，但部门化程度很低，使组织具备了最大的灵活性和应变能力。例如，越来越多的服务企业，特别是银行，都在提供网上银行的服务，通过网络与客户联系。其他公司，像著名的耐克、戴尔、爱默生无线电公司等也都设有局部的虚拟组织结构。虽然没有典型的硬件设备，组织仍然可以有效运作。但虚拟组织的稳定性不足，在与外部力量的协调上存在很大的挑战性。

9. 集团控股型结构

集团控股型结构是一些大公司超越企业内部边界的范围，在非相关领域开展多种经营，对各业务经营单位不进行直接管理和控制，只在资本参与的基础上进行持股控制和具有产权管理关系形成的企业网络形式。如图 9.10 所示，对相关企业持有股权的大公司成为母公司，其中持股比例大于 50%为绝对控股，持股比例不足 50%但对企业经营决策产生实质性影响为相对控股，持股比例很低且对企业的生产经营没有实质性影响为一般参股。

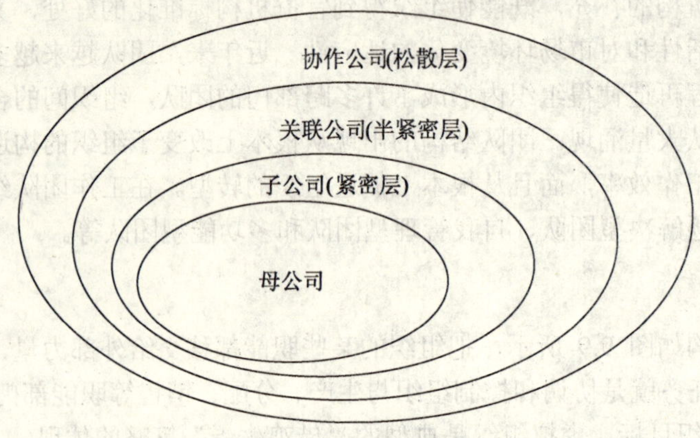

图 9.10　集团控股型结构

在集团控股型结构的企业网络中，持有其他企业股权的母公司(称集团公司)为集团核心企业，被母公司控制和影响的绝对控股和相对控股的企业为子公司，是集团紧密层。一般参股企业为关联公司是集团半紧密层，通过长期契约和业务协作关系连接的协作企业为松散层。

集团控股型结构中的各企业都是独立的法人，互相之间没有上下级的行政隶属关系，无权直接指挥命令、干预其他企业的自主经营。母公司与持股企业之间是出资人对被持股企业的产权管理关系，只能作为大股东，凭借持股权向子公司派遣产权代表和董事、监事，通过在股东会、董事会、监事会中发挥积极作用来影响子公司的经营决策。

上述各种组织结构类型都经过了一定的理论抽象，现实的组织结构要丰富得多，而且不论何种组织结构形态，都各有其优劣，不可生搬硬套，在进行组织结构设计时，一定要从实际情况出发，权衡利弊，慎重选择，取长补短，有所创新。

思考与讨论

简述学习型组织(Learning Organization)的特征及必要条件。

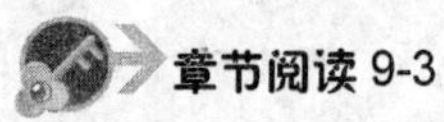
章节阅读 9-3

某企业信息部主任的职务说明书

<table>
<tr><td>工作名称：信息部主任　直接上级：情报系统经理　工资等级：12 级
定员：1 人　所辖人员：12 人　工资水平：14 800～20 700 元/年
分析日期：　年　月　分析人：人事部张某某　批准人：人事部经理刘某某</td></tr>
<tr><td>工作概要：指导控制信息处理、设备维修、保养和履行所分配的其他任务的职责</td></tr>
<tr><td>工作职责：
1. 基本活动
(1) 独立上机操作；(2) 定期向上汇报；(3) 听取信息使用者意见。
2. 选择、培训、发展人员
(1) 挑选信息处理人员；(2) 发展合作精神，增强相互了解；
(3) 保证下属得到必要的培训；(4) 指导下属工作。
3. 计划、指导和控制
(1) 向下属分配任务；(2) 检查、评价下属的工作；(3) 指导和解决问题。
4. 分析业务，预测发展
5. 制定部门发展计划</td></tr>
<tr><td>资格要求：
1. 知识
(1) 教育：具备硬件、软件方面的知识，四年制工商管理和信息处理技术方面的证书。
(2) 经验：5 年以上信息处理和程序编制的实际经验。
(3) 技能：必须在信息处理的方法、系统设备方面有很高技能，并有处理人际关系的良好能力。</td></tr>
<tr><td>2. 解决问题的能力
(1) 分析：具备分析评价技术理论方面和人事管理方面的能力。
(2) 指导：根据下属业务能力状况，把复杂的任务转化为可理解的指令和程度。
(3) 沟通：具备广泛的沟通能力，能使用简练的语言或术语交流技术和思想，维护本部门和其他部门以及硬件销售单位所建立的联系。
3. 决策能力
(1) 人际关系：能经常运用正式或非正式的方法，指导、辅导和培养下属，紧密结合下属工作和其他管理系统的技术技能。
(2) 管理方面：接受一般监督，在复杂的环境中指导下属履行信息处理人员的活动。
(3) 财务方面：有 50 000 元以下的财产处理权力和 15 000 元以下的现金处理权力，并参与计划和控制。
4. 负有责任
成功地完成所分配的任务，增加信息使用者的理解和满意，提高工作效率。</td></tr>
</table>

第10章 人力资源管理

学习目标

(1) 理解人力资源管理的概念。
(2) 理解人力资源管理的战略意义。
(3) 描述人力资源管理的过程。
(4) 区分职务说明书与职务规范。
(5) 对比招聘与解聘的各种方案。
(6) 解释绩效评估的各种方法。
(7) 描述组织的薪酬制度包含的内容。

章前导读

用人之道

去过庙的人都知道，一进庙门，首先是弥勒佛，笑脸迎客，而在他的北面，则是黑口黑脸的韦陀，但相传在很久以前，他们并不在同一个庙里，而是分别掌管不同的庙。弥勒佛热情快乐，所以来的人非常多，但他什么都不在乎，丢三落四，没有好好地管理账务，所以依然入不敷出。而韦陀虽然管账是一把好手，但成天阴着脸，太过严肃，搞得人越来越少，最后香火断绝。佛祖在查香火的时候发现了这个问题，就将他们俩放在同一个庙里，由弥勒佛负责公关，笑迎八方来客，于是香火大旺。而韦陀铁面无私，则让他负责财务，严格把关。在两人的分工合作下，庙里一派欣欣向荣景象。其实在用人大师的眼里，天生我才必有用，正如武林高手，不需名贵宝剑，摘花飞叶即可伤人，关键看如何运用。

知识经济时代，环境瞬息万变是主要特征。企业要想生存，必须在人力资源管理和组织结构之间努力做到平衡。

10.1 人力资源管理概述

1. 人力资源管理内涵

人力资源管理涉及企业人力资源获取和利用的一切活动。有效的人力资源管理制度既能满足员工的不同需求和维护员工的权利，又能为满足来自社会各方面的要求提供保障。员工良好的工作态度、工作动机及献身精神对企业的生存与发展是不可或缺的。而对员工的这些要求都可以通过相关的人力资源管理制度实现，从而最终形成企业持续性的竞争优势。

人力资源管理是指企业运用科学方法，基于企业战略，以人力资源战略、规划和职位分析为基础，对人力资源获取与配置、培训与开发、考核与激励、规范与约束、安全与保障、凝聚与整合等，最终实现企业目标和员工价值的过程。人力资源管理的目标是实现员工自我价值和增强企业竞争优势。

越来越多的企业认识到员工在企业成功中所扮演的重要角色。在像银行和零售连锁商店等这样一些服务性的企业中，雇员行为和态度显得至关重要。试想如果客户遇到业务不熟练、对产品介绍不充分，或是态度不礼貌的销售人员，那么该公司的其他努力很可能付之东流，比如公司的广告投入、物流改造成本等。因此，组织特别倚重雇员的工作动机和工作态度，也就是说，只有依靠人力资源管理制度，尽力满足员工的不同需要，帮助员工实现自我价值，才能指望员工提供高质量的服务以使客户满意度最大化。

所有的管理者都必须介入某些人力资源管理活动，即便是设立了专门的人力资源管理部门的大型企业也是如此。一方面，人力资源管理部门的职责是在遵循相关法律法规的基础上，被授权协助各级直线管理人员实现企业的最基本目标，并且在这个过程中向管理者提供技术支持和建议；另一方面，直线管理人员(如饭店餐饮部或销售部部门经理)，有权指挥下属的工作并负责实现企业的基本目标，并对人力资源管理担负最终责任。具体地说，管理者要重视对应聘者进行的面试，引导新员工上岗，建立和谐的工作关系，创造和维持较高的部门员工士气，评估并改善员工的工作绩效。除了作为企业战略不可缺少的组成部分以及对企业竞争优势的贡献之外，人们还发现，一个企业的人力资源管理实践对企业的绩效也是意义深远。很多人力资源管理制度是非常有助于提高企业整体绩效的。系统全面的员工招聘与甄选方案、自我管理团队、全面优质的管理活动、职位轮换、广泛的员工参与和培训等人力资源管理制度都能带来个人和企业绩效的提升。而这些高绩效人力资源管理制度都有这样的特点：企业积极帮助员工提高知识和技能，增加工作动力，在淘汰绩效不佳员工的同时奖励高素质的员工。

2. 企业人力资源管理过程

图 10.1 显示的是服务企业人力资源管理过程。企业人力资源管理过程主要包含的 7 项活动或步骤是招募、甄选到合格员工并使之保持高绩效水平不可或缺的。前两项活动确保

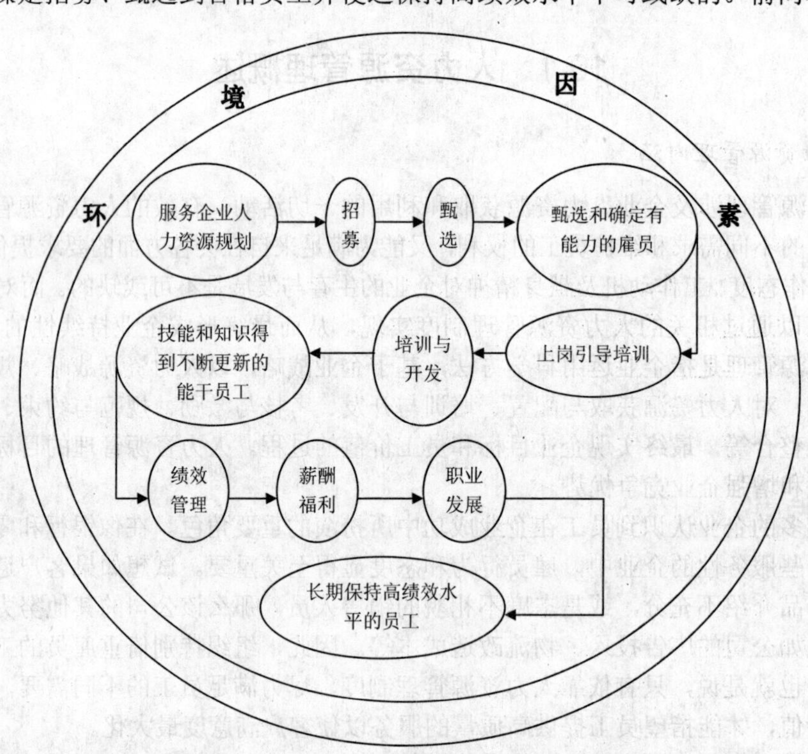

图 10.1　人力资源管理过程

企业识别和甄选到有能力的员工；紧接的两项活动可以让员工的技能和知识不断得到更新；最后三项活动则保证组织能留住长期保持高绩效水平的能干、杰出的员工。

可以看到，首先，人力资源管理过程都要受到外部环境的影响、限制。外部影响的因素很多，我们在这里主要讨论的是法律体系和雇员工会。

市场经济是法制经济。法制经济的根本是按照规范和法律办事。因此，在我国建立和完善相关人力资源管理法制体系非常重要。在劳动关系管理方面，1994 年《中华人民共和国劳动法》的颁布是我国全面塑造劳动法制的特大举措，解决了社会劳动领域的法律规范与法律依据问题。其中的劳动关系管理涵盖了就业管理、劳动合同管理、工作时间和休息休假、劳动安全和劳动卫生、女职工和未成年职工的劳动保护及社会保险和劳动争议等内容。

《中华人民共和国劳动法》颁布以来，我国进行了广泛的宣传教育活动，有关人力资源的法制观念已深人大部分企业与职工心中。其后，我国又出台了大量与劳动法配套的法规、条例、制度。因此，从总体上来看，我国已经形成了人力资源与用人单位双方的权利地位得到法律确认的格局。企业管理者已不能完全自由地选择他们将聘用、提升和解聘的人员。在做出相关的人力资源管理决策的时候必须要考虑法律的约束。法律条例有力促进企业减少不正当就业行为。

另外，工会对企业的人力资源管理实践也具有越来越显著的影响。在美国，工会(Labor Union)是代表工人利益的机构，它通过集体谈判保护工人的利益。在成立工会的组织中，许多人力资源管理决策都受到集体讨价还价后的协议规定的限制。这种协议通常对人员招聘来源，聘用、晋升和辞退标准，培训选拔条件，以及奖惩等事项都做出限定。

市场经济体制迅速在我国推进，改革和发展势头迅猛。在市场经济体制下，劳动者的权益大量地体现为员工们的共同利益，集体谈判就成为现代劳动关系的重要内容。而工会作为代表劳动者权益的组织，作为劳资双方有效的沟通桥梁，其作用、责任非常重大。

为此，必须从市场经济发展的需要，尤其是劳动者的需要角度，确定新形势下工会工作的领域、方向和内容。要把国有单位中计划体制下相当于企业科室的工会塑造为真正代表和维护广大员工权益的组织，要在非国有单位中普遍建立工会组织，使工会组织保持旺盛的生命力，以适应经济社会发展的大趋势，开拓工会工作的新局面。

思考与讨论

人力资源管理与人事管理有何差别？

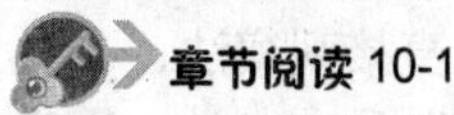
章节阅读 10-1

人力资源管理是否能帮助企业建立持久的竞争优势？

很多研究结果显示，企业的人力资源会成为竞争优势的重要源泉。联邦快递公司的竞争战略是通过提

供高水平的客户服务和精确准时的邮递来体现优势。这样的战略需要公司培养具有高度献身精神的雇员，而雇员必须尽一切努力保证对客户的高质量服务，哪怕是多走冤枉路也要尽可能找到邮件地址有误的客户。联邦快递和美国联合包裹速递(UPS)、敦豪快运公司提供的是相似的服务，使用的是几乎同样的技术手段，而为联邦快递赢得竞争优势的不是别的，正是公司富有献身精神的人力资源。联邦快递通过各种具体的人力资源管理实践来取得这一竞争优势。它提供具有高度竞争力的薪资及绩效奖励；把不具有以人为本的价值观的管理者筛选出去；公平对待所有的雇员并为全体雇员提供保障；通过各种管理机制(例如特定的劳资争议处理程序)保持良好的双向沟通；利用内部晋升和各种开发活动来为所有的雇员提供应用技能和发挥才能的机会。

资料来源：Gary Dessler. 人力资源管理(第九版). 北京：中国人民大学出版社，2005. 第16页.

10.2 人员选用

10.2.1 人力资源规划

人力资源规划是根据组织的战略目标科学地预测和分析组织在未来环境变化中人力资源的供给和需求状况，并制定相应的人力资源获取、利用、保持和开发策略，以确保组织能及时获得所需要的人力资源，从而获得长期效益的过程。简而言之， 它是管理者为确保在适当的时候，为适当的职位配备适当数量和类型的人员，并使他们能够有效地完成所分派任务的一个过程。人力资源规划过程可分为两大步骤：评价现有人力资源；制定人员需求计划并拟定满足未来人力资源需求的行动方案。

1. 评价现有人力资源

在开展人力资源规划工作时，首先要对组织的现有人力资源状况做出考察。这通常是以人力资源调查的方式进行。让员工填写调查表获得有关的信息。调查表中应包括姓名、最高学历、所受培训、工作经历、能力和专长等项目。这方面，如果建立了先进的人力资源数据库，信息的获取和保存是相当容易的。

在对现有人力资源进行评价时，涉及人力资源管理的另一项基础工作——工作分析。工作分析(或称职位分析、岗位分析)，是指对组织中职位工作的目的、职责、权力、利益、隶属关系、工作条件、任职资格等相关信息进行收集和分析，并形成工作说明书和工作规范的过程。例如，在昆明百货大楼商业有限公司百货运营中心工作的儿童玩具采购专员，其职责是什么；其工作要取得合乎要求的绩效，最少需具备什么样的知识、技术与能力。职务分析中的有关信息，可通过以下方法获得：访谈法、问卷调查法、直接观察法、参与法、关键事件法、工作日记法、计算机职位分析系统方法、功能性职位分析(FJA)法、次序分析法。

收集到职务分析的有关信息后，管理者就可着手拟订工作说明书和工作规范。工作说明书(Job Description)是对任职者需做些什么、怎么做和为什么要做的书面说明。它通常反映职务的内容、环境和从业条件。工作规范(Job Specification)指明任职者要成功地开展某项工作必须拥有何种最低限度可以接受的资格标准，具体包括知识、技能和态度等方面为有效地承担职务所必须具备的起码条件。工作说明书和工作规范是管理者开始招聘和甄选人员时必须持有的重要文件。

2. 制定人员需求计划并拟定满足未来人力资源需求的行动方案

未来人力资源的需求是由企业的目标和战略决定的。当你制定人员需求计划时，你需要做三方面的预测：人员需求预测、内部候选人供给预测和外部候选人供给预测。

1) 人员需求预测

在进行人力资源人员需求预测时，应当了解市场对产品或服务的预期需求。通常的做法是：先进行总收入或总营业额的估算，然后再估算实现目标所需要的人员规模。

在预测组织人力资源人员需求量时，有客观法和主观法两种基本方法，也可以称作统计法和推断法。

(1) 统计法。

统计法是通过对过去某一时期的数据资料进行统计分析，寻找、确定与组织人力资源需求的相关因素，确定二者的关系，建立起数学公式或模型，从而对组织未来的人力资源需求进行预测的人力资源规划预测方法。统计法是以过去的事实为依据的，包括多种方法，其中最常用的是趋势分析法、比率分析法、回归分析法和劳动生产率分析法。

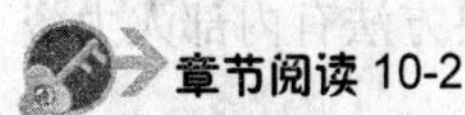
章节阅读 10-2

人员需求预测的统计法

趋势分析法是根据过去一定时间的人力资源需求趋势来预测未来需求情况的方法。作为人力资源预测的一种工具，趋势分析法是很有价值的，但仅仅使用该方法还是不够的，因为一个组织的人力资源使用水平很少只由过去的状况决定，而其他因素(例如销售额、生产率变化等)也会影响到组织未来的人力资源需求。因此，该方法得出的结果，可以作为一种趋势来参考，但不能认为是完全准确而机械地加以应用。

比率分析法是通过计算某种组织活动因素和该组织所需人力资源数量之间的比率来确定未来人力资源需求的数量与类型的方法。例如，教育部门的师生比、销售数量和销售人员数量比、医院规模与护士数量比等。一些大企业有着严格的劳动定员管理标准，这些标准也可以用于比率分析法。长期从事员工管理工作、具有实际经验的组织领导者，脑子里会储存该方面的判断标准信息。当一个组织的工作任务与条件有所改变、需要对人员数量进行增减或者对员工进行再配置时，这些标准就会在领导者的脑海里出现，他们把相似环境下类似组织的一些数据拿来作为参考，从而对本组织的人力资源需求量做出修正。一些岗位的资深人员也能够就此得出比较准确的估计值。

回归分析法是通过绘制散点图寻找、确定某事物(自变量)与另一事物(因变量)之间的相关关系，来预测组织未来对人员需求数量的方法。如果两者是相关的，那么一旦组织能预测出其业务活动量，就能预测出自身的人员需求量。当自变量只有一个时，为一元回归；当自变量有多个时，为多元回归。

劳动生产率分析法是一种通过分析和预测劳动生产率，进而根据目标生产/服务量预测人力资源需求量的方法。因此，这种方法的关键部分是如何预测劳动生产率。如果劳动生产率的增长比较稳定，那么预测就比较方便，其效果也较好。这种方法适用于短期预测。

(2) 推断法。

推断法是通过专家和管理人员运用自身知识、经验以及直觉，对未来的人力资源需求数量做出推测、判断的方法。常用的推断法有自上而下法、自下而上法和德尔菲法。

自上而下法主要依赖组织的高层领导者做出判断，这就要求领导者应该对组织的发展方向、各方面的情况、组织发展目标和运行情况有明确和清醒的认识。

与自上而下法相对应的是自下而上法，它是依赖各部门和各层次的直线经理，靠其经验和判断对未来人力资源需求做出预测。这种方法一般用于简单的预测，只需清楚地了解当前的具体需要项目，而不必反映未来的和整个组织的全局目标。

德尔菲法是一种依靠管理者主观判断的预测方法。“德尔菲”一词，是古希腊神话中可预知未来的阿波罗神殿的所在地名。美国兰德公司在20世纪40年代以“德尔菲”为代号，研究如何使控制反馈更为可靠地搜集专家意见，德尔菲预测法因而得名。在人力资源需求预测方面，德尔菲法具有方便、可信和能够在缺少资料、其他方法难以完成的情况下成功进行预测等优点。

了解人员配置需求之后，你必须估算内外部候选人供给情况。主要方法有内部人力资源供给预测法和外部人力资源供给预测法。

2) 内部人力资源供给预测法

组织内部人力资源的供给预测，即对未来年代本组织各类人员可接续部分的计算。从总体上看，预测期组织的人力资源内部供给，是现有各类岗位的人力资源数量减去晋升、调动、流出、退休后的数量，并加上由本组织内部变更(下级晋升和平级调动)而来的人员。具体来说，人力资源内部供给预测的过程是以下几点。

(1) 确定人员预测的范围。

(2) 估算各岗位未来年代的实际存留人数。

(3) 评价和确定每一关键职位的接替人选。

(4) 确定专业发展需要，并将员工个人目标与组织目标相结合。

(5) 挖掘现有人力资源的潜力。

对于本组织的人力资源向外流动，尤其是人才流动，要分析他们流动即损耗的原因，并采取有针对性的政策措施给予一定的解决。从总体上看，人力资源流动的原因可以分为外界的吸力和内部的推力两部分；具体来说，主要有组织用人状况、工资竞争力、个人发展机会、组织文化、管理制度、人际关系、工作氛围等原因。内部候选人供给预测可以通过手工式数据库、人员重置图或计算机信息系统等手段实现。

3) 外部人力资源供给预测法

根据组织的人力资源需求预测和组织人力资源内部供给预测的结果，可以找出本组织在一定时期对人力资源需求的缺口。这一缺口要靠外部人力资源供给来弥补。

为此，组织就要对外部人力资源供给状况进行预测和规划，以获取自己所需的人力资源。组织进行外部人力资源供给预测，要考虑人力资源市场的状况和变动，对员工的资料进行收集和分析，并要考虑诸多的经济、社会、文化因素对人力资源市场的影响，预测未来组织之间的竞争和合作的状况，以决定组织未来的招聘方式和吸引人才的政策和方法。

此外，人力资源管理部门还必须及时地观察和把握人力资源市场的情况，以防在补充人力资源时陷于被动。影响外部人力资源市场供给的因素主要有以下几点。

(1) 社会新成长劳动力(即新进入人力资源队伍的毕业生)数量与质量。

(2) 人力资源市场上本组织所需专业和职业的人力资源状况。

(3) 本组织的工资竞争力、工作环境、公共关系形象等。

(4) 社会上同类型组织的数量与综合竞争力。

(5) 国家有关法律和政府的劳动法规。

(6) 社会失业率与行业失业率。

(7) 政府和行业的培训计划。

3. 调节人力资源规划

在完成了人力资源的需求与供给预测后，就可以根据供求关系来估算企业的人力资源基本态势，从而决定人力资源的调节数量了。从总体上看，企业的人力资源规划调节可以分为人力资源短缺的解决方法和人力资源过剩的处理方法。

1) 人力资源短缺的解决方法

在人力资源数量短缺的情况下，组织可以采用以下方法。

(1) 挖掘现有岗位的有关潜力，增加工作负荷与设备产出率，提高绩效水平。

(2) 结合部门机构调整，对员工结构也进行调整，将人员配置到空缺岗位上。

(3) 培训员工，以提高其工作能力。

(4) 招收员工。

(5) 工作外包。

(6) 加班加点，延长工作时间。

2) 人力资源过剩的处理方法

在组织人力资源总量过剩及员工结构失调的情况下，就需要采用减少人员的政策。其主要方法有以下几点。

(1) 裁员，即削减现行员工的数量规模。

(2) 变相裁员。

(3) 降低员工待遇，降低现有员工的工资待遇，减少福利，可以解企业的一时之急。[1]

在对人力资源现有能力和未来需要作了全面评估后，管理者可以测算出人力资源的短缺程度。管理者就可以进入人力资源管理的下一步骤。人力资源规划必须成为企业制定长期战略规划、中期计划和企业营运计划时的一个重要的组成部分。例如对一个拥有诸如律师、经济分析师、系统分析师、保险代理、医生和注册会计师等一些高技术人才的企业而言，一旦失去他们中任何一位都将是巨大的损失，再想找一个可以替代他们的人，就又得花费很长的时间。所以，企业的人力资源管理人员必须对诸如在哪里可以及时找到符合条件的人员的信息了如指掌。因此人力资源规划最主要的工作就是“储备”大量的潜在人力资源，当然这些资源应该是靠得住的，并且是招之即来的。诸如快餐业、旅游业，这些历来以雇佣青少年为主的企业现在也面临着员工骤减的危机，问题主要在于缺少15～18岁的应聘者。解决上述一系列问题的办法是：一方面提高工资，使工资高于最低水平；另一方面可以开发新的人力资源来源。

10.2.2　招聘

管理者对现有的人力资源状况和未来的需求状况了解后，就可以针对现状与未来需要的差距展开工作。如果企业中存有一个或多个职位空缺，管理者可以根据职务分析得到的信息来指导招聘工作。招聘是用人单位通过招募，选用具有企业所需能力的合格人员的过程。招聘一般分为“招募”和“甄选”两个阶段。

1. 招募

人员招募的目的在于吸引更多的人来应聘，使得企业获得更大的选择空间，同时也可以使应聘者更好地了解企业。管理者可通过多种渠道(包括互联网)找到拟聘用的潜在候选人，按照原则应当首先考虑内部获取，即从本企业现有员工中晋升或调职，表10-1具体说明了这些渠道。

表10-1　潜在候选人渠道

潜在候选人渠道	优点	缺点
内部获取	节约费用；候选人比较了解企业情况；对员工有激励作用，有利于保持和提高士气；所获得人员素质比较可靠等	人数有限；容易形成“近亲繁殖”；可能引起员工之间的竞争，产生内耗

[1] 姚裕群．人力资源管理．北京：中国人民大学出版社，2005．第127～132页．

续表

潜在候选人渠道	优点	缺点
媒体广告	一定程度上打破了时间、空间的局限；覆盖面广；针对性较强	成本较高；会产生很多不合格应聘者
员工推荐	现有员工比较了解企业的状况，被推荐者更容易获得与职位有关的消息，便于其决策；而组织也容易了解被推荐者；推荐者的认真推荐可能产生高素质的候选人	容易导致员工的类别和结构的僵化
国有职业介绍机构	成本较低；省时省力	通常为非熟练或只受过很少训练的候选人，针对性不强
私人就业服务机构	针对性强；广泛接触；仔细甄别；提供短期担保；企业财务风险较小	费用较高；由于私人就业服务机构对企业了解有限，困难会失去适合的应聘者
校园招聘	针对性强；选择面大；选择层次立体；成功率高；可塑性强	培训成本高；可能导致企业实际运作困难；只限于初级职位
临时性就业服务机构	只满足临时需要	成本较高；通常限于常规或只需范围狭小的确定技能的工作
员工租赁机构、独立承包商	满足临时需要，通常适用于特殊的、中长期的项目	人员通常只对当前的项目而不是整个组织负责
网络招募	覆盖面很广并可短时间内得到反馈；高素质的应聘者；缩短招募时间；交流方便等	会有许多不合格的应聘者；消息的真实性不能保证；不能对应聘者进行全面的考察

某些招聘渠道是否会产生更优秀的人选?回答通常是肯定的。大多数研究发现，员工推荐一般会产生更好的候选人。对这一发现的解释是合乎逻辑的。首先，现职员工推荐的候选人已事先经过了这些员工的筛选。因为推荐者对于职务和所推荐人选都较为了解，他们自然倾向于推荐更适合该项职务的候选人。其次，现有员工通常觉得他们在组织中的声望和所作的推荐质量不无关系，因此，只有当他们自信该项推荐不会影响自己的名声时才会主动推荐其他人。

2. 甄选

招募过程吸引到申请者，人力资源管理过程的下一步骤就是要确定谁是该职位最合适人选。这一步骤称为甄选(Selection)。它是对申请者进行甄别、筛选，以确保最合适的候选人得到这一职位。人员甄选是招聘最重要的部分，是招聘工作中技术性最强的阶段，也是难度最大的阶段。它是决定能否招聘到高素质员工的关键，也是决定招聘效果的关键。

1) 甄选程序

甄选程序就是对应聘者进行挑选的过程，这个过程中一般采用淘汰法。所谓淘汰法，是指在甄选的全过程中，只要有一个程序或关卡没有通过，就会被淘汰。企业先选出一定数量的合格应聘者，经过测试，选出少数优秀人员，再从中选出最合意的人员。一般而言，甄选程序包括资格审查、初步筛选、笔试、面试(心理测试)、体检、资格核查等过程。

2) 初选

初选就是对提出求职申请的人员进行初步挑选，它包括资格审查和筛选。资格审查是对求职者是否符合职位的基本要求的一种审查，人力资源管理部门审阅应聘者的个人申请资料，挑选出符合招聘条件的人选，再交由用人部门进行筛选。用人部门的筛选就是从符合条件的人选中再挑出条件比较好的人员的过程。经筛选的人员由人力资源管理部负责通知在排定的时间进行笔试。由于申请材料的不够全面和决策人员的主观性，初选过程往往出现漏选的现象，所以在时间和费用允许的情况下，应坚持面广的原则，让尽量多的人员参加面试。

3) 笔试

考试也是一种很早就使用的选择人才的方法，因其操作简便，具有比较明确的客观标准，且易于评判，以及公正、客观等优点，在人力资源管理中越来越受到重视。

4) 面试

面试是整个招聘过程中最重要的一个环节。尽管有时由于招聘的规模小或者企业的规模不大，笔试可以省略，但是面试却是不能省略的。面试是供需双方的正式交谈，通过面试，一方面，企业能够客观了解应聘者工作经验和能力、素质和修养、求职动机以及在笔试中无法了解的其他问题；另一方面，也能帮助应聘者了解企业的面貌，便于应聘者的选择。

5) 体格检查

在绝大多数情况下，体格检查成为组织为健康保险目的而作的，因为组织都想确保本次雇佣行为不致带来为员工受雇前的受伤或疾病而支付保险费用。

6) 资格核查

资格核查有两种形式：申请资料核实和推荐信查询。前一种形式已被证明是获取人员甄选有关信息的一个有效的渠道。但后一种形式基本上无多大价值，因为应聘者的推荐人通常说的几乎都是好话。谁会去找一个能说出不良评语的人写推荐信呢?

7) 甄选手段

甄选活动的主要着眼点在于提高作出正确招聘决策的概率。管理者需要通过既有效度、又有信度的甄选手段保证正确的决策。无论使用何种甄选手段，首先必须具有效度(Validity)。所谓效度，即测试的有效性，是指测试结果与工作效果的相关性程度。通俗地讲，对应聘者的测试是希望招聘到的人选将来能胜任某项工作，如果能通过测试就能胜任工作，则说明该项测试是有效度的。需要指出的是，工具本身并不存在效度的问题，不要把效度理解为判断一项测试工具有效性的指标，运用某工具进行测试得出结果，对此结果作出推断进而形成结论，此结论的有效性才是效度的真正含义。效度可以分为效标效度、内容效度和构想效度。

除了效度外，甄选手段还必须同时具有信度。信度(Reliability)指明一种手段是否能对同一事物做出持续一致的测量。例如，如果学生参加的考试具有信度，那么学生的成绩就应当在相当一段时间内相对保持稳定。

管理者常用的甄选手段包括：应聘者申请表分析、笔试和绩效模拟测试、面谈、履历调查，以及某些情况下的体格检查等。不同的甄选手段对于管理者作出人员甄选决策只有相对有限的价值，表 10-2 列出了不同甄选手段对特定类型工作的效度。管理者应当针对不同的工作职位选用不同的甄选手段。

表 10-2　各种甄选手段预测雇员绩效的功用

甄选手段	职位			
	高层管理	中低层管理	复杂的非管理工作	常规的作业
申请表	2	2	2	2
笔试	1	1	2	3
工作样本	—	—	—	—
评价中心	5	5	—	—
面谈	4	3	2	2
资料核实	3	3	3	3
推荐核查	1	1	1	1
体格检查	1	1	1	2

说明：表中效度值是按 5 分制给分，5 表示效度最高，1 表示效度最低，—表示无数据。

资料来源：斯蒂芬·P·罗宾斯，玛丽·库尔塔．管理学(第七版)．北京：中国人民大学出版社，2004．第 328 页．

需要注意的是，在招聘过程中，针对很多企业员工流动性大的情况，为提高员工的工作满意度、减少离职流动率，管理者可考虑提供真实工作预览(Realistic Job Preview)。其中包括关于工作和公司的有利和不利两方面的信息。例如，除了在面谈中通常会陈述公司的好的一面外，还要告诉职位应聘者诸如工作时间内将很少有机会和同事交谈，提升机会少，工作时间不固定，可能要在通常的休息时间(如晚上和周末)上班等。得到真实工作预览的申请者，往往会对他们所承担的职务产生更合乎实际的、更为现实的工作期望，从而对工作中可能的挫折有更强的应对能力，新员工辞职率也得以降低。

10.2.3　解聘

解聘是组织对劳动力供应进行控制的有效方法。过去一段时间，很多美国大公司、政府机构和中小企业，都阶段性地采取过紧缩员工队伍或对其组织结构进行重组的行动。

对于任何一个管理人员来说，解聘都是一件令人头痛的事情。的确，组织可以解聘员工，但在作出解聘决定之前一定要慎之又慎。轻易地作出解聘决策必然会产生影响员工士气，损害组织形象等恶劣后果。当然，有时候解聘是绝对必要的。我们可以从表 10-3 的各种解聘方案中得到的启示。

表 10-3 解聘方案

解聘方案	方案说明
解雇	永久性、非自愿地终止合同
临时解雇	临时性、非自愿地终止合同；可能持续若干天，也可能几年
自然减员	对自愿辞职或正常退休腾出的职位空缺不予填补
岗位调换	横向或向下调换工作岗位；可减缓组织内的劳动力供求不平衡
缩短工作周	让员工每周少工作一些时间；或以临时工身份做这些工作
提前退休	为年龄大、资历深的员工提供激励，使其在正常退休前提早退离岗位
工作分组	几个员工分担一全时职位

思考与讨论

比较劳动密集型企业和技术密集型企业人员选用过程的异同。

10.3 人员保持

10.3.1 员工培训与开发

培训(Training)是通过一系列的技术方法，改变每个员工的某些行为举止，以使其胜任所负责的工作，或者在某些方面有所改进，从而更能适应目前的岗位。比如，一名刚入行的饭店侍者就必须接受有关如何应付那些“麻烦”顾客的培训，而房地产代理人须接受的培训是如何在不同的房屋现场之间更合理地安排好他们的时间。

开发(Development)是针对人的能力所做的工作，它帮助员工在企业内部承担更多的责任，或是晋升到高一级的职位。比如，某公司的一个普通销售经理通过在职期间的培训、轮岗和夜校培训等一系列培训项目，可以晋升到更高的职位——分管地区销售的片区销售经理。

1. 培训开发的步骤

一般情况下，企业的培训与开发过程应包括 5 个步骤。第一步是培训需求分析，要确定必需的完成工作的技能，分析潜在培训对象所具备的技能和培训需求并制定具体的、可量度的知识和工作绩效目标；第二步是教育指导设计，要确定、汇编和形成培训计划内容；第三步是确认，要将培训计划提交给少数具有代表性的听众，让他们帮助消除其中的问题；第四步是执行培训计划；第五步是从反应、知识、行为和成效 4 个方面对培训结果做出评估。

对于不同的组织，人力资源培训和开发项目因对象的不同而有所区别。这些对象包括职业经理、办公室行政人员、专业人员(如医生，律师等)、技术人员(如汽车维修师等) 以及具体操作人员(如收发员、司机)等。

此外，不同地区、性质和规模的组织之间，对员工开展的培训与开发项目也存在很大区别，所做的投入也差别很大。我们国内的很多企业在员工的培训与开发方面意识就有所欠缺，只花很少的时间和精力，甚至抱着培训无非是“为他人做嫁衣”的想法，根本不去考虑这方面的开支。一些由个人直接提供服务的企业喜欢雇佣受过培训、有证书或许可证的专业人员。这些人员除了在企业的服务过程中积累经验外，很少再有接受培训的机会。一家大型零售商店或连锁店雇佣了新员工，商店会安排经验丰富的老雇员来指导他们，同时部门经理也会经常来指导。而旅游景点、大型商场、娱乐场所或是房地产业中，会鼓励员工到附近学校里接受培训。当然也有很多企业着眼于未来，对员工进行长期的、全面的培训与开发。美国电子数据系统公司就为新员工提供广泛且有价值的培训项目，条件是新员工必须承诺为公司工作 3 年，否则必须偿还一定的培训费用。

在美国，培训与开发得到了前所未有的重视。有许多公司自己创办大学来培训公司的员工。20 世纪 80 年代初期，大约有 400 所这样的大学，而到了 90 年代，此类学校估计已超过 1600 所。在这些大学中有诸如 Tennessee Valley Authority 大学、假日酒店大学。而有些学校，比如 Bellcore 公司的 Bellcore Learning Services 大学、Symbol Technologies 公司的 Symbol University 大学，不但培训自己公司的员工，而且对外开放，为顾客、零售商以及其他公司的员工提供接受培训的机会。

随着技术的进步和对成本的考虑，培训的形式和实质还会有所改变。以计算机为基础的学习系统变得越来越普遍，比如 Bain & Company 管理咨询公司为其员工提供的网络虚拟企业大学。此外，现在有些高技术培训机构为培训提供了远程教育模式，替代了传统的课堂授课形式。同时，越来越多的组织依靠可视会议和卫星传播等方式进行工作现场培训。

章节阅读 10-3

自我定位式学习

目前，人力资源培训和开发正向着“自我定位式学习 (Self-Directed Learning，SDL)”的方向发展。在自我定位式学习过程中，每个人在他人的帮助下或没有他人的帮助下选定自己的初始水平、明确自己的学习目的、制定自己的学习目标，同时明确学习中所需的人力物力资源，选择一个适合自己的学习策略，并且估计自己通过这次学习最终成果。SDL 学习法的优点主要有以下几点。

(1) 与学习者的需求密切相关。

(2) 针对性强。

(3) 课程安排灵活。

(4) 技术与知识的更新速度快，

(5) 比传统的培训方式成本低。

资料来源：Cengiz Haksever，Barry Render，Roberta S Russell, Robert G Murdick. 服务经营管理学(第二版). 北京：中国人民大学出版社，2002. 第264页.

3. 实施培训开发的关键点

培训过程除了遵循有计划有组织的原则外，想要取得培训和开发人力资源的最终成功还必须考虑以下几个要点。

1) 加强岗位技能的培训

销售部的员工比管理人员有更多的机会与顾客进行直接接触。对一名零售业的销售人员，他的培训重点就应该强调对商品知识的了解和与顾客的沟通能力方面。

2) 培训所有员工时都将他们作为专职员工对待

联邦快递的普通员工一般是兼职大学生，但是每一个员工都能受到比其他美国工厂技工更全面的培训。

3) 在培训方面应该不惜投入资金和时间

在美国，一个成功的小杂货店每年也要花费近 1000 美元培训员工(包括专事送货上门的兼职员工)。企业要送员工参加整整 14 周，费用高达 600 美元的戴尔 · 卡内基课程培训，为什么要花钱培训一个基层员工呢？因为如果有任何一个顾客不满意，对商场而言就是营业额的潜在损失。

4) 有规律地进行再培训

处于各种层次的员工都应该继续扩展并且提高技能，途径就是再培训。这应该是他们工作中的重要组成部分。

5) 无论员工目前处于何种岗位，都要对他们进行各种技能的全面培训

很多企业就有一套全方位的培训计划，这是与公司从内部提拔员工的方针配套的。比如，通过公司资助的培训，宾馆的客房服务员也可以胜任前台的工作。这样的培训实际上提高了客房服务员的基本工资，同时也为他们填补新岗位做好了准备。

6) 不断更新培训计划

不断更新培训计划意味着所培训的内容要符合员工实际工作需求。比如，一方面应该强调员工在为顾客提供服务时要有好的态度，但是培训却不是仅仅开个会强调一下，或是教授一些微笑服务的技巧，培训应该教授他们如何开展工作，通过适当的设计、工具、方法和授权等来激发员工的潜在能力，使他们能将最好的服务水平表现出来。

7) 传播企业的管理理念及价值观

高层的管理人员应该利用培训的每个机会讨论并将服务的理念传授给受训者。最有效的培训就是列举真实生动的例子，而这些例子来源于管理的上层。比尔 · 马里奥特(Bill Marriott)(马里奥特公司的创始人)、沃尔特 · 迪斯尼(Walt Disney)(迪斯尼公司的创始

人)、弗雷德·史密斯(Fred Smith)(联邦快递公司的创始人)、山姆·沃尔顿(Sam Walton)(沃尔玛公司的创始人)和简·卡尔松(Jan Carlzon)(SAS 航空公司的创始人)，这些都是成功的最佳案例。

员工的开发不仅仅局限于培训，还有通过对其他员工和管理人员的行为的观察来学习提高。即一个人的学习和行为是他与周边环境不断地进行认知交互和行为交互的结果。企业应当对此合理地加以应用以提高培训开发的效率。例如企业多为新员工提供和同事相处的机会，从而帮助新员工尽快融入工作环境。

假设人们能够意识到环境标识与自身目标之间的关系并作出相应的积极回应。比如其员工想购置新房，他发现同事中如果有人在培训课程中表现出色就有被提拔的可能，提拔意味着工资的提高，于是欲望的满足也就成为可能，该新职工就会全力以赴去学好所需要的培训课程。

10.3.2 员工绩效管理与薪酬福利

1. 员工绩效管理

管理者需要知道员工是否有效地完成了工作，工作中是否存在改进的地方。评估员工绩效是企业绩效管理系统的一个重要部分。企业的发展和成功来自于每个员工、每个部门的高水平绩效。提高并保持员工的绩效一直是企业经营管理者所关注的焦点。仅根据经验，依照企业现有资料形成的考核制度，没有将绩效考核与企业的战略发展目标相结合，就不能达到企业整体绩效和竞争力的提高。

绩效管理是人力资源管理的核心工作。绩效管理是指对公司的资源进行规划、组织和使用，以达到某个目标并实现客户期望的过程。它以目标为导向，将企业要达到的战略目标层层分解，通过对员工的工作表现和工作业绩进行考核和分析，并通过有效的薪酬激励机制，改善员工在组织中的行为，充分发挥员工的潜能和积极性，更好地实现企业的各项工作目标的程序和方法。它是一个持续的循环过程，由员工和管理者共同协作完成。

1) 绩效管理的内容

绩效管理主要内容包括岗位分析、绩效考核、沟通反馈和薪酬激励机制。

岗位分析就是对职位相关信息的收集，加工和处理过程。岗位分析是绩效管理的基础，绩效考核和薪酬激励机制都要以岗位分析为基础才能有效实施。岗位分析应是全面的、综合的、不受时间影响的、清晰明了的、可衡量的，体现岗位的特点。

绩效考核是企业主管人事的重要依据，是绩效管理的重要环节之一。绩效考核是以目标计划为基础，以绩效衡量标准或指标对绩效进行考核；绩效考核偏重于过程管理，它由绩效计划、绩效辅导、考核及反馈和报酬 4 个环节构成。绩效考核着眼于未来绩效的提高，绩效考核强调结果导向，关注员工是否达到绩效目标，是否改善了实现绩效目标的方法或手段；绩效考核以目标为导向，依靠牵引和拉动绩效目标努力实现目标；绩效考核强调主管和员工共同参与整个考核过程，包括绩效辅导、双向考核沟通与反馈。

薪酬激励机制是建立在绩效管理系统的职位分析、绩效考核等环节的基础之上的，当知道哪些是促使企业绩效提升的关键因素时，也就知道用什么样的薪酬激励机制去管理了，即通过薪酬激励机制来调节关键的成功因素。它是绩效管理系统的重要组成部分，同时又作用于绩效管理系统。

2) 绩效管理体系的要素

一般而言，绩效管理包括 6 个步骤。

(1) 设立绩效目标，形成工作期望。这是绩效管理过程战略目标的体现。各级主管根据公司和部门的发展目标以及对员工的要求和期望，在与员工协商的基础上，按照考核周期确定和调整部门和员工的绩效目标。

(2) 记录绩效表现。记录绩效表现是一件较为繁琐的事，管理员和员工往往需要花费大量的时间来记录员工的工作表现，为后面的辅导和评估提供依据，避免拍脑袋的绩效评估。绩效表现记录应尽量优质到图表化、例行化和信息化，以提高信息的收集率和使用效果。

(3) 提供辅导与帮助。这是绩效管理过程发展目的的具体体现。我国企业往往重视考核和考核结果的应用，而忽视绩效辅导和帮助这一重要环节。主管应通过观察下属的工作行为和工作结果，为员工在工作过程中所表现出来的方向性和技能性的不足提供及时的指导和帮助。

(4) 实施绩效考核。这一环节企业一般都会根据自身的特点建立起一整套的标准和方法，应用得都不错，不再论述。

(5) 结果反馈，制定绩效改进计划。反馈面谈不仅是主管和下属对绩效评估结果进行沟通并达成共识的过程，而且要分析绩效目标未达成的原因，从而找到改进绩效的方向和措施，并落实在下一阶段的绩效目标中，从而进入下一周期的绩效管理过程。

(6) 绩效考核结果的应用。传统的绩效考核结果通常仅用于员工晋升、调任、解雇和报酬等，而现代的绩效考核结果的应用除了这些范围外，还注重为员工制定训练、发展和职业生涯规划等。

绩效管理不是一个简单的、独立的管理行为，而是一项在企业发展过程中环环相扣的系统工程。其各个环节相辅相成，而串联起整个系统的工具就是贯穿始终的持续不断的沟通。沟通反馈应贯穿于整个绩效管理过程，持续的沟通在于能够前瞻性地发现并解决问题，很多企业往往忽视这一重要环节，在绩效形成过程中对员工的工作状况不闻不问，等考核结果出来后再秋后算账”这样的绩效管理不是一个完整、连续的过程，管理者在绩效形成过程中没有获得充分的信息，无法对员工的工作行为和绩效结果进行有效的监控和引导；而员工在绩效形成过程中没有获得指导和帮助。

3) 绩效评估的主要方法[1]

(1) 书面描述法。书面描述(Written Essay)是指考评者以书面形式描述员工的所长、

[1] 斯蒂芬·P·罗宾斯，玛丽·库尔特．管理学(第七版)．北京：中国人民大学出版社，2004．第 333 页．

所短、过去的绩效和潜能，并提出改进建议的一种绩效评估方法。此方法简单易行，但考评者主观判断成分较重。

(2) 关键事件法。关键事件法(Critical Incidents)是指考评者将注意力集中在那些区分有效的和无效的工作绩效的关键行为方面，考评者记下一些细小但能说明员工所做的是特别有效果的或无效果的事件。这里的要点是，只叙述及具体的行为，而不笼统地评价一个人的个性特质。关键事件法优点是事例丰富，以雇员行为为依据；缺点是比较耗时，无法量化。

(3) 评分表法。评分表法(Graphic Rating Scales)是一种最古老也最常用的绩效评估方法。它列出一系列绩效因素，如工作的数量与质量、职务知识、合作性、忠诚度、出勤、诚实和首创精神等，然后，考评者逐一针对表中的每一项，按增量尺度对员工进行评分。评分的尺度通常采用 5 分制，如对职务知识这一因素的评分可以是 1 分(对职务职责的了解很差)至 5 分(对职务的各方面有充分的了解)。评分表法的优点是可以提供定量的数据，时间耗费较少。缺点是不能提供工作行为评价方面的详细信息。

(4) 行为定位评分法。行为定位评分法(Behaviorally Anchored Rating Scales，BARS)是近年来日益得到重视的一种绩效评估方法。这种方法综合了关键事件法和评分表法的主要成分，由考评者按序数值尺度对各项指标做出评分，不过，评分项目是对某人从事某项职务的具体行为事例而不是一般的个人特质描述。行为定位评分法的优点是侧重于具体而可衡量的工作行为；而缺点是耗时，使用难度大。

(5) 多人比较法。多人比较法(Multi-person Comparisons)是将一个员工的工作绩效与其他一个或多个员工比较。这是一种相对的而不是绝对的衡量方法。该类方法最常用的三种形式是：分组排序法、个体排序法和配对比较法。分组排序法(Group Order Ranking)要求评价者按特定的分组将员工编入诸如前 1/5、次 1/5 之类的次序中。个体排序法(Individual Ranking)要求考评者将员工按从高到低的顺序加以排列。配对比较法(Paired Comparison)要求。每个员工都一一与比较组中的其他每一位员工结对进行比较，评出其中的“优者”和“劣者”。在所有的结对比较完成后，将每位员工得到的“优者”累计起来，就可以排列出一个总的顺序。多人比较法的优点是可以将员工与他人做出直接比较；缺点是当员工数量大时，操作会不便。

(6) 目标管理法。这也是绩效评估的一种方法。事实上，这是对管理人员和专门人员进行绩效评估的首选方法。在目标管理法下，每个员工都确定有若干具体的指标，这些指标是其工作成功开展的关键目标，因此它们的完成情况可以作为评价员工的依据。目标管理法侧重于目标，结果以结果为导向，但是比较耗时。

(7) 三百六十度反馈法。三百六十度反馈法(360 Degree Feedback)是利用从上司、员工本人及其同事处得来的反馈意见进行绩效评估的一种方法。换句话说，这种考评使用了与管理者有互动关系的所有人员的反馈信息。像 Alcoa 公司、皮特尼·鲍斯公司(Pitney Bowes)、美国电话电报公司、杜邦公司、利维·斯特劳斯公司和 UPS 公司等都运用了这一创新性的方法。这一方法在使用中需注意，尽管它是职业指导的一种有效方法，能帮助管理者认清自己的长处和短处，但若将它用于对其报酬、提升或辞退的决策是不合适的。三百六十度反馈法评价比较全面，但也较耗时。

2. 员工薪酬与福利

员工薪酬是雇员由于雇佣关系的存在而获得的所有各种形式的薪资和报酬。[1] 有效的薪酬制度有助于吸引和保留高质量的员工，从而帮助组织实现目标。

薪酬制度必须能够反映工作性质的变化以及工作环境，这样才能充分调动员工的积极性。组织给予员工的薪酬可以包括多种不同的薪酬与福利，如基本工资和年薪、工资和加薪、激励性的薪酬，以及其他福利及服务。

组织对待不同员工的薪酬与福利方案的差异受到多种因素的影响，图 10.2 给出了这些影响因素。[2]

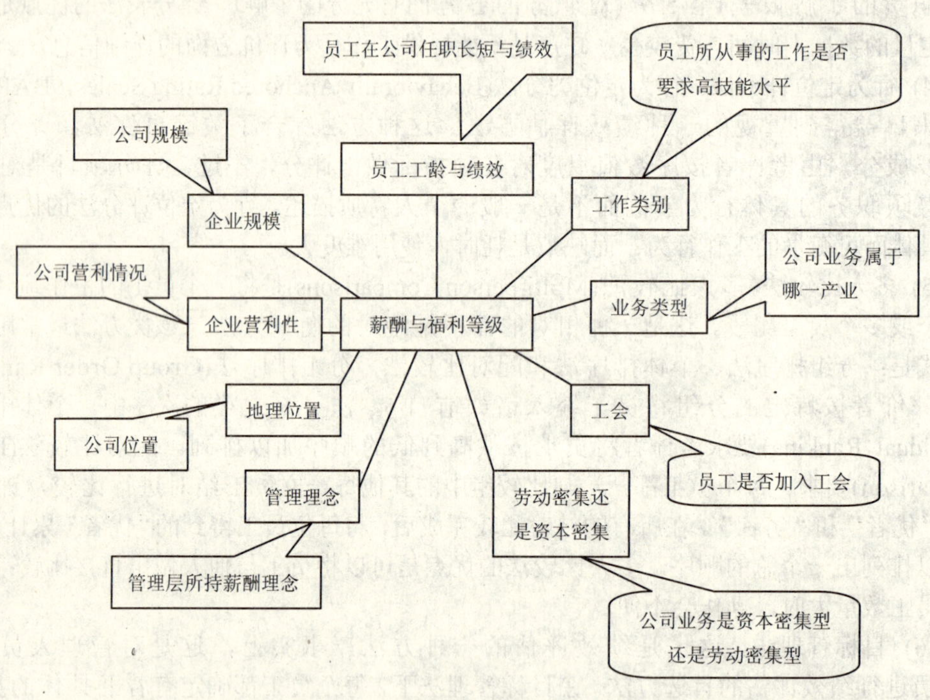

图 10.2　影响薪酬与福利的因素

---

[1] Thomas Patten Jr., Pay. *Employee Compensation and Incentive Plans*. New York: Free Press, 1977. P1.

[2] R. I. Henderson, *Compensation Management*.6th ed. upper Saddle River, NJ: Prentice hall, 1994. P3～24; and A. Murray, *Mom, Apple Pie, and Small Business*, *Wall Street Journal*, August 15, 1994.PA1.

今天的工作环境往往要求企业用新方法来向员工支付薪酬。例如，在以团队为基础的企业中，企业希望员工能够学会不同的技能。因此，越来越多的企业正在使用另一种薪酬制度，称为基于技能薪酬方案，即按员工所展示的工作技巧和工作能力确定报酬水平。在这样的薪酬制度下，员工的职务头衔或服务年限并不能决定其薪酬水平的高低，薪酬是由该员工的技能决定的。所以，拥有良好服务技能的高级护士完全可以和普通的工程师得到同样水平的薪酬。

正因为很多因素影响到企业薪酬制度的制定，所以，薪酬制度灵活性是一个很关键的因素。传统员工薪酬制度反映了工作稳定时代的特征，那时，员工的薪酬在很大程度上是由其资历和职位层级决定的。现在，企业面临动态的环境，它使员工技能成为对组织成功起绝对关键性作用的因素，同时，员工技能会在短短几个月内发生变化，这种趋势导致薪酬制度必须具有更大的灵活性，并使薪酬级次减少。无论采取什么样的政策，组织必须建立起一套公正、平等和具有激励作用的薪酬制度，确保能招聘到高质量的员工。

3. 职业发展

职业这一概念对银行客户经理以及软件设计师、医生都是合适的。一个组织为什么需要关心员工的职业生涯呢？具体地说，为什么管理层要把大量的时间和精力花在员工的职业发展上？因为着眼于职业发展将促使管理层对企业的人力资源管理采取长远的眼光。有效的职业发展计划将确保组织得到必要的人才，并使相对弱势员工群体(例如少数民族员工与女性员工)获得成长与发展的机会。当然，它还能提高组织吸收和保留高素质人才的能力。

组织职业发展方案以往通常是组织为帮助员工在企业中能使其职业生涯得到发展而设计的。职业发展方案的核心部分是提供有关的信息、评估和培训帮助员工实现其职业目标。同时，职业发展也是组织吸引和保留技能娴熟人才的手段。然而，在当今的工作环境中，范围越来越广的组织变革，已经导致了这一传统意义上的职业发展概念面临极大的挑战。

提升个人对自身职业发展的责任感，这一思想已被冠以一个新的概念——无边界职业。这一概念是指员工职业的进展、对组织的忠诚度、重要技能的形成以及市场价值，是由个人而不是组织决定的。[1] 在这样的趋势下，员工面临着挑战，还没有什么游戏规则可以指导他们应对这种新的情形，但个人却要为自己的职业规划和制定职业目标以及教育和培训等负起主要的责任。

这种情况下，要做的第一个关于职业的决定就是职业选择。良好的职业选择，可以使员工在工作和个人兴趣中找到平衡点；能带来机会，不断找到表现自己的职位，从而专心从事自己所选的职业，并感受工作带来的高度满意感以及工作和私人生活之间的恰当平衡。匹配得当的职业会让人产生积极的自我概念，激励在工作中不断探索进步。

---

[1] M.B. Arthur and D.M. Rousseau, *The Boundaryless Career：A New Employment Principle for a New Organizational Era* . New York：Oxford University Press，1996.

员工确定了所选择的职业后，下一步就是开始找工作。这里我们不再介绍工作搜寻和成功面试等细节问题。假设已经成功找到工作，现在最想知道的是如何在工作中得到发展，为自己赢得成功的职业生涯。其建议有：积极发展关系网，努力提高自己的技能水平，找到自己的职业指导者，拥护上司，考虑横向发展，获得对组织资源的控制，了解权力结构，展现积极和正确的形象，认真对待每一份工作等。

减员、重组和其他组织调整措施，带给我们一个关于职业发展的新结论：员工个人要对自己的职业生涯负责。员工自己必须采取一些必要的措施发展自己的职业，必须承担起设计、指导和开发自身职业的责任。自己的职业要由自己来管理，而不是由组织来管。组织和个人都要对此在观念上做出调整，树立新的理念。组织成员要为自己着想，变得更加自立。

思考与讨论

结合目前多数公立医院绩效考核体系讨论哪些因素影响了医生的薪酬？有何合理之处与缺陷？

章节阅读 10-4

巴特勒煤气产品公司

当杰克·巴特勒(Jack Butler)的父亲被诊断出身患癌症时，他正是一名 23 岁的波士顿大学毕业生，还希望继续上法学院。但父亲要求他接管位于匹兹堡的家族企业。

两年以后，巴特勒开了一家小公司——巴特勒煤气产品公司(Butler Gas Products)，这是一家生产并销售煤气及医疗设备和工业设备的公司。虽然公司在巴特勒的父亲的打理下经营得相当好，但是 20 世纪 80 年代早期公司也面临着新的挑战。随着钢铁工业的衰退，巴特勒公司的销售额下降了 50%，它的客户——废料厂、机械承包商、制造厂的生意也受到了影响。在钢铁工业衰落的同时，高科技和医疗行业却生意兴隆。巴特勒看到了潜在的商机：将来，人口的老龄化对使用各种煤气的医疗设备的需求将会越来越大。于是，巴特勒创办了 Qualtech 专业煤气公司(Qualtech Specialty Gases)。专门测试煤气的纯度，后来他又进入了煤气罐业务。可是，他碰到的问题在于，这些行业对于巴特勒煤气产品公司的员工来说全是新领域。巴特勒知道，他冒险进入的新领域能否取得成功就取决于在职的 30 名员工掌握新技能的能力如何。或者，也许他需要清理门户，启用新员工来做业务。

巴特勒煤气产品公司的例子可以用来说明人力资源管理者每天所面临的挑战。员工是组织竞争优势的主要来源。人力资源促成并直接影响组织的成功。在发现和开发作为人力资源的员工方面，人力资源管理起着关键的作用。人力资源管理是在组织中设计并运用正式的系统以确保有效益和高效率地使用人才去实现组织的目标。这包括为了吸引、开发和留住有效的劳动力而采取的一切行动。

资料来源：[美]理查德·L·达英特，多萝西·马西克. 管理学原理(第四版). 北京：机械工业出版社，2003. 第 188 页.

第11章 组织变革

学习目标

(1) 理解组织变革的概念及影响组织变革的要素。

(2) 描述组织变革的内容与类型。

(3) 掌握组织变革的过程与程序。

(4) 认识组织变革的阻力和压力。

(5) 理解组织文化变革的内涵与作用。

章前导读

土虱作用大

喜欢钓鱼者都晓得，如果把鱼钓上来超过个把小时，放在篓子里的鱼儿往往会奄奄一息，所以擅长钓鱼者经常在鱼篓里放一尾土虱，由于土虱生性喜欢攻击身边的鱼，鱼群必须持续跳、躲、闪以避免受攻击，因此即使经过数个小时，钓上来的鱼还是活得很精神。

组织里一片和谐也不见得是一件好事，若有人能适当地扮演土虱，刺激组织成员的生存力，也未尝不是一件好事。为了增加组织的战斗活力、延续组织的生命力，领导者可以在组织中安排一些“土虱”。

但是鱼与土虱的比率一定要抓好，否则反易弄巧成拙。

这则故事与我们熟知的“鲶鱼效应”寓意是一致，只是真地要注意地是除了鱼与土虱的比率之外，更重要的是要阻止土虱变成螃蟹，过与不及的危害哪个大不去讨论。但有一点是毋庸置疑的，就是起不到刺激(攻击)鱼作用的土虱，会降低鱼对外界危险的反应敏感程度，总是发现危险就在身边，但危险却又总不降临，起到的作用是对“狼来了”说法不断重复之后的麻木，一旦真的危险到来，便很难有防御、抵抗和战胜它的可能。另一方面，如果土虱对鱼的攻击已经超过为激发鱼的生命力所能承受的程度，例如，土虱的攻击弄死了很多鱼，或者鱼马上就要下锅以祭五脏庙(这时的鱼已不需要刺激了)，土虱对于鱼的作用便已经转化为螃蟹了。

资料来源：朱晓杰．一生必知的101个管理寓言．北京：中国商业出版社，2004.

任何组织，总是要适应外界环境的要求、环境的变化，这就要求组织进行相应的变化，同时，以适应经营战略的要求，为实现组织战略目标服务。因此组织变革的根本目的，就是通过组织结构、战略、技术任务、人员、组织文化等的改变，使组织达到动态平衡。这种动态平衡就是要使组织稳定、持续、灵活、适应性强，以求得在动态环境中发展。

11.1 组织变革概述

组织变革，是指组织在内外部环境变化的影响下，为适应环境的变化，为有效实现组织目标而进行的内在结构要素的变化。具体目标可以描述为：完善组织结构、优化组织管理功能、和谐组织社会心理氛围、提高组织效能。

11.1.1 组织变革的动因

在如今充满不确定性因素的时代，那些把大量时间和精力花费在维持现状上的组织必然会失去活力，失去成功的希望。组织必须根据周围所发生的变化，及时变革，才有可能在激烈的竞争中拥有自己的位置，如图11.1所示，有很多环境因素会驱使组织作出变革。

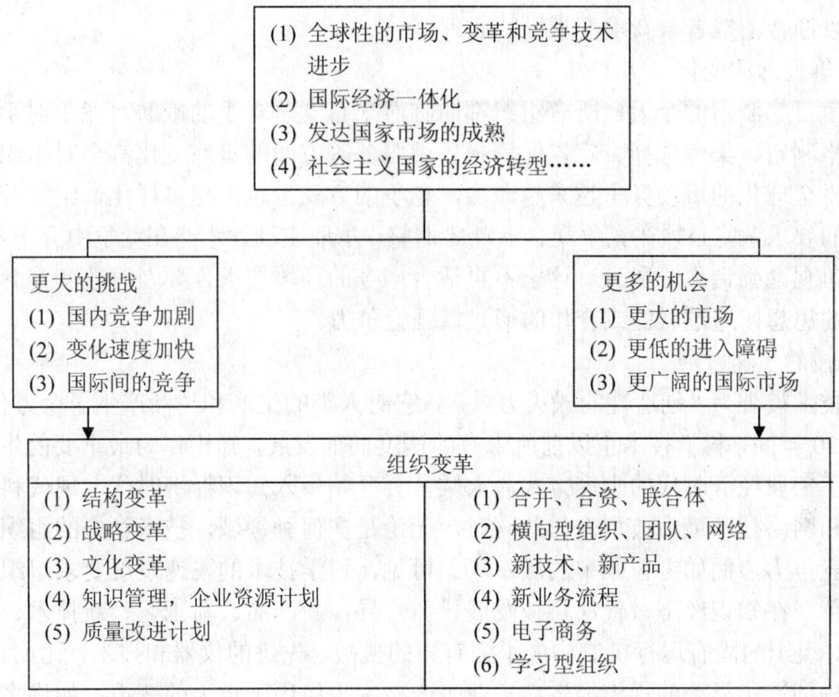

图 11.1 组织变革的影响因素

资料来源：[美]理查德·L·达英特．组织理论与设计(第七版)．北京：清华大学出版社，2003．第405页．

经济的全球化趋势影响到每一个组织。无论规模大小，组织都不仅会遇到更多的发展机会，也可能会面对更多的威胁。为了识别并积极应对这些威胁，组织必须进行变革。很多组织采用了自我管理的工作团队应对全球化带来的威胁。这样的结构调整有助于沟通和协作，重组分销渠道和供应链。另外有些组织则通过战略联盟或合资合作对其业务进行拓展。变革，已经成为组织发展的准则。如图 11.1 所示，推动组织变革的因素可以分为外部环境因素和内部环境因素两个部分。

1. 外部环境因素

具体地说，外部环境的变化对组织变革的影响主要体现为以下几点。

1) 消费需求的变化

消费者是吸收组织产出的主体，组织是为满足消费者需求而存在的，消费者需求的改变，会影响组织的生存和发展。随着科技的发展和竞争的加剧，消费者的需求也在不断变化。在充满个性化的时代，组织必须不断地推陈出新，不仅要发现和满足消费者现有需求，还要挖掘和创造消费者潜在需求，并通过维系与消费者的关系、创造顾客价值，来使消费者满意，以迎合消费者求新求变求异的心理。

2) 竞争观念的变化

在竞争日趋激烈的今天，所有组织都面临着来自竞争对手的威胁，竞争对手在新产品开发、价格制定、渠道选择、广告促销、售后服务等方面的策略变化都会对组织产生重要影响。基于全球化的市场竞争越来越激烈，竞争的方式也越来越多样化，组织若要想适应未来竞争的要求，就必须在竞争观念上顺势调整，争取主动，才能在竞争中立于不败之地。传统的竞争观念强调你输我赢，这已不再适合当今的环境要求，要及时改变观念，树立双赢、多赢的思想，通过联盟或合作的形式增强竞争力。

3) 科技的飞速发展

科学技术被誉为“创造性的毁灭力量”，它对人类的生产和生活产生了全方位的影响。在过去的20年间，科学技术正以前所未有的速度向前发展，知识作为最重要的生产要素极大地改变了工业经济时代的生产方式，人类社会开始步入知识经济时代。现代科技的发展以计算机和网络技术最为典型。与此同时，无论是在何种领域，技术领先的组织都比同类组织更具竞争力，例如零售业中的沃尔玛。可见，科学技术的飞速发展要求组织必须进行相应的变革。在知识经济时代，科技发展日新月异，新产品、新工艺、新技术、新方法层出不穷，对组织的固有运行机制构成了强有力的挑战。先进的仪器和技术，比如远程手术，为医疗机构创造了显著的规模经济；工业生产技术也经历了重大的变革，如许多企业中机器人劳动已经取代或部分取代了人类劳动；而在贺卡行业，电子邮件和互联网使人们送祝福的方式也发生了重大改变。

4) 经济因素

随着全球经济一体化的发展，不仅国内的利率、通货膨胀率、证券市场指数、经济周期等因素会影响组织发展，国际经济形势的变化也会对组织的运营产生重大影响。例如，东南亚金融危机、国际市场原油价格上涨，不仅影响局部地区经济发展，对全球经济以及处在全球经济中的每一个组织都会带来不同程度的影响。中国加入 WTO 后，机遇与挑战并存，国内企业在进军国际大市场的同时，不仅要在国际市场上与外国同行展开竞争，在国内市场也面临国际竞争者的威胁，尤其是在某些特定的产业，如汽车制造、农业生产、信息通信、金融服务等，这一切都对组织变革提出了更高的要求。

5) 法律因素

组织的各种行为必须符合国家有关法律、法规的规定，从事跨国经营的组织还必须同时遵守东道国的法律。这些法律、法规规定着组织能做什么、不能做什么，并对设立组织、聘用雇员、产品质量、发布广告、防治污染、限制垄断等诸多方面都作出了原则性的规定。同时，在世界范围内，几乎所有的国家，对于食品、药品、化妆品等特殊商品的经营，都有严格的法律规定。例如，在美国市场生产和销售的食品必须经过美国食品药品管理局(FDA)的认证。而且，随着时间的推移，原有的法律法规还会随着形势的变化进行修订与补充。无论是新法规的出台，还是原有法律的修订，都会对组织经营产生巨大影响，导致组织变革的发生。

6) 政治因素

政治因素的变化对于从事跨国经营的组织尤其重要。一方面，东道国的政局是否稳定，将直接影响跨国公司的日常经营，因此，跨国公司在选择合作伙伴时，往往把东道国的政治条件作为一个重要的考虑因素；另一方面，国家、地区之间在军事、外交、贸易方面政策的调整也会对从事跨国经营的组织产生深远的影响。随着冷战的结束，东西方的关系趋向缓和，贸易往来不断增多，这既给双方的企业带来新的发展机会，促进了双方的经济繁荣，同时也要求相关企业作出相应变革。

2. 内部环境因素

除外部环境因素外，组织系统本身的各项变化也会给组织带来深刻的影响，并导致组织变革。这些内部力量可能产生于组织的内部运营，也可能产生于外部变化的影响。推动组织变革的内部环境因素主要包括以下几点。

1) 目标因素

每个组织都有自己的运行目标，在组织发展的不同时期，组织的运行目标也不尽相同。组织结构是为组织战略目标服务的，当组织的运行目标发生调整时，组织结构也要随之进行变革，单一化的战略目标与多元化的战略目标分别要求有不同的组织结构相匹配。组织结构适时调整要求组织结构必须与组织战略相适应。而组织战略不是固定不变的，是随着组织的发展呈现出阶段性特征，即组织战略需要根据环境的变化作出相应的调整。因此，组织机构的设置又应当与组织的阶段性战略目标相一致，组织不但需要根据环境的变化调整机构，而且新的组织职能必须得以充分的保障和体现。

2) 规模因素

在组织生命周期的不同阶段，组织规模各不相同，相应地对组织形式的要求也各不相同。例如，在组织发展初期，规模较小且产品单一，往往实行集权型的直线职能制组织结构。随着组织规模的扩大，产品种类不断增多，生产批量急剧扩大，必须建立分权型的事业部制组织结构。

3) 管理因素

为了在外部不确定性因素增多的环境下提高决策的效率，组织必须通过变革信息保证沟通渠道的畅通。组织长期保持一贯的运行风格，往往会导致结构重叠、权责不明等问题，影响组织的顺畅运行。组织应当及时进行变革以制止组织效率的降低。为了提高决策效率，组织必须通过变革对决策过程中的各个环节进行调整，以保证决策信息的迅速和完整。

生产技术的飞速发展和信息技术的广泛应用，使得组织的管理水平大为提高，更多地采用充分授权和团队工作方式，呈现组织结构扁平化趋势。组织管理条件的变化，要求精简管理机构和管理人员，重新设置组织机构，重新划分职权范围，重新进行专业分工，并对管理人员的素质提出更高的要求。

所有上述外部因素和内部因素中的任何一种因素发生变化，都将在不同程度上影响组织的内部结构与运行方式。在管理实践中，往往是几种因素交织在一起，促使组织变革的发生。

11.1.2 组织变革的类型与内容

组织变革具有互动性和系统性，组织中任何一个因素的改变，都会带来其他因素的相应变化。但是如果就某一阶段而言，由于环境情况不相同，变革的内容会有所不同。综合而言，管理者可根据组织内外环境的变化对战略、人员、结构、任务和技术以及组织文化进行变革。

1. 战略的变革

组织对其长期发展战略所做的变革就是战略变革。如果组织决定收缩业务范围，就必须考虑剥离非关联业务；如果组织决定实行扩张战略，就必须考虑并购的对象与方式，以及组织文化的调整。大多数组织都需要对自己的战略和结构做出调整和变革。以前，组织环境相对稳定，很多组织只需进行微小的变革，一般还不会涉及战略层次。而在过去的十多年间，全世界的组织都面临周围日新月异的环境变化，为此必须在战略上做出变革。比如目前随着网络经济的盛行，越来越多的企业正在彻底脱离传统的组织模式，开始转向网络导向的战略和结构。

2. 人员的变革

人员的变革主要是指员工在态度、技能、期望、认知和行为上的改变。组织发展包括各种变革，但是最主要的因素还是人，人既可能成为推动变革的力量，也可能成为反对变革的力量。而变革的主要任务就是重新分配组织成员之间的权力和利益等资源。为了顺利实现这种分配，组织必须注重员工的参与，注重改善人际关系并提高实际沟通的质量。

3. 结构的变革

结构变革包括职权关系、协调机制、集权程度、职务与工作再设计等其他结构参数的变化。管理者的任务就是要对如何选择组织设计模式，如何制定工作计划，如何授予权力以及授权程度等一系列行动作出决策。现实中，变化的条件或战略要求结构作相应的改变。这样，管理者作为变革的推动者，就可能需要对结构进行修改。正如前面所述，我们从工作专业化、部门化、集权化与分权化等方面分析了组织的结构。管理者可以针对这些结构要素中的一个或多个加以变革。例如，可将几个部门的职责组合在一起，或者精简某些层次、拓宽管理幅度等。通过提高分权化程度加快决策制定的速度。另一种选择是对整体的组织结构设计作出改变。例如，宝丽来公司替换原有的职能型结构，采用一种按跨职能团队来安排工作的新型的结构设计。

4. 技术与任务的变革

技术变革是指工作过程、工作方法、机器设备的改变。传统的科学管理是基于动作和时间研究来推进技术变革的，现代的技术变革则主要是指引进新的设备、工具和方法，实现自动化、计算机化等。技术与任务的变革包括对作业流程或方法的重新设计、修正和组合，更换机器设备，采用新工艺、新技术和新方法等。自动化是在组织内某些活动中以机械替代人力的技术变革。近年来较明显的技术变革是计算机应用范围的不断扩大。现在许多组织都安装有复杂的管理信息系统。杂货店已经将条形码扫描仪与提供实时库存信息的计算机相连接。没有计算机化的办公室已很少见了。

5. 组织文化的变革

组织文化变革是指组织成员共有价值观的改变。组织文化由相对稳定和持久的因素构成，需要相当一段时间才能形成，一旦形成，就成为牢固和不易更改的东西。它确立了对人们应做什么、不应做什么的约束，为组织成员普遍认可和遵循。观念是行为的先导，从这个意义上说，组织变革首先是组织文化的变革，任何形式的组织变革必然同时伴随着组织文化的变革。组织文化有强弱之分，在强势的组织文化中，存在特别大的变革阻力。一般来讲，在组织面临大规模危机、领导职位易人、组织规模小、组织建立时间短、组织文化弱等条件下，更有利于促成组织文化变革。

组织变革具有系统性和互动性特点，组织中的任何一个因素改变，都会带来其他因素的变化。就某阶段而言，由于环境情况的不同，变革的内容和侧重点也有所不同。事实上，在组织变革的实践中，上述5种内容的变革并不是截然分开的，往往是以某一种变革为主导，各种内容的变革交织在一起。下文围绕战略、结构及组织文化变革三种常见形式展开讨论。

思考与讨论

试以某一熟悉的组织为例讨论组织变革的重要意义。

章节阅读 11-1

战略与组织变革

组织变革本身是一项复杂的系统工程，其间充满着风险和不确定性，失败的比例非常高，但由于它是组织迎接时代挑战、获取竞争优势的必由之路。因此，从战略的角度出发，把握组织变革的规律，创造竞争优势就成为现在组织研究所面临的最具挑战性的工作之一。

每年，美国的《财富》(Fortune)杂志都要公布最新的世界500强企业排名，这些企业都拥有巨额的营业收入、稳定的客户关系以及良好的企业形象，被公认为可信的、能够长寿的企业。可是，事实却是名列1970年排行榜的企业，不过短短的13年之后，其中1/3的企业就已经从名单中消失了。同样，在中国，最近的10年间，瀛海威、秦池、爱多、巨人、南德、亚细亚等一大批曾经叱咤商界的企业也由兴旺走向了灭亡，回想当年企业兴盛之时，谁又能想到这些企业的生命却是如此短暂。今天，全球性的竞争压力使得企业的经营风险和压力快速增加，竞争已经发生着深刻的变化，危机的阴影时刻笼罩着企业，变革就成为这一时代的主题。

信息技术的发展和应用改变了交易的方式、管理手段和运作流程，使原有的企业组织发生了巨大的变革。从20世纪80年代初开始，福特、ABB、通用电器等企业纷纷进行了组织变革的尝试，到90年代初基于信息技术而开展的对企业运作流程进行重新设计的组织变革技术被称为“组织再造”，并在企业中迅速流行，在众多企业中产生了奇迹般的效果。

11.2 组织战略变革

11.2.1 战略变革动因

进入20世纪80年代，国际政治环境和世界经济发生了急剧变化。3C因素(顾客、竞争、变革)与3I环境(信息、企业国际化以及国际互联网)的共同作用，带领企业进入一个崭新的领域，迅速全球化的市场导致国际企业的竞争趋于白热化。过去传统的管理模式将会严重制约企业的发展，使企业不能应对急速变化的环境。

今天企业战略的主题就是变革。虽然企业必须经常面对变革的挑战，但从没像今天一样，变革已经成为企业管理中的核心问题。因为，从来没有哪一个时代像今天这样变化如此之快，环境如此之混乱、对企业的生存和发展构成如此巨大的挑战。

企业战略管理就是要把复杂的环境、战略和组织结构三者协调一致，使之相互适应。企业所处环境的变化势必带来企业战略的变革，企业战略的变革也必然要求企业结构的调整与之适应。在这三者之中，一般环境变化速度最快，战略次之，组织结构的变化最慢，往往滞后于环境和战略的变化。

首先，随着环境复杂程度、变化程度的增加，企业战略应提前进行调整，它先于组织结构而改变，组织结构的变革与企业战略相比具有某种程度的滞后性。因为，组织结构一旦建立起来，组织中的人们会希望它保持稳定，这种稳定能维护原来既得利益者的权益，并给予人们以安全感。所以，这种组织会在变革中表现出惰性与阻力。

其次，如果没有在组织结构上进行变革，就很难在战略上真正实现实质性变革。当环境处于比较稳定的状态时，组织结构一般都相对稳定，能够预测和控制，但是，如果环境在快速变化，则企业战略和组织结构调整的迫切性会急剧增加。实践中，企业战略的调整和相应的组织结构调整是渐进式的，战略和结构的匹配不可能尽善尽美，必须灵活掌握。

11.2.2 战略变革的有效工具

1. 重塑远景规划

组织环境面临着环境不确定性和不可预测性，利用远景规划的优势之一就可以帮助组织实现不同管理层次之间的沟通与合作，可以帮助组织改善整个战略管理。壳牌公司是最早使用战略远景规划的公司之一，并从1973年以来一直把它作为一项战略工具。壳牌公司声称在计划中对远景的运用在整个公司范围内激起了更好的战略思考并提高了灵活性。

绝大多数成功的战略是远景规划，而不是计划。远景规划反映了对经营方向及其发展前景的整体洞察力和创造性的思想，它与传统的计划有着本质的区别。远景规划主要包括：公司高级管理者团队对他们组织"理想"的未来状态的界定；对组织的使命及宗旨的确定；对理想结果和理想条件及达到这些所需能力的清楚论述。[1]

哈梅尔(Garg Hamel)和普拉哈拉德(C. K. Prahalad)分析了日本一些杰出公司成功实施战略远景的成功经验，在20世纪60年代，当这些公司在国际上还是无足轻重时，他们就决定主导它们的市场。本田的战略意图是成为"福特第二"，佳能的战略远景是"打败Xerox"。为了实现战略意图，它们发动、组织资源，其中最核心的资源就是他们的员工，利用公司的卓越的组织文化去激发员工的积极性、创造性和灵活性。优秀的企业领导人就是能善于激发员工满腔热情地去追求组织目标的人。这些企业出色的战略家虽然可能没有读过战略方面的书，然而他们具有一种创新性的思维和独具市场自觉的洞察力。这种独特的思维和洞察力使他们常常能把公司、顾客、市场和竞争者等能放在一个动态的相互作用中并融合起来，从而形成一个明确的行动目标和远景规划。

2. 战略价值链

企业变革的方向其本质就是不断优化企业价值链、实现顾客价值增值。价值链是由一组从开始到结束的为客户服务的连续活动组成的。价值链只有面对顾客、使顾客满意才具有价值。这里的顾客可以是外部的客户，也可以是内部要服务的员工。

迈克尔·波特(Michael Porter)在1982年所著的《竞争优势》一书中详细描述了价值链分析。价值链分析的核心是将组织的所有资源、价值活动与组织的战略目标紧密连接起来，以价值增值为目的，形成了一个简明而清晰的结构框架，帮助组织清晰认识组织生存中相关各链条的重要意义。企业的价值活动被分为基本活动和支持活动两种。价值链模型反映出了组织生产经营活动的历史、重点、战略及实施战略的方法。组织所创造的价值如果超过其成本，便有盈利；如果超过竞争对手的成本的话，便拥有更多的竞争优势。

---

[1] 伯恩斯. 变革时代的管理. 昆明：云南大学出版社，2001. 第326页.

战略价值链再建的最简单也是最关键的目标是：使顾客满意，创造忠诚顾客。今天企业竞争的战略能力的关键是通过使客户满意、忠诚来创造竞争优势。价值链再建带来了服务态度的明显好转和顾客满意率的提高。一方面，它给顾客带来了方便，提高了顾客的满意率；另一方面，它对员工的素质和服务水平提出了新挑战，调动了广大员工自觉学习、提高业务技能的紧迫感和责任感，激发了员工的活力，促进了员工技能的提高。

思考与讨论

试讨论组织战略管理与战略变革的联系？

章节阅读 11-2

战略变革的 6 个主题

1997 年，美国著名的 Price Waterhouse 公司曾把当年瑞士达沃斯世界经济年会上国际化大公司 CEO 们就 21 世纪的经营战略思想加以整理、总结，最后发现企业领袖们的经营战略主要围绕以下 6 个主题。

(1) 全球化：技术、资本和劳动的自由流动，使得整个世界紧密联系在一起。过去“欧洲中心论”和“美国中心论”等陈旧观念和思维方式，已经不能再适应当前的形式，必须为“爆炸性”变革做好准备。

(2) 激变：全球化的实现，使得成功的经验和技术能够被竞争对手快速复制，任何先进的管理诀窍和技术优势都将是短命的。但是，领先的意识、信念和行为方式则是一种“持久的竞争力”，必须坚持变革、不断创新。

(3) 领导者：每个卓越的企业领袖都应当想的是：“我个人如何转变，方能成为一个更好的领导者？”

(4) 文化：健康的企业文化是必需的，它是公司参与市场竞争所必需的最基本因素。

(5) 创新：当今，为整个公司组织的创造性营造合适的环境和氛围，挖掘员工、供应商和客户的创造潜能，成为许多公司组织的目标。

(6) 与客户服务关系：面临强有力的挑战，力量的平衡由生产者转向消费者，现代消费者要求高，对品牌的管理成为重点，必须提高顾客的忠诚度，通过精致的生产和创造性营销服务，使品牌形成对顾客强烈的吸引力。

11.3 组织结构变革

11.3.1 企业发展与组织结构演变

企业成长的过程实质上就是一个不断变革的过程。葛雷纳(Larry E. Greiner) 1972 年发表了著名的论文——《组织成长过程中的演化与变革》，在该文中他把企业组织变革分为进化式的演变和剧烈式变革。进化式演变，是指那种长的成长期，变革方式是进化式的，其中企业组织时间没有巨大的动荡；剧烈式变革，则表示组织变革是突破式的、跳跃式的，这一时期的组织处于巨大的动荡之中，它的时间延续相对较短。

企业组织只要打算促进业务的发展，就必须对组织结构、战略决策和企业行为进行变革。可是，大多数企业却并没有随着业务的发展而进行相应的组织变革，无论是超过了一定的生产规模，还是进入了某个新的增长阶段，他们常常沉醉于往日的成功经验中，却不知此时时间的陷阱似乎已经束缚住了企业前进的步伐。

企业发展就是变革。稳定只是一种美丽的幻想。企业时时处在外部复杂环境的威胁之中，企业每个阶段在演变的发展过程中总会遇到意想不到的困难和危机，下一阶段的危机到底是什么，如何解决这些问题，还需要不断地探索。葛雷纳模型为我们具体地揭示出企业组织演变与变革的进程，为管理者提供一个预测变革危机、管理变革危机的框架模型。葛雷纳认为，企业经营的过程中之所以不存在安全区，这是因为经济危机就像一个正在成长的孩子，每次危机均有不相同的特征。[1]每个成长阶段的特征表述如下。

1. 第一阶段

创造力推动企业成长与领导危机阶段。

企业起步时，其重点是生产产品和在市场中求得生存，企业主几乎将他们所有的精力都投入到生产和市场的技术活动中，他是企业的中心，他的思想和领导作风对企业的生产经营起着非常重要的作用。这时企业组织的规模一般都比较小，企业组织内部往往上下一心，既少清规戒律又无传统包袱，组织是非规范化和非官僚制的，组织决策灵活。在企业创始人的带领下，企业组织充满活力和创造力。一般而言，如果产品适销对路，被市场认可，此阶段将能得到较快的发展。

危机：领导危机。随着组织开始成长，员工逐渐增多，以往那种仅仅靠非正式规则来约束组织成员的方式越来越容易导致混乱，创造性和技术导向的所有者面临着管理难题。此时，企业组织内部矛盾逐渐增多，组织运作的效率降低，这意味着企业组织第一次遇到危机，即领导的危机。在危机出现时，企业主必须调整组织结构以适应不断成长的需要或创始人退居到所有者位子，寻找更能干的职业经理人，让他管理这个正在扩张的公司。

2. 第二阶段

通过指导而成长与自主权危机阶段。

如果领导危机得到有效解决，组织获得了有力的领导并开始提出明确的目标和方向，

---

[1] Larry E. Greiner. *Evolution and Revolution as Organizations Grow, Harvard Business Review*, July-August, 1972.

部门也随着权力阶层、工作任务及劳动分工而建立，雇员和组织的使命一致并同心协力于组织的成功，那么企业组织进入到一个持久成长的阶段。那么此时，企业组织内出现了管理阶层，并建立了一系列组织规范与制度，员工之间的联系变得更规范，尽管如此，组织的沟通与控制基本是非规范化的，每个成员都能感受到自己是集体中的一员。此时企业在制度化过程中有效地运作着。

危机：自主权的危机。随着企业进一步的成长，如果新的管理阶层成功了，低层次的雇员就会逐渐发现他们越来越被一个笨重的、中央集权的等级制度束缚。当低层管理者掌握了更多的有关市场和技术方面的自接知识时，这些低层管理者开始在他们作用的范围内获得自信并希望有更大的自主权。当高层管理者由于其得力的领导获得成功而又不想放弃其职责时，第二次危机，即自主权危机就会发生。第二次危机可以通过授权来解决，高层管理者希望寻找到一种机制去控制和协调各部门而不自接受高层的监督，以使组织的所有组成部分都能联系和协调在一起。

3. 第三阶段

通过授权推动企业增长与控制权危机阶段。

高层管理者通过委派代表建立分权组织，实行“大”与“小”的结合，这样企业组织既可以发挥企业具有一定的规模的优势，又可以获得以往小组织的灵活性，充分调动基层部门人员的积极性与创造性，使组织进入新的成长阶段。

危机：控制权的危机。解决自主权危机的答案在于授权，不仅向更多的员工授权，而且应该使员工享有更多的授权。然而，授权在增加员工参与意识、自主意识的同时，也引发了矛盾的产生，因为失控的恐惧影响着企业的管理者，于是组织出现了第三次危机，即控制权的危机。

4. 第四阶段

通过协调推动企业增长与官僚作风的危机。

随着组织规模的扩大，组织的层级越来越多，组织越来越依赖制度和规则章程的作用，组织于是进入规范化阶段。企业权责分明，高层管理者通常只关心诸如企业战略和远景等重大问题决策，而企业的经营权留给中层管理者。企业的各个部门严格按照制度办事，沟通虽不频繁但更为规范。这样比较有效地使这个组织有“法”可依，有章可循，从而使组织效率提高。

危机：官僚作风的危机。企业组织制度一方面越来越完善，企业组织几乎完全依赖正式制度行事；另一方面，发展中制度和规程的繁衍可能开始束缚中层管理者和员工。企业组织部门与部门之间、员工与员工之间缺乏有效的沟通和信任感，企业组织因缺乏“人性”而逐渐失去创新的活力与生机，官僚习气、文牍之风逐渐使组织变得僵化而呆板。这样，企业组织第四次危机，即官僚作风危机就产生了。这种危机需要通过发展合作来解决。

5. 第五阶段

通过配合推动增长与未知危机阶段。

随着企业规模的扩大和年龄的增长，官僚习气逐步浓厚。要避免官僚习气，就要在企业内部培育相互信任和协作的氛围，增强合作与团队工作的新意识。管理者通过建立跨部门的工作组和个人技能的分享而大力加强合作，尽可能地减少对正式制度的依赖，尽可能简化企业的传播媒介，加强信息的流通和交流，创造一种知识共享的机制与氛围，增强企业组织的“人性”的一面，以此激发组织人员的工作积极性与创造性，从而提高组织效率。

危机：不确定性与未知危机，出乎意料将是新危机的特征，随时都有可能爆发，需要组织积极、主动地变革，不要等待组织出了问题再来医治，预防比医治对组织更有效。

葛雷纳模型给人们理解变革带来了深刻启示：组织在每个成长的阶段都会出现全新的特征和问题。每个阶段都需要全新的法则和概念，需要与上一阶段有同样多的灵感、智慧和创造性。组织变革既要预测企业进化和变革的各个过程，又要实施每个阶段的变革计划，否则，我们有可能被变革的浪潮所吞没。企业只要打算促进业务的发展，就必须对组织结构、战略决策和企业行为进行变革。不仅是被动变革，而且要积极变革，预测变革，管理变革，使企业实现可持续发展。然而，很多企业往往把一个阶段的成功当作是企业永恒制胜的法宝，结果却走入了成功之后失败的陷阱。

11.3.2 组织结构变革趋势

工业时代的组织结构根植于工业化大机械生产，追求的是规模经济，其组织结构发展的方向是追求大型组织。然而传统的大型层级制组织被分成各自独立的部门，完全依靠命令链的控制，“界限”和官僚主义降低了决策效率和响应市场顾客变化的能力，对组织发展构成了严重的威胁。因此，企业都纷纷根据市场变化和组织内部的弊端进行了变革，组织结构的扁平化、非层级化、网络化、分立化等组织结构纷纷涌现。

1. 组织结构的扁平化

这是指企业组织结构形态随着管理层次的减少、管理幅度的加大，从层次繁多的“锥形”结构向层次扁平化的“木盆”结构转变。

依据传统组织理论，历来认为直线式的等级制度最有效，命令可以畅通无阻地层层下达，这是工业时代典型的企业管理形式。但是，由于组织规模的扩大，层级的增多，信息量的剧增，使得管理者无法接收和掌握这么多的信息，也就不能对变化的市场作出快速反应和快速决策。所以，减少管理层次成为企业组织变革的一个趋势，也就是组织结构的扁平化。

组织结构扁平化变革有效实现的基本条件是要有网络技术的支撑，即通过计算机技术、网络技术，实现对大量复杂信息快速而及时地处理、传递。由于信息化时代的到来，高科技的信息技术的应用、层级间的沟通就显得快捷和方便，也就消除了对中间管理层次的需要，这些层级所执行的组织和传递信息的任务，可以通过网络技术完成，即信息可以在同层和上下层间传递和分享，传统的组织成员之间的纵向关系在信息网络平台上变成了纵横交错的平等关系。组织成员既是信息的接收者，也是信息的发布者，同时亦可实现成员间在信息驱动下的互动工作。

2. 组织结构的非层级化

在新的环境下，组织层次大为减少，现存层级相互间的关系也发生了很大的变化，我们称其为组织的非层级化趋势。组织非层级化趋势主要体现在：组织中由高到低的地位差距和等级观念弱化，成员间的直接交流增加；同一层级中的成员问的横向交流增加；组织内部充分授权，个人和组织内部的自主权加大，独立性增强；跨层级的团队增加，增强了组织的应变能力；各企业之间的分工与协作加强，以业务为核心的在企业与企业之间的不同层级直接实现互动的协作关系和自主性加强。这些基本变化的本质特征就是非层级化，是组织成员借助于信息网络技术增加了相互联系，打破了传统金字塔形组织严格的等级、部门和岗位的界限所进行的对组织结构的动态调整。这种调整，增强了组织内成员的自主意识和权力，增强了组织的应变能力和竞争力。

3. 组织结构的网络化

未来的组织发展的基础是组织内部的个体、群体和层级单位之间以及他们与组织环境关键成分之间的相互依赖性，这种相互依赖性可通过网状结构建立起来。从组织外部看，在知识经济时代，利用互联网、资本市场和产业供应链，在企业与企业间建立起多种形式的合作关系，其本身是企业外部网络的一个组成部分，是产业供应链上的一部分。建立企业外部的组织结构网络化，通过企业间的相互合作，加速产业链上的各个环节的工作，使工作更加有效、经济、快速，是时代发展的要求。

4. 组织关系的团队化

从组织内部看，组织是由若干个各自独立但彼此又有一定纵横向联系的经营单元构成，网络成员之间形成比较松散的“联邦”关系。在这种关系体中，突出强调“团队”管理。所谓“团队”，就是让组织成员打破传统的部门界限，不拘泥于管理层次，以任务为中心组成“团队”，直接面对服务对象，并对公司总目标负责，力争以群体和协作优势赢得竞争的主导地位。有研究表明，日本的组织之所以比美国的组织更具有内聚力，主要是因为日本的组织更加重视培养组织成员的团队意识和团队协作精神。

5. 组织规模的小型化(分立化)

面对信息化时代，缩小企业规模，划小核算单位，集中资源，发展组织新战略，成为一种新的趋势。过去大公司在具有规模优势下，形成了跨地区、跨国界的跨国公司实体，建立了生产与销售网络。但随着以互联网为基础的电子商务的出现和迅速发展，实体网络优势减弱。现代信息技术使得企业与企业之间的信息沟通、合作、谈判以及签订和履行契约等的市场交易成本大大降低，交易成本的降低对内部员工的需求量降低，驱使企业向小型化方向发展。

6. 业务流程的再造

业务流程是企业组织运行的基本体系，是形成竞争优势的重要部分。企业的业务流程再造，是为了塑造企业的核心业务，形成灵活、高效的组织结构，使企业更好、更快地适应外部环境，在于打破传统观念，打破不适应市场环境变化的陈腐制度和僵化机制，使企业增强应变能力和核心业务的竞争力。

7. 组织的柔性化

为了增强企业的灵活性，企业组织结构趋向柔性化发展。即通过对一些临时性的、以任务为导向的团队式组织的建立来取代原有组织中设置的固定的、正式的组织机构，进而增强企业的竞争力。柔性化结构更强调组织对环境的适应性，其主要特征可以表现在以下两个方面。

(1) 组织结构柔性化是集权与分权的内在统一，集权与分权是组织权力分配形式中的两种极端形式，各有利弊，组织管理需要两者的良好结合和统一，对此，柔性化的组织结构可以很好地通过非正式组织形式的有效利用，来实现建立在分权基础上的必要的集中。

(2) 组织结构的柔性化可以有效实现稳定与变革的统一，即正式组织与非正式组织、职能部门与项目组的并存，使组织保持稳定并具有一定的灵活性。

组织的发展与变革形式还有很多，在新的组织形式诞生的同时，原有的组织形式也会并存相当一段时间。这是由于市场细分的结果，也就是组织形式的多样化，各类企业组织应该依据自身的基本情况进行设置。

11.3.3 学习型组织

随着知识经济时代的到来，管理者们所面对的环境迅速地发生着变化，管理学家们预言，21 世纪要取得竞争的胜利必须能够快速学习和对市场环境作出反应，所以 21 世纪的组织将是学习型组织。一个学习型组织要具有发展持续学习和适应变革的能力，图 11.2 表明了传统组织形式和学习型组织形式的不同。

学习型组织是指一个便于组织内所有成员学习并不断改进自身的组织。换言之，是一个拥有知识并能够对其管理与运用的组织，即能够不断“学习”知识的组织。

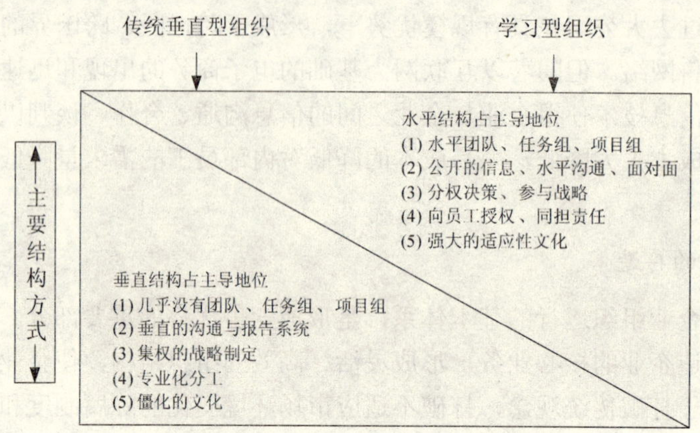

图 11.2　传统组织形式与学习型组织形式的比较

学习型组织的特征

(1) 组织结构柔性化和层次扁平化。学习型组织的结构以推动组织学习，强调团队工作和较强的横向联系以及介于公司内部和外部的分界之间的工作网络，促使组织信息共享、系统思考以及信息的公开化。这样有利于帮助组织成员扫描组织更大范围的环境，消除共同学习的障碍。学习型组织的结构要相对扁平化，以加强组织中员工的参与机会，成员被授权进行相关的决策、最大限度地影响组织，从而培养学习型组织中的个人权利和提高个人工作效率。

(2) 组织系统开放化和信息系统基础化。学习型组织要能够做到内外部之间的相互联系、相互作用和交流，加强与客户的接触与沟通，及时反馈信息，及时处理信息。收集和传递信息是必不可少的。因此，学习型组织的信息系统为组织学习提供了一个基础型的结构。组织依赖信息系统进行控制，即利用信息来发现和纠正组织运行中的错误。在当今学习指导信息转换的环境下，那些能够更快获取、传递和分享大量的、复杂的信息系统，将使组织获得更高水平的组织学习，能够有效地管理知识，提高组织竞争力。

(3) 人力资源管理理念先进。在学习型组织中，每一个成员都是组织学习的最终创造者和使用者，因此学习型组织的人力资源系统要设计为有助于提高成员学习的结构。包括绩效评估和薪酬系统，要看长期绩效和知识发展，看新知识与新技能的获取和应用。各种培训的开发项目也强调不断地学习和提高，注重增加人力资本，增加组织学习的机会。

(4) 组织文化建设不断得以强化。学习型组织中共同的价值观和行事规则组成了组织的文化，这将极大地影响成员收集、传递和分享各种信息的方式。作为一个学习型组织具有推动开放、创造性和鼓励实践的强文化。在依据一定价值观和规则下，员工受到鼓舞和激励，为组织目标同时也为个人目标，进行不断的思考和实践，并主动从实践中学习如何去改变和提高组织和自身。

(5) 领导的有效性和权威性。一个良好的学习型组织其管理和发展是否成功，在很大程度上依赖于是否有对整个组织的有效领导。学习型组织中的领导要主动参与学习。在他们身上，有着主动学习的示范作用，同时能够传达具有说服力的学习型组织，并以行动支持和拥护组织远景，引导组织成员为之共同努力。

由此可见，学习型组织将更适应21世纪全球经济一体化、信息化、知识化的发展需要。

资料来源：彼得•圣吉．第五项修炼．上海：上海三联书店，1994.

11.4 组织文化变革

如何适应组织内部和外部环境的变化是企业组织经营过程中非常重要的课题，特别是近年来环境变化的速度越来越快，适应环境的变化也越来越重要。为了适应变化，企业需要具有新的思考方式和行为方式，可是这种新的方式却很难产生或生存。沙因(Edgar H. Schein)对组织文化的研究为我们认识企业组织文化的深层本质提供了工具，我们需要从根本上进行改变才能适应新的变化，而不仅仅是简单的改变战略、组织结构或管理系统。

组织文化对于组织的成功或失败有很重要的作用。组织文化是被组织成员广泛认同、普遍接受的价值观念、思维方式、行为准则等群体意识的总称。根据外在环境的变化适时变革组织文化常被视为组织成功的基础。

当组织面临着组织战略、目标以及组织经营方式和结构的变化时，组织文化的重要性就显得尤为突出。美国管理学家对最近数十年，到底是什么重要因素对美国企业发展业绩造成影响倍感兴趣，通过对美国22个行业207家公司的调研，哈佛研究人员约翰•科特(John P. Kotter)和詹姆斯•赫斯克特(James L. Heskett)得出两个结论：其一，企业文化对企业的长期经营业绩具有重大的作用；其二，企业文化在下一个10年内很可能成为决定企业兴衰的关键性因素。[1] 过去，看一个公司的业绩仅仅看账面，而现在更多地要看公司的文化及由此产生的凝聚力，这是公司能否持久发展的关键。

11.4.1 对组织文化的理解

美国组织行为学家黑尔里格尔(Don Hellriegel)等认为组织文化代表着组织成员所共同拥有的信仰、期待、思想，价值观、态度和行为的一种复合型式。具体而言，组织文化包括下面的内容：第一，人们相互影响的常规行为，就像组织的仪式和典礼，以及人们共同使用的语言；第二，组织内工作集体共同遵守的规范和标准；第三，组织具有的主要价值观念；第四，指导组织对待员工和顾客的政策的哲学；第五，组织中长期遵循的策略规则，或者新成员必须学习以便成为组织所接纳的成员规则；第六，通过有形的设计而在组织中传播的情绪和氛围，以及组织成员同顾客或其他人员相互影响的方式。[2]

---

[1] 约翰•科特，詹姆斯•赫斯克特．企业文化与经营业绩．北京：华夏出版社，1997．第12-13页．

[2] 黑尔里格尔等．组织行为学(下)．北京：中国社会科学出版社，2000．第615页．

美国迪尔(Terrence E. Deal)和肯尼迪(Allen A. Kennedy)在《企业文化》一书中指出，企业的文化应该有别于企业的制度，企业文化有它自己的一套要素、结构和运行方式，他们认为企业文化包括 4 个要素，即价值观、英雄人物、典礼及仪式、文化网络。这 4 个要素的地位和作用分别是：价值观是企业文化的核心；英雄人物是企业文化的具体体现者；典礼及仪式是传输和强化企业文化的重要形式；文化网络是传播企业文化的通道。[1]

西方企业界提出了“7S”的组织模型，其核心思想是充分信任和发挥组织中人的能力，权力下移，消除内部边界，突出企业文化的作用。

“7S”的内容是：价值观体系、战略思路、结构、制度、技能、员工、风格。其相互关系是：根据“战略”提出“技能”要求，按“技能”设计“机构”、“制度”和“员工”，再以“作风”和“价值观”统领整个组织的运转。“7S”是把企业融合为有机体，创造出组织整体活力的必不可少的因素，如图 11.3 所示。

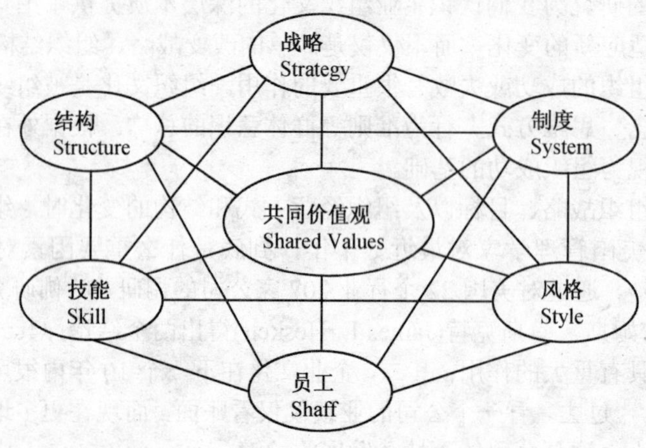

图 11.3 “7S”模型

资料来源：众行管理资讯研发中心．管理工具全解．广州：广东经济出版社，2003．第 70 页．

11.4.2 组织文化变革的动因

组织文化是由相对稳定和持久的因素构成的。这一事实往往导致文化变革面临相当大的阻力。组织文化一旦形成，常常是不易改变的。所以强文化会成为变革的阻力之一，因为员工已经融入这种文化之中了。某种特定的文化要是随着时间的推移而变得对组织不适宜，这时，管理者想采取措施来改变局面是非常困难的。即使是在最有利的条件下，组织文化的变革也常常需要经历多年的时间，而不是几周或几个月就能看出其变化的。那么，什么样的“有利条件”可能会促进有益地组织文化变革呢？文化变革可能会在具有如下情

[1] 迪尔，肯尼迪．西方企业文化．北京：中国对外翻译出版公司，1989．第 13-14 页．

形下发生。

1. 大规模危机出现

组织大规模危机可以促使人们对现有文化的适应性产生怀疑。包括巨额财务亏损，重要顾客的丢失，或是竞争对手的一次重大的技术突破等。

2. 领导更迭

新的高层领导可能被认为比原有的领导者对危机具有更强的反应能力。而新领导往往会给组织带来一系列不同的核心价值观。这时，高层领导既可以指首席执行官，也可能包括所有的资深经理人员。

3. 组织初创规模较小

组织建立的时间越短，文化的渗透力和影响力就越弱。类似地，管理者在规模较小的组织中会更容易传播其新的价值观。

4. 文化力弱

某种价值观越是广泛共享并在成员中得到高度的认同，那么它就越难改变。相反，与强文化相比，较弱的文化就具有更大的可变性。

11.4.3 组织文化变革的流程

现在，全球性公司已经把文化培养列入人力资源发展的战略。组织文化作为一种软管理手段，就像一只无形的手对企业管理和发展具有十分独特的作用。对组织内部，它有利于共同价值取向的培养，增加成员认同感，增强企业的凝聚力；有利于激励职工奋发进取，提高士气，形成创新动力；有利于改善人际关系，重视职业道德，使组织产生协同力。对组织外部，它有利于提高企业对环境的适应能力和应变能力；它有利于树立企业形象，提高企业声誉、影响，提升企业无形资产价值，增强企业核心竞争力。

1. 组织文化变革的三段论

美国学者甘布雷尔(Steve Ganbrell)及史蒂文斯(Graig Stevens)认为，组织文化变迁有三个阶段：变化之前、变化之中和变化之后。他们相信如果想要成功，则每一个阶段都需要良好的计划。这个行动计划应该包括：了解员工抗拒的动机、员工与管理阶层认知的差异以及持续沟通的重要性。

在变革发生之前，若想产生最佳效果，应注意：开放的心胸、良好的战略规划能力、致力于培养领导能力和建立工作团队的技巧以及致力于发扬沟通和运用良好沟通技巧的传统。

在变革过程中，应注意：员工必须了解为什么公司需要有所改革，主管则必须用清楚、不带威胁的态度和他们充分沟通；如果员工也参与改革的过程，他们的调整与适应会更好，而且会认为自己也应负起推动变迁的责任；沟通应该持续进行。不论何时何地，难免会有误解与闲言碎语，所以每一信息都应一再重复，可能的话，最好能针对个别需要，加以沟通；了解任何变化都需费时推动，不会一夜成功。[1]

2. 组织文化变革的四部曲

安德烈(Andre)与范德梅尔韦(Sandra Van Der Merwe)提出了组织文化变革的 4 步流程。

(1) 找出内外在环境的威胁与机会点。

除非是组织成员意识到改变是唯一解救组织的方法，否则不可能会有任何改变产生。换句话说，他们必须体会到改变是关系到他们生存的关键因素。

(2) 创意一个明确、前后相关的远景。

这个远景必须很独特，和以前的远景不同；这个远景也是对员工有意义，并能指引方向的。它是灵感与现实的桥梁，必须由专人负责推动，并亲自解释、说明。

(3) 建立内在运作系统，授权相关人员推动改革。

授权相关人员推动改革，激励与支持是关键。要促成员工彼此的激励与支持，应该指派领导者监督计划的执行。必须让员工"动起来，振奋起来"。

(4) 加强变革流程的控制。

控制整个流程，并让负责人员根据他们从整个过程中学到的经验，作必要的修改。控制并不是变革的领导者希望发挥的功能，让计划依序执行，才是最终目的。此时，最重要的是如何保持大家继续努力的动力与热情。[2]

3. 组织文化变革过程的启示

(1) 组织文化变革必须与组织战略、远景和组织结构变革协调进行。没有组织文化的变革，组织战略和远景难以被组织成员所认识和把握从而变成每个人自觉的行动指南。组织文化变革与企业组织结构变革就像人体的体与魂的关系。如果一个企业没有变革精神的文化，组织结构就是一个空躯壳，组织的生命力关键在于具有强大凝聚力的文化与灵活高效的组织结构的适应与协调，两个方面是不可或缺的统一体。一个企业既要依托管理的组织结构作为基础，而且也要依托强有力的文化，不仅可以最大限度地激发每个员工的工作积极性与主动性，而且可以最大限度地把每个个体的积极性凝聚成一股经久不衰的巨大的团队力量，从而顺利实现企业的经营目标。

(2) 组织文化变革必须要充分考虑到变革所带来的阻力。与员工进行积极有效地沟通，克服变革所带来的阻力。只有广大的员工认识到变革的必要性与重要性和知道怎么去变革，同时要对员工积极有效的变革进行激励和肯定，才能提高员工的参与性，调动员工的积极

[1] 莫兰，里森伯格．挑战全球．北京：经济管理出版社，1998．第 224 页．

[2] 莫兰，里森伯格．挑战全球．北京：经济管理出版社，1998．第 225-226 页．

性，保证文化变革的成功。

(3) 充分认识组织文化变革的艰巨性。文化变革是复杂的，要有足够的耐心与信心。文化的变革与文化的建设是相互依赖和相互促进的，增强组织成员的相互信任，营造一个坦诚交流的组织气氛和环境，使变革之流在组织中流动起来，要有足够的时间使变革起支配作用。

(4) 加大培训。要加大培训，使新的组织文化价值观和行为方式深入到每个人的思想和行为中去，变成他们新的工作态度和工作准则，变成他们内心流出的自觉。

(5) 及时反馈。要管理变革过程，及时有效地对变革效果进行监控和反馈，领导要言行一致地带头进行根基性的变革，作变革的典范。真正的文化的变革如果没有领导的坚定决心与信念自觉，就不可能起到真正的作用。

思考与讨论

讨论企业文化变革与企业组织结构变革的关系。

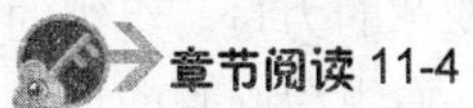
章节阅读 11-4

谁说大象不能跳舞

IBM 公司以企业界的蓝色巨人著称，但是 1993 年，在计算机业瞬息万变的环境中，这家公司发生 160 亿美元的亏损。1993 年，郭士纳(Louis Gerstner)空降到了 IBM，他改变了 IBM 的企业战略，把公司由一家提供大型计算机的生产型企业转变为提供信息系统解决方案的服务型企业。紧跟战略的转变，他对公司的产品、销售和服务部门进行了大幅度的调整。到 2002 年他离开 IBM 时，公司已经变为一家年创造利润可达 80 亿美元的成功企业，而在这 9 年间，公司的股价上涨了 10 倍。在巨变的环境中，对于企业来说可以说是生死攸关的时刻，要求企业必须积极变革，不在战略变革中新生，就在固守旧战略中灭亡。在此关键时刻，企业组织如果不是为真正适应战略的变革而变革，战略的实现也犹如无本之木、无源之水，不可能达到预期的效果。

资料来源：郭士纳．谁说大象不能跳舞——IBM 董事长郭士纳自传．北京：中信出版社，2003．第 125-153，371 页．

11.5 组织变革的过程与管理组织变革

11.5.1 组织变革的推动力量

组织变革是对现状的打破，它需要一种催化剂来推动。在通常情况下，在组织变革过程中，组织中的管理者往往作为催化剂起作用，并承担了变革过程的管理责任，他们是推动组织变革的主要力量。在有些情况下，组织外的非管理者也可以参与到组织变革中来，成为组织变革的推动力量，如组织外部的咨询专家。在进行系统范围的巨大变革时，组织的管理者经常会聘请外部专家提供建议和协助。与组织内部的管理者相比，外部的咨询专家掌握最新的管理前沿知识、具备丰富的管理咨询经验、拥有广阔的管理分析视角，其最大优势是能够设计和提供解决方案。由于来自组织外部，他们对组织问题的认识更为客观，其缺陷是对组织的历史、文化、作业程序、人事制度缺少足够的了解，同时由于无需承担组织变革的各种后果，因此，与内部人员相比，他们往往倾向于更为剧烈的变革。与之相对，组织内部的管理者由于身处组织环境中，熟知组织的历史传统和制度程序，并要与组织变革的后果相伴，因此，在决定变革的剧烈程度上，他们会更为谨慎和深思。同时，外部咨询专家在组织变革中主要充当的是顾问角色，其对变革的影响仅限于提供参考意见，真正的变革决策还需由管理者自行作出。可见，组织变革主要是由内部管理者发起并实施的，其他人员只是作为推动变革的辅助力量而存在。

11.5.2 组织变革的阻力

组织变革并不是一帆风顺的，在变革过程中，总会出现各种阻碍变革的力量。组织的任何一项变革都涉及对原有制度、关系、行为规范和传统习惯的改变，而组织固有的惯性使组织成员很难放弃原有的态度与习惯去适应新环境，这就使得组织成员出现心理上的失衡和行为上的抵制，竭力以各种方式反对变革，成为组织变革的阻力。相对而言，越是大型的组织，变革过程就越复杂，变革的阻力也越大。

组织变革的阻力反映在两个层面上，即个体层面和群体层面。从个体层面看，变革的阻力表现为：员工工作被动应付，消极怠工甚至申请离职调动；从群体层面看，变革的阻力表现为：部门业务开展不力，工作效率降低。这些变革阻力既影响了组织现行正常工作的开展，又妨碍了组织变革的顺利进行，更危及组织未来的发展，必须分清原因，予以消除。

1. 组织变革阻力产生的原因

传统观点认为，组织成员之所以反对变革，技术因素是最基本的理由，因为技术进步可能导致其失业。现代观点则认为，组织成员反对变革的深层次原因并非技术因素，而是人性与社会因素，具体表现在以下几个方面。

1) 对不确定性的恐惧

变革的阻力在很大程度上来自人类本性中对不确定性的恐惧。人类有安于现状的习性，对变革有一种天然的抵触情绪，任何管理制度、行为规范的变革都会使他们的内心产生恐慌与失衡。变革将使已知的东西变得模糊不清和不确定，组织成员对不确定性有一种天生的厌恶感，他们不愿意冒已知同未知相对换的风险，因而，宁愿抱残守缺，也不愿尝试变革，结果往往导致组织错过变革的最佳时机。

2) 对既得利益的威胁

组织变革往往会触及甚至损害一部分人的既得利益。变革意味着原有的平衡系统被打破，意味着管理层级、职能机构、关系结构的重新调整，从而影响组织成员的既得利益与资源。例如，变革之后，有可能导致组织成员的权力缩小、地位降低，或劳动强度加大、工作自由度减弱，或要求其重新学习新知识、新技术，甚至可能导致其失业。因而，组织成员出于对自身安全的考虑，会极力反对变革。在一般情况下，组织成员对现有体制的投入越多，反对变革的阻力就越大。

3) 对未来发展认识的不足

组织成员通常对组织未来的发展趋势缺乏足够的认识。由于没有意识到组织面临的各种环境压力，组织成员往往对变革缺乏一种应有的紧迫感，对未来盲目乐观，缺少创新精神和危机意识，缺少变革的勇气和承担变革风险的心理承受能力，不愿做组织变革的先行者，甚至认为组织变革是多此一举。这种认识上的盲目性，使得组织成员从感情到行为都会表现出毫无理由地拒绝和排斥组织变革的倾向，这种观念上的障碍不利于现有组织的有效运营，更会妨碍组织的未来发展，在组织内外环境发生重大变化，需要组织作出迅速反应时，会因组织成员缺少居安思危的意识而措手不及，丧失进一步发展的良机。

此外，组织所固有的文化在有些情况下也会成为阻碍变革的因素。相对而言，有机、灵活的组织往往比机械、保守的组织更易于接受变革。

2. 排除组织变革阻力的方法

变革阻力会延缓组织变革的进程，甚至导致变革的失败。组织变革是大势所趋，为保证组织变革的顺利进行，应积极采取措施，降低和消除阻碍变革的各种因素。具体方法如下。

1) 增进内部沟通

产生阻力的根源之一在于信息失真或沟通不够。应与员工进行良好的内部沟通，做好变革计划的信息反馈与宣传解释工作，开诚布公地说明组织目前所处的运行环境、所面临的机遇与挑战等，澄清组织成员对变革的错误认识。通过相互沟通，增进信任，使组织上下达成共识，增强变革的紧迫感，为组织变革提供舆论准备。

2) 加强教育培训

教育培训能提高员工对组织变革的理解和适应能力。从某种意义上讲，组织变革首先是思想观念的变革。要通过自上而下的教育培训，使组织成员接受新观念，学会从新的视角和用新的方法来看待、处理新形势下的各种新问题，增强他们对组织变革的心理承受能力，增进他们对组织变革的理性认识，为组织变革提供思想准备。

3) 发动全员参与

组织变革需要广泛的群众基础。减小变革阻力的最有效方法是让组织成员共同参与变革计划的制定与执行，通过对变革内容与执行方式的公开讨论，可以使参与者之间增进交流、相互接受，从而赢得组织成员对变革的支持。实践证明，全面参与的效果优于部分参与，部分参与的效果优于不让成员参与。让有关人员共同参与变革，能最大限度地排除变革过程中可能出现的各种阻力，为组织变革奠定群众基础。

4) 把握策略与时机

变革策略与时机的把握是组织变革成功的重要保证。要选准时机，相机而动，循序渐进，配套进行。在组织变革之前，应详细分析可能发生的各种问题，预先采取有针对性的防范措施，为组织变革创造最佳的变革环境与变革气氛。

11.5.3 组织变革的基本程序

组织变革是一项复杂的系统工程，牵涉面广、工作量大，必须进行全面的规划与设计，按照科学的变革程序，有条不紊、按部就班地进行。归纳起来，组织变革的基本程序包括以下 4 个方面，如图 11.4 所示。

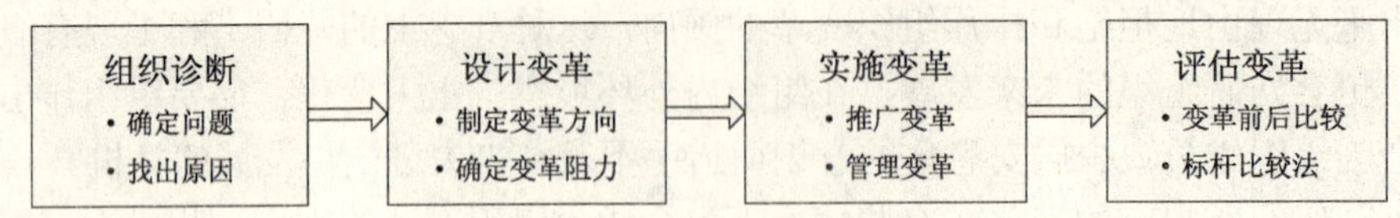

图 11.4 组织变革的基本程序

1. 进行组织诊断

在决定实施组织变革之前，首先应该邀请组织内部有关人员和外部咨询专家共同参与，根据外部环境与内部条件的变化，对组织现状进行综合分析和全面考察，研究确定组织中存在的主要问题，并发现和找出症结所在，以便有的放矢、对症下药。这是进行组织变革的首要步骤。

2. 设计组织变革

在对组织问题进行正确诊断的基础之上，应由各方参与人员相互交流、共同讨论，多方论证，提出组织变革的计划方案，作为进一步行动的指南。同时，还要根据组织的实际情况确定变革可能遇到的障碍与阻力。这是进行组织变革的关键步骤。

3. 实施组织变革

在确定了计划方案之后，应充分利用组织的各种资源，动员各方力量，按照变革计划所规定的内容、步骤予以推广实施。在将计划付诸实施的过程中，还要对变革过程进行相应管理，注意根据实际情况的变化及时修正计划中不切实际的内容，以确保组织变革的有效性。这是进行组织变革的核心步骤。

4. 评估组织变革

在依据变革计划实施组织变革之后，还应通过信息反馈考察评估组织变革的实际效果，并分析原因，找出差距和不足，为下一步的组织变革提供依据。具体评估方法有两种：其一是对比组织变革前后的指标差异；其二是以行业中绩效最优的组织为标杆来衡量变革成效。这是进行组织变革的必要步骤。

思考与讨论

结合某一具体实例讨论其组织变革的过程？

章节阅读 11-5

成功进行大规模组织变革的 8 个步骤

为什么在进行大规模组织变革的时候，有些组织能够比其他组织更为成功呢？要想回答这个问题，首先需要了解，有效的大规模组织变革的整个流程。几乎在所有情况下，组织变革都包含以下 8 个步骤。

步骤 1：增强紧迫感。

无论是大型私有企业的高层主管，还是身处非营利组织的基层部门，那些在组织变革中取得成功的人士，都会在发动变革之前，在相关人员心里创造一种紧迫感。在小型的组织当中，“相关人员”的人数可能更接近 100 而不是 5，在大型组织当中，这一数字则会更接近 1000 而非 50。那些不大成功的变革领导，只会关注组织中的一小部分人，却对一些弥漫于整个组织的情绪——自满、恐惧或者愤怒——不闻不问，但这三种情绪却会在很大程度上破坏企业当前正在进行的变革。紧迫感，有时是通过一些富有创造性的方法形成的，可以使人们立即意识到进行变革的重要性，并准备随时为此而采取行动。

步骤 2：建立指导团队。

有了紧迫感之后，成功的变革领导者会马上召集那些有着一定的可信度、技能、关系、声誉和权威的人员，组成一支指导团队来担任变革过程中的领导工作。这支团队应该有着很强的责任感，并且能够得到大家的信任。而那些不大成功的组织，却会把所有工作重心都放在一个人的身上，有的时候，甚至是依靠复杂的管理结构。当从事具体的变革领导工作的人，缺乏必要的权威和能力的时候，整个变革工作也就变得难以继续开展了。

步骤 3：确立变革愿景。

接下来，指导团队会为自己的组织变革，确立合理、明确、简单而振奋人心的愿景和相关战略。而在那些不大成功的组织当中，领导者们列出的只是详细的计划和预算，这些虽然是进行变革的必要条件，但还远远不够。或者制定的愿景不符合当今世界及企业的实际情况，或者制定的愿景没有得到指导团队的认同。而在另外一些不大成功的企业当中，领导者所制定的战略常常过于缓慢、过于谨慎，以至于无法跟上时代的步伐。

步骤 4：有效沟通愿景。

接下来的工作就是将愿景和战略传达给所有的相关人员，也就是说，领导者们需要把简明扼要的信息通过畅通的渠道传达下去。这一步骤的目标就是在所有相关人员内部形成一种共识、建立一种责任感，并因此而更多地释放组织当中大多数人的能量。在这个过程当中，实际行动的力量通常要大于侃侃而谈。人们会更加注重领导者的行为，而且这些行为应当是不断被重复的。而在那些不大成功的组织当中，领导者很少能有效地进行这种传达，或者即使人们听到了命令，也不会真正地接受它们。值得一提的是，很多智商很高的人并不善于沟通，但他们却一直都没有意识到这个问题。

步骤 5：授权行动。

要想在组织变革中取得成功，领导者们必须进行充分授权(Empowerment)。通过授权，可以清除那些影响人们根据组织既定的愿景采取行动的障碍。变革领导者们常常把重点集中在那些不肯放权的老板、不充分的信息和信息系统，以及人们心中的盲目自信上。这里的问题是怎样清除障碍，而非"给予权力"。权力不是可以装在袋子里交给别人的东西。执行者们通常没有得到必要的权力，他们束手束脚，却不得不为自己的"工作不力"而辩解，这当然就会在整个组织内部导致一种挫折情绪，最终使变革无法进行下去。

步骤 6：创造短期效果。

在进行授权之后，那些在组织变革中取得成功的领导者，就会设法帮助组织取得一些短期成效。这是非常关键的。因为它们可以为整个组织变革工作提供强有力的证明，并为随后的工作提供必要的资源和动力。而在那些不大成功的组织当中，变革的成效通常会来得更慢、更不明显，而且也不大能引起人们的兴趣，事实上，在很多情况下，人们会怀疑这种"成效"是否真的意味着成功。如果没有一个良好的管理流程、精心选择的初期项目，并以足够快的速度取得一些短期成效，组织中产生的怀疑情绪会让所有的变革工作功亏一篑。

步骤 7：不要放松。

取得一些短期成效后，成功的变革领导者绝不会放松努力。因为在这种情况下，整个组织的信心都被调动起来，早期的一些变革措施也开始得到理解和认可。这时，人们就会精明地选择以后的行动，并不断地将变革向前推进，直到彻底实现组织变革的远景。而在那些不大成功的组织当中，人们总是容易犯性急病，他们希望一蹴而就，却不考虑应当如何稳定人们的情绪，这样，就会使继续变革的士气下降到难以挽回的境地。

步骤 8：巩固变革成果。

最后，在那些取得成功的组织当中，整个组织的领导者们会通过培育一种新的企业文化来把所有的变革成果固定下来。一种新的企业文化(包括组织当中的群体行为规范和人们的价值观念)的建立需要一段相对较长的时间，而且在这段时间里，整个组织还需要不断取得新的成功，以证实变革措施的有效性。在这个过程当中，适当的人事变动、精心设计的新员工培训，以及那些能引发人们某种情感反应的活动都可能起到很重要的作用。而在那些不大成功的组织当中，组织所进行的变革往往流于表面。在非常短的时间内，变革过程中的很多努力都会被传统之风一吹而散。

变革流程涉及一些细微的方面，如考虑重叠的阶段、指导组织中各级别的团队、应对变革中的各种小团体等。这个世界是相当复杂的，有些流程并不一定要严格遵守这 8 个步骤，但它们却是许多组织变革当中所必须遵守的基本模式——无论组织内部是否存在着一种抵制变革的情绪。

很多证据表明，在大多数组织变革当中，所有阶段都存在的一个最基本的问题，就是如何改变人们的行为。步骤1当中的核心问题并非抽象的“紧迫感”，而是如何改变那些没有注意到这个世界正在变化，并因而对自己看到的问题束手无策，或者是并不采取任何行动，只是一味抱怨的人们的行为。在步骤2当中，核心的问题是那些变革领导者们的行为——尤其是如何建立人们对他们的信任和责任感。在步骤3当中，关键的问题是如何改变人们的行为，从而能够为整个组织的变革确立明确的远景和战略。对那些只知道如何规划，却永远不会确立一个能够使组织走向成功的远景的人来说，这种行为上的变革将是十分剧烈的。在步骤4当中，问题是如何使足够的人接受上级传达过来的远景和战略。在步骤5当中，重点在于人们如何根据组织愿景来采取行动——对有些员工来说，这也就意味着他们要以一种完全不同的方式开展工作。同样，对流程中的其他步骤也是如此。

大规模变革成功的8个步骤

步骤	行动	新行为
1	增强紧迫感	人们开始意识到，“好吧，我们的确应该改变一下了!”
2	建立指导团队	一支有能力来指导整个组织进行大规模变革的团队组建完毕，并准备开始工作
3	确立变革愿景	指导团队开始为组织变革确立正确的愿景及战略
4	有效沟通愿景	人们开始对变革的愿景和战略产生认同，并在他们的行动当中体现出这种认同
5	授权行动	更多的人能够并切实地根据本组织的愿景采取必要的行动
6	创造短期效果	在努力实现组织愿景的过程中，人们进行变革的信心和士气被不断建立起来，抵制变革的人也越来越少
7	不要放松	人们会一直不停地将变革的浪潮推向前进，直到实现愿景
8	巩固变革成果	虽然传统行为方式等因素的影响仍在，但新的行为规范还是确立了下来

资料来源：[美]约翰·P·科特，丹·S·科恩. 变革之心. 北京：机械工业出版社，2003. 第3-8页.

第5篇　领　导

第12章　领导与领导理论

学习目标

(1) 解释管理与领导之间的差异。

(2) 理解领导者与权力的关系。

(3) 阐述领导的特质理论与行为风格理论。

(4) 解释菲德勒的权变模型。

(5) 解释赫塞和布兰查德的情境理论。

(6) 解释路径—目标理论。

(7) 描述团队领导理论。

章前导读

鹦鹉的价格

一个人去买鹦鹉，看到一只鹦鹉前标着：此鹦鹉会两门语言，售价 200 元。另一只鹦鹉前则标道：此鹦鹉会 4 门语言，售价 400 元。该买哪只呢？两只都毛色光鲜，非常灵活可爱。这人转啊转，拿不定主意。结果突然发现一只老掉了牙的鹦鹉，毛色黯淡散乱，标价 800 元。这人赶紧将老板叫来："这只鹦鹉是不是会说 8 门语言？"店主说："不。"这人奇怪了："那为什么又老又丑，又没有能力，会值这个数呢？"店主回答："因为另外两只鹦鹉叫这只鹦鹉老板。"

这故事告诉我们，真正的领导人，不一定自己能力有多强，只要懂信任，懂放权，懂珍惜，就能团结比自己更强的力量，从而提升自己的身价。相反许多能力非常强的人却因为过于完美主义，事必躬亲，什么人都不如自己，最后只能做最好的攻关人员，销售代表，成不了优秀的领导者。

通过决策和计划，组织有了追求的目标，架起了一座从现在到达将来目标的"桥梁"，通过组织，蓝图的实现有了保障。但是组织的宏伟目标并不能仅靠管理者一个人就可以实现，需要组织的全体成员共同努力，不论是在惨淡经营的艰难中，还是在一帆风顺的成功中，都需要把全体成员的追求和努力与组织的使命和战略目标凝聚在一起，这就是管理者的领导工作。

12.1 领导概述

管理的组织职能，是对组织的资源进行配置。而管理的领导职能是组织成员在一定的组织环境中，通过管理者的指挥和协调，完成组织目标的过程。

12.1.1 领导和管理

虽然定义领导的角度和方式多种多样，但有一些要素却是领导现象的核心。其中包括以下几点。

(1) 领导是一个过程。

(2) 领导出现在一个群体的环境中。

(3) 领导包含影响追随者的能力。

(4) 领导行为具有明确的目的领导。

基于以上要素，领导是通过个体影响一群个体实现共同目标的一个过程。那些从事领导的人被称作领导者，而那些领导行为直接指向的个体被称为追随者。领导者必须具备下列三个要素。

(1) 领导者必须有追随者。

(2) 领导者拥有影响追随者的能力，它们既包括组织授予领导者的职位和权力，也包括领导者个人具有的影响力。

(3) 领导行为具有明确的目的，可以通过影响部下来实现组织的目标。[1]

领导者在带领、引导和鼓舞部下为实现组织目标而努力的过程中，体现出指挥、协调和激励三方面的作用。指挥作用是指在组织活动中，需要有头脑清醒、胸怀全局，能高瞻远瞩、运筹帷幄的领导者帮助组织成员认清所处的环境和形势，指明活动的目标和达到目标的路径。

协调作用，即指组织在内外因素的干扰下，需要领导者来协调组织成员之间的关系和活动，朝着共同的目标前进。

激励作用是指领导者为组织成员主动创造能力发展的空间和规划职业生涯发展的行为。

领导与管理有许多相似之处：领导和管理都需要影响力，都需要与别人合作，都涉及目标的有效达成等。但它们之间并不完全对等。对于领导的研究可追溯到亚里士多德时期，而管理则是在 19 世纪末 20 世纪初伴随着工业社会而出现的。作为一种方法，管理使组织能够减少混乱，能够更为高效率地运转。法约尔对管理的基本职能进行了界定，包括计划、组织、人事和控制，这些职能现在仍然是管理领域基本职能。

科特曾经对管理职能和领导职能进行过比较。管理的首要任务是保证组织的秩序和一致性，而领导的主要职能则是产生变化和改进，如表 12-1 所示。

表 12-1　管理与领导的比较

管理	领导
产生秩序和一致	产生变化和运动
计划/预算	建立远景/制定策略
组织/人事	人员匹配/交流
控制/解决	激励/鼓励

资料来源：改编自 John P. Kotter. *A Force for Change: How Leadership Differ From Management*. New York：Free Press，1990．P3-8.

在计划和预算方面，管理注重制定详细的议事日程，安排具体时间表，分配必需的资源，以实现组织的目标。相比之下，领导强调的是确定方向，构建远景，制定战略以引起组织必要的变化和改进。

在组织和人事方面，管理的焦点在于为个体成员的工作设计组织系统，构建组织中成员的相互关系，设置工作的物质环境。具体包括给员工安排合适的工作，制定正常开展工作的规章制度和操作流程。对领导来讲，组织和人事则强调与组织成员交流远景，引发他

[1] [美]彼得·诺思豪斯．领导学(第二版)．南京：江苏教育出版社，2005．第 2 页．

们的承诺，和他们一起建立团队和联盟以便有效地完成组织的使命。

在控制和解决方面，管理着重于激励系统的完善，以激发员工、解决问题、监督目标实施进展、活动偏离轨道时及时采取纠正措施。与此相对，领导强调激励和鼓励员工、授权给员工、鼓励他们满足自己的需求。

除了科特以外，还有许多学者都提出过类似的观点。例如，本尼斯和纳拉斯(Bennis & Nanus，1985)认为，管理和领导存在明显区别：管理强调完成活动，支配日常工作；而领导强调影响他人，为变革创建远景。罗斯特(Rost)也支持对领导和管理进行区分。他认为，领导是多向影响关系，管理是单向权力关系；领导过程是实现共同目的的过程；管理过程指向协调活动，完成工作；领导者和追随者一起工作，创造真正的变化；管理者和追随者合力销售产品和服务。扎莱兹尼克(Zaleznik，1977)更是提出了领导者和管理者本身就不同——他们基本上是不同类型的人。他坚决主张管理者是反应性的，更喜欢同别人一起工作、共同解决问题，但工作中很少包括情感因素，他们采取措施减少选择；另一方面，扎莱兹尼克认为领导者则带着情感进行活动，他们探索的是形成思想而不是作出反应，他们的活动是为长期存在的问题提供更多可供选择的解决方法，领导者改变了人们的思维方式。

12.1.2 领导者与权力

领导者拥有5种权力：法定权力、强制权力、奖赏权力、专长权力和参照权力。

(1) 法定权力(Legitimate power)等同于职权，它是由于领导者在组织中身处某一职位而获得的权力。在这个职位上的人还拥有奖赏权力与强制权力，但比较而言，法定权力的使用范围更广泛。由于法定权力的存在，当部队军官提出要求的时候，士兵通常才会认真聆听和照办。

(2) 强制权力(Coercive Power)依赖于领导者是否拥有对组织成员进行惩罚或控制的能力。下属组织成员出于对自己如果不遵守会导致不利后果的惧怕，对强制权力作出反应。经常使用的强制权力包括分配不同类型的工作或是对员工降级或延缓晋级。

(3) 奖赏权力(Reward Power)是可以带来积极效益或奖赏的权力。这些奖赏可以是满足对方组织成员不同需要的任何东西。它可能包括金钱、晋升机会、有利的销售分区、良好的绩效评估成绩、有趣的工作任务等。

(4) 专长权力(Expert Power)是基于专业技术、特殊技能或知识的权力。当工作越来越专业化，如果一名员工拥有集体工作时十分关键的技能、知识或专业技术，这个人便具有专长权力。例如，在许多组织中，那些专业知识更为广博、更为精深的组织成员往往能为其他人员提供很多有益的帮助，所以经常被视为“专家”。他们的知识和技能给他们带来了影响力，也就是说，让他们拥有了专长权力。

(5) 参照权力(Referent Power)来自于领导者所具备的能够吸引别人的个性、品德、作风，这些资源或人格特点又会引起人们对领导者的赞赏、钦佩、认同而自愿地追随和服从。参照权力源自于我们对别人的敬重，以及我们希望自己成为那样的人。如果你敬重某人，以至于你的行为以他为榜样，你的态度追随着他的态度，那么这个人对你就有参照权力。如果领导者刚正不阿、开拓创新、勤奋工作、清正廉洁、思路敏捷、关心群众、保护下属利益、善于倾听不同意见，就会引来大批追随者，形成巨大的参照权力。

领导是一个通过使用以上所提到的各类权力来影响组织下属成员的过程。绝大多数有效的领导者会综合使用不同的权力类型来影响下属的行为和工作绩效。例如，海军战舰指挥官使用法定权力向船员发布命令，使用奖赏权力表扬船员，而对违规者会使用强制权力予以处分。

思考与讨论

试讨论领导者与管理者的差别。

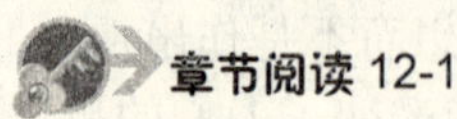

章节阅读 12-1

领导者和管理者的差别

由于变革的永恒性本质，所以企业领导者都将面临层出不穷的挑战，而对此作出正确选择的关键在于提高领导质量，这样才能使我们在全球化经济中取胜。为了不被 21 世纪淘汰，我们就需要新一代的领导者，而不是管理者。

区分领导者与管理者是一件相当重要的事。领导者能够战胜周围复杂、无常、动荡、含糊所带来的(有时仿佛不约而同冲向我们的)极有可能令人窒息的——如果我们任其自由发展——各种困难；而管理者遇到这些困难只能缴械投降。领导者与管理者之间还有其他差别，主要如下。

- 管理者善于管束；领导者善于革新。
- 管理者是模仿者；领导者是原创者。
- 管理者因循守旧；领导者追求发展。
- 管理者依赖控制；领导者营造信任。
- 管理者目光短浅；领导者目标远大。
- 管理者问怎样做和何时做；领导者问做什么和为何做。
- 管理者只顾眼前；领导者放眼未来。
- 管理者接受现状；领导者挑战现状。
- 管理者是听话的士兵；领导者是自己的主人。
- 管理者习惯正确地做事；领导者注重做正确的事。

曾率领英国第 14 军参加第二次世界大战重大战役的元帅威廉·士林姆爵士(Field Marshal Sir William Slim)曾说过："管理者是必需的，而领导者则是根本的。'领导'是精神型的，它需要责任心和目标；管理者是头脑型的，它离不开精确的计算、统计数字、方法、日程表和常规程序。"

资料来源：节选自沃伦·本尼斯(Warren Bennis). 21 世纪中的领导. 收录于肯·谢尔顿编. 领导是什么——美国各界精英对 21 世纪领导的意见. 上海：上海人民出版社，2000. 第 5 页.

12.2 领导理论

领导是一个受到广泛研究的组织行为课题，大多数相关的研究都旨在回答这样一个问题：什么是有效的领导者？通过分析对这一问题作出解释的各种领导理论，我们可以明晰地看到人们认识和了解领导过程的发展历程。首先来看看早期的领导理论。

12.2.1 早期的领导理论

20世纪初，研究者开始对领导进行实证研究。早期的领导理论更注重对领导者和领导者与下属的相互作用的研究。

1. 特质理论

有一种观点认为，某些人天生就具有一些特质，这些特质会使他们成为“伟大”的领导者，比如托马斯·杰斐逊(Thomas Jefferson)、亚伯拉罕·林肯(Abraham Lincoln)等。特质理论就是建立在这种理论的基础上的。特质理论认为领导者和非领导者可以用一系列普遍适用的特质加以区分。研究人员致力于确定领导者的特定的特质。

大约20世纪中期，有一些研究者对领导者具有特定的特质这一基本假设提出了疑问。大量的研究表明不可能有这样一些特质能简单地把领导者与非领导者区分开来。人们把注意力转向将情境因素综合到影响领导行为的因素中。研究者们开始研究领导者和他们所处情境的相互作用。而近些年，特质研究理论好像又回到了原位，人们又把兴趣集中在领导者所应具备的关键特质上。

尽管如此，从这些年进行的有关个体特质的大量研究中，我们还是可以看出，有许多特质的确有利于领导活动。总结下来，在许多这类研究中，一直被认为重要的特质包括智力水平、自信心、决心、诚实与正直、社会交往能力等。与其他特质相比，这些特质是我们所称的“领导者”所更应具有的特质。

(1) 智力水平与领导行为具有正比例的关系。研究表明，如果一个领导者具有良好的表达能力、知觉能力和推理能力，他(她)的领导工作就可能做得更好。同时，研究者们又提出，领导者的智力水平不应该与他(她)的下属相差太大。如果领导者与追随者之间的智力水平存在太大的差距，还可能对领导行为产生一定的反作用，因为领导者如果总是处于优先的地位，或者是因为思想太超前而可能导致与追随者的交往困难。

(2) 自信心是另一个领导者的特质。自信心是一个人对自己的能力、知识和技能感到确信的能力。而领导行为包含着对他人的影响，自信心使领导者确信他们努力对别人产生的影响是合理正确的。

(3) 决心是指完成某项工作的愿望，包括进取心、较高的成就欲望、创新性、坚持不懈、支配欲和内驱力等特质。每个具有决心的领导者都能在活动中表现得活跃，在挫折和困难面前能够不屈不挠。领导者所具有的决心还包括在追随者希望得到指导时所表现出的支配意识。

(4) 诚实与正直是另一个重要的领导者特质。 具有诚实与正直特质的领导往往通过真诚和言行一致在他们与下属间建立相互信赖的关系。他们会激发其他人的自信心，因为大家觉得领导者是十分忠实和可靠的。正直会使领导者让人感到信任。

(5) 社会交往能力也是一个重要的领导者特质。良好的社会交往能力往往使人感到十分友好、礼貌、开朗、得体。他们对他人的需要很敏锐，关心他人的生活。具有良好社会交往能力的领导者往往具有良好的人际技巧，能与追随者创造出一种和谐的人际关系。

虽然上面谈到的这些方面并不十分全面。但是，这 5 个特质还是在很大程度上决定了一个人能否成为一个领导者。

从实践的角度出发，特质理论主要是与领导者表现出哪些特质有关，与拥有这些特质的人有关。组织可以使用个性测量工具来确定一个人是否符合组织的需要。特质理论也可用于个人的自我认识和发展，使领导者分析他们自己的优势和不足，从而对他们应该如何改变自己以提高他们的领导水平有一个更加清晰的理解。

特质理论有以下优点：首先，这种理论具有直观吸引力，它符合一般人的观念，即认为领导者是我们社会的领头人；其次，大量研究可以作为证实这种观点的基础；第三，该理论把注意力集中在领导者身上，因此对领导者应该具有的特质要素有一个相对深层次的理解；第四，它可以成为组织成员评估自己的领导特质的水准基点。

特质理论的缺点是：在分析领导者的特质时，这种理论常常不能把情境因素考虑进去。另外，这种方法对判断最重要的领导特质具有主观性。此外，因为特质理论认为每个人的个人特质是相对稳定的，特质不是能轻易改变的。所以，从培训和教育的角度来讲，这种理论没有多大用处。

2. 行为风格理论

特质理论忽视了领导者与下属的相互作用关系以及情境因素。具备恰当的特质只能使个体更有可能成为有效的领导者。因此，从 20 世纪 40 年代末至 60 年代中叶，有关领导的研究集中在探讨领导者偏好的行为风格上。研究者想发现，有效的领导者在行为方面，有哪些独特之处。

行为风格理论集中探讨领导者做什么。它认为领导者进行两种主要的行为：任务行为与关系行为。任务行为旨在促进目标的实现，领导者帮助群体成员达到他们的目标。关系行为帮助下属对自我、对他人、对他们自己所处的环境感到舒适自在。风格理论的主要目的，是解释领导者如何将这两种类型的行为结合在一起去影响别人。风格理论源自于三个不同的研究：俄亥俄州立大学的研究、密歇根大学的研究以及布莱克和莫顿的管理方格研究。

1) 俄亥俄州立大学的研究

俄亥俄州的研究者们通过让下属完成有关他们的领导者的问卷 (Leader Behavior Description Questionnaire，LBDQ)来进行这种分析。在问卷中，下属必须对他们的领导者使用某种类型的行为的次数进行确定。

研究者发现，下属对问卷的反应集中于两种最基本的领导行为类型：开拓结构行为和关怀行为(Stogdill，1974)。开拓结构行为(Initiating Structure Behavior)主要是任务行为，它包括组织工作，根据工作情境设立工作结构、界定角色责任、计划工作活动。关怀行为(Consideration Behavior)主要是关系行为，同时还包括在领导和追随者间建立同志友谊和忠诚，以及尊重、信任与喜欢的关系。

由 LBDQ 所识别的两种类型的行为，代表了风格理论的核心——这些行为是领导者所做事情的关键。领导者为下属规定结构，同时还训练他们。俄亥俄州立大学的研究把这两种行为看作是性质截然不同的和相互独立的。它们不是一个连续体的两个点，而是两个不同的连续体。比如，一个领导者可能在开拓结构维度方面高，而在关怀行为上可能高，也可能低。同样，一个领导者在开拓结构方面低，在关怀行为方面可能低，也可能高。领导者在一种行为上表现出的程度与他(她)在另一种行为中表现出来的程度不相关。

人们对在特定情境下哪一种领导者风格最有效进行了大量探讨。结果发现，在一些情境下高关怀最有效，但在另一种情境下高结构最有效。而有些研究表明开拓结构方面和关怀行为方面均高的行为是最好的领导者方式。探讨一个领导者如何最理想地将任务行为与关系行为综合在一起，成了风格理论研究人员的中心任务。

2) 密歇根大学的研究

密歇根大学的研究与俄亥俄州立大学的研究差不多同期进行并得到了类似的结果，研究者将领导行为分为员工导向行为和生产导向行为。员工导向(Employee Orientation)强调重视人际关系，尊重员工的个体差异并重视他们的个体需要。员工导向行为与俄亥俄州立大学研究中的关怀行为相对应。而生产导向(Production Orientation)强调工作的技术和生产。员工被视为达到目标的工具。(Bowers & Seashore，1966)生产导向行为与俄亥俄州立大学的研究中的开拓结构行为相对应。

基于俄亥俄州立大学及密歇根大学的研究，研究者们进行了大量的努力来寻求领导者将任务行为和关系行为结合起来的最好方法。研究目的是发现一套普遍适用的领导行为，它具有解释一切情境下领导行为的效能，然而这些努力并没有得到确定的结论。研究者很难确定普遍适用的领导者风格。

3) 布莱克和莫顿的管理方格研究

最为人们熟悉的管理行为模式是布莱克和莫顿的管理方格，它出现在 20 世纪 60 年代早期，后经过多次加工和修改被广泛地运用在组织培训和发展中。管理方格后来被更名为领导方格，用来解释领导者如何通过两种因素来帮助组织达到他们的目标："关心生产"和"关心人"。这些因素在这模型中被描述成领导维度，它们和前面所说的关系行为与任务行为相类似。关心生产(Concern for Production)指领导者关心完成组织的任务。它包括关心决策、新产品开发、工作负担、销售数量和质量等，还可以指组织想要完成的任何目标。关心人(Concern for People)指领导者关心为完成组织目标而努力的组织成员。它包括提供好的工作条件、履行组织承诺并与员工建立信任关系、提高员工的自身价值、维持公平的薪酬结构以及促进并保持良好的人际关系等。

如图 12.1 所示，领导(管理)方格把“关心生产”和“关心人”分别放在坐标轴上。横坐标代表关心生产，纵坐标代表关心人。两个坐标分别划有 9 个等级，其中 1 代表最小关心，9 代表最大关心。通过标注每一坐标轴上的等级，可以说明各种领导风格。领导(管理)方格中描绘出 5 种最主要的领导风格：任务型(9，1)、乡村俱乐部型(1，9)、贫乏型(1，1)、中庸之道型(5，5)、团队型(9，9)。在 5 种风格中，研究者认为(9，9)型管理者工作效果最佳。遗憾的是，管理方格只是对领导风格这一概念提供了框架，并未回答如何使管理者成为有效的领导者这一问题。并且，也没有足够的研究证据支持(9，9)风格在所有情境下都是最有效的。

乡村俱乐部型管理

对员工的需要关怀备至，创造了一个舒适、友好的组织氛围和工作基调。

团队型管理

工作由具有奉献精神的员工完成，由于组织目标的“共同利益关系”而形成了相互信赖，带来了信任与尊重的关系。

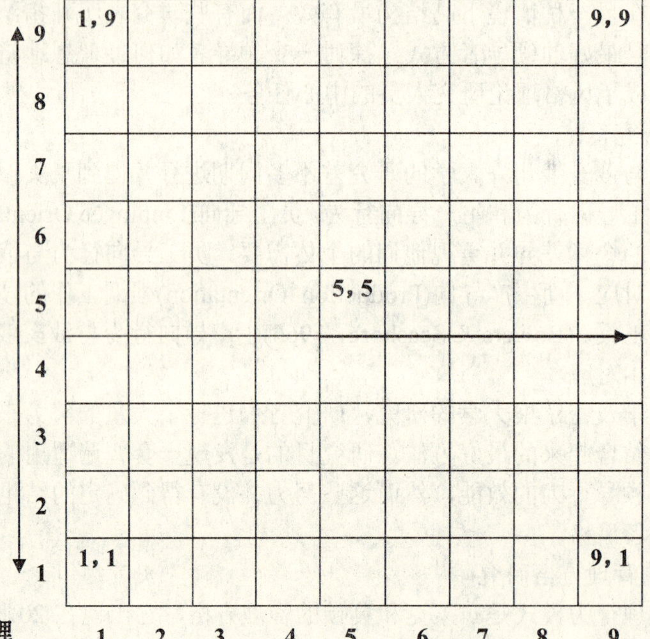

中庸之道型管理

在必须完成的工作与维持令人满意的士气水平之间保持平衡，使组织绩效得以充分实现成为可能。

贫乏型管理

以最低限度的努力完成必需的工作，从而维持组织成员的身份。

任务型管理

由于工作条件的安排从而使工作实现高效运作，使人的因素的干预降到最低程度。

图 12.1　领导(管理)方格

资料来源：[美]R·R·布莱克，J·S·莫顿．新管理方格．北京：中国社会科学出版社，1981．第 15 页．

行为风格理论有其优缺点。第一，基于特质理论，它进一步研究领导者的行为，因而扩大了领导学的研究范围；第二，因为有大量的研究所证实，所以它是的可信度较高；第三，它强调了领导过程的两个核心(任务和关系)的重要性；第四，它具有启发价值，因为它有利于理解自己的领导行为。但也应该看到行为风格理论不能把领导者的行为(任务和关系)与结果(诸如士气、工作满意度及生产力)相联系。另外，风格理论仍不能确定一套导致有效领导的具有普遍适用性的领导行为。

思考与讨论

阅读章节阅读12-2“先做严厉的教官”后讨论：

根据风格理论，如何对马克·杨的领导风格进行描述？

他的领导风格是怎样随着时间发生变化的呢？

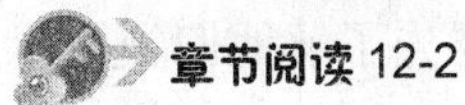

章节阅读12-2

先做严厉的教官

马克·杨(Mark Young)是一家大医院油漆部的负责人，手下有20个职员。在他来这家医院之前，他是一个独立的承包商。他所担任的职位是由这家医院新设的，因为医院相信，对所提供的油漆服务需要进行一些改革。

马克一开始工作时，便用了4个月时间对油漆服务的直接、间接花费作了分析。他的分析结果证实了管理者们的感觉，即油漆服务效率低且花费大。因此，马克完全重组了这个部门，设计了一套新的工作流程，重新确定了预期的工作标准。

马克说当他开始新工作时，他是“完全任务型”的，像一个严厉的教官，不从他的下属获取任何信息。马克认为，在医院这样的环境下工作不能出现错误，因此他必须严格地要求油漆工在医院环境的约束下做好工作。

随着时间的推移，马克逐渐改变了他的工作风格，变得不那么苛求了。他把一些职责分配给了两个小组领导者，他们向他汇报工作同时负责与每个职员保持密切的联系，马克每周会带一小群工人到当地的体育酒吧去吃汉堡包。他喜欢与员工们开开玩笑，自己也拿得起放得下。

马克为他的部门而自豪。他说他总想当一个教练，而那正是他运作整个部门的感觉。他喜欢和人们一起工作，特别是他喜欢看到员工意识到由于他们自己的努力，工作做得很好时，眼里闪烁出的光芒。

由于马克的领导，油漆部门有了实质性的改进，并被其他部门的人视为医院维护方面最具生产力的部门。客户对油漆服务的满意率为92%，是医院各项服务中最高的。

资料来源：[美]彼得·诺思豪斯. 领导学：理论与实践(第二版). 南京：江苏教育出版社，2005. 第31页.

12.2.2 权变的领导理论

人们越来越清楚地意识到，对领导成功与否的预测要比仅仅确定一些领导者特质和行为偏好更为复杂。人们开始注意情境因素的影响。但是，这些情境到底是什么呢？知道领导的有效性取决于情境因素只是问题的一个方面，问题的另一方面是，我们还要能确定这些情境的条件。

我们在这儿介绍 4 种权变理论：菲德勒模型，赫塞和布兰查德的情境理论，路径—目标理论，团队领导理论。权变理论代表了领导学研究的一种变革，从仅仅将研究视角集中在领导者身上，转移到领导者与其所处的工作情境的匹配上。 它强调领导者风格与情境需求相匹配的重要性。

1. 菲德勒的权变模型

弗雷德・菲德勒(Fred Fiedler)的权变模型(Contingency Model)理论认为领导的有效性取决于领导者的风格与情境相适应的程度。为了了解领导的表现，有必要先了解他们领导行为所处的情境。有效领导是视领导者的风格和适当的情况相匹配的程度而定的。菲德勒认为，有效的群体绩效基于两方面的匹配：其一是与下属发生相互作用的领导者风格；其二是领导者能够控制和影响情境的程度。

菲德勒模型，如图 12.2 所示，的前提假设是在不同类型的情境中，总有某种领导风格最为有效。这一理论的关键在于首先界定领导风格以及不同的情境类型，然后建立领导风格与情境的恰当组合。

为了理解菲德勒的模型，我们先来看看第一个变量——领导风格。菲德勒认为，影响领导成功与否的关键因素之一是个体的基本领导风格。他还进一步指出个体风格属于任务取向或关系取向之一。为了测量领导者风格，菲德勒开发了“最难共事者”问卷(Least Preferred Coworker Questionnaire，LPC)。菲德勒相信，在对 LPC 问卷回答的基础上，可以判断出人们最基本的领导风格。菲德勒相信，如果领导者能以相对积极的言辞来描述最难共事者(LPC 高得分者)，说明领导者利于与同事形成友好的人际关系。也就是说，这样的领导者属于关系取向型。如果领导者对最难共事者用贬义的言辞进行描述(LPC 低得分者)，其领导风格可能倾向于任务取向型。菲德勒还认为有一小部分人是介于二者之间的(LPC 中等得分者)并把这部分人称为社会独立性强的人。此外，菲德勒相信领导风格是固定不变的，如果是关系型领导者，永远如此。

接下来需要评估情境，并将领导者与情境进行匹配。为了确定情境因素，需要评价三种变量：领导者－成员关系(Leader-Member Relations)、任务结构(Task Structure)和职位权力(Position Power)。领导者—成员关系(Leader-Member Relations)是指领导者对下属信任和尊重的程度，有好或差之分。任务结构(Task Structure)是指工作任务的规范化和程序化程度，有高或低之分。职位权力(Position Power)是指领导者运用相关的权力(例如雇佣、解雇、处分、晋升和加薪)施加影响的程度，有强或弱之分。

菲德勒根据这三项权变变量对每一种领导情境进行评估。经过分析得到 8 种可能的情境，每个领导者都可以从中找到自己所在的情境(图 12.2 的下半部分)。其中 I、II 和III类情境对领导者非常有利；IV、V 与VI类情境在一定程度上对领导者有利；VII与VIII情境对领导者十分不利。

菲德勒得出结论：任务取向的领导者在非常有利的情境下和非常不利的情境下效果更好(图 12.2 上半部分，纵轴代表工作业绩，横轴代表情境状况)，关系取向的领导者则在中间情境下(即IV、V、VI型的情境中)干得更好。提高领导者的有效性实际上只有两条途径：第一种，可以选择领导者类型以适应情境，例如，如果群体所处的情境被评估为十分不利，那么任务取向的领导者则能提高群体绩效；第二种是改变情境以适应领导者。

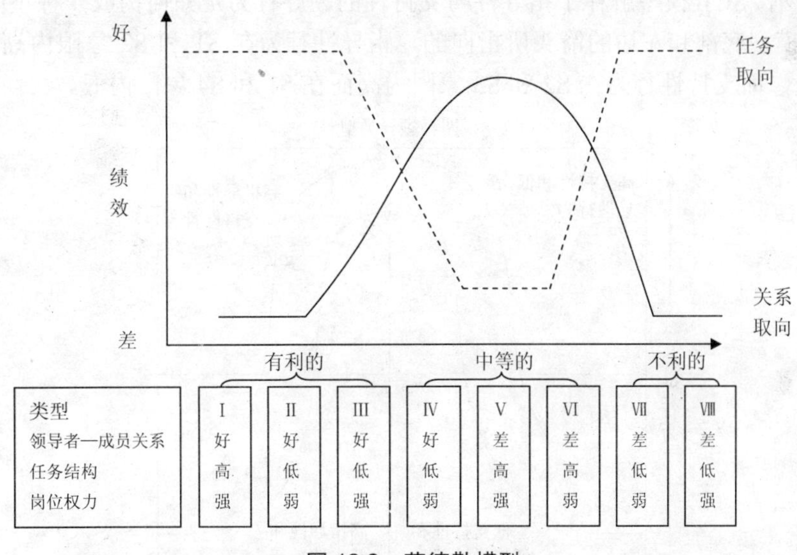

图 12.2 菲德勒模型

资料来源：[美]斯蒂芬·P·罗宾斯(Stephen P. Robbins)，玛丽·库尔特(Mary Coulter). 管理学(第七版). 北京：中国人民大学出版社，2005. 第 267 页.

权变理论的优点包括：有大量的研究证据所支持，是第一个强调情境对领导者影响的领导理论，能对领导行为的有效性进行预测，允许领导者不必在所有情境中都是有效的，也能提供有关领导形象的有用资料；缺点包括：菲德勒的权变理论没有充分解释风格与情境之间的联系，很大程度上依赖于 LPC 量表，而 LPC 量表本身因缺乏表面效度和可行性而受质疑；此理论也没有完全解释清楚组织在情境构建中应如何使用该理论的结果。

2. 赫塞和布兰查德的情境理论

情境领导的着眼点是在具体情境中的领导。它的基本假设是不同的情境需要不同的领导。所以，基于这种假设，领导者的领导类型要适应不同情境。情境领导的观点是：领导由指导与支持这两个维度构成的，每个维度都应当被恰当地应用于给定的情境。为了确定在某一种特定的情境中应该如何来做，领导者必须对员工进行评估，并对他们在完成确定的任务时的能力和承诺程度等情况进行评估。由于员工的技能和积极性会随着时间的变化而变化，情境领导理论认为，领导者应相应地改变指导或支持的程度以满足下属的需要。总而言之，情境领导要求有效领导者能识别员工的需要，然后调整自己的领导风格以满足他们的需要。

布兰查德等人于 1985 建立了一个模型来说明情境理论，并把这个模型称为 SLⅡ模型，如图 12.3 所示。SLⅡ模型解释了指导性与支持性的领导行为是如何构成 4 种不同的领导类型的。正如模型底部和左边的箭头所指向的，指导性行为在 S1 和 S2 象限内高而在 S3 和 S4 象限内低，而支持性行为在 S2 和 S3 象限内高而在 S1 和 S4 象限内低。

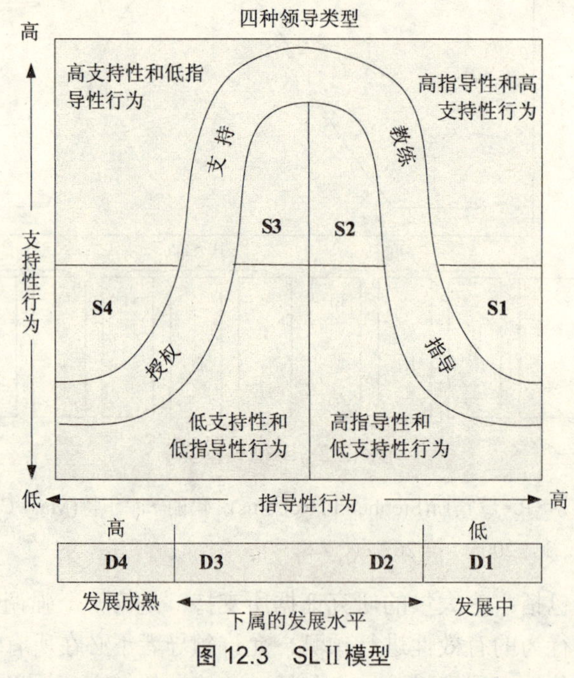

图 12.3 SLⅡ模型

资料来源：K. Blanchard，P. Zigarmi，and D. Zigarmi. *Leadership and the One Minute Manager：Increasing Effectiveness Through Situational Leadership*. New York：William Morrow．1985.

SLⅡ模型分成领导类型和下属的发展水平两个部分。

1) 领导类型

领导类型指领导者试图影响其他人的行为模式。它包括指导性行为和支持性行为，也叫做任务行为和关系行为。指导性行为通过指导下属组织成员、建立目标和评估体系、设置时间表、定义角色以及表明实现目标的方法和手段，从而帮助群体成员实现目标。指导性行为通常是通过领导者的单向沟通来阐明组织成员应该干什么、怎么干、由谁干。而支持性行为主要是帮助组织成员对他们自己、他们的同事以及他们所处的情境产生惬意的感觉。支持性行为涉及领导者与组织成员之间的双向沟通与对他人表示社会性支持和情感性支持的反应。

根据对指导性与支持性行为的解释，领导类型可以分为 4 种不同的类型。

(1) 第一种类型(S1)是高指导性和低支持性类型，也被称作“指导”方法。在这种领导类型下，领导者主要强调目标的实现，而支持性行为不是很多。使用这种领导类型，领导者对什么是目标以及组织成员如何实现目标作出指示，而后便用心地监督。

(2) 第二种类型(S2)是一种高指导性和高支持性的类型，也被称作“教练”方法。在这种领导类型中，领导者既强调目标的实现，同时也满足下属的社会情感需求。它要求领导者通过激励和向下属征求意见来与下属建立关系，这种类型仍然要求领导者对目标的确定及如何实现目标进行最终决策。

(3) 第三种类型(S3)是一种也被称为“支持型”的领导方法，它是高支持性和低指导性的类型。在这种领导类型下，领导者并不专注于目标，而是主要使用支持性行为，这种行为使员工的技能紧紧地围绕着需要完成的任务。支持类型的行为包括仔细倾听、征求意见、称赞和给予反馈。采用这种类型的领导者授权下属可以决定日常工作，而随时准备向下属提供促进问题解决的帮助。S3 型的领导者会及时给予下属赞誉和必要的支持。

(4) 第四种类型(S4)是低支持性和低指导性类型，也被叫做“授权方法”。使用这种方法的领导者很少对任务进行指示，也不提供支持。授权式的领导者很少让自己卷入计划、控制细节以及明确目标等问题。在明确了下属应该做些什么之后，这种类型的领导就让下属负责用他们自己觉得是最适合的方式来完成工作。采用 S4 型方法的领导将控制权授予了下属，而且避免了以不必要的支持干扰下属。

2) 下属的发展水平

SLⅡ模型的第二个部分涉及下属的发展水平问题。发展水平是指在完成给定的任务后，下属具有的能力与承诺的程度。如果员工对他们的工作有兴趣、有信心并且知道如何去完成任务，那么他们就处在较高的发展水平上。如果员工对手上的任务所需的技能掌握甚少，但有积极性或信心完成工作，他们就处在低的发展水平上。

发展水平的解释如图 12.3 的下半部分。员工的发展水平是指在一项给定的任务中，员工具有的能力和承诺程度的各种结合。在某一项特定的任务中，员工从低发展水平到高发展水平可以被分成 4 类：D1、D2、D3 和 D4。D1 代表低能力、高承诺的员工。虽然他们是新手，对于如何做不是很清楚，但他们是乐于接受这种挑战的。D2 类型的员工有一定的能力但却是低承诺的。他们有一定的能力完成任务却不愿意做领导者希望他们做的工作。D3 代表的员工，他们的能力从中等到高等的程度都有，但可能缺乏承诺。他们基本上已经具备了完成工作的技能，但对他们自己能否完成任务没有把握。最后，D4 员工是高发展水平的，对于完成工作来说，他们既有高水平的能力，也有高水平的承诺。他们具有完成工作的技能和工作积极性。

确定了员工的发展水平后，领导者的任务就是让他们的领导类型与 SLⅡ模型中描述的领导类型相适应。在下属发展水平(即 D1、D2 等)与领导类型(即 S1、S2 等)之间存在着一种对应的关系。例如，如果下属是处于第一种发展水平 D1，领导者需要采取高指导和低支持的领导类型(S1)；如果下属水平更高一点儿，处于第二种发展水平(D2)，领导者应当采取教练类型(S2)。对于每一种发展水平，都有一种领导者可以采用的特定的领导类型。

当然，领导者不能在所有场合都始终采用同一种领导类型，而要根据他们所处的特定情境，调整自己的领导类型。所以，情境方法要求领导者表现出一种很强的灵活性。

情境领导理论的优点主要存在于 4 个方面：第一，作为一种训练领导者的标准，它是一种得到认可的领导方；第二，比较实用并且易于应用和易于理解；第三，如果领导者需要提高他们的领导效能，这种方法提供了一种关于领导者应该如何行动的方案；第四，情境领导理论强调领导需要灵活性，使他们的领导类型与情境要求相适应。

此理论的缺点有：首先，它没有强有力的研究结果去验证和支持这种方法的理论基础，因此，对领导过程观点的形成的论证显得含糊不清；其次，在解释下属如何从低发展水平到高发展水平时不甚清楚，对下属的承诺如何随着时间的变化而变化也不清楚。没有基本的研究结果作支撑，领导类型与下属的发展水平相匹配这一基本规律的效度也必然是有疑问的；最后，在应用时，模型对领导者如何在群体背景下使用这种方法没有提供指导原则。

3. 路径—目标理论

今天，路径—目标理论(Path-Goal Theory)已经成为在理解领导方面最受推崇的观点之一。路径—目标理论研究的是领导者如何激励下属完成指定目标。该理论指出，领导者的工作是帮助下属达到他们的目标。这个领导理论强调要重视激发雇员的积极性，以提高雇员的绩效和满意度。路径—目标理论强调工作环境和下属的特征与领导者风格之间的关系。路径—目标理论中的假设来自于期望理论(Expectancy Theory)。期望理论认为，如果下属觉得他们能胜任自己的工作，如果他们相信他们的努力将会产生一定效果，如果他们认为工作报酬是合理的，他们就会被激励。简而言之，路径—目标理论可以解释：领导者如何通过选择特定的行为措施，帮助下属通过一定的路径以实现目标，领导者所选择的行为措施应最适合下属的需要和下属工作的环境。

图 12.4 描绘了路径—目标理论的不同成分，包括领导行为、下属特征、任务特征和激励。路径—目标理论认为，不同类型的领导行为对下属的激励会产生不同的影响。某一领导行为对下属是否有激励作用取决于下属特征和任务特征。

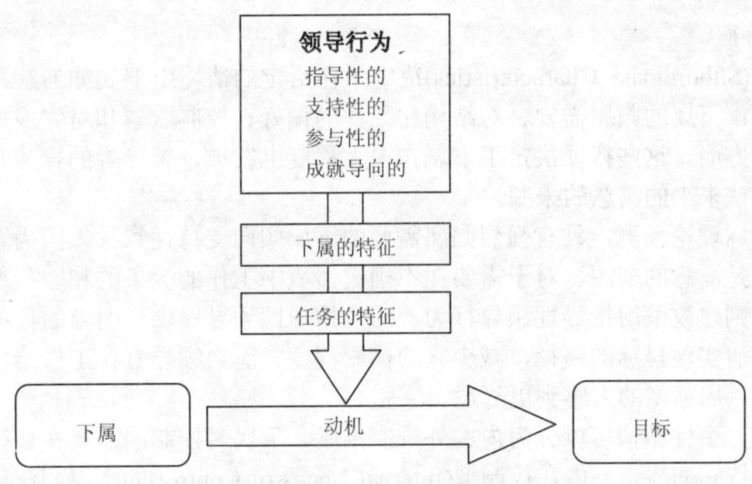

图 12.4 路径—目标理论的主要成分

资料来源：[美]彼得·诺思豪斯．领导学：理论与实践(第二版)．南京：江苏教育出版社，2005．第 59 页．

1) 分析领导行为

到目前为止，该理论着重研究了指导性、支持性、参与性和成就导向性的领导行为。当然，路径—目标理论是一个完全可以包括其他变量的开放的体系。指导性领导(Directive Leadership)与俄亥俄州研究中描述的“开拓结构”概念以及情境领导中描述的“告知”类型相类似。指导性领导的特征是领导对下属需要完成的任务进行说明。指导性领导为下属制定了明确的工作标准，并将规章制度向下属讲得清清楚楚。支持性领导(Supportive Leadership)与俄亥俄州研究中的“关心行为”结构相类似。支持性领导领导对下属态度友好，容易接近，比较关注下属的福利和需要。支持性领导者努力促使下属感到工作是愉快的。此外，支持性领导平等地对待下属，尊重下属的地位。参与性领导(Participative Leadership)是指领导允许下属一起参与决策。参与性领导与下属进行探讨，征求并尊重他们的想法和意见，将他们的建议融入团体或组织将要执行的决策中去。

成就导向性领导(Achievement-Oriented Leadership)鼓励下属在工作上做到尽量高的水平。这种领导为下属制定的工作标准很高，不断寻求工作改进。除了对下属期望很高，成就导向性领导非常信任下属有能力制定并完成具有挑战性的工作目标。

路径—目标理论认为在不同的情境中对不同的下属要运用上面提到的 4 种领导风格的不同组合。它强调领导应该使他们的风格适合于具体的情境，适合于下属的积极性需要。领导者要根据下属的需要不断变换领导风格。不同的情境可能需要有不同的领导行为类型。而且，可能会出现这样的情形，领导者可以将一种以上的领导风格同时结合在一起，使用综合的领导风格。

图 12.4 还指出了路径—目标理论的另外两个重要成分：下属特征和任务特征。领导行为的效果还取决于下属特征和任务特征。

2) 下属特征

下属特征(Subordinate Characteristics)决定了在给定的情境中下属如何解释领导者的行为。主要包括：下属的归属需要、对结构化工作的偏好、控制欲望和对完成任务的能力水平的自知力等方面。这些特征决定了下属在多大程度上发现，领导者的行为是当时满意的来源或者是某些未来的满意的来源。

路径—目标理论预测，具有强烈归属需要的下属倾向支持性领导，因为友好的和关心人的领导行为是满意的来源。对于需要在不确定情境中工作的教条的和服从型的下属，路径—目标理论则建议采用指导性领导行为，因为指导性领导提供了明晰的任务。指导性领导帮助下属澄清实现目标的路径，减少它的模糊程度。而当领导者在工作情境中提供很强烈的确定感时，服从型的人感到更舒适。

根据研究，个性结构可以分为内、外控制维度，下属对控制的需要在路径—目标理论研究中受到了特别的注意。内在控制型(Internal Locus of Control)的下属相信他们控制着他们生活中发生的事情，而外在控制型(External Locus of Control)的下属相信机会、命运或者外在的力量是生活事件的决定因素。路径—目标理论认为，对于内在控制型的下属，参与性领导是最令人满意的，因为它使下属感到他们控制着自己的工作，并且是决策过程的必要的组成部分。对于外在控制型的下属，路径—目标理论建议，指导性领导是最佳的，因为它与下属的感觉相一致，即外在的力量控制他们的情况。

领导影响下属积极性的另一种方式是下属对自己从事特定工作的能力的知觉。当下属对自己的才能和能力的知觉上升时，对指导性领导的需要就下降。实际上，当下属感到有能力完成自己的工作时，指导性领导在情境控制方面就变成是多余的，而且可能是过多的了。

3) 任务特征

任务特征(Task Characteristics)也是影响领导者的行为对下属积极性的作用方式的一个重要因素。任务特征包括下属的任务设计、组织的正式权力系统、下属工作的团体。这些特征都共同对下属起到激励作用。当情境提供了明确的具有结构层次的任务、强烈的团体规范和一个已经建立起来的权力系统，下属将会感到他们能完成他们的工作，感到他们的工作是有价值的。这些情境中的领导行为可能被看成是不可必要的和过多控制的行为。但是，在某些情境中，任务特征可能需要领导介入。高度重复的任务需要领导提供支持，以维持下属的积极性。在正式权力系统较弱的工作情境中，领导变成了帮助下属将工作规则和工作要求弄清楚的工具。

路径—目标理论的一个重点是帮助下属克服障碍。障碍可能是工作情境中任何妨碍下属工作的事物。障碍使下属产生了多余的不确定性、挫折或威胁。在这些情形中，路径—目标理论建议，领导有责任帮助下属排除这些障碍，或者绕过这些障碍。这样将会提高下属对完成任务的期望水平，提高他们的工作满意度。

路径—目标理论是一种理论上复杂但又具有较强实用性的领导方法。在理论上，它提供的一系列的理论假设都是关于各种领导风格如何与下属特征和工作情境发生相互作用，以影响下属的积极性。实践中，该理论为领导者如何帮助下属以满意的方式完成他们的工作提供了方向。

路径—目标理论建议，领导者需要选择最适合于下属和工作需要的领导风格。该理论预测：指导性领导风格最适合的情境对下属是教条的和服从的；任务是不明确的、组织的规章和程序是不清晰的。对于结构层次清晰、令人不满意的或者是令人感到灰心的工作，路径—目标理论建议领导者应该使用支持性风格。当下属从事重复性的和没有挑战性的工作时，支持性领导为从事于机械重复工作的下属提供了"人性感觉"。

当任务不明确时，参与性领导被认为是较好的选择，因为参与活动帮助下属懂得如何达到某些目标的路径。此外，当下属具有独立性和强烈的控制欲时，参与性领导起着积极的效果，因为这样下属喜欢参与到决策和工作构建中去。

而且，路径—目标理论预测，当下属被要求执行模棱两可的任务时，成就导向性领导是最有效果的。成就导向性领导帮助下属感到他们的努力将会取得有效的绩效。然而，在任务结构性比较强和模棱两可程度比较低的情境中，成就导向性领导就会与下属对工作努力的期望无关。

有效的领导必须注意下属的需要。领导应该帮助下属明确他们的目标和达到这些目标的路径。当产生了障碍，领导需要帮助下属处理这些障碍，即帮助下属绕过障碍或者排除这些障碍。领导者的工作就是通过指导、引导和培训下属，帮助下属实现目标。

路径—目标理论有三个优点：第一，它有利于理解指导性、支持性、参与性和成就导向性的领导风格是如何影响下属的生产效率和满意度的；第二，路径—目标理论将期望理论中的激励原理融入领导理论；第三，它提供了一个强调领导者帮助下属的重要方法的实用模型。

缺点方面有：第一，路径—目标理论的范围包含了太多的具有相互联系的假设，所以在特定的组织环境中实用性不强；第二，迄今为止的研究结果没有对该理论提供一致的支持，而且，路径—目标理论没有清楚地描述领导行为如何直接影响下属的积极性水平；第三，路径—目标理论是领导导向性的，它没有认识到领导的相互作用的本质；此外，该理论没有重视下属对领导过程的反作用。

4. 团队领导理论

组织团队的广泛应用意味着组织团队和团队领导重要性的逐步提高，使人们对团队领导理论产生了全新的兴趣。团队是由团队成员所组成的组织群体，团队成员有着共同的目标，并且通过相互协调来实现组织目标。比如项目管理团队、工作小组、质量团队以及提高团队等。随着组织工作团队的增加，以及它们在复杂多变的组织结构中作用的不断扩大，我们有必要去理解领导行为在这些团队中的作用，来确保团队运行的成功。理解这些组织团队的本质和它们中对领导行为的实际需要，给理论的研究指明了新的方向。我们不仅要理解领导者发挥的作用，还要理解领导者发挥作用的复杂性。此外，我们还需要知道，这些复杂功能的绩效与实际运行中的团队的绩效是有联系的。

早期研究群体的大多数学者认为，领导有两个重要作用：帮助群体完成任务(任务功能)；维持群体，并使群体发挥作用(维持功能)。团队绩效(Team Performance)指领导的任务功能，团队发展(Team Development)指领导的关系维持功能。任务或团队绩效功能包括完成任务、决策，解决问题，适应变化，制定计划，实现目标等。维持团队发展功能包括营造积极的气氛、解决人际问题、满足成员的需要、提高内聚力。当群体研究的重点从实验室走向现实生活中的真实团队时，领导的第三个重要功能出现了，它对群体效能是重要的。除了处理和平衡团队的任务和关系的需要，领导者也要帮助群体适应外在环境。有效的团队领导者需要学会分析和平衡群体的内在和外在的需要，通过变化或者保持一致而进行恰当地反应。

团队领导是一个十分复杂的过程。领导不是一个角色，而是一个不断进行的过程，即不断地收集信息、减少模棱两可的程度、提供结构以及克服困难的过程。所有群体成员都可以参与到这个过程中，齐心协力帮助群体来适应不断变化的环境。好的领导者必须是很好的信息解码者，精力集中于外部环境而非自身(Barge，1989)。除了是一个有效的信息解码者外，好领导者还必须学会做一个好的信息编码者，有效地传递信息，采取最恰当的行动来解决问题(Barge，1994)。团队领导的复杂特性显示，团队的成功没有简单的秘诀。团队领导者必须学会开放思想，在理解和诊断团队问题时持客观的态度，熟练地选择最恰当的行动，以帮助团队实现目标。因此，领导过程除了涉及收集和解释信息的协调作用，还有根据该信息采取正确行动的协调作用。

拉森和拉法斯脱对一组优秀团队样本进行了访谈，以获取“对有效功能团队特征的了解”。他们发现，不管团队是何种类型，团队优秀有 8 个固定联系的特征。这些特征同上述赫克曼和沃尔顿提出的理论成分十分一致，为群体效能理论提供了有力的支持，参见表 12-2。

表 12-2 理论和研究标准的比较

群体效能的条件 (Hackman & Walton,1986)	团队优秀的特征 (Larson & LaFasto,1989)
	清晰而振奋人心的目标
清晰而吸引人的方向	受结果驱动的结构
一个可操作的结构	同意的承诺
一个可操作的环境	协作的气质
作家训练	优秀的标准
充足的物质资源	原则性的领导
	外部的支持

资料来源：[美]彼得·诺思豪斯．领导学(第二版)．南京：江苏教育出版社，2005．第 110 页．

基于对团队领导的重要功能、其过程的复杂性及团队效能的相关因素，出现了许多模型用以总结有关团队、领导、团队效能的知识。图 12.5 是试图将团队领导的协调和监控概念与团队效能融合在一起的一个模型。此外，模型也提供了一些措施，领导者可以采用这些措施用以提高团队效能。有效的团队领导者需要各种沟通技能，以便监控和恰当地采取行动。根据团队领导模型，为了提高团队的效能，领导者需要协调决策对团队的决策进行干预。领导的第一个决策是监控(目标协调)或采取行动(行动协调)是否最适合于遇到的问题：现在是不是该收集和解释信息了，是不是该干预和调整团队活动了。因此，领导者面临的第一个决策就是：我应该继续监控这些因素，还是根据已经收集和处理的信息采取行动。

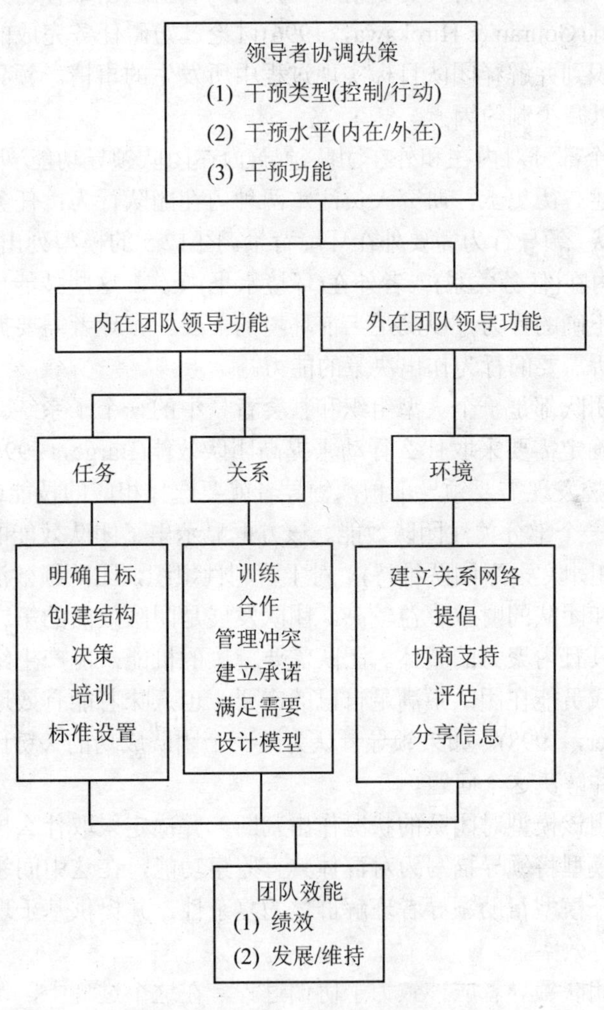

图 12.5 团队领导模型

资料来源：[美]彼得·诺思豪斯．领导学(第二版)．南京：江苏教育出版社，2005．第113页．

如果采取行动，领导者进行第二个战略决策，确定需要领导注意行动过程的什么水平，是内在的团队领导(任务/关系)还是外在的团队领导(环境)。群体成员间存在冲突吗？如果是，那么采取行动以维持群体并改善人际关系也许是最合适的。团队目标不清楚吗？也许需要任务干预。组织/公司没有对团队工作提供适当的支持吗？也许关注环境是最恰当的干预。

领导的第三个决策是在干预中确定最恰当的技能或行为。例如，如果领导者确定，团队成员人际关系不好，领导者就要开始冲突管理。要成为一个有效的领导者，他需要采取情境所需要的行动。因此，分析和协调情境，为团队利益做出最佳决策，这是领导者的工作。高兰和海诺卡娃(Gouran & Hirokawa，1996)讨论过妨碍任务完成的制约因素。他们认为，领导者需要认识到并解释团队目标实现过程中所发生的事情。领导者需要作出策略选择，做出恰当反应以减少制约因素。

图 12.5 的下一个部分对内在和外在团队领导(内在团队领导功能/外在团队领导功能)必备的技能进行了描述。历史上，研究人员注重两种内在团队行为：任务和关系。随着越来越重视整个工作团队，领导行为需要外在环境背景。图 12.5 的模型列出了一系列领导技能，这些技能可以进行内在(任务关系)或者外在(环境水平)操作。这些技能反映出团队成绩的成分，由领导者选择正确的行为，以满足当前环境的需要。领导者需要拥有施展这些技能的能力，以及对当前所需要的行为作出决策的能力。

现实生活中的团队都是一个大型组织和社会背景中的一个子系统。为了生存，团队必须密切监控环境，确定需要采取什么行动来提高团队效能(Barge，1996；Hyatt & Ruddy，1997)。如果环境监控发现需要领导干预，领导者就要选择相应的技能或行为。

图 12.5 的最后一个部分关注团队效能。该方框显示出了团队效能的两个重要功能：团队绩效(任务完成)和团队发展(团队维持)。对于营利性组织，团队绩效清晰，也意味着财政的稳定性以及组织和团队的财政收益较高。团队发展是团队效能的第二个方面，它关注如何使团队发展成为具有内聚力的整体。团队需要健康的机能，能产生结果，实现绩效。团队发展意味着团体成员能在团队中满足自己的需要，也意味着能有效地共同工作，适应不断变化的环境(Nadler，1998)。如果领导者认为某一个团队成功的关键因素没有被发现，那么团队必须要找到并解决这个问题。

领导者可以运用该模型对团队的状况作出判断，并决定采取什么样的特定行动来提高团队的效能。这个模型将领导描写为对群体具有监察功能，在这中间领导者的职责是帮助群体获得效能。这个模型帮助领导者理解群体的复杂性，并提供基于理论和研究的实用措施，使得群体更加有效率。

使用该模型，团队领导者应该致力于协调过程，在这个过程中，领导者要决策对团队是监控还是采取行动更合适。如果监控显示出团队的所有功能都是满意的，那么领导者不应该采取直接措施，但是要根据团队绩效和发展，继续监控内在的和外在的环境；如果监控显示需要采取行动，那么，领导者应该决定需要什么水平的行动(内在或外在)；最后，领导者将决定选择哪些功能或技能以满足团队的需要。而确定干预措施充分反映了团队领导的困难性。例如，监控团队内在功能的领导者看到人们为了控制力和权力在争斗，领导者可能把这个现象看成是内在关系问题，是群体成员的权力行为；或者，是内在任务问题，因为团队的结构是不适当的，群体的某些成员的角色和责任是不明确的；或者，是外在环境问题，因为团队没有从组织那里得到充分的自主权，因此，成员为了一点点权力和控制力而争斗。无论哪种情形，领导者都可以继续监控情形，不立即采取行动；或者，领导者可以确定在什么水平上进行干预，然后确定在该水平上采取最恰当的行动；也可能是领导者决定干预所有的三个水平——重视有权利欲的个人(内在/关系)、明确群体角色(内在/任务)与组织上层协商为团队争取更多的自主权(外在)。

团队领导模型有助于为不断进行的团队分析和提出改善方向。通过将自己的团队与优秀团队进行比较，领导者可以确定团队的最大的弱点，以便进行干预。领导者的两个基本功能是监控和采取行动。领导者可以使用这种模型来了解团队是否以有效的方式运转，以诊断有关问题。然后，领导者就采取恰当的措施，在团队外部确保必要的资源和情境支持，在团队内部强化任务和关系功能。

团队领导理论的优点是：关注真实组织中的工作团队和有效因素；强调团队的多数领导活动要在工作群体中进行分配；有助于用恰当的诊断和有技巧的措施选择领导者并帮助团队成员；此外，理解和研究组织团队提供了一个认知的模型。

团队领导理论的缺点是：由于它是新形成的，所以模型中的许多关系和论断没有得到很多研究的支持；模型对领导过程提出的分析技能和采取行为的技能需要进一步深化；对于那些希望对每一个问题得到直接答案的实用主义者来说，这个模型过于复杂，且研究周期也长。

思考与讨论

试讨论在领导实践中如何综合应用上述领导理论。

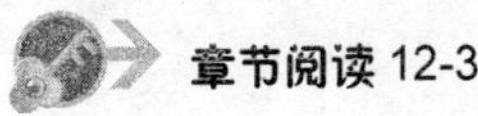

章节阅读 12-3

杰出的企业领导者——杰克·韦尔奇

当杰克·韦尔奇在2001年底退休时，这位通用电气的CEO也宣告了一个时代的结束。在韦尔奇的领导下，通用电气从1981年的年销售额250亿美元转变为年销售额1700亿美元，成为一个业务广泛的集团企业。经营业务包括电灯泡、塑料、飞机发动机、医学影像仪器、保险和金融服务等。韦尔奇建立起来的著名工业巨人——通用电气公司，是全球第九大公司和第二大盈利公司。同时，超级 CEO 韦尔奇已成为最具传奇色彩并在任何时候都被广泛效仿的商业领导者之一。

通用电气的成功来自于两个战略：第一，韦尔奇鼓励企业走多元化道路，而不是坚持“核心”业务；第二，他通过鼓励快速思考和企业家行为减少官僚性障碍。例如，一个工具是，通用标志性的词语——“群策群力”，即任何人都可以召开用来解决问题的会议，无需主管在场。当参与者有一个计划时，他可以告诉上司，上司必须现场给出“是”或“否”的答复。韦尔奇说：“让整个公司变得不死板、不正式非常重要，而以前没有多少人谈论到它。”但这种非正式的 just-do-it 文化却是通用电气成功的关键。

韦尔奇的领导才能如何展现呢？第一，他精通如何激励人。他每年亲自检查公司 3000 名高级管理者的绩效且给工作出色的人颁发上百份奖金；他还经常给雇员和经理写便条感谢他们，建议变革，关注员工的家庭危机；他也在通用电气的培训中心讲课、演讲、吸引精英管理者的听众。第二，他坚持坦诚待人，不仅经理主管人员要这样，他自己也坦诚相待。当管理者达到目标时，他会表示感谢并给予物质奖励；如果管理者业绩不好，也会给予严厉的惩罚，通常会将其开除。韦尔奇的方法就是胡萝卜加大棒，并坚持稳定的信息沟通。《商业周刊》说，在管理风靡的今天，通用电气给我们的启示是：个性仍然重要。

资料来源：[美]安吉罗·克尼基，布赖恩·威廉姆斯. 管理学基础. 北京：中国财政经济出版社，2004. 第 351 页.

第13章 激 励

学习目标

(1) 理解激励的概念。
(2) 理解激励的过程。
(3) 解释需要层次论，双因素理论，成就需要理论及X理论和Y理论。
(4) 解释公平理论和期望理论。

章前导读

创设激励机制

渔夫在船上看见一条蛇口中叼着一只青蛙，青蛙正痛苦地挣扎。渔夫非常同情青蛙，就把青蛙从蛇口中救出来放了生。可渔夫又觉得对不起饥饿的蛇，于是他把自己心爱的酒给蛇喝了几口，蛇愉快地走了。渔夫正为自己的行为感到高兴时，突然听到船头有拍打东西的声音，渔夫探头一看，大吃一惊，他发现那条蛇抬头正眼巴巴地望着自己，嘴里叼着两只青蛙。

这则寓言给人们一个启示：只要给予他人所没有的，就会产生激励效果，而且这种激励会使他人加倍努力。

此外，让员工觉得在为自己工作，也可以达到同样的效果。

美国的石油大亨保罗·盖蒂，年轻时家境不好，守着一大片收成很差的旱田，只是在挖水井时，有时能挖出浓黑的液体，后来才知道是石油。于是水井变油井，旱田变油田，他雇佣工人开采起石油来。

保罗·盖蒂没事便到各油井去巡视，每次当看到浪费和闲人的现象时，他就把工头找来，要求消除这种现象。然而他再去时，依然如故。保罗·盖蒂百思不得其解：为何我不常来，都能看到一大群闲人，而那些工头天天在此，却视而不见？并且经过督促之后不见改善？后来，保罗·盖蒂遇到了一位管理专家，便向他请教。专家只说了一句话："那是你自己的油田。"保罗·盖蒂醒悟了，立即叫来工头，向他们宣布："从今天开始，油井交给各位负责经营，收益的25%由各位支配。"此后，保罗·盖蒂再到各油井去巡视，发现不仅闲人绝迹、浪费现象减少、产量也大幅增加。于是他依旧这样行事。

正是这种高效机制，使得他的公司在后来一波又一波的兼并浪潮中没能被收购，反而并购了其他一些经营不善的企业，形成了自己的"石油帝国"。

资料来源：朱晓杰编著．一生必知的101个管理寓言．北京：中国商业出版社，2004.

激励源于人的需求，无论这种需求是有意识的还是无意识的。一些需求是主要的，诸如生理需求：水、空气、食物、睡眠以及住所等；其他一些需求则是相对次要的，诸如自我尊重、地位、归属感、情感、给予、成就以及自我实现等。显然，这些需求对每个人的影响是不同的。

激励(Motivation)是对本能需求、渴望、愿望以及相同效用的这类术语的统称。我们常说管理者激励下属，实质上是在说管理者需要去做那些能够满足下属需求和愿望的事情，并引导他们以一种预期的行为方式来行事。[1]

13.1 激励的过程

管理就是要通过影响组织成员的积极性，激发他们为组织作出有益贡献的工作热情，

[1] [美]哈罗德·孔茨，海因茨·韦里克．管理学精要．北京：机械工业出版社，2005．第174页．

去实现组织制定的目标。要实现组织的目标，必须设法让组织成员做出努力，从而做出有益的贡献。因此，管理者不仅要根据组织活动的需要、个人素质和能力的差异，为不同的人安排不同的工作岗位，为他们设定工作职责和任务，还要分析他们的行为特点和影响其行为的因素，有效调动他们的工作积极性，引导和改变他们的行为。成功的管理者必须知道如何应用合适的方式调动下属的工作积极性。

1. 激励的概念

当谈到激励的时候，人们通常会将其和动机连在一起。按照美国管理学家罗宾斯的观点，激励是由动机推动的一种精神状态。而动机是个体希望通过高水平的努力而实现组织目标的愿望，其前提是这种努力能满足个体的某些需要。无论是激励还是动机，都包含三个关键要素：努力、组织目标和需要。激励对人的行动有激发、推动和加强的作用。

所以，从激励的定义可以看出，激励是针对人的行为动机而进行的工作，激励的对象主要是组织员工。组织中的领导者应该从行为科学和心理学的角度出发，分析员工的组织贡献行为。即认识到人的行为是由动机决定的，而动机则是由需要引起的。动机产生以后，人们就会寻找能够满足需要的目标，而目标一旦确定，就会进行满足需要的活动。从需要到目标，人的行为过程是一个周而复始、不断进行、不断升华的循环过程。

2. 激励的过程

正像图 13.1 所示，激励的过程是这样的：首先组织员工因为未满足的需要而产生紧张感，激发个体的内驱力，内驱力导致个体寻求针对特定目标的行为。如果最终通过组织成员的努力目标得以实现，即需要得到满足，紧张得以解除，再发生对新需要的追求。当然，那些解除紧张的努力与组织目标也应一致。

正是从“需要”这种人的动机导向出发，引出了关于如何激励的各种理论。对需要以及人内在动机和环境的激发，形成各种各样具体的激励理论。激励理论大多数是围绕人的需要的实现及其特点的识别，以及如何根据需要的不同类型和不同特点来采取措施，进而影响他们的行为而展开的，根据对激励对象不同方面的重视程度，一般可以把激励理论分为激励的内容理论、激励的过程理论和激励的强化理论。

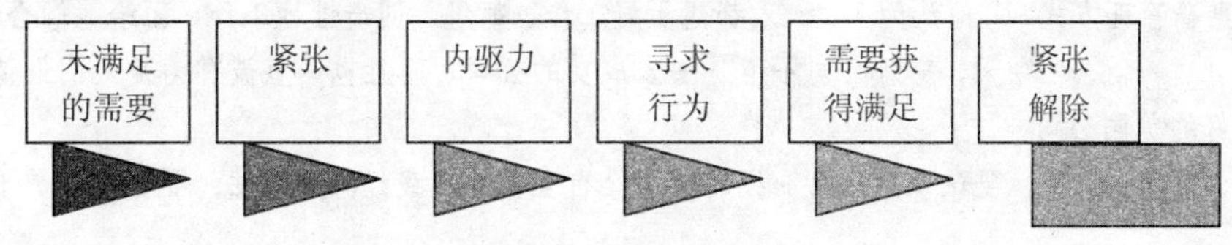

图 13.1 激励过程

资料来源：[美]斯蒂芬·P·罗宾斯，玛丽·库尔特．管理学(第七版)．北京：中国人民大学出版社，2004．第 453 页．

思考与讨论

研究员工的需要和动机对我们的管理实践有何意义？

章节阅读 13-1

擅长激励的领导者

1) 勇于牺牲

杜邦公司前董事会主席欧文·夏皮罗(Irving Shapiro)说过：“身处逆境应如何做呢？逆境是真正的考验。当万事顺利时，傻子都能把事情做好。但当你真正陷入麻烦时，你将如何挺住并把事情做好呢？我见过很多人，在顺境中他们就像是世界上最伟大的人，但在逆境中，他们却彻底失败了。”

唐纳得·彼德森(Donald Peterson)在逆境中善于作出贡献，他对福特公司的文化、结构和技术进行了改革，提高了质量和劳动生产率，这些改革正是福特公司重振旗鼓所必需的。福特公司现已焕然一新，彼德森仍然献身于他的削减成本与提高质量的运动中。一旦明确了必需的目标，就应该使自己和你的管理团队竭尽全力去实现这一目标。

2) 鼓励下属去冒适当的风险，原谅其过失

多年以前，当 IBM 公司正处于开发一项技术的十字路口上时，为了共同承担风险，公司同时采纳了几套不同方案。一位年轻的主管参与了公司的一项高风险业务，在这场“赌博”中，公司遭受了 1000 万美元的损失。事后，这位冒险者提交了辞呈，但老汤姆·沃森(Tom Watson，Sr.)对他说：“你不必有心理负担，我们只是给你交了 1000 万美元的学费。”由于越来越多的公司打算重新定位，所以公司的主管和管理人员将需要承担必要的风险。要营造一种敢于行动和甘冒适当风险的环境，并让部下知道请求宽恕要比请求允许更受欢迎。

3) 思想开放，不耻下问

领导者要善于听取和支持部下的想法和建议。惠普公司的威廉·休利特(William Hewlett)认识到，要在竞争激烈和日新月异的技术产业中获得成功，就必须根除“官僚主义”，充分发挥自己的潜力。休利特提倡一种“惠普管理方式”，他认为，“人人都想干好工作，都想干创造性地工作，而给他们合适的环境，他们就会做到这一点。”今天，惠普公司不但是一家成功的公司，而且也一直被誉为是人们最值得为其工作的一家最好的美国公司。

要开放、好学、好问；要认识到，第一线的员工具有宝贵的实践经验和想法；要肯定和勇于采用这些想法。

4) 在整个组织中培养领导者

在 20 世纪 70 年代，通用食品公司过于集权，公司主管与管理人员将太多的时间花在分析上，几乎没有时间行动。董事会主席菲利普·史密斯(Philip Smith)认为，在组织中培养领导者是至关重要的，是“通用食品公司整体发展的基础”。史密斯亲自花时间与退休主管和管理人员一起在整个公司的范围内帮助开

发领导才能。

任何组织的成功源泉是组织中的每一个人。真正的领导者懂得他们的力量来自于组织中的每个人，他们的投资对象也正是这些人。他们也认识到，要获得力量就必须放弃权力，每位部下的业绩都反映出自己的业绩。

5) 激发热情和必胜信念

沃尔玛公司的萨姆·沃尔顿知道，要在折扣零售业中建立一家真正成功的零售企业，这在很大程度上要依靠每天与顾客打交道的营业员。沃尔顿尊重他的“营业员朋友”，并且一直公开说：“没有他们就没有我的今天。”他的公司文化极具凝聚力，员工工作努力，有奉献精神，富有幽默感。有一年，沃尔顿要求员工创税前利润的新高，他发誓说如果他们获得成功，他就在华尔街上跳草裙舞。结果，员工成功了沃尔顿真的穿着草裙在华尔街上跳起了草裙舞——很大程度上是为了让员工和他自己开心。今天，人们将沃尔顿描写成一个“具有独特的人际沟通技巧和能力”的人，更不用说他那价值百亿美元的公司了。

相信自己所做的事情，对其充满热情；营造一种环境，让员工觉得自己的工作是值得做的和充满乐趣的。

6) 不要害怕改革，而要拥抱改革、实施改革

在小约翰·韦尔奇(John Welch，Jr.)的领导下，通用电气公司进行了激烈的、有争议的改革。韦尔奇认为，要在变化莫测的、激烈的全球环境中求得生存，这些改革是必要的。

要成为一名领导者，必须愿意放弃某些貌似神圣的东西，并不断接受挑战，使组织活力永存。永远不要躺在已有的荣誉上，不能满足现状，因为变化(不管它是好是坏)总是无法避免的，而自满则会引来杀身之祸。

在我们每个人身上都有可开发为领导的品质。不要担心有没有魅力——魔力和新鲜感终将要消失，要更关心人格的完整性和一致性，这样部下才会长期与领导一起并肩作战。不要因为害怕自己难以成为“十全十美”的领导者而踌躇不前。要认识到并相信你的能力，也要认识自己的缺点，然后要与那些有技能的人相处，以完善自己。

上述的这些主管都是成功的，但他们中没人能称得上是“十全十美”的。他们的风格和长处各有千秋，他们从事的基本业务领域各不相同，但这里提到的许多技能、品质以及把自己的领导技能和精力专注于自己公司和环境迫切需要的领域中的这种洞察力和能力却是他们所共有的。

资料来源：节选自杰拉尔德•L•麦克曼尼斯(Gerald L. McManis). 领导：魅力和能力. 收录于肯•谢尔顿. 领导是什么——美国各界精英对21世纪领导的意见. 上海：上海人民出版社，2000. 第72页.

13.2 激励的内容理论

这一类型的激励理论，基于对人性的理解，着重强调激励对象未满足的需要类型。在这里，我们主要介绍需要层次论，X理论和Y理论以及激励—保健理论。

13.2.1 需要层次论

这一理论也被称为马斯洛需要层次论(Hierarchy of Needs Theory)。它主要试图回答这样的问题：决定人行为的尚未得到满足的需要，有哪些内容？

马斯洛认为每个人都有5个层次的需要，如图13.2所示。

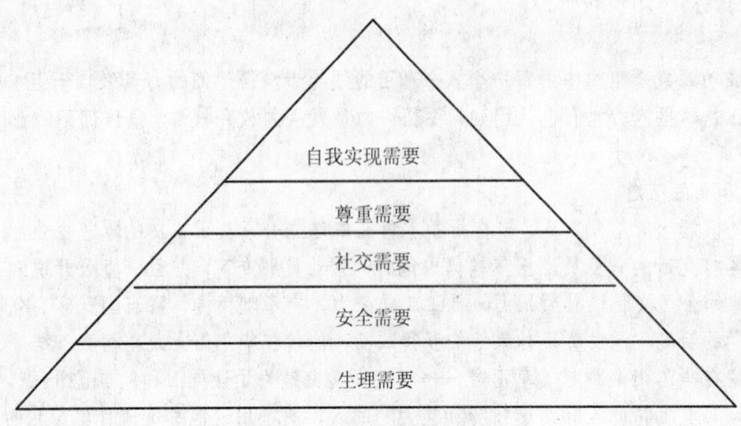

图 13.2　马斯洛的需要层次

(1) 生理需要(Physiological Needs)：包括食物、水、居所、性以及其他方面的身体需要。

(2) 安全需要(Safety Needs)：在保证生理需要得到持续满足的同时，保护自己免受身体和情感的伤害。

(3) 社交需要(Social Needs)：包括爱情、归属感、接纳、友谊的需要。

(4) 尊重需要(Esteem Needs)：内部尊重因素包括自尊、自主和成就感等；外部尊重因素包括地位、认可和关注等。

(5) 自我实现需要(Self-actualization Needs)：成长与发展、发挥自身潜能、实现理想的需要。

马斯洛指出，当一个层次需要得到满足后，下一个层次的需要会成为主导需要。个体的需要是逐级上升的。只要一种需要大体上得到满足，它就不再具有激励作用了。而如果你想激励某人，就必须首先了解这个人目前处于哪个需要层次上，并重点满足其这一层次或这个层次之上的需要。

此外，马斯洛还将 5 种需要划分为高和低两级。生理需要与安全需要称为较低级的需要，而社交需要、尊重需要与自我实现需要称为较高级的需要。两级的划分建立在这一前提条件下：高级需要通过内部使人得到满足，低级需要则主要通过外部使人得到满足。

马斯洛的理论得到了普遍认可，特别是 20 世纪六七十年代很受管理者的青睐，主要原因是该理论简单明了、易于理解、具有内在的逻辑性。不过从总体上说，这一理论尚未得到实证研究的检验。

13.2.2　X 理论和 Y 理论

X 理论和 Y 理论是由美国管理心理学家道格拉斯·麦格雷戈(Douglas McGregor)总结提出的。他认为管理者关于人性的观点是建立在一些假设基础上的，管理者正是基于这些假设形成激励下属的行为方式。管理者对人性的假设有两种对立的基本观点：一种是消极的人性观念，称为 X 理论(Theory X)；另一种是积极的人性观点，称为 Y 理论(Theory Y)。

X 理论的主要观点包括：人天性就好逸恶劳，不喜欢工作；以自我为中心，漠视组织要求；员工只要有可能就会尽量逃避责任，缺乏创造性；为了保证实现组织目标，需要对他们采取强制措施或惩罚办法。而相对的 Y 理论的主要观点包括：员工能够自觉勤奋，喜欢工作；员工有很强的自我控制能力，在工作中能积极执行并完成任务；一般而言，人们不仅能够被动地承担责任，而且还主动寻求责任承担；绝大多数人都有作出正确决策的能力。

麦格雷戈的分析对员工激励具有什么样的意义？ 在马斯洛理论框架的基础上，我们可以看到：X 理论假定较低层次的需要支配着个人行为，而 Y 理论则假定较高层级的需要支配着个人行为。麦格雷戈相信 Y 理论的假设比 X 理论更有实际效用。所以，他提倡实行组织成员参与决策，管理层为组织成员提供挑战性的工作，建立良好的群体关系，并且认为这些手段能在很大程度上调动员工的工作积极性。

然而，并无实证研究证据证明哪一种假设更为有效，也无实证证据表明接受 Y 理论假设并指导或改变行为的做法能更有效地调动员工积极性。

13.2.3 双因素理论

保健—激励理论(Motivation-Hygiene Theory)也叫双因素理论，是美国心理学家弗雷德里克·赫兹伯格(Frederick Herzberg)于 20 世纪 50 年代后期提出来的。

双因素理论的研究重点是组织中个人与工作的关系问题。赫兹伯格相信个人与工作的关系是一项基本关系，个人对工作的态度决定了任务的结果。20 世纪 50 年代后期，赫兹伯格对匹兹堡地区的 11 个相关机构中的近两千名白领工作者进行了调查。在调查中，他让被调查者回答有关个人与工作关系的问题，要求他们在具体情景下详细描述他们认为工作中特别满意或特别不满意的方面。对调查结果进行分析后，赫茨伯格发现，一些因素总是稳定地影响着个人对工作的满意程度，这些与工作满意度有关的因素是内部因素，如成就、认可、责任等。当人们对工作感到满意时，他们倾向归因于这些特点。而另一些因素则与工作不满意有关。当他们对工作感到不满意时，则常常会抱怨外部因素，如公司政策、管理和监督、人际关系、工作条件等。

赫兹伯格同时提出了二维连续体的存在：“满意”的对立面是“没有满意”，“不满意”的对立面是“没有不满意”。

按照赫兹伯格的观点，导致工作满意的因素与导致工作不满意的因素是相互独立的。在工作中消除了不满意因素，只能起到安抚员工，让员工保持正常工作状态的作用，并不能激励员工。赫兹伯格就称这些导致工作不满意感的外部因素为保健因素(Hygiene Factors)。当它们得到改善时，人们对工作没有不满意感，但也不会因此而受到激励而加倍努力工作。要想真正激励员工努力工作，必须注重激励因素，这些内部因素才会增加员工的工作满意度。

双因素理论对组织管理的启示是为了调动和维持员工的积极性，首先要注意保健因素，以防止不满情绪的产生。但最重要的是应当合理利用激励因素去激发员工的工作热情和创造性。当然，赫兹伯格的双因素理论也有缺陷。比如在研究方法的使用、研究方法的可靠性以及满意度的测评标准等方面，双因素理论都存在不足。另外，赫兹伯格虽然讨论的是员工满意度与劳动生产率之间存在的关系，但他所用的研究方法却没有涉及劳动生产率。

激励的内容理论突出了人们根本上的心理需要，并认为正是这些需要激励人们采取行动。这些理论都有助于管理人员理解是什么会产生激励组织成员的效果。所以，管理人员可以通过工作设计来满足成员的这些需要。

思考与讨论

试比较和评价三种激励理论的内容。

章节阅读 13-2

对人性的看法——X或Y理论问卷

本问卷是帮助了解对人性的看法，并没有对与错或好与坏的区别。请仔细阅读每一个问题，就自己的看法在适当的号码上画“✓”。

X理论		Y理论
一般人天生不喜欢工作	123456789	工作对人来说就像休息那样自然
人须受指示才去工作	123456789	人会自我引导和自我控制
人希望逃避责任	123456789	人乐于负起责任
一般人感到工作中的成就与他们无关	123456789	人认为成就有很高的价值
大部分的人都是愚笨而缺少创造力	123456789	大部分的人都有极大的潜能、想象力及创造力
金钱是工作的唯一真正理由	123456789	金钱只是工作利益中的一部分
人并不想改进他自己生活的品质	123456789	人真的需要改进他生活的品质
目标只是一种限制	123456789	目标可以促进效率
在现代工业生活中，一般人潜力已用到极限	123456789	在现代工业生活中，一般人只用一小部分的潜力，大部分可以再发展
人所以保持工作的目的只为满足基本安全感，也是与生俱来的	123456789	人保持的工作目的只为满足基本安全感，是经验与环境造成
成就与工作满足感安全无关	123456789	成就是决定工作满足感的要素
人本来就缺乏雄心，能不工作就不工作	123456789	人本来就有雄心，会主动寻求工作，就像寻求娱乐一样

计分与解释：

首先将12道题中每题所圈的数字加起来，然后除以12，得出平均分。

(1) 若你的平均分数越接近1，表示你对人性的看法越接近X理论。

(2) 若你的平均分数越接近9，表示你对人性的看法越接近Y理论。

(3) 若你的平均分数为4～5，表示你对人性的看法属中庸，非X理论也非Y理论。

13.3 激励的过程理论

过程理论强调说明员工面对各种激励措施，如何选择不同的行为方式去满足他们的需要，以及确定其行为方式的选择是否成功。过程理论包括两种基本类型：公平理论和期望理论。

1. 公平理论

公平理论由美国心理学家斯达西·亚当斯(J. Stacey Adams)于 1965 年首先提出。这种理论的基础在于：组织员工总是把自己在工作中的所得与自己的付出进行比较；把自己工作“所得—付出”比与其他相关人员的“所得—付出”比进行比较，比较的结果对于他们在工作中的努力程度有影响。公平理论主要讨论报酬的公平性对人们工作积极性的影响。它指出，人们将通过横向和纵向两个方面的比较来判断其所获报酬的公平性。

公平理论中，员工选择的与自己进行比较的参照类型有三种，分别是“他人”“系统”和“自我”。[1]“他人”包括同一组织中从事相似工作的其他组织成员以及别的组织中与自己工作背景相当的人员，包括同行、朋友、学生等。“系统”特指组织中的薪酬政策与程序以及相关制度的运作。“自我”是指组织员工在工作中所得与付出的比率。

在工作所得与付出比率中，对工作的付出(Inputs)包括积累的经验、教育经历、作出的努力和具备的能力。而工作所得或报酬(Outcomes)可以包括绝对报酬和相对报酬，例如工资、奖金、晋升、表彰等。

亚当斯在公平理论中提出了“贡献率”的公式，用以描述员工在面对所获报酬时所进行的比较以及相对应的工作态度。

如表 13-1 所示，如果员工感觉到自己的比率与他人的比率是等同的，则为公平状态，也就是说，他觉得自己处在公平的环境中；如果感到二者的比率不相同，则产生不公平感，即说，他认为自己的报酬过低或过高。不公平感出现后，员工会试图采取行动来改变它。当他们感到不公平时会做什么呢？让我们来进一步看看员工可能的行为反应。

表 13-1 公平理论

感知到的比率比较	员工评价
$Q_P/I_P < Q_X/I_X$	不公平(工资低)
$Q_P/I_P = Q_X/I_X$	公平
$Q_P/I_P > Q_X/I_X$	不公平(工资高)

表中 Q_P——自己对自己所获报酬的感觉；

Q_X——自己对他人所获报酬的感觉；

[1] [美]斯蒂芬·P·罗宾斯，玛丽·库尔特．管理学(第七版)．北京：中国人民大学出版社，2004．第 267 页．

I_P——自己对付出的感觉；

I_X——自己对他人的付出的感觉。

当 $Q_P/I_P=Q_X/I_X$ 时，进行比较的员工觉得报酬是公平的，他可能会为此而保持工作的积极性和努力程度；当 $Q_P/I_P>Q_X/I_X$ 时，则说明此员工得到了过高的报酬或付出较少的努力，在这种情况下，一般来说，他不会要求减少报酬，而有可能会自觉地增加自我付出，但过一段时间他就会重新因过高估计自己的付出而对高报酬心安理得，于是其产出又会回到原先的水平；当 $Q_P/I_P<Q_X/I_X$，则说明员工认为组织的激励措施感不公平，此时他可能会要求增加报酬，或者自动地减少付出以便达到心理上的平衡，也可能离职。

组织员工还会进行纵向比较，即把自己目前的状况与过去的状况进行比较。结果仍然有三种情况。当员工目前的投入—所得比等于过去的投入—所得比时，员工认为激励措施基本公平，可能会保持积极性和努力程度；当员工目前的投入—所得比大于过去的投入—所得比时，组织成员不会觉得所获报酬过高，因为他可能会认为自己的能力和经验有了进一步的提高，其工作积极性并不会因此而提高很多；当员工目前的投入—所得比小于过去的投入—所得比时，产生不公平感，工作积极性会下降，除非管理者增加报酬。

公平理论在理解员工激励问题上十分有效，但也有其缺陷。其不足之处在于员工怎样界定自己的付出与所得，又是怎样对和付出与所得相关的各个因素进行评估。当然，尽管仍然存在诸多问题，公平理论仍不失为一个颇具影响力且被众多研究证据所证明正确的理论，它为我们了解员工的激励问题提供了很多有益的帮助。

2. 期望理论

在员工激励方面最全面、最广为接受的理论是由美国心理学家弗鲁姆(Victor Vroom)在20世纪60年代中期提出的期望理论(Expectancy Theory)。期望理论认为只有当人们预期到某一行为能给个人带来具有吸引力的结果时，个人才会采取这种特定的行为。有效的激励取决于个体对完成工作任务以及接受预期奖赏能力的期望。

根据这一理论的研究，组织成员对待工作的态度依赖于对下列3种联系的判断。

(1) 努力—绩效的联系。组织成员感觉到通过一定程度的努力可以达到工作绩效的可能性。

(2) 绩效—奖赏的联系。组织成员对于达到一定工作绩效后即可获得理想的奖赏结果的相信程度。

(3) 效价或奖赏—个人目标的联系。如果工作完成，员工对所获得的潜在结果或奖赏对他的重要程度进行评价；奖赏能否满足个人的目标，吸引力有多大等。

基于这三种联系，组织成员在工作中的积极性或努力程度(激励力)是效价和期望值的乘积，即

$$M=V\cdot E$$

式中　M——表示努力程度(激励力)；

V——表示效价；

E——表示期望值。

所谓期望值是指人们对自己能够顺利完成任务可能性的估计，即对工作目标能够实现概率的估计；效价是指一个人对这项工作及其结果能够给自己带来满足程度的评价，即对工作目标有用性(价值)的评价。

为了收到预期的激励效果，组织要使激励手段的效价(能使激励对象带来的满足)和激励对象获得这种满足的期望值足够高。只要效价和期望值中有一项值较低，都难以使激励对象在工作岗位上表现出足够的积极性。

期望理论认为每一位组织成员都在寻求获得最大的自我满足感。它的核心是双向期望：管理者期望员工的行为，员工期望管理者的奖赏。期望理论的前提是管理者知道什么对员工最有吸引力。不管实际情况如何，只要员工以自己的知觉确认自己经过努力工作就能达到所要求的绩效，达到绩效后就能得到对他来说具有吸引力的奖赏，他就会努力工作。

因此，期望理论的关键是：正确识别组织成员个人目标和判断 3 种联系，即努力与绩效的联系、绩效与奖励的联系、效价或奖赏与个人目标的联系。

期望理论对管理者的启示是：管理人员的责任是帮助员工满足需要，同时实现组织目标。管理者必须尽力发现员工在技能和能力方面与工作需求之间的对称性。为了提高员工积极性，管理者可以明确员工个体的需要，界定组织提供的结果，并确保每个员工有能力和条件(时间和设备)得到这些结果。企业管理实践中不时有公司在组织内部设置提高员工积极性的激励性条款或举措，如为员工提供担任多种任务角色的机会，激发他们完成工作和提高所得的主观能动性。通常，要达到使工作的分配出现所希望的激励效果，根据期望理论，应使工作的能力要求略高于执行者的实际能力，即执行者的实际能力略低于(既不太低，又不太高)工作的能力要求。

思考与讨论

为什么说期望理论在员工激励方面最全面、最广为接受？

激励：理查德·尼古拉斯在宝洁公司

宝洁公司于 1956 年创立，20 多年来，其纸制品分部由于产品具有完美的质量、合理的价格以及良好的市场销路，极少遇到真正的竞争对手。然而好景不长，到 20 世纪 70 年代末，该分部的市场地位发生了变化。强有力的竞争极大地损害了其既得利益。据行业分析估测，宝洁一次性纸尿布的市场占有率从 70 年代中期的 75%，下降到了 1984 年的 52%。

这一年，也就是在宝洁公司小型而发展迅速的软饮料行当里工作了 3 年之后，理查德·尼古拉斯(Richard Nicolosi)作为联系总裁来到纸制品分部部门。在这里，他看到了一个官僚之风盛行、集权程度极高的组织，其内部职能的目标和各种项目统统带有上述特点：几乎所有有关消费者的信息都要经过层层的市场调研，技术人员强调成本的节约，而营销人员则强调数量和份额。为此，双方几近于战争状态。

1984 年仲夏，宝洁公司的高级管理层宣布，尼古拉斯将于本年 10 月担任纸制品分部的主管。而自 8 月份起，他便将以非正式的身份主持该部门的工作。自上任之日起，尼古拉斯便立即开始强调本部门应更加富于生气、更加趋向于市场驱动，而非仅仅成为一个低成本的生产者。尼古拉斯后来解释道："我必须使大家明白，游戏规则已经发生了变化。"

新的发展方向在极大程度上强调了团队精神和多极领导。推行对本部门及其产品实行集体管理的战略。10 月，他和他的团队自己组织成立了纸制品分部的董事会，并举行了开始时每月一次，后来每周一次的会议。11 月，他们建立了项目团队以管理那些主要的品牌产品(如尿布、纸巾、餐巾等)，并将权责下放。"不谈增值"，尼古拉斯强调道，"我们要成为最好的"。

到 12 月，尼古拉斯开始有选择地参与到某些特定项目的细节中去。他会见广告代理，认识重要的富于创造力的人士；让尿布的营销经理直接向他本人汇报，而不必通过众多的层级；与参与新产品开发的人进行更多的交谈等。

1985 年 1 月，董事会宣布了新的组织结构。不仅包括项目团队，还包括新品牌业务团队。这年春天，董事会已经为一次重大的激励活动——向尽可能多的人宣传纸制品分部的新的远景目标做好了准备。1985 年 4 月 4 日，所有辛辛那提的纸制品方面的员工、地区销售经理和纸品工厂的经理共千余人聚集起来，尼古拉斯及其董事会成员宣布了组织的目标："我们中的每个人都是领导"。不仅如此，会议还被制成录像带，经加工后送至所有的销售部门和工厂以供传看。

上述所有措施创造了一个有助于发扬企业家精神的大环境，在那里，人们受到鼓励以了解新的远景目标。组织中绝大多数的创新来源于与新产品相关的人。于 1985 年 2 月上市的 Ultra Pamper，其市场占有率由原来的 40%上升至 58%，利润率亦由原来的收支平衡点变为正数；而于 1987 年 5 月新上市的 Luvs Delux 在数月之内，其市场占有率就提高了 1.5 倍。

其他雇员的主动性更偏向于职能部门，有些则是来自于组织的最基层。1986 年春，在新的企业文化中受到鼓舞的一些部门的秘书们，发展出了一种秘书网络，这一组织建立了有关培训、奖励与认知，以及"秘书的未来"等的小组委员会。作为对诸多同行的情绪的一种回应，纸制品部的一位秘书说道："我看不出为什么我们就不能为部门的新目标作出应有的贡献。"

到 1988 年底，纸制品分部的年收入在 4 年之内上升了 40%，利润上升了 68%，而所有这些都是在竞争日益激烈的环境下发生的。

13.4 强化理论

另外，一种激励理论是哈佛大学著名心理学家斯金纳(Skinner)研究出的强化理论，或称为正强化或行为修正理论。这种技术所采纳的观点是：合理地设计工作环境，会使员工得到激励，从而提升绩效；然而，由于不良绩效受到惩罚，则会产生负激励。

斯金纳和他的团队的研究成果当然不仅仅局限于提升绩效。他们还对工作条件进行深入分析，以发现工人们的内在行为动机，然后想办法提出改进方案，消除阻碍绩效提升的因素。他们还鼓励工人们参与设定目标的活动，建立晋升和信息反馈渠道，每一点进步都会得到认可和表扬，即使所取得的成绩没有达到目标，他们也会积极帮助员工找出提高的方法，并对他们所取得的成绩给予实质性的奖励。他们从实践中发现，给予员工们(特别是那些相关人员)有关公司存在问题的充分信息，会产生特别明显的激励效果。

这些技术看似非常简单，因此许多行为科学家和管理者都对其实施效果持怀疑态度。然而，一些优秀的企业却因这些技术大受裨益。斯金纳的方法强调消除影响绩效的障碍，全面组织规划，通过反馈进行控制，以及建立通畅的沟通渠道，这与有效管理的标准非常类似，也许这也正是这种方法的优势所在。

思考与讨论

试以所在学校或单位为例讨论强化理论的应用。

章节阅读 13-4

热炉原则

每个单位都有自己的“天条”即规章制度，单位中的任何人触犯了都要受到惩罚。“热炉”原则形象地阐述了惩处原则。

(1) 热炉火红，不用手去摸也知道炉子是热的，是会灼伤人的——警告性原则。领导者要经常对下属进行规章制度教育，以警告或劝戒他们不要触犯规章制度，否则会受到惩处。

(2) 每当你碰到热炉，肯定会被灼伤。也就是说只要触犯单位的规章制度，就一定会受到惩处。

(3) 当你碰到热炉时，立即就被灼伤——即时性原则。惩处必须在错误行为发生后立即进行，绝不拖泥带水，绝不能有时间差，以便达到及时改正错误行为的目的。

(4) 不管谁碰到热炉，都会被灼伤——公平性原则。

第14章 沟 通

学习目标

(1) 理解沟通的概念。

(2) 理解沟通是企业管理的实质和核心内容。

(3) 解释沟通的一般过程。

(4) 有效沟通的影响因素及途径。

(5) 冲突及其冲突的应对措施。

(6) 冲突的谈判策略。

章前导读

沟　通

约翰·奈斯比特：“未来竞争将是管理的竞争，竞争的焦点在于每个社会组织内部成员之间及其与外部组织的有效沟通上。”

松下幸之助：“伟大的事业需要一颗真诚与人沟通的心。”

为了确保沟通目标得以实现，IBM 制定了“沟通十诫”：一是沟通前先澄清概念；二是探讨沟通的真正目的；三是检讨沟通环境；四是尽量虚心听取别人的意见；五是语调和内容一样重要；六是传递资料尽可能有用；七是应有追踪、检讨；八是兼顾现在和未来；九是言行一致；十是做好听众。

沟通是人与人之间发生联系的最主要的方式，从理论与具体实践上来讲，管理从一开始就离不开沟通。也就是说，管理工作跟沟通是密不可分的，管理的实质和核心就是沟通。所以，本章在开篇之初，就先来了解一下什么是沟通。

14.1 沟通过程

1. 沟通的概念

沟通(Communication)是人类社会交往的基本行为过程，人们具体的沟通方式、形式也多种多样。据一项研究结果表明，对于什么是沟通，各家有各家的说法，关于沟通的定义竟然达一两百种之多。应该说，每种定义都从某个角度揭示了沟通的部分真理。下面是一些学者对沟通概念的理解。

《大英百科全书》认为，沟通就是：“用任何方法，彼此交换信息。即指一个人与另一个人之间用视觉、符号、电话、电报、收音机、电视或其他工具为媒介，所从事之交换消息的方法。”

著名组织管理学家巴纳德认为：“沟通是把一个组织中的成员联系在一起，以实现共同目标的手段。”

著名管理心理学家 Herbert Simon 给信息沟通下的正式定义是：“信息沟通指一位组织成员向另一成员传递决策前提信息的过程，沟通对管理人员来说非常重要。这一活动在管理的全过程中，是不能缺少的。无论计划、组织、领导、决策、监督、协调等管理职能，都须以有效的沟通作为前提。”

而中国学者苏勇在其编著的《管理沟通》中，从管理的角度，特别是从领导工作职能特性的要求出发，吸收了信息学的研究成果，将沟通定义为：“沟通是信息凭借一定符号载体，在个人或群体间从发送者到接收者进行传递，并获取理解的过程。”

另外，在中国学者魏江、严进编著的《管理沟通——成功管理的基石》一书中，将沟通简单定义为“信息交流”。他们认为，按沟通过程中对象的不同，沟通分为机(指机器)—机沟通、人—机沟通和人—人沟通三种类型，其中，人—人沟通可通称为管理沟通。

从以上定义我们可以看出，不同的学者因为所处的时代和研究的视角不同，对沟通活动的认识是有差异的。虽然目前我们很难给沟通下一个精准的定义，但我们至少可以看到沟通的一些内涵。

(1) 沟通是为达成某个设定的目标而进行的。

(2) 沟通的内容包括信息、思想和情感。

(3) 沟通有多种多样的具体方法和形式，最常见的有语言沟通、非语言沟通等。

(4) 沟通是在个人或群体间进行的行为，一般还有中介体。简而言之，“沟”就是渠道，“通”即通畅，无“沟”则不“通”。

(5) 沟通是一个信息交流的过程。

综上所述，我们可以把沟通定义为：“为了某个设定的目标，信息、思想和情感在两个或两个以上的个人或群体之间传递或交换，并努力达成协议的过程。”

思考与讨论

沟通太普通了，每个人都会沟通。你怎么看？沟通的实质是什么？

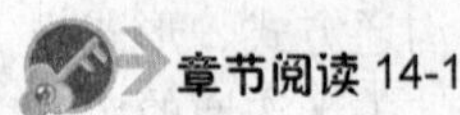

章节阅读 14-1

美泰玩具的沟通

美泰玩具(加拿大)公司(Mattel Canada)的销售经理们在尝试实施引入新的销售渠道这一创新时，集体参与的公开交流在其中发挥了至关重要的作用。

由于玩具行业周期性强，库存积压的问题多年来一直让这家公司感到头疼。这些库存只能靠大幅打折来抛售，这就压低了整个销售的利润水平。由于仓库距离加拿大的一个大城市比较近，一些员工建议为仓库增设一个处理品零售店。虽然有多名经理都称赞这是个好主意，却并没有付诸行动。很明显，这要归咎于销售部门和配送部门之间的矛盾，但是没有人愿意公开解决这些矛盾。

在销售、配送和其他一些部门进行了一次开诚布公、实事求是的讨论之后，公司最终成功实施了玩具处理的创新。这些部门终于认识到他们都能从处理品零售店上获益。避免打折，让销售部保持了更好的盈利水平；不再把旧库存倒来倒去让配送部节省了时间，财务部也因为库存减少而释放了资金。

美泰玩具(加拿大)公司对集体交流方法的使用卓有成效，因而从美泰的海外子公司中盈利最差的一个，一跃成为盈利最好的一个。

资料来源：[美] Michael Beer. *Why Innovations Sit on the Shelf*，*HBS Working Knowledge*. 哈佛商学院出版社，2004.

2. 沟通的重要性

沟通是管理中最为重要的组成部分，“沟通决定了管理”越来越得到实践的证明。在企业管理实践中，越来越多的人认识到：在现代信息社会，企业管理的本质和核心就是沟通，管理的难度和难题也就是沟通的难度和问题。许多大企业和跨国公司，由于沟通的不足和失误，普遍地存在管理沟通的问题，据有关统计资料表明，企业中约 75%的工作停顿、发生问题都是因为沟通的问题，因而使企业有限的人力资源和其他资源无法实现最佳配置，不仅产生不了合力，反而互相牵制，严重影响了企业正常的工作的运行和前景的发展。可以说，在现代企业里，离开沟通我们就无法谈论管理。

不言而喻，从 20 世纪 80 年代开始，沟通在企业管理实践中发挥着越来越关键的作用。其作用的重要性主要体现在以下几个方面。

(1) 沟通贯穿整个管理实践的全过程。在管理活动中，沟通无处不在，沟通存在于管理过程的每一个环节。没有沟通，管理的全过程就无法有效衔接。

(2) 沟通是管理者的基本技能。在本书第 1 章中我们曾经提到，根据罗伯特·卡茨的研究，在管理者需要的三种基本技能或者素质中，人际技能(即沟通技能)对于各个层次的管理者都是必备的。

(3) 沟通是企业管理的实质和核心。在企业管理中，沟通可以维持企业良好管理状态，保证企业正常运行。可以说，沟通是管理的核心和灵魂。没有沟通，就没有管理。

(4) 沟通在某种程度上可以决定人们的职业生涯。据哈佛大学 1995 年的调查结果显示：在 500 名被解职的员工中，因人际沟通不良而导致工作不称职的占 82%。

(5) 沟通可以构建企业文化，实现企业管理的根本目标。管理的最高境界就是在企业经营管理中创造出独特的企业文化。企业文化的塑造，其实质是一种信息、思想、情感和灵魂的沟通。

思考与讨论

你还能说出沟通有哪些重要性吗？

3. 沟通的类型

沟通可以按照不同标准进行分类。

(1) 自我沟通、人际沟通、组织沟通与社会沟通。

按照沟通的层次来划分，可以分为自我沟通、人际沟通、组织沟通和社会沟通。自我沟通是指自己和自己的对话；人际沟通是指在少数人之间的沟通；组织沟通是指组织和其成员、组织和其所处环境之间的沟通；而社会沟通则指职业传播者通过大众传播媒介将大量信息传递给人们，也称为大众传播。

(2) 正式沟通与非正式沟通。

按照组织管理系统和沟通体制的规范程度划分，可以分为正式沟通和非正式沟通。正式沟通是通过组织管理渠道进行的信息交流，传递和分享组织中的“官方”工作信息；非正式沟通是在正式渠道之外进行的信息交流。常见的非正式沟通如小道消息。

(3) 口头沟通、书面沟通、非语言沟通与电子媒介沟通。

按照沟通的方法来划分，可以分为口头沟通、书面沟通、非语言沟通与电子媒介沟通。口头沟通是指通过口头语言信息进行交流；书面沟通是指通过书面语言信息进行交流；非语言沟通是指通过语调、语气、肢体语言等非语言媒介进行交流反馈；而电子沟通则是指通过互联网络、电子邮件及各种信息网络传递、交流信息的方式。这些沟通形式各有其优缺点。

(4) 上行沟通、下行沟通与平行沟通。

按照沟通信息的流动方向来划分，可以分为上行沟通、下行沟通与平行沟通。上行沟通是指下级对上级的信息传递；下行沟通是指上级对下级的信息传递；而平行沟通则是指同级之间的信息传递。

(5) 单向沟通和双向沟通。

按照沟通是否进行反馈，可以把沟通分为单向沟通和双向沟通。没有反馈的信息传递是单向沟通，有反馈的信息传递则是双向沟通。

4. 沟通的要素

沟通是意义上的传递与理解。一次完整的沟通，应包含以下 7 个构成要素，我们简称“2H5W”要素，如图 14.1 所示。

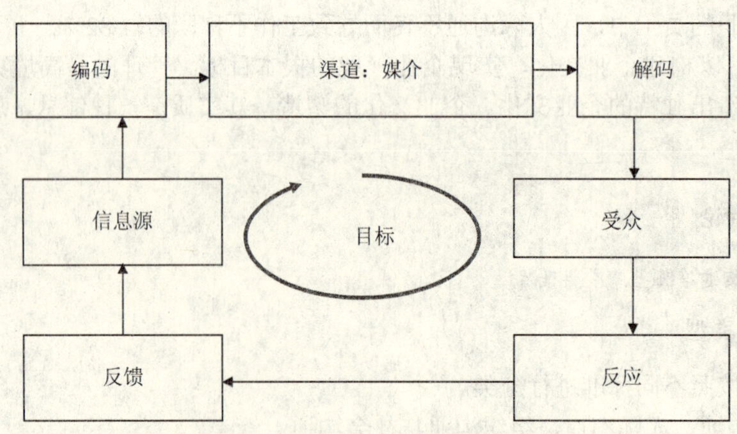

图 14.1 管理信息的一般沟通过程

资料来源：魏江，严进．管理沟通——成功管理的基石．北京：机械工业出版社，2006．第 5 页．

(1) 目标(Why to communicate)。

(2) 信息的传送者，即信息源(Who)。

(3) 信息的接收者，即受众(Whom)。

(4) 信息的内容(What)。

(5) 环境(内部环境与外部环境)(Where)。

(6) 信息的传递渠道，即媒介(口头、笔头、电话等)(How to deliver)。

(7) 信息的反馈(How to be understood)。

从图 14.1 中我们可以看到，管理信息传送者为了实施管理，必须把他所需要传送的信息进行适当编码，将其转化为某种能传递到信息接收者并能为其理解的形式，然后再经过适当的信息传递渠道或沟通渠道，传递给接收者。而作为接收者在成功收到传送者传送过来的信息载体代码后，必须先对信息载体代码进行译码或解码，即正确地将接收到的信息还原，从理论上讲，发送者和接收者所处理的信息应完全一致，整个管理沟通过程的传送过程才能被认为成功完成，达到了沟通的目标。而为了确认接收者成功理解了传送者的意思，信息接收者也应该对所接收到的信息进行必要的反馈。在反馈中，原来的接收者变成了传送者，原来的传送者变成了接收者，因此，管理沟通过程同样是完全的，是一个双向的互动的过程，而不是一个单向的简单的信息传送的过程。当然，在管理沟通过程当中，还存在着沟通环境的影响，任何形式的管理沟通，都会受到各种环境因素的有力影响，如心理背景、物理背景、社会背景和文化背景等。

思考与讨论

管理者在与下属进行有效沟通时，会受到哪些要素的影响？

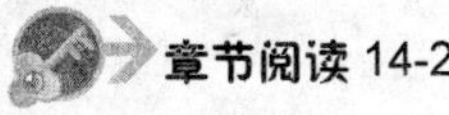
章节阅读 14-2

乔·吉拉德的一次经历

乔·吉拉德向一位客户销售汽车，交易过程十分顺利。当客户正要掏钱付款时，另一位销售人员跟吉拉德谈起昨天的篮球赛，吉拉德一边跟同伴津津有味地说笑，一边伸手去接车款，不料客户却突然掉头而走，连车也不买了。吉拉德苦思冥想了一天，不明白客户为什么对已经挑选好的汽车突然放弃了。夜里 11 点，他终于忍不住给客户打了一个电话，询问客户突然改变主意的原因。客户不高兴地在电话中告诉他："今天下午付款时，我同您谈到了我们的小儿子，他刚考上密西根大学，是我们家的骄傲，可是您一点也没有听见，只顾跟您的同伴谈篮球赛。"吉拉德明白了，这次生意失败的根本原因是因为自己没有认真倾听客户谈论自己最得意的儿子。

14.2 沟 通 改 进

要有效地改进沟通的方式，首先要了解影响有效沟通的障碍因素，并相应地做出改进。

14.2.1 影响有效沟通的障碍因素

影响有效沟通的障碍因素有主观因素和客观因素之分。

1. 主观因素

1) 个体障碍

(1) 个性障碍。信息沟通在很大程度上受个人心理因素的制约。个体的性质、气质、态度、情绪、见解等的差别，都会成为信息沟通的障碍。

(2) 知识、经验水平的差距障碍。在信息沟通中，如果双方经验水平和知识水平差距过大，就会产生沟通障碍。同时，个体经验差异对信息沟通也有影响。信息沟通的双方往往依据经验上的大体理解去处理信息，使彼此理解的差距拉大，形成沟通的障碍。

2) 理解偏差

(1) 自以为是。即对待一个问题自己已经有了一定的想法和见解，不愿意甚至拒绝接受别人的意见。

(2) 先入为主。这是由偏见思维模式造成的，如沟通的一方如果对另一方有成见。

(3) 语义问题。在不同的情形中使用同一个单词或在相同的情形中使用不同的单词时，含义会不同。

(4) 感觉失真。由于自我概念、自我理解不完善，或是对他人的理解不够充分，都可能产生感觉失真。

3) 不善于倾听

倾听是沟通过程中最重要的环节之一，良好的倾听是有效沟通的开始。倾听不仅需要具有真诚的心态，还应该具备一定的倾听技巧。影响倾听的不良习惯，应该注意避免。

4) 缺乏反馈

反馈是沟通过程中或沟通结束时的一个关键环节，无反馈就是单向信息交流，虽然速度快，但双向信息交流更加准确。不少人在沟通过程中不注意、不重视或者忽略了反馈，结果沟通效果打了折扣。

2. 客观因素

1) 地位影响

当某人在管理层中的地位大大高于另一些人时，地位差距就成了有效沟通的障碍。例如在与下属沟通的时候，作为上司的经理人最容易犯的毛病就是高高在上，影响了上下级的顺畅沟通。美国加利福尼亚州立大学研究发现：来自领导层的信息只有 20%～30%被下级知道并正确理解；从下到上反馈的信息不超过 10%被上级知道和正确理解；而平行交流的概率则可达到 90%以上。

2) 信息渠道选择不当

如果想让接收者迅速采取行动，就不要传送冗长的文字报告，而应该打电话或直接到他办公室说明来意，甚至有时用一张图片可以起到用语言无法表达的效果。

3) 文化差异

文化背景、思维习惯、生活方式以及价值观念的不同，对相同的信息会有不同的反应和理解。文化差异会影响到管理者对沟通方式的选择，如果没有得到很好的认识和认真的考虑，那么极有可能成为有效沟通的障碍。

4) 环境混乱

环境混乱可产生很多噪声，如隔音不充分的房间，人员在办公室内频繁走动的声音等。

以上因素都会导致信息传递的失真。

章节阅读 14-3

巴顿尝汤

巴顿将军为了显示他对部下生活的关心，搞了一次参观士兵食堂的突然袭击。在食堂里，他看见两个士兵站在一个大汤锅前。

“让我尝尝这汤！”巴顿将军向士兵命令道。

“可是，将军……”士兵正准备解释。

“没什么‘可是’，给我勺子！”巴顿将军拿过勺子喝了一大口，怒斥道：“太不像话了，怎么能给战士喝这个？这简直就是刷锅水！”

“我正想告诉您这是刷锅水，没想到您已经尝出来了。”士兵答道。

只有善于倾听，才不会做出像巴顿将军这样愚蠢的事！

14.2.2 改进沟通的途径

1. 增强自信，用“心”沟通

自信就是“对自己感到满意”，通常对自己有信心的人都会表现得有毅力、能干而且易于与人合作。他们更乐意去解决问题、研究各种可行的方法，勇于面对挑战。

心灵沟通可以化解人们彼此之间的隔膜，可增强管理者与同事或上下级之间的工作关系，从而打开沟通之门。德鲁克说："人无法只靠一句话来沟通，总是得靠整个人来沟通。"

2. 清晰、简洁地发送信息

在信息发送过程中，信息包括以下方面的内容：信息、思想和情感等。在沟通中，发送的不仅仅是信息，还有思想和情感。由于语言可能成为沟通的障碍，因此，管理者应选择好措辞，并注意表达的逻辑，使发送的信息清楚明确，易于接收者理解。管理者不仅需要简化语言，还要考虑到信息所指向的听众，以确保所用的语言能适合于该类信息的接收者。

3. 积极倾听

倾听不仅是耳朵听到相应的声音的过程，而且是一种情感活动，需要通过面部表情、肢体语言和话语的回应，向对方传递一种信息——我很想听你说话，我尊重和关心你。在别人说话时，我们是听者。但很多情况下，我们并不是在倾听。倾听是对含义的一种积极主动的搜寻，而单纯的听则是被动的。在倾听时，接收者和发送者双方都在进行着思索。

沟通高手在尝试让人倾听和了解之前，会把倾听别人和了解别人列为第一目标。如果你能做到认真倾听，对方便会向你袒露心迹。掌握别人内心世界的第一步就是认真倾听。例如传奇人物约翰·洛克菲勒有一次曾经说到："我们的政策一直都是：耐心地倾听和开诚布公地讨论，直到最后一点证据都摊在桌上才尝试达成结论。"洛克菲勒以谨慎著称，而且似乎经常很慢才作决定，他拒绝仓促下决定，他的座右铭是："让别人说。"

以下 4 个倾听技巧可以提高沟通效果。

1) 少言多听，尊重对方

同时说和听并不容易。为了避免说得太多而丧失开发业务的机会，有些训练者建议利用"火柴燃烧法"：假想你的手上拿着一支燃烧的火柴，当你认为火焰即将烧到手指时停止说话，寻求其他人的回应。

2) 全神贯注，表示兴趣

聆听时，必须看着对方的眼睛。人们判断你是否在聆听和吸收说话的内容，是根据您是否看着对方来作出的。没有比真心对人感兴趣更使人受宠若惊了。点头或者微笑就可以表示赞同对方正在说的内容，表明你与说话人意见相合。人们需要有这种感觉，即你在专心地听着。

3) 听清听懂，再下论断

听听别人怎么说，应该在确定知道别人完整的意见后再作出反应，别人停下来并不表示他们已经说完想说的话。让人把话说完整并且不插话，这表明您很看重沟通的内容。人们总是把打断别人说话解释为对自己思想的尊重，但这却是对对方的不尊重。

4) 暗中回顾，整理思路

在倾听时要保持心理高度的警觉性，随时注意对方倾谈的重点。当我们和人谈话的时候，我们通常都会有几秒钟的时间，可以在心里回顾一下对方的话，整理出其中的重点所在。我们必须删去无关紧要的细节，把注意力集中在对方想说的重点和对方主要的想法上，并且在心中熟记这些重点和想法，并在适当的情形下给对方以清晰的反馈。

4. 积极反馈

很多沟通问题是直接由于误解或理解不准确造成的。如果管理者在沟通过程中使用反馈回路，则会减少这些问题的发生。这里的反馈可以是言语的，也可以是非言语的。

一个完整的沟通过程是这样的：首先是信息的发生者通过“表达”发出信息，其次是信息的接收者通过“倾听”接收信息。对于一个完整的、有效的沟通来说，仅仅这两个环节是不够的，还必须有反馈，即信息的接收者在接收信息的过程中或过程后，及时地回应对方，以便澄清“表达”和“倾听”过程中可能的误解和失真。

反馈要站在对方的立场和角度上，针对对方最为需要的方面，给予反馈。反馈的内容应该具体、明确，有建设性，对事不对人。积极的反馈就事论事，忌讳涉及别人的面子和人格尊严，带有侮辱别人的话语千万不要说。同时，接受反馈也是反馈过程中一个十分重要的环节，在接收反馈时，一定要抱着谦虚的态度，以真诚的姿态倾听他人的反馈意见。

总之，沟通失败的根本原因在于，缺乏对沟通的实质和目的的了解。沟通的关键还是人的因素。

思考与讨论

管理者如何进行有效的沟通？

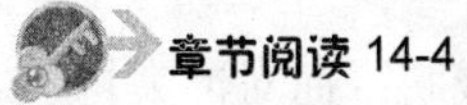

章节阅读 14-4

不穿鞋子的修女

一个虔诚的修女为了拯救受难的人们只身来到印度，当她看到当地的人们因为贫困而　衣衫褴褛甚至没有鞋子穿的时候，她决定自己也不穿鞋子，因为这样才能够更加贴近他们从而更好地帮助他们。

以致后来戴安娜王妃听说了她的丰功伟绩之后来印度拜访她的时候，王妃因为自己穿了一双洁白的高跟鞋而感到无比羞愧……后来中东发生了战争，这位修女孤身一人来到战场上，当作战的双方都发现这位修女来到的时候，竟然不约而同地停止了进攻，等她把战区里面的妇女和儿童都救了出来……。

在这位德高望重的修女去世的时候，印度举国上下的人民都为此而悲痛，在她的灵柩经过的地方，没有人站在楼上，因为不愿意自己站的比她还高，而她遗体的双脚仍然是赤裸的，向世人宣告她是与那些贫苦的人们平起平坐的。这位高尚的修女就是特里莎。

14.3 冲突与谈判

14.3.1 冲突及其应对措施

冲突(Conflict)是指个人或群体在实现某个目标时出现意见分歧的过程。组织是一个多元的系统，沟通不足或没有沟通，都可能导致冲突。所以，要了解冲突，前提是了解出现差异的原因和差异的表现形式。

美国心理学家马斯洛(Abraham Maslow)在他的“需要层次理论”中指出：一旦人的低一级需要得到了满足，他就会将它们置于一旁，向着更高级的需要目标进军。生存是人类最基本的需要，在这个层次中，人会尽一切可能满足自身对食物、饮水及住房的需要——即使与他人发生冲突也在所不惜。一旦这些基本的物质需要得到满足，他的需要层次又上升一级，此时，冲突就将发生。随着需要层次的不断提升，冲突将会加剧。

常见的冲突有以下几种：目标冲突、认知冲突、情感冲突、行为冲突。

根据著名的企业顾问公司 Human Synergistic 的报告，人们在面对冲突时，主要有下列三种反应：消极防卫、积极防卫和以建设性的态度对待冲突。

1) 消极防卫：设置防护屏障

对冲突采取消极防卫态度的人会在自己的周围打造一个防护屏障。如果他想改善自身处境，就会条件反射似地做出完全相反的举动。

2) 积极防卫：不惜一切代价

对冲突采取积极防卫态度的人一般都是先发制人型的，他们会不惜一切代价，确保自己能够控制整个局面并赢得最后的胜利，他们对失败、挫折无比痛恨。

3) 建设性态度：化冲突为机会

对冲突持消极防卫或积极防卫态度的人认为冲突是对自己的一种威胁；而对冲突持建设性态度的人则认为，冲突给了他一个改善事态发展的机会，并且相信争执也会带来好结果。不必过激，也不要躲避。冲突，可能成为合作的良机。借助建设性的方法，通过与别人建立联系，并且进行有意义的交谈(这有助于成功地化解双方的冲突)，改善人际关系。

因此，以建设性的态度应对冲突无疑是一个更为明智、更为有效并且能真正解决问题的策略。

冲突是客观存在的、正常的社会现象，传统的观点认为冲突是有害的，不利于组织正常活动的进行，只会起破坏作用，因而必须避免。但是，现代组织却越来越认识到适度的冲突对组织还能起到积极作用。

14.3.2 谈判

为了管理冲突，管理者必须和组织内外的人员打交道。在组织内部，冲突管理时常可以有效地通过行政手段进行；但对于组织之间的冲突，像企业之间在新的经济形式下开展的旨在拓展未来商机的战略联盟这样的竞争战略，其组织形式通常出现联盟各方协调上的困难，此时就不能简单地用行政干预手段去降低管理成本，实现组织目标。相反，联盟各方必须从包括协议、信任和互惠等多方面的视角，寻求解决组织间冲突的途径。谈判作为一种实现目标的调剂手段，必然是解决冲突的重要途径。

1. 谈判的概念

中国自古就有“财富来回滚，全凭舌上功”的说法。在现代商业活动中，谈判已是交易的前奏曲，是销售的主旋律。可以毫不夸张地说，人生在世，你无法逃避谈判；从事商业经营活动，除了谈判你别无选择。

何谓谈判，“谈”即谈论、彼此对话；“判”指评定、评判。谈判有广义和狭义之分。广义的谈判包括各种形式的“交涉、磋商和洽谈”。而狭义的谈判指在正式专门场合下安排和进行的谈判。

我们认为谈判就是指参与各方出于某种需要，在一定的时空条件下，采取协商行为的活动。它包含了以下4层含义。

(1) 谈判是建立在人民需要的基础上。

(2) 谈判包括两方或两方以上人员。

(3) 必须有适当的谈判时间和地点。

(4) 谈判是一种协商行为的过程。

在冲突管理中，一般有两种谈判策略可供选择，即零和谈判和双赢谈判。零和谈判也称“一赢一输”谈判，是指在谈判中，谈判参与各方的目标不一致，各方只想让自己的利益最大化的谈判。在大多数情况下，这是一种追求短期合作的谈判，从长远来看结果就是双输。双赢谈判也叫“增和谈判”或“整合谈判”，即谈判参与各方目标一致，资源共享，尽量争取对大家都有利的结果的谈判。这种谈判常常能达成长期的合作关系。

2. 谈判成功的5大黄金法则

(1) 欲速则不达。无论是什么谈判，切不可急于求成，没有耐心。急于求成，可能会付出更多，甚至还不能成交。在商务谈判中一定要有耐心，耐心是争取时间的最好方法，它同时也给对方适当的时间来适宜新的条件，进而调整方案，使双方发现最有利的解决方法。

(2) 利益和压力并用。洽谈人员不仅要对自己的情况了如指掌，而且应该清楚所提的建议能给对方带来什么利益，并且最好把能给对方带来的利益转化为具体的数字清晰地摆在明处。同时，你还可以告诉对方如果对方不做这笔生意，将会有什么损失，给对方一些压力。

(3) 如果不愿让步太多，就先让步。让步首先可消除对方的紧张和疑虑，产生善意并创造出活跃、和解的气氛。同时还能为稍后向对方提出互相让步的要求而又不暴露自己的弱点创造一个契机。

(4) 让对方用你的方法看问题。为了改变对方的期望，必须让他们用你的方法看问题，让他们顺着你的思维考虑问题，这样才能得到你所希望的结局。要有效地说服对方，必须向他们描述一个理想的计划来迎合他们的需要，用他们得到的好处来为你的主张辩护。你所争论的对象应该都是你自己的建议，不要考虑从别人的主张中计算你所得到的好处。因为那样会削弱你的地位，并且别人的观点只会使他们自己获利。

(5) 谈判桌上人人平等。谈判往往会受到地位差异的影响。实力雄厚的交易方在以强者的地位谈判时，应该放下架子，富于热情并且平易近人，使对方不会有太多的抵触情绪。作为一名地位较低的谈判者应当不为对手的权势所动、不为对手的身份地位所左右，大胆地进行对等的谈判。

思考与讨论

如何实施双赢谈判？

第6篇　控　　制

第15章　控制基础

学习目标

(1) 掌握控制的定义及控制目标。
(2) 理解控制的重要性及控制的特点。
(3) 细分控制的类型与特点。
(4) 描述控制的过程、具体步骤和内容。
(5) 理解有效控制应遵循的原则与意义。

章前导读

扁鹊的医术

魏文王问名医扁鹊说："你们兄弟三人，都精于医术，到底哪一位最好呢？" 扁鹊答："长兄最好，中兄次之，我最差。"文王再问："那么为什么你最出名呢？" 扁鹊答："长兄治病，是治病于病情发作之前。由于一般人不知道他事先能铲除病因，所以他的名气无法传出去；中兄治病，是治病于病情初起时。一般人以为他只能治轻微的小病，所以他的名气只及本乡里；而我是治病于病情严重之时。一般人都看到我在经脉上穿针管放血、在皮肤上敷药等大手术，所以以为我的医术高明，名气因此响遍全国。"

管理心得：事后控制不如事中控制，事中控制不如事前控制，可惜大多数的事业经营者均未能体会到这一点，等到错误的决策造成了重大的损失才寻求弥补，而往往是即使请来了名气很大的"空降兵"，结果也于事无补。

管理工作的控制职能是对业绩进行衡量与矫正，以便确保组织目标能够实现或达到目标所制定的计划能够得以完成。

控制工作与计划工作密切相关。事实上，计划与控制这两项职能是不可分割的，计划工作与控制工作是一把剪刀的两刃。一方面，没有了目标与计划，也就不可能控制，这是因为必须要把业绩同某些已规定的标准进行比较衡量；另一方面，控制非常重要，它是管理职能环节中的关键一环。控制工作是从高层管理人员到基层管理人员在内的每一位管理人员的职能。尽管各个层次的管理人员所控制的范围不同，但他们都负有执行计划的职责，因而控制是每个层次管理部门的一项主要管理职能。

15.1 控制的内涵与外延

15.1.1 控制的定义

在传统意义上，我们对"控制"的理解更多地强调"制"，即掌握住对象不使任意活动或超出范围。然而，"控"的含义更重要，即使其按照控制者的意愿活动。控制从普遍概念来解释，控制是由控制主体、控制客体、控制目标、控制过程等要素组成。控制主体，即控制者；控制客体，即控制对象；控制目标，即控制者的意愿；控制过程，即控制活动。从管理学的角度理解，控制是监视各项活动，以保证它们按计划进行并纠正各种重要偏差的过程。简单地说，控制就是确保结果和计划相一致的过程。计划提出了管理者追求的目标；组织提供了完成这些目标的结构、人员配备和责任，指挥提供了领导和激励的环境，而控制提供了有关偏差的知识以及确保与计划相符的纠偏措施。控制就是根据拟定的计划，对实现目标的进展情况进行确定或衡量的过程，它与计划、组织、领导密切相关。一个有效的控制系统可以保证各项行动完成的方向是朝着组织既定目标前进。控制系统越完善，管理者实现组织目标就越容易。

管理的一个重要工作就是要通过计划去谋划未来，但在计划的执行过程中，由于受环境变化的影响；受决策人员主观认识变化的影响；受计划执行过程中工作失误的影响，必然会发生实际工作结果与计划目标，计划目标与现实状况出现偏差、脱节这样的问题，因此，确保计划目标的实现；防止计划执行过程中重大失误的出现；作出因环境变化对计划目标的必要调整，管理工作的控制职能就显得十分重要。控制职能的重要性可从以下两个方面来进一步理解。

(1) 任何组织、任何活动都需要进行控制。控制工作，能够为主管人员提供有用的信息，使之了解计划的执行进度和执行中出现的偏差及偏差的大小，并据此分析偏差产生的原因。

(2) 控制的重要性表现在与其他三个职能的相互关系上。控制工作通过纠正偏差行为与其他三个职能紧密地结合在一起，使管理过程形成了一个相对封闭的系统。一旦计划付诸实施，控制工作就必须穿插其间进行。它对于衡量计划的执行进度，发现并纠正计划执行中的偏差都是非常必要的。

战略形成、管理控制与任务控制之间的相互关系。

15.1.2 控制目标

管理控制并不是管理者主观任意的行为，它总是受到一定的目标指引。管理活动的目标性把战略或策略的制定者与执行者的行动统一起来，形成一个具有特定目的的组织。在组织的动态发展中，目标既是控制活动的起点和依据，又是控制过程循环发展的终点。目标贯穿于整个管理控制过程的始终。在现代管理活动中，管理控制的目标主要有以下三个方面。

1. 限制偏差的累积

小的差错和失误并不会立即给组织带来严重的损害，然而时间一长，小的差错就会得以积累、放大，乃至引发严重的后果。在管理工作中完全避免偏差是困难的、不现实的，控制的关键是要能够及时获取偏差信息，及时采取有效的纠正措施。

2. 适应组织内外环境的变化

事实上，组织制定计划实施控制时，面临着组织内部和周围环境的诸多变化：竞争对手新的产品或服务的推出；新材料、新技术的不断涌现；政策、法规的修正或实行；组织内部人员的变动等。这些变化不仅会影响目标的实现，甚至可能要求对计划目标本身进行修正。因此，需要构建有效的控制系统帮助管理者预测和把握这些变化，并对由此带来的机会或威胁作出反应。管理控制系统的有效性决定了组织对外部环境的适应能力以及组织在激烈变化的环境中生存和发展的空间。

组织结构的多变性、复杂性也使得授权成为必要。许多管理者认为授权是一件非常困难的事，主要原因或是害怕下属犯错误而由他来承担责任，或是害怕自身权力的丧失等，使得许多管理者试图靠自己做事来避免授权。如果形成一种有效的控制系统，不愿授权的行为就可以大大减少，真正体现出控制作用的价值——控制与计划和授权的互动关系。

3. 降低成本，提高组织的营运管理效能

总成本领先是任何组织获得竞争优势的重要战略，它要求组织构建起有效规模的生产设施，强化成本控制的管理体系。为了达到这些目标，有必要在管理方面对成本控制予以高度重视，通过有效的控制可以降低成本，增加产出，以提高营运管理的效能。

15.1.3 控制过程

建立控制标准、衡量偏差信息和采取矫正措施是控制工作的 3 项基本要素。它们相互关联，相互依存，缺一不可。控制标准是预定的工作标准和计划标准，它是检查和衡量实际工作的依据。如果没有控制标准，衡量实际工作便失去了根据，控制工作也就无法进行；偏差信息是实际工作情况或结果与控制标准或计划要求之间产生偏离的信息。了解和掌握偏差信息，是控制工作的重要环节。如果没有或无法得到这方面的信息，那么控制活动便无法继续开展；纠正措施是根据偏差信息，做出调整决策，并付诸实施。所以说，根据实际情况和需求，纠正实际工作，修正计划或标准，是管理控制的关键环节。

15.1.4 控制的地位与作用

可将管理工作过程简略地看作是 PDCA 循环的过程(P——Plan 计划；D——Do 实施；C——Check 检测；A——Action 处理行动)，那么，控制工作在管理循环中的地位和作用可以用图 15.1 表示。

控制工作通过检查或检测计划执行中所发生的偏差以及内外环境条件所出现的变化，进而采取处理措施，就可以促使管理工作过程成为一个闭环的系统。控制是联结管理过程循环的支点。没有这个支点，管理过程就不能实现循环。

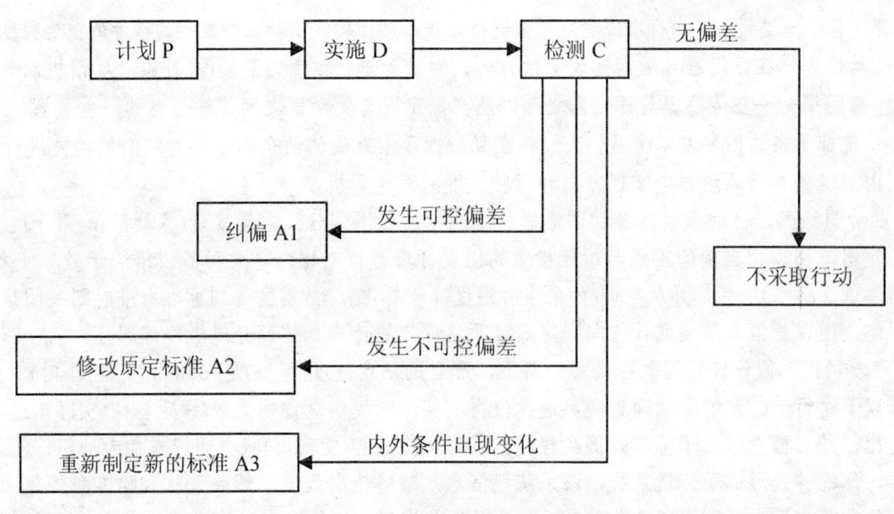

图 15.1　管理工作循环简图

一旦计划付诸实施，控制工作对于衡量计划执行的进度、揭示计划执行中的偏差以及指明纠正的措施等，都是十分必要的。但是，控制工作远不仅限于纠正计划执行中出现的偏差。在有些情况下，正确的控制工作可能导致确立新目标、提出新计划、改变组织结构、改变人员配备以及在指导和领导方法上做出重大的改变。真正的控制表明，纠正措施能够而且一定会把不符合要求的活动拉回到正常的轨道上来。因此，控制工作使管理工作成为一个连续的循环过程。在多数情况下，控制工作既是一个管理过程的终结，又是一个新的管理过程的开始。正因为如此，管理控制实质上可以看作是管理者确保实际活动与规划活动相一致的过程。

由于企业所面临的环境处于不断的变化过程中，管理权力的分散和组织成员工作能力的差异，管理功能的实施不可能是完美无缺的，组织的战略计划也并不可能得到百分之百的执行。因此，优良的管理需要有效的控制。有效的管理控制，不仅能够保证组织成员的行为与计划在出现偏差时及时得以纠正，也能够修正、调整和更改计划，从而保证管理目标的实现。

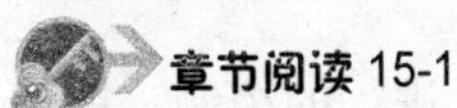
章节阅读 15-1

控制系统的要素

每个控制系统至少包括 4 种要素。

(1) 探测器(或传感器)——探测受控过程中实际正在发生的事件的装置。

(2) 评定器——通过与某个标准或者期望值进行比较，从而确定实际正在发生的事件的重要程度的装置。

(3) 受动器——在评定器显示需要改变行为时，对行为进行改变的装置(或称做“反馈机制”)。

(4) 传输网络——在传感器与评定器之间以及在评定器与受动器之间传输信息的一些装置。

任何系统都具备这四种基本要素，我们将在复杂性逐渐升高的两个例子中对它们的功能进行描述：用以调节室内温度的自动调温器；掌握方向和行驶速度的汽车司机。

(1) 自动调温器。自动调温器自动调温器的组成包括以下部分：①温度计(探测器)，用于度量当前室温；②评定器，用以把当前的室温与所能接受的温度标准进行对比；③受动器，给炉子鼓风使之放热(如果实际温度低于标准)或者是开动空调(如果实际温度高于标准)，当温度达到标准水平时则关闭这些装置；④传输网络，用以把信息从温度计传向评定器以及从评定器传向加热部分或者冷却部分。

(2) 汽车司机。假设你正行驶在高速公路上，那里的法定速度(标准)是 65mph(英里/小时)。你的控制系统按照以下运行：①你的眼睛通过观察速度仪得到实际速度；②你的大脑(评定器)把实际车速与法定车速进行对比，并且检查相对于标准的偏离程度；③指挥你的脚(受动器)减小油门或加大油门；④就像体温调节一样，你的神经形成了传送系统，该系统把信息从眼睛传向大脑，然后又从大脑传向脚部。

汽车的调节也比自动调温器调节复杂。这是因为在收到和评价感应器传来的信息后，司机的大脑会作出什么样的反应还不能够确定。比如说，一旦他们断定汽车的实际速度超过了 65mph，有一些司机想把车速控制在法定限度以内，就会减小油门，而另一些司机由于各种各样的原因，却不会这样做。在这个系统里，控制不是自动的。如果要预测在这个过程之后汽车的最终速度会是多少，我们必须对司机的个性和司机所处的环境有所了解。

资料来源：罗伯特·A·安东尼. 管理控制系统(第十一版). 北京：机械工业出版社，2004. 第 2-3 页.

15.2 管理控制的类型及特点

15.2.1 控制类型

管理系统作为一种控制系统，由于管理对象不同、管理目标不同、系统状态不同、所运用的控制方式也不同，因此形成了不同的管理控制类型。

1. 按控制的侧重点划分类型

控制工作按控制的侧重点不同，划分为前馈控制、现场控制和反馈控制三种类型。

1) 前馈控制

前馈控制(又称预先控制或事前控制)，它是在实际工作开始之前就进行的控制。前馈控制是最渴望采取的控制类型，因为它能避免预期出现的问题。前馈控制以未来为导向，在工作之前对工作中可能产生的偏差进行预测或估计，采取防患措施，以便在实际偏差产生之前，管理者就能运用各种手段对可能产生的偏差进行纠正，将其消除于产生之前。如在企业中，为保证工作的顺利进行，制定一系列规章制度让员工遵守；为了生产出高质量的产品而对原材料的质量进行控制等，都属于前馈控制。

与反馈控制和现场控制相比，前馈控制具有如下优点。

(1) 前馈控制是在工作开始之前进行的控制，以防患于未然，避免了事后控制无能为力的弊端。

(2) 前馈控制是针对某项计划行动所依赖的条件进行的控制，不针对具体人员，不会造成心理冲突，易于被员工接受并付诸实施。

(3) 前馈控制适用于一切领域中的所有工作，企业、学校、医院、军队都可运用这种控制方法。

实施前馈控制需要以下的前提条件。

(1) 要对计划和控制系统作分析。

(2) 为这个系统制定员工模型。

(3) 保持该模型和投入变量数据的更新。

(4) 经常评定实际投入数据与计划投入数据的差异，评估这些差异对预期最终结果的影响。

前馈控制的主要目的是防止问题的发生，而不是当问题出现时再予以补救。要实现这个目的，及时、准确的信息以及对活动未来结果的预测就显得尤为重要。通常，管理者对此可以分两部分工作来进行：一是检查活动所需各种资源的准备情况和保证程度；二是分析影响活动的各种因素，预测活动可能的结果。如果资源不能充分保证，或者预测结果不能满足要求，管理者就必须采取相应的措施，要么督促相关人员加强有关工作，要么就必须对计划或者执行程序做必要的调整。

2) 现场控制

现场控制，是在工作正在进行时进行的控制。在活动进行之中予以控制，管理者可以在重大损失发生之前及时纠正问题。现场控制主要有监督和指导两项职能。监督是按照预定的标准检查正在进行的工作，以保证目标的实现；指导是管理者针对工作出现的问题，根据自己的经验指导下属改进工作，或与下属共同商讨矫正偏差的措施，以便使工作人员能正确地完成所规定的任务。管理者亲临现场观察就是一种最常见的现场控制活动。当管理者直接视察下属的行动时，管理者可以同时监督员工的实际工作，并在发生问题时马上进行纠正。例如，生产制造活动的生产进度控制、每日情况的统计报表、每日对住院病人进行临床检查等都属于现场控制。

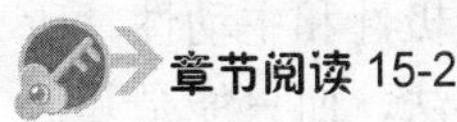
章节阅读 15-2

狗追兔子——现场控制的基本原理

现场控制的基本原理可以用狗追兔子的例子来说明，如图 15.2 所示。假定狗在 Y 轴上的 P_1 点发现了

位于 X 轴上 X_1 点的兔子，于是狗急起直追，而兔子则沿 X 轴向前逃窜。当狗跑到 P_2 点时，发现兔子已逃离 X_1 点，于是调整方向直奔 X_2 点。兔子不断向前跑，狗则不断调整方向追捕兔子。狗的运动轨迹是由若干条直线形成的折线，当折线无限细分后则趋近于一条曲线，这条曲线就被称为“追捕曲线”。这条曲线上的每一点的切线都指向每一瞬间兔子的位置。由于兔子跑动，狗不断地采取措施，调整前进的方向，以求达到尽快抓到兔子的目的。可见，现场控制的实质是无数事后控制的综合，不断采取措施，不断得到反馈，不断调整和采取新的措施。

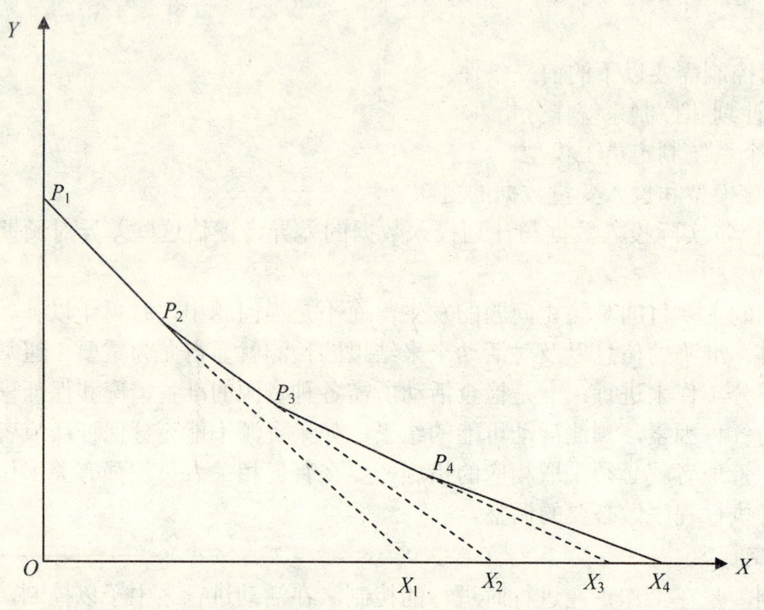

图 15.2　现场控制原理图

现场控制具有指导职能，有助于提高工作人员的工作能力和自我控制能力。但是，现场控制也有很多弊端。首先，运用这种控制方法容易受管理者时间、精力、业务水平的制约，管理者不能时时对事事都进行现场控制，只能偶尔使用或在关键项目上使用。其次，现场控制的应用范围较窄。对生产工作容易进行现场控制，而对那些问题难以辨别、成果难以衡量的工作，如科研、管理工作等，几乎无法进行现场控制。再次，现场控制容易在控制者与被控制者之间形成心理上的对立，容易损害被控制者的工作积极性和主动性。所以，无论对于什么性质的组织，现场控制都不可能成为日常性的控制方法，而只能是其他控制方式的补充。

最常见的现场控制方式是直接视察。当管理者直接视察下属的行动时，一方面，管理者可以随时发现下属在工作中与计划要求相偏离的现象，从而及时采取措施，马上进行纠正，将问题消灭在萌芽状态，避免已经产生的问题对企业不利影响的扩散；另一方面，管理者有机会当面解释工作的要领和技巧，纠正下属错误的作业方法与过程，从而可以提高他们的工作能力。

3) 反馈控制

反馈控制(又称事后控制)，是在工作结束之后进行的控制。反馈控制把注意力主要集中于工作结果上，通过对工作结果进行测量、比较和分析采取措施，进而矫正今后的行动。如企业对不合格产品进行修理，发现产品销路不畅而减产、转产或加强促销；学校对违纪学生进行处理等，都属反馈控制。在组织中应用最广泛的反馈控制方法有：财务报告分析、标准成本分析、质量控制分析和工作人员成绩评定等。反馈控制是根据反馈原理对系统进行调节的一种方式，是施控系统根据反馈信息通过调节受控系统的输入来实现控制目的。对管理控制系统而言，为了对控制对象进行调节和纠正偏差，必须对控制对象进行有效的再控制，即不断从控制对象那里了解运行结果的信息，然后控制机构向控制对象发出再控制信息，这样才能进行有效的控制。这种不断从控制对象获得有关控制效果的信息的过程，就是控制系统的信息反馈过程，信息反馈是保证系统运行达到预期目标的前提。

(1) 反馈控制的特点。

反馈控制是一个不断提高的过程，它的工作重点是把注意力集中在历史结果上，并将它作为未来行为的基础。反馈控制并不是最好的控制，但它目前仍被广泛地使用着，这是因为，有许多工作现在还没有有效的预测方法，而且受主客观条件的限制，人们往往会在执行计划过程中出现失误。反馈控制是企业管理中最常用的控制类型，在生产、营销、人力资源管理等方面均有广泛的应用。

反馈控制是面向未来的。由于它是在活动结束后进行的，因此对已经形成的活动结果不可能产生任何影响，但对后续活动的计划、实施等却有非常重要的作用。所以，为了不断提高组织的工作效率和管理水平，采用反馈控制是十分必要的，更何况在许多情况下，反馈控制是唯一可用的控制手段。

(2) 与前馈控制和现场控制相比，反馈控制的优点与弊端。

首先，反馈控制为管理者提供了关于计划的效果究竟如何的真实信息。如果反馈显示标准与现实之间只有很小的偏差，说明计划的目标已达到；如果偏差很大，管理者就应该利用这一信息使新计划制定得更有效。其次，反馈控制可以增强员工的工作积极性。因为人们希望获得评价他们绩效的信息，而反馈正好提供了这样的信息。

反馈控制的最大弊端是在实施矫正措施之前，偏差就已经产生。但人们可以通过反馈控制认识组织活动的特点和规律，为进一步实施前馈控制和现场控制创造条件，进而实现控制工作的良性循环，并在不断的循环过程中提高控制效果。

前馈控制、现场控制和反馈控制这三种控制方式互为前提、互相补充。在实际控制工作中，不能只依靠某一种方式进行控制，必须根据实际情况，综合运用各种控制方式，以提高控制效果，如图 15.3 所示。

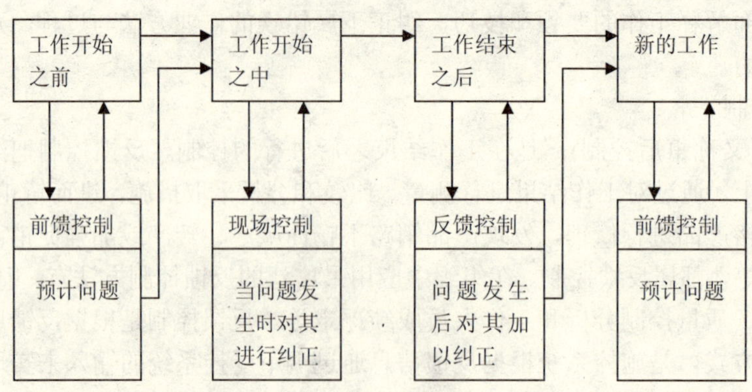

图 15.3　控制类型

2. 按控制源划分类型

按照控制源划分，可以把控制分成正式组织控制、群体控制和自我控制 3 种类型。

1) 正式组织控制

正式组织控制是由管理者设计和建立起来的一些机构或规定来进行的控制，如规划、预算和审计部门等都属于正式组织控制。

2) 群体控制

群体控制是由非正式组织基于群体成员的价值观念和行为准则来加以维持的控制。群体控制由于是通过非正式组织来控制人们的行为，处理得好有利于达成组织的目标；处理得不好则会给组织带来很大的危害。

3) 自我控制

自我控制是个人有意识地去按某一行为规范进行活动。自我控制的能力取决于个人本身的素质。具有良好修养的人一般自我控制能力较强；顾全大局的人比仅看重自己局部利益的人有较强的自我控制能力；具有高层次需求的人比具有低层次需求的人有较强的控制能力。

3. 按控制的方式划分类型

按控制的方式划分，控制可分为间接控制和直接控制。

1) 间接控制

间接控制是通过检测结果追查偏差发生的原因，然后找到责任者、督促其改变操作行为的一种控制方式。这种控制方式在管理中简单易行，容易被人们所接受，实际效果也不错。

2) 直接控制

直接控制是直接检查操作者是否按照规定要求执行的一种控制方式。直接控制的特点是：第一，直接对操作者的行为和工作过程加以控制，可以减少偏差的发生；第二，可以减少间接控制中用于检测偏差、寻找原因和责任者的时间与费用；第三，直接控制取得的心理效果好，鼓励下属自我约束、自我控制、自觉修正错误。直接控制的关键是操作要求和规则必须完全科学、非常正确，否则，它将失去与间接控制方式相比较的全部优点。

思考与讨论

为什么不少西方管理者和管理学家比较倾向和重视采用直接控制的方式？

15.2.2 管理控制的特点

不管是管理工作中的控制活动，还是物理、生物、经济及其他方面的控制，控制的基本过程和基本原理都是一样的。然而，管理控制又不同于物理、生物、经济及其他方面的控制，管理控制有其自身的特点。

1. 管理控制具有整体性

整体性包含两层含义：一是管理控制是组织全体成员的职责，完成计划是组织全体成员的共同责任，参与控制是全体成员的共同任务；二是控制的对象是组织的各个方面。确保组织各部门各单位彼此在工作上的均衡与协调，是管理工作的一项重要任务。为此，需要了解掌握各部门和单位的工作情况并予以控制。

2. 管理控制具有动态性

管理工作中的控制不同于电冰箱的温度调控，后者的控制是高度程序化的，具有稳定的特征。组织不是静态的，其外部环境及内部条件随时都在发生着变化，从而决定了控制标准和方法不可能固定不变。管理控制应具有动态的特征，这样可以提高控制的适应性和有效性。

3. 管理控制是对人的控制并由人执行的控制

管理控制是保证工作按计划进行并实现组织目标的管理活动，而组织中的各项工作要靠人来完成，各项控制活动也要靠人去执行。所以，管理控制首先是对人的控制并由人执行的控制。

4. 管理控制是提高职工工作能力的重要手段

控制不仅仅是监督，更重要的是指导和帮助。管理者可以制定纠正偏差计划，但这种计划要靠职工去实施，只有当职工认识到纠正偏差的必要性并具备纠正能力时，偏差才会真正被纠正。通过控制工作，管理者可以帮助职工分析偏差产生的原因，端正职工的工作态度，指导他们采取纠正措施。这样，既能达到控制的目的，又能提高职工的工作和自我控制的能力。

15.3 控制的过程

无论在什么地方，也无论控制的对象是什么，基本的控制过程都包括三个步骤，即确立控制标准、根据建立的标准衡量实际工作绩效、矫正实际执行情况偏离标准和计划的误差。

15.3.1 确立控制标准

控制始于工作标准的建立。标准是所期望的业绩水准，它构成了控制过程的基础。它是管理者用作评估业绩的标准。没有标准，控制就成了无目的的行动，不会产生任何效果。

1. 确立控制对象

进行控制首先遇到的问题是“控制什么”，这是在决定控制标准之前首先需要解决的问题。组织活动的目标应该成为控制的重点对象。因此，管理者必须分析组织活动想要实现什么样的目标。一般来说，管理人员应该对影响组织工作成效的全部因素进行控制，但受资源有限、管理人员工作能力有限的影响，最为现实的做法是对影响组织目标实现的重点因素进行控制。因此，为了确保组织的预期成果，就必须在成果形成之前，对影响成果形成的各种因素进行分析，找出重点因素并把这些因素作为控制的对象。

1) 影响组织工作目标实现的重要因素

(1) 环境特点及其发展趋势。组织在特定时期的管理活动是根据决策者对经营环境的认识和预测来进行和安排的。如果预期的市场环境发生了变化，或者企业外部环境发生了某种无法预料和无力抗拒的变化，原来的计划就可能无法进行。因此，制定计划时所依据的对经营环境的认识和把握等各种因素应被作为控制对象，并列出“正常环境”的具体指标或标准。

(2) 资源投入。组织经营成果是通过对资源的加工转换得到的。没有或缺乏这些资源，组织的经营活动就会成为无源之水、无本之木。不仅投入的资源，会在数量和质量上影响经营活动按期、按质、按量、按要求地进行，从而影响最终产品的正常实现，而且获取资源的费用也会影响活动的成本，从而影响组织的经营效果。因此，必须对资源投入进行控制，使之在数量、质量以及价格等方面符合预期经营成果的要求。

(3) 组织活动。输入到生产经营中的各种资源不可能自动形成产品。组织的经营成果是组织活动转化的结果，是通过全体员工在不同时间和空间上利用一定技术和设备对不同资源进行不同加工劳动得到的。企业员工的工作质量和数量是决定经营成果的重要因素，因此必须使企业员工的活动符合预期结果的要求。为此，必须建立员工的工作规范，明确各部门和各员工在各个时期的阶段成果标准，以便对他们的活动进行控制。

2) 控制的对象

(1) 人员。管理者是通过他人的工作来实现其目标的。为了实现组织的目标，管理者需要而且也必须依靠下属员工。因此，管理者要求员工按照所期望的方式去工作是非常重要的。为了做到这一点，管理者最简明的方法就是直接巡视和评估员工的表现。管理者对员工的工作进行系统化的评估，是一种非常正规的方法。这样每位员工的近期绩效都可以得到鉴定。如果绩效良好，员工应该得到奖励，如增加工资，从而使之工作得更好；如果绩效达不到标准，管理者就应该想办法解决，根据偏差的程度予以不同的处分。

(2) 财务活动。每个企业的首要目标是获取一定的利润。在追求这个目标时，管理者借助于费用控制。比如，管理者可能仔细查阅每季度的收支报告，以发现多余的支出。管理者也能进行几个常用财务指标的计算，以保证有足够的资金支付发生的各种费用，保证债务负担不至于太重，并使所有的资产都得以有效地利用。这就是财务控制是如何减低成本并使资源得以充分利用的例子。管理者可以利用财务比率指标作为内部控制手段，考查组织在利用其资产、负债、库存等方面的效率。

(3) 作业。一个组织的成功，在很大程度上取决于它在生产产品或服务上的效率和效果。作业控制方法是用来评价一个组织转换过程的效率和效果的。

典型的作业控制包括：监督生产活动以保证其按计划进行；评价购买能力，以尽可能低的价格提供所需质量和数量的原材料；监督组织的产品或服务的质量，以保证满足预定的标准；保证所有的设备得到良好的维护。

(4) 信息。管理者需要信息来完成他们的工作。不精确、不完整、过多的或延迟的信息将会严重阻碍他们的行动。因此，应该开发出这样一种管理信息系统，使它能在正确的时间，以正确的数量，为正确的人提供正确的数据。管理信息的方法在最近几年发生了很大的变化。技术进步，特别是网络技术的发展使管理者通过计算机就可以随时输入他们的要求，随时调出按地区划分的销售结果和所需的各类数据等。过去他们也许要花几天才能得到的数据，现在只需要几秒钟。

(5) 组织绩效。为了维持或改进一个组织的整体效果，管理者应该关心控制组织绩效。但是衡量一个组织的效果并没有一个单一的衡量指标。生产率、效率、利润、员工士气、产量、适应性、稳定性，以及员工的旷工率等，都是衡量组织整体绩效的重要指标。

2. 选择控制重点

1) 关键控制点

在简单的经营活动中，管理人员可以通过亲自观察所做的工作来实行控制。然而在大多数的经营活动中，由于受经营活动的复杂性及管理者时间和精力的限制，这种控制是不可能的。管理者必须选择需要特别关注的地方，以确保整个工作按计划要求执行。因此需要特别关注的控制点应当是关键性的，它们或是经营活动中的限制因素，或者能够比其他因素更清楚的体现计划是否得以有效实施。有了这些标准，管理人员便能管理一大批下属，从而扩大管理幅度，并可实现成本的节约和沟通方面的改善。

控制原理中一条最为重要的原理——关键点控制原理，可陈述为：有效控制要求关注那些关键因素，并以此对业绩进行控制。

2) 选择关键控制点的一些问题

由于良好的控制依赖于关键控制点，那么选择关键控制点的能力也就成为判断管理人员水平的一个标准。在选择的过程中，管理人员必须问自己：什么能最好地反映本部门的目标；当目标未能实现时，什么能最好地展示给我；什么能最好地衡量那些关键的偏差；什么将告诉我谁对这些失败负责；什么样的标准其成本最低；根据什么标准可使信息的获得更为经济。

3) 关键点的种类

许多计划的每项目的、每个目标、每种活动、每项政策、每项规程以及每种预测，都可成为衡量实际业绩或预期业绩的标准，但在实际中，标准大致有：实物标准、成本标准、资本标准、收益标准、计划标准、无形标准以及作为策略控制点的策略计划。

(1) 实物标准。实物标准都是非货币衡量标准，在耗用原材料、雇佣劳动力、提供服务及生产产品的操作层次中使用。这些标准反映了每单位产出工时数、生产每马力所耗燃料吨数、货运的吨公里数、单位机器台时的产量等数量标志。实物标准也可反映品质，如轴承的硬度、公差的精密度、纤维的韧度和色彩的不褪色性等。

(2) 成本标准。成本标准是货币形式的衡量标准，同物理标准一样普遍运用于操作层。成本是以货币价值来衡量作业造成的消耗，即作业消耗的货币价值形式。货币标准是广泛运用的衡量标准，例如生产每单位产品的直接和间接成本、每单位或每小时的人工成本、单位产品的原材料成本、每小时机器成本、单位销售额的销售成本等。

(3) 资本标准。有许多资本标准，都是以货币形式来衡量实体项目的。它们与投资于公司中的资本有关而与经营成本无关，因此主要与资产负债表相关，而与损益表无关。对于新的投资和总体控制来说，最为广泛使用的标准就是投资收益率。资产负债表通常还披露其他资本标准，包括流动比率、资产负债比率、固定投资与总投资比率、速动比率、短期负债或债券与股票的比率以及存货周转率等。

(4) 收益标准。收益标准是销售额的货币价值形式。它包括如每名顾客的平均销售额、在既定市场范围内的人均销售额等。

(5) 计划标准。一个管理者有可能被分配去设计一个可变的预算方案、一个正式实施的新产品开发计划或一个改进销售人员素质的计划，这些就是计划标准。在评估计划的执行业绩时，可能不得不运用一些主观判断，但也可以运用时间安排和其他因素作为客观判断标准。

(6) 无形标准。无形标准是既不能以实物又不能以货币来衡量的标准。管理人员能用什么标准来测定公司分部采购代理人或人事部主任的才干？主管能用什么标准来确定广告计划是否符合短期目标或长期目标？怎样确定公共关系计划是否取得成功？如何监督管理人员是否忠诚于公司的目标？办公室人员是否精明能干？对上述问题，要既明确定量又明确定性的目标和标准，是很困难的。

企业中有不少无形标准。企业使用无形标准的一个原因在于没有对预期业绩的内容进行过充分研究。另一个更重要的原因是，在业绩涉及人际关系时，要衡量何谓“良好”、何谓“有效果”是十分困难的。心理学家和社会统计学家提出的测试、调查和抽样方法已经使探索人的态度和动因成为可能，但是在许多对于人际关系的管理控制中还必须以无形标准、深思熟虑的判断和反复尝试为基础，有时候甚至以纯粹的直觉作为判断基础。

3. 制定标准的方法与要求

由于控制的对象不同，标准的类型也不同，这取决于所需衡量的绩效成果的领域。最理想的是以可考核的目标直接作为标准，但更多的情况往往是将某一计划目标分解为一系列的标准，例如将利润率目标分解为产量、销售额、制造成本、销售费用等。在工业企业中，最常用的控制标准有 4 种：时间标准(如工时、交货期等)、数量标准(如产品数量、废品数量)、质量标准(如产品等级、合格率)和成本标准(如单位产品成本)。组织中所有作业活动都可依据这 4 种标准进行控制。如对企业生产工作的控制，可检查产量是否达到数量标准、原材料规格及产品合格率是否达到质量标准、产品在时间上是否按期完成并如期交货、原材料成本及职工工资是否超出成本费用限制。这 4 种标准是相关的。对于一项工作，人们总是可以近似或准确地找出数量、质量、时间及成本间的内在联系。如对产品质量要求过高会导致成本上升并延长生产周期；大量生产会降低单位成本等。所以，在大多数情况下，控制只需运用 1～2 个标准便可达到控制目的，其他标准则是次要的和辅助性的，如生产控制往往注重质量和时间控制，而销售控制更多侧重于成本和数量控制。

1) 制定标准的方法

一般来说，常用的制定标准的方法有三种：利用统计方法来确定预期结果；根据经验和判断来估计预期结果；在客观的定量发现的基础上建立工程(工作)标准。

(1) 统计性标准。统计性标准，也叫历史性标准，是以分析反映企业经营在各个历史时期状况的数据为基础，为未来活动建立的标准。这些数据可能来自本企业的统计数据，也可能来自其他企业的统计数据。

利用本企业的历史性统计资料为某项工作确定标准的优点是简便易行；缺点是据此制定的工作标准，可能低于同行业的先进水平，甚至是平均水平。在这种条件下，即使企业的各项工作都达到了标准的要求，但也可能造成劳动生产率的相对低下、制造成本的相对高昂，从而造成经营成果和竞争能力低于竞争对手。为了克服这种局限性，在根据历史统计数据制定未来工作标准时，要充分考虑到行业的平均水平，并研究竞争企业的经验。

(2) 根据专家经验和判断建立标准。实际上，并不是所有工作的质量和成果都能用统计数据来表示，也不是所有的企业活动都保存着历史统计数据。对于新从事的工作、对于统计资料缺乏的工作，可以根据专业人员的经验、判断和评估来为之建立标准。利用这种方法来建立工作标准时，要注意利用各方面人员如老职工、技术人员、管理人员的知识和经验，在充分了解情况、收集意见的基础上，科学地综合大家的判断，制定出一个相对合理的标准。

(3) 工程(工作)标准。工程(工作)标准是通过对工作情况进行客观的定量分析来制定的。例如，机器的产出标准是设计者计算的，在正常情况下的最大产出量；工人操作标准是劳动研究人员在对构成作业的各项动作和要素的客观分析的基础上，经过消除、改进和合并而确定的标准作业方法；劳动时间定额是利用秒表测定的受过训练的普通工人以正常速度按照标准操作方法对产品或零部件进行某个(些)工序的加工所需的平均必要时间。严格地说，工程(工作)标准也是一种用统计方法制定的控制标准。

2) 控制标准的制定要求

制定控制标准是一个过程。这一过程的展开，首先要选择好控制点，并从时间、实力、质量和成本等方面制定科学的控制标准。所制定的控制标准应该满足以下几方面的要求。

(1) 要使控制便于对各部门的工作进行衡量。当出现偏差时，能找到相应的责任单位。如成本控制，不仅要规定总生产费用，而且要按成本项目规定标准，为每个部门规定费用标准等。

(2) 建立的标准都应该有利于组织目标的实现。对每一项工作的衡量必须有具体的时间幅度、具体的衡量内容和要求。

(3) 建立的标准还应与未来的发展相结合。例如，一个企业生产了某种产品后，就要密切注意产品第一个月的销售量，并考虑是可以长期发展这种产品，还是要等到时机成熟再大量生产。只有考虑了这些因素，才能制定有效的衡量标准。

(4) 建立的标准应尽可能体现一致性。管理工作中制定出来的控制标准实际上就是一种规章制度，它反映了管理人员的愿望，也为人们指明了努力的方向。控制标准应是公平的，如果某项控制标准适用于每个组织成员，那么就应该一视同仁，不允许个别人搞特殊化。

(5) 建立的标准应是经过努力后可以达到的。建立标准的目的，是用它来衡量实际工作，并希望工作达到标准要求。所以，控制标准的建立必须考虑到工作人员的实际情况，包括他们的能力、使用的工具等。如果标准过高，人们将因根本无法实现而放弃努力；如果标准过低，人们的潜力又会得不到充分发挥。

(6) 建立的标准应具有一定的弹性。标准建立起来后，可能在一段时期内保持不变。但环境却在不断变化，所以，控制标准应对环境变化有一定的适应性。面对特殊情况能够做到特殊处理。

章节阅读 15-3

麦当劳食品生产的标准化

麦当劳坚持在食品本身的品质上做文章，它将食品的做法、种类、分量都标准化，并采用电脑控制和标准操作进行生产。同时，麦当劳还制定严格精细的操作标准和工艺流程，使公司里成千上万的工作人员，一般都能按相同的标准操作，以此来保证食品质量的稳定。

例如，麦当劳要求其供应商送至餐厅的每一个面包，在重量、宽度、高度、直径等方面都符合统一的标准。据说，在麦当劳的面包供应生产厂内，会经常看到这样一个场景：麦当劳的品质控制人员把面包放到一个特制的量具卡尺下，抽测每批面包的长、宽、高和直径是否合乎标准。同时，为了保持面包松软适度的口感和金黄色的外观，麦当劳还对面包的气孔大小、切割度、糖分、色泽和各种营养成分都进行精确测量。即便是面包上的粒粒芝麻，麦当劳也不轻易放过，对于如何均匀地播撒芝麻和芝麻的数量，也都有明确的规定。

为了保证食物安全卫生，麦当劳还对供应商在生产过程中的每个环节都作了非常“苛刻”的规定。比如，面粉在使用前一定要先过筛子；糖在使用时一定要先化成糖水，过滤掉其中的杂质后再使用；装面粉的桶要求必须有盖子，而且盖子必须要有颜色，但不能是白色的，这是为了避免意外破损时碎屑混入面粉中不易分辨。在面包被送入麦当劳餐厅之前，麦当劳还会让包装好的面包经过 HACCP 程序(即“危害分析及关键控制点程序”)的检查，这是为了检验面包中是否含有金属类物质，一旦面包里含有此类物质，金属探测器就会发出警报。此外，麦当劳还对清洁用品进行了严格的规定。麦当劳规定清洁、清洗设备时不能用钢丝球，这是为了防止钢丝掉进食物中；清洗设备的刷子不能用白色，要使用除白色以外的颜色，刷子也要定期更换；在各工序间运输用的塑料筐不能有破损，以防塑料碎片进入食品中。现在，麦当劳还要求供应商一律改用不锈钢筐等。

标准化的执行操作为麦当劳带来的是标准化的高品质食品，这种高品质不仅表现在生产的环节上，还体现在销售环节上。即使是制作好的产品，麦当劳也要保证其品质和最佳口感，这就是为大众所熟悉的麦当劳的“过时报废”制度，即规定：食品一旦出炉或制成，超过一定时间无法售出就必须毫不犹豫地扔掉。正因为麦当劳坚持不卖品质不达标的食品，始终保证让顾客享受到品质最新鲜、味道最纯正的食品，所以麦当劳才会在全球范围内“畅行无阻”。

资料来源：陈炳岐. 麦当劳与肯德基——全球两大快餐帝国的连锁餐饮秘诀. 北京：中国经济出版社，2006. 第 4-6 页.

15.3.2 衡量工作绩效

企业经营活动中的偏差如能在产生之前就被发现，则可帮助管理者预先采取必要的措施。这种理想的控制和纠偏方式虽然有效，但其现实可能性不是很大。因为，并非所有的管理人员都有卓越的远见，也并非所有的偏差都能在产生之前被预见。在这些限制条件下，最满意的控制方式应是必要的纠偏行为能在偏差产生以后迅速采取。为此，就要求管理者及时掌握能够反映偏差是否产生并能判定其严重程度的信息。用预定标准对实际工作成效和进度进行检查、衡量和比较，就是为了提供这类信息。

衡量实际工作是一项贯穿工作始终的持续进行的活动。控制活动应当跟踪工作进展，及时预示脱离正常或预期成果的信息，及时采取矫正措施。如果等到工作已经完成再衡量，那么即使有过失也难以补救。所以，在工作进行之中就需及时了解工作的进展并对其发展趋势加以预测，有时还需在开展工作之前就对工作的将来进展情况进行估计。

1. 衡量工作绩效的基本要求

控制过程的第二步是衡量实际绩效，即以控制标准为依据，对实际工作的各阶段进行检查、比较，从而确定实际绩效与标准之间的偏差，为下一步采取必要的纠正措施提供依据。

为了使绩效衡量工作更加有效，组织的衡量工作绩效必须满足以下四点要求，即实用性、可靠性、及时性和经济性。

1) 实用性

衡量的结果应该方便管理者对绩效的正确评价，有利于纠正措施的实施，具有实用性。管理控制工作需要的是适用的信息，也就是说，不同管理部门对信息的种类、范围、内容、详细程度、精确性和需用频率等方面的要求是各不相同的。如果向这些管理部门不加区分地提供信息，不仅不利于做出正确决策，反而会加重管理部门信息处理工作的负担和费用，而且还会给这些管理人员查找所需的信息带来困难，造成时间的浪费甚至经济上的损失。事实上，信息过多和信息不足同样有害。信息适用性的另一个要求是，信息必须经过有效的加工、整理和分析，以保证在管理者需要的时候能够提供尽量精炼而又能满足控制要求的全部信息。例如，反映实现利润情况的信息，可以把利润表示为销售收入、投资回收、总资金与去年同期相比的增减比率等，这就便于反映实现利润与企业经营的全面情况，从而发现经营中的问题，以便及时采取纠正措施。而仅仅一个利润额的数字是说明不了多少问题的。

2) 可靠性

衡量实际绩效必须采用客观、公正、一致的方法和手段，同时务求准确，通过绩效与计划的比较能够真正反映所存在的问题。这一点对于实际绩效中数量成分的衡量来说较容易实现，而对其中质量成分的衡量则需要特别注意，应尽量避免主观因素的影响。衡量工作绩效信息的可靠性除了与信息的精确程度有关外，还要与信息的完整性有一种正比关系。例如，市场上家用吸尘器的一时紧俏，还不能完全说明市场对这种消费品的长期大量需求。因而，对于拟从国外进口主机和生产线，急于扩大生产规模的企业来说，这种单一的信息通常是不可靠的。企业还必须收集有关消费者平均收入水平、消费结构、竞争企业的生产能力甚至宏观经济政策等多方面的现状信息和变化信息，进行综合分析，以做出正确判断。

信息可靠性与完整性的关系证明，要提高信息的可靠性，最简单的办法和大多数情况下的唯一办法，就是尽可能多地收集有关的信息。但是这样又会出现与信息及时性的矛盾。因此，信息的可靠性是个程度问题。上层主管人员的重大决策都是以不完全的信息为基础的，贻误了时机，再可靠的信息也没有用。

3) 及时性

绩效的衡量应该是及时的，并且衡量的结果能够快速传递到相关人员手中，以便适时采取措施防止偏差的扩大。如果衡量不具及时性，那么其结果也就失去了控制意义。这一点对于涉及较多变动因素的动态控制系统来说尤为重要。绩效信息的及时性有两层含义：一方面，对那些时过境迁就不能追忆和不能再现的重要信息要及时记录，如工序质量的检验信息、班产量信息、生产调度信息、重要会议上的发言和最后决议等信息；另一方面，信息的加工、检索和传递要快，如果信息不能及时提供给各级主管人员及相关人员，就会失去它的使用价值，而且有可能给组织带来巨大损失。例如，产品订货会议上用户的需求信息，尤其是大用户对产品价格、数量、设计改动和交货期的特殊要求，这些信息必须以最快的速度传递给企业销售部门的主管人员甚至企业的最高领导人，以便他们抓住时机进行决策。

4) 经济性

绩效的衡量还应该考虑经济因素。绩效的衡量都不同程度地需要付出精力、时间、费用等，即具有一定的成本。经济性就是要求在满足控制工作需要的前提下，尽可能地采用低成本的衡量方法，从而使控制工作的总成本降低。

2. 衡量实际绩效的方法

衡量实际绩效，首先需要收集反映实际运行状态的信息，然后才能根据这些信息与标准的比较确定是否存在偏差，因此，衡量绩效实质上就是信息的收集与处理的过程。

为了获得控制信息，管理人员在实际工作中可以采用亲自观察、分析报表资料、召开会议、口头报告、书面报告和抽样调查等方法去收集信息。

1) 亲自观察

亲自观察能为管理者提供有关实际工作的第一手的、未经他人过滤的信息。它的覆盖面广泛，因为大大小小的工作活动都可以被观察，而且给管理者提供了寻查隐情的机会，获得其他来源所疏漏的信息，及时地发现并解决问题。走动管理是亲自观察的典型形式。

走动管理的基本思想是领导者通过深入基层、自由接触职工，进而在企业内部建立起广泛的、非正式的、公开的信息沟通网络，做到体察下情，沟通意见，共同为企业目标奋斗。目前，西方企业管理人员普遍认为，行动重于空谈，深入现场解决实际问题远比组织名目繁多的委员会和撰写冗长的研究报告更有意义。所以，一个运转有效的企业，其领导者很少坐在办公室里发号施令，而是深入现场和基层，发现问题，解决问题。这种新型的领导方式不仅会极大地提高管理的效率，而且会极大地促进上下级之间的思想交流和感情联系，有利于提高全体组织成员的士气，促进组织目标的实现。

但是，当衡量活动所需的信息量很大时，这种方式的局限性就会显现出来。亲自观察不仅需要花费大量的时间和精力，而且易受个人偏见的影响，不同的观察者对同一事件可能会形成不同的印象。此外，这种方式如果不能为员工正确理解，则会被认为是对员工的不信任，从而招致他们的抵触。

2) 分析报表资料

利用报表和大量统计资料了解工作情况也是常用的方法。当前，计算机在组织中的广泛应用使得管理者越来越多地依赖统计报告来衡量实际工作。统计报告能提供大量的数据、图表，不仅一目了然，而且能显示各项指标之间的相互关系。但是这种方法所提供的显示也是有限的，它只能为一些可以量化的工作情况提供数字显示，而忽略了其他重要的、主观的因素。这种方法节省了时间，但获取的信息是否全面、准确，往往完全依赖于报表和统计资料的真实性和准确性。

3) 召开会议

召开会议，让各部门管理者汇报各自的工作近况及遇到的问题。既有助于管理者了解各部门工作的情况，也有助于加强各部门间的配合协作。

4) 口头报告

绩效信息可以通过口头报告，如面对面或电话交谈获得。这种方法的优缺点与亲自观察相似。它能较为快捷地带来反馈信息，并且能借助表情、声调、言语等加深管理者对信息的理解。以往，口头报告的主要缺陷是难于形成信息文件以备以后参考。随着技术水平的提高，口头报告也能像书面报告一样被永久记录下来。

5) 书面报告

书面报告和统计报告一样它来得缓慢，但更为正式。这种方法比口头报告更为综合、简洁，而且易于归档，便于查找。

6) 抽样调查

抽样调查是从整批调查对象中抽取部分样本进行调查，并把结果看成是整批调查对象的近似特征。这种方法可节省调查成本及时间。例如，随机抽取几件产品来检查成批产品的质量；找几位车间成员谈话，了解整个车间的情况等。

除以上几种衡量绩效的方法外，组织中也会存在很多无法直接测量的工作，只能凭借某些现象进行推断来获取信息。如从职工合理化建议的增多或许可以推断企业的民主化管理有所加强；职工工作热情下降可能是管理工作不当所致等。事实上，各种衡量绩效的方法都有其优缺点，衡量具体实际工作时应综合利用不同的方法。

3. 提高衡量绩效的有效性

在实践中，绩效衡量不仅仅是收集信息然后比较这么简单，还必须使绩效的衡量更有效，以便能够更好地为管理者服务。

1) 利用预警指标

预警指标是指能够预示可能出现较大问题的一些因素。例如，车间发生较多的事故可能预示着工作条件的恶化或者工人出现不满情绪；产品返工数量的增加可能预示着质量控制的欠缺或者生产组织的不合理等。显然，充分利用预警指标可以及时发现在实际工作中潜藏的一些问题，如果能够及早解决就可以避免发生较重大的问题。

但预警指标应该在经过认真分析的基础上使用，因为有时引起指标变动的因素可能不是企业内部的原因，而是由企业无法控制的外部因素导致的。例如，企业新客户的减少，其原因既可能是市场拓展投入不足，也可能是市场竞争的加剧，因此需要进一步地分析才能确定。

2) 确定合适的衡量频度

衡量频度是指一段时间内对同一控制对象衡量的次数。衡量频度过大或者过小都会影响衡量的有效性。衡量过多不仅会增加相关费用，而且可能会引起作业人员的不满，并因此影响他们的工作；而衡量过少，则可能使许多重大的偏差不能及时发现，因而不能及时采取措施纠正。

一般而言，衡量频度的大小取决于被控制对象的性质和控制的要求，如果控制对象处于不稳定状态，或者控制要求较高，则衡量频度就应该大一些；反之，就应该小一些。

3) 及时处置衡量结果

衡量结果出来以后，及时处置也是有效性的重要保证。一般情况下，衡量结果应该立即送达有权对偏差做出纠正决策的负责人手中，以便及时采取措施；同时，还应该及时通知被控制对象的直接负责人以及相关的服务或配套部门，以便纠正措施能够很好地执行。

4) 建立信息管理系统

对于大多数管理者而言，每天面对大量各种来源的信息，如果没有恰当的处理手段，很难想象他们能够及时处理各种衡量结果，并迅速采取恰当的纠正措施。事实上，现实中大量的不精确、不完整、过多或延误的信息严重地阻碍着他们的行动。建立管理信息系统是解决这一问题的重要途径。

建立有效的信息管理网络，通过分类、比较、判断、加工，可以提高信息的真实性和清晰度，同时也可以将杂乱的信息变成有序的、系统的、彼此紧密联系的信息，并能在正确的时间、以正确的数量提供给管理者，极大地方便了管理者的工作，提高他们的工作效率。

15.3.3 矫正偏差

对实际工作进行衡量之后，就应该将衡量结果与所建立的标准进行对比分析，通过比较可以确定实际工作绩效与标准之间的偏差。在得出比较结果之后，管理者便可以对实际工作进行评价，并依据偏差的程度和性质，分析其产生的原因，采取相应的措施：或维持现状、或矫正偏差、或修改标准。当没有偏差时，虽然不需采取任何矫正性措施，但对这样一个成功的控制循环也应分析其中的原因，以便积累经验，为今后的控制活动提供正面的借鉴。同时，管理者还应向具体工作人员及时反馈信息，必要时可给予适当的奖励，激励他们继续努力工作。

1. 找出偏差产生的主要原因

解决问题首先需要找出产生偏差的原因，然后才能采取措施纠偏。因此，必须花大力气找出造成偏差的真正原因，而不能仅仅是“头痛医头、脚痛医脚”。例如，销售收入的明显下降，无论是用同期比较的方法，还是用年度指标来衡量都很容易发现，但引起销售收入下降的原因却不容易一下就抓准：到底是销售部门营销工作不力造成的，还是对销售部门授权不够引起的；是生产部门不能按期交货，技术部门新产品开发进度太慢致使产品老化造成的，还是由于宏观经济政策调整造成的。每一种可能的原因与假设都不容易通过简单的判断确定下来。而对偏差原因判断的不准确，纠正措施就会是无的放矢，不可能奏效。

实际上并非所有的偏差都会影响企业的最终结果。有些偏差可能是由于计划本身和执行过程中的问题造成的，而另一些偏差则可能是由于一些偶然的暂时的局部性因素引起的，从而不一定会对组织活动的最终结果产生重要影响。因此，在采取纠正措施以前，必须首先对反映偏差的信息进行评估和分析。

在实践中，管理者出于各方面的原因时常只采取一些临时性的矫正措施，而不去分析偏差产生的真正原因。这种治标不治本的做法，也许会收效一时，但对长期的工作往往容易产生不良影响。为了从根本上解决问题，管理者必须把精力集中在查清问题的原因上，既要查内部的因素，也要查外部环境的影响，寻找问题的本质，以求治标治本之策。

评估和分析偏差信息时，首先要判断偏差的严重程度，判断其是否会对组织活动的效率和效果产生影响；其次要探寻导致偏差产生的主要原因。

2. 确定纠偏措施的实施对象

在纠偏过程中，需要纠正的可能不仅是企业的实际活动，也可能是指导这些活动的计划或事先确定的衡量这些活动的标准。如大部分员工没有完成劳动定额，可能不是由于全体员工的抵制，而是由于定额水平太高造成的；承包后企业经理的兑现收入可高达数万甚至数十万，可能不是由于经营者的贡献超过工人的数倍或数十倍，而是由于承包基数不恰当或确定经营者收入与利润的挂钩方法不合理造成的；企业产品销售量的下降，可能并不是由于质量低劣或价格不合理，而是由于市场需求的饱和或周期性经济萧条等造成的。因此，纠偏的对象可能是进行的活动，也可能是衡量的标准，甚至是指导活动的计划。

计划目标或标准的调整是由两种原因决定的：一种原因是最初制定的计划或标准不科学，过高或过低，对此有必要对标准进行修正。如果多数员工都能大幅度地超出标准或无人能达到标准，这常常说明标准本身有问题，而非实际工作的问题；另一种原因是所制定的计划或标准本身没有问题，但由于客观环境发生了预料不到的变化，或一些不可控制的因素造成的大幅度偏差，使原本适用的计划或标准变得不合时宜，这时也有必要重新调整原有的计划或标准。

3. 选择适当的纠偏措施

针对产生偏差的主要原因，在纠偏工作中采取的方法主要有三种。

(1) 对于由工作失误而造成的问题，控制工作主要是加强管理、监督，确保工作与目标的接近或吻合。

(2) 若计划或目标不切合实际，控制工作主要是按实际情况修改计划或目标。

(3) 若组织的运行环境发生重大变化，使计划失去客观的依据，控制工作主要是启动备用计划或重新制定新的计划。

此外，管理人员可以运用组织职能重新分派任务来纠正偏差，还可以采用增加人员，更好地选拔和培训下属人员，或是最终解雇、重新配备人员等办法来纠正偏差。除此以外，管理人员还可以用更高明的领导方法，如对工作做出更全面的说明和采用更为有效的领导方法来纠正偏差。

具体的纠偏措施有两种：一种是立即执行的临时性应急措施；另一种是永久性的根治措施。对于那些迅速、直接影响组织正常活动的急迫问题，多数应立即采取补救措施。例如，某一种规格的部件一周后如不能生产出来，其他部门就会受其影响而出现停工待料。此时不应花时间考虑该追究什么人的责任，而要采取措施确保按期完成任务。管理者可以凭借手中的权力，采取如下行动：要求工人加班加点，短期突击；增添工人和设备；派专人负责指导完成等。危机缓解以后，则可转向永久性的根治措施，如更换车间管理人员；变更整个生产线，或者重新设计部件结构等。现实中不少管理者在控制工作中常常局限于充当“救火员”的角色，没有认真探究“失火”的原因，并采取根治措施消除偏差产生的根源和隐患。长此以往，必将自己置于被动的境地。

15.3.4 有效控制的原则

控制是一项很重要的管理职能，控制工作的基本运行过程和原理具有普遍性。有效控制必须具备一定的条件，遵循科学的控制原则。

1. 控制与计划、组织相适应

管理的各项职能是相互关联、相互制约的。控制是为了保证计划得以顺利实施，这就要靠组织中的各单位、各部门及全体成员来执行。所以，控制系统和控制方法应当与计划和组织的特点相适应。不同的计划有不同的特点，因而控制所需的信息也各不相同。例如，对成本计划的控制主要是各部门、各单位甚至各种产品在生产经营过程中发生的费用；而对产品销售计划的控制主要是销售产品的品种、规格、数量和交货期。控制工作越是考虑到各种计划的特点，就越能更好地发挥作用。

同样，控制还应当反映组织结构的类型和状况。组织结构既然是明确企业内每个人应当担任什么职务的主要依据，因而它也就成了明确计划执行的职权和产生偏差的职责的依据。为此，控制必须反映一个组织的结构状况，并由健全的组织结构来保证，否则只能是空谈。健全的组织结构有两方面的含义：一方面，要能在组织中将反映实际情况和工作状态的信息迅速地上传下达，保证联络渠道的畅通；另一方面，要做到责权分明，使组织结构中的每个部门、每个人都能切实担负起自己的责任。否则，偏差一旦出现就难以纠正，控制也就不可能实现。

2. 突出重点，强调例外

控制要突出重点，不能只从某个局部利益出发，要针对重要的、关键的因素实施重点控制。作为管理人员，都希望对自己所管理的人员和工作活动进行全面的了解和控制。但组织中的工作活动往往错综复杂、涉及面广，谁也无法对每一方面甚至每一件事均予以控制。因此，找出或确定最能反映经营成果的关键因素并加以控制，是一种有效的控制方法。

控制也应强调例外。控制工作着重于计划实施中的例外情况，可使管理者把精力集中在需要他们注意和应该加以注意的问题上。但是，仅仅注意例外情况是不够的。有时，管理费用高于预算 5%可能无关紧要，而产品的合格率下降 1%却可能使所有产品滞销。所以，在实际管理工作中，例外原则必须与控制关键问题的原则结合起来，注意关键问题上的例外情况。

3. 具有灵活性、及时性和经济性的特点

灵活控制是指控制系统能适应主客观条件的变化，持续地发挥作用。控制工作本是变化的，其依据的标准、衡量工作所用的方法等，都可能会随着情况的变化而变化。如果事先制定的计划因为预见不到的情况而无法执行，而实际的控制系统仍在如期运转，那将会在错误的道路上越走越远。例如，假设预算是根据一定的销售量制定的，如果实际销售量远远高于或低于预测的销售量，原来的预算就变得毫无意义了，这时就要求修改甚至重新制定预算，并根据新的预算制定合适的控制标准。

控制工作还必须注意及时性。信息是控制的基础，为提高控制的及时性，信息的收集和传递必须及时。如果信息的收集和传递不及时，信息处理时间又过长，偏差便得不到及时矫正。更有甚者，实际情况已经发生了变化，这时采取的矫正措施不仅不能产生积极作用，反而会带来消极的影响。如何解决由于时滞给控制带来的困难？较好的办法就是采用前馈控制，采取预防性控制措施，使实施的最初阶段能按照标准进行。一旦发现偏差，就要对以后的实施情况进行预测，使控制措施针对将来，这样即使出现时滞现象，也能有效地加以更正，以保证控制的及时性。

为进行控制而支出的费用和由控制而增加的收益，都直接与控制程度相关。这就是说，控制工作一定要坚持适度性的原则，以便提高经济性。所以，从经济性角度考虑，控制系统并不是越复杂越好，控制力度也不是越大越好。一方面，控制系统越复杂、控制工作力度越大，所需信息反馈的数量和频率就会越大，这将占用更多的时间、精力、资源和资金，从而导致整个控制系统的成本增加；另一方面，由于控制力度的加大，可能出现的不利偏差就会减少，损失也会减少，从而体现出控制所带来的收益。这两类费用的相互关系，如图 15.4 所示。通过该图可以看到，控制量的多少有一个最佳水平，在这一水平下可以使控制总成本最小。因此，无论是控制系统的设计，还是控制系统的运转，都要服从经济性的要求。但是选择一个绝对最优的控制水平几乎是不可能的，因此，经济性也只能是一个相对的概念。

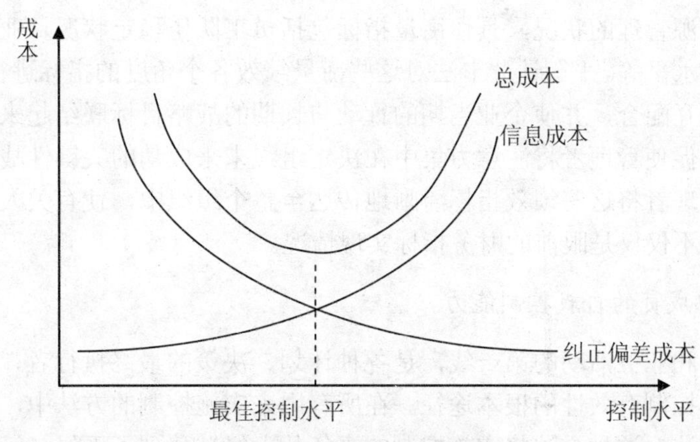

图 15.4　控制系统中的成本

4. 控制过程应避免出现目标扭曲问题

组织在将规则程序和预算这些低层次的计划作为控制标准时，最容易发生目标与手段相置换的问题。本来，规则程序和预算只是组织实现高层次计划目标的手段，但在实际控制过程中，有关人员对这些手段的关注可能超过对实现组织目标的关注，或者忘记了这些手段性措施只是为实现组织目标服务的，以致出现了为遵守规定或完成预算而不顾实际控制效果的种种刻板、僵硬和扭曲的行为。控制的功能障碍也就由此产生。当人们丧失了识别组织整体目标的能力时，往往会出现“不是组织在运用控制职能，而是控制在束缚着组织”的不正常现象。因此，管理者在控制工作过程中特别要注意次一层级控制标准的从属性和服务性地位，这点对于成功、有效地实施控制至关重要。

5. 将财务绩效控制与非财务绩效控制有机地结合起来

有效的管理控制系统应该是一个综合性的完整控制体系，它能将企业各方面的情况以整合、一体的方式反映给高层管理者及有关人员，使他们对组织的绩效有全面的把握。近来出现的平衡记分卡法，就是将传统的财务评价与非财务方面的经营评价结合起来，并与企业经营成功的关键因素相关联的方面建立绩效评价指标的这样一种综合管理控制系统。这种方法涵盖了 4 个主要的绩效评价领域，即财务绩效、顾客服务、内部业务流程及组织学习和成长能力。在这 4 个评价领域中，管理者要确定出组织力争实现的关键绩效指标。一般而言，每个领域的评价指标限定在 5 项之内，这样就一共会有 20 项绩效控制指标。其中，财务指标集中反映组织活动对改善短期和长期财务绩效的贡献，具体包括有净收益、投资回报率等传统的绩效指标；顾客服务指标则衡量诸如顾客如何看待这个组织以及顾客保持率、顾客满意度等；业务流程指标集中反映内部生产及业务工作的绩效统计状况，如订单履约率、单位订货成本等；组织学习和成长潜力侧重评价组织为了未来的发展而对人力资本及其他资源管理的状况，具体衡量指标包括员工队伍稳定状况、业务流程改进程度以及新产品开发水平等。平衡计分卡法对这些衡量绩效各个角度的指标进行一体化的设计，确保各指标间相互配合，并使企业当期的行动与长期的战略目标联结起来。这样，平衡计分卡法就有助于促使管理者将注意力集中在决定组织未来成功的关键性战略绩效指标上，同时也有助于管理者将这些绩效指标清晰地传达至整个组织中，使有关人员关注组织的总体运营情况，而不仅仅是眼前的财务指标实现情况。

6. 培养组织成员的自我控制能力

职工在生产和业务活动的第一线，是各种计划、决策的最终执行者，所以，职工进行自我控制是提高控制有效性的根本途径。在所有用来实施控制的方法中，自我控制是实施控制的最好的方法。这种方法将实施控制的责任从上级转移到了下级。管理中的参与方式鼓励了这种控制，并成为有效的激励因素。比如，要提高产品质量，仅靠工商部门监督和新闻报道是不够的，重要的是企业改善管理、加强控制，而在企业中，光靠管理者重视和完善控制制度也是不够的，广大职工应加强质量意识，并对产品生产的每个环节严格把关，这才是提高产品质量的最终保证。

当然，鼓励和引导职工进行自我控制，并不意味着可以对职工放任自流。职工的工作目标必须服从于组织的整体目标，并有助于组织整体目标的实现。管理者要从整体目标的要求出发，经常检查各单位和职工的工作效果，并将其纳入企业全面控制系统之中。

思考与讨论

自我控制具备哪些优点？

第16章 管理控制的应用与方法

学习目标

(1) 理解控制的层次、对象和主要途径。
(2) 掌握人力资源管理、市场营销，财务管理等领域的管理控制思想和主要方法。
(3) 理解预算的类型、作用及其局限性。
(4) 掌握 ABC 库存管理法、经济订购批量和全面质量管理的主要思想。
(5) 了解生产管理控制的主要方法。
(6) 了解信息技术在管理控制中不同层次的应用。
(7) 理解平衡计分卡的主要思想和作用。

章前导读

逃离高笼的袋鼠

有一天动物园的管理员们发现袋鼠从笼子里跑出来了，于是开会讨论，一致认为笼子的高度过低，从而导致袋鼠从笼子里跳了出来。所以他们决定将笼子的高度由原来的 10m 加高到 20m。

谁知道第二天，他们发现袋鼠依旧能够跑到了外面来，所以他们又决定再将高度加高到 30m。

然而，没料到第三天居然又看到袋鼠全跑到了外面，于是管理员们大为紧张，决定一不做二不休，索性将笼子的高度加高到 100m："嘿嘿，这下子看你还能不能跳出如来佛的神掌？"

第四天，神了，袋鼠还是从笼子里跑了出来。

一天，袋鼠和它的好朋友长颈鹿聊天。

"你们看，这些人会不会再继续加高你们的笼子呢？"长颈鹿问。"很难说，"袋鼠说，"如果他们再继续忘记关门的话!"

事有"本末""轻重""缓急"，关门是本，加高笼子是末，舍本而逐末，当然就不得要领了。控制是什么？控制就是抓住事情的"本末""轻重""缓急"。

其实，我们只要界定问题，选择好正确的控制方法，那么，问题就已经解决了一半。

资料来源：朱晓杰. 一生必知的101个管理寓言. 北京：中国商业出版社，2004.

所有企业都要实施管理控制。一些成功的企业将强化管理控制作为秘招；也有些企业却由于忽视、漠视管理控制，造成巨大亏损以至破产。管理控制已作为现代管理的一个主要问题出现在我们面前。本章将对管理控制应用的层次、领域、方法和信息技术在控制中的应用进行探讨。

16.1 管理控制的应用

你将如何把控制的步骤和方式应用于自己所管理的领域呢？我们可以从以下三个方面来解决这个问题。

(1) 需要考虑你所在的管理层面——高层、中层还是基层。

(2) 需要考虑将控制哪类对象——物资、人力、信息、财务还是整个运营过程。

(3) 需要考虑控制方式或控制哲学——制度、市场、团体。

16.1.1 控制的层面

有三个层面的控制，就是三个主要的管理层面：高层管理者的战略规划、中层管理者的战术计划和基层管理者(主管)的运作计划。

1. 由高层管理者实施的战略控制

战略控制是监督战略执行，确保战略规划沿着需要的方向顺利执行。战略控制主要由高层管理者实施，是指那些CEO或副总裁层次的人，他们有组织层面上的眼界。尽管当组织在不确定的环境下运作时需要频繁的报告，但他们一般还是根据每3、6、12个月或更长时间的报告来实施的监控。

2. 由中层管理者实施的战术控制

战术控制是监督战术执行过程，确保战术计划在分部的层面和部门的层面都能沿着需要的方向顺利执行。战术控制主要由中层管理人员完成，是指那些有“部门领导”“分公司负责人”或“分区销售负责人”头衔的人，以周或月为基础报告来实施的监控。

3. 由基层管理者实施的运作控制

运作控制监控组织的表现，确保运营计划、每一阶段的计划目标能够实现，必要时采取纠偏行动。运作控制主要由基层管理者完成，是指那些有“车间领导”“团队领导”或“主管”头衔的人，以天为基础报告来实施的监控。

这三个层次的控制相互影响，低层管理者向上级提供信息，高层管理者检查下属计划实施的一些重要方面。

16.1.2 控制的对象

多数组织都要使用的4种对象是物资、人力、信息和财务资源，这些是需要管理者合理配置和有效控制的稀缺资源。除此之外，管理者还必须对应用这些资源创造价值的过程——企业的运营管理进行有效的控制。

1. 物资资源

物资资源包括房屋、设备和有形产品。例如，设备控制来监管计算机、轿车和其他设备的使用；存货控制跟踪有多少产品现货、将需要多少存货，供应商的发货日期是哪天；质量管理保证产品根据合意的标准生产出来。

2. 人力资源

人力资源的控制包括雇用时的个人测试和检查，训练期间的业绩表现，衡量工作生产率的业绩评价，以及评估工作满意度和领导能力的员工调查等。

3. 信息资源

生产时间表、销售预测、环境影响报告、竞争分析、公共关系情况介绍，所有这些都是对组织不同信息资源的控制。

4. 财务资源

所有的账单是否及时支付了？消费者欠多少钱？供应商欠多少钱？手头有足够的现金来支付员工工资吗？债务偿还时间表是怎样的呢？广告预算是多少呢？所有这些都是对组织财务资源的控制。显然，组织的财务控制非常重要，因为它能影响其他三类资源。

5. 运营管理

就是对组织生产产品和服务所需的资源及其这些资源的综合利用过程所开展的管理活动。

16.1.3 实施控制的途径

一般来说，有三种管理控制的途径：制度控制、市场控制和团体控制，如表 16-1 所示。大部分组织既强调制度控制又强调团体控制，同时附加一些市场控制。[1]

表 16-1 实施控制的三种途径

途径类型	特征
制度控制	用规则、制度和正式的权利来使员工遵守。在任务明确的特定的组织中使用效果好
市场控制	用市场机制——价格、竞争、市场份额来指导业绩。在资源竞争激烈的组织中使用效果好
团体控制	来源于共同文化的相同价值观、信仰、习惯和愿景。在允许员工自我决策的组织中使用效果好

(1) 制度控制，包括正式的权利和规则。制度控制是应用规则、制度和正式的权利进行管理和控制。这种形式的控制包括用严格的规则，严明的规章制度，明确的工作描述和行政机制，比如预算、业绩评价以及补偿计划来达到目标。最早使用制度控制的企业可能是传统的军工企业。

在任务明确和确定的组织中使用制度控制的效果好。明确、规范、周全的特点使得它成为一种保证达到业绩标准的有效方式。但是当员工仅仅通过遵守章程来寻找逃避问题的方法；或是极力通过伪造业绩报告来破坏制度，极力反对官僚约束时，这种控制方式将失效。

(2) 市场控制，是指应用市场机制，如价格、竞争和市场份额等，以创造业绩的过程。在这种思想指导下，管理者的业绩可以由所在的业务部门取得的利润或遭受的损失来评估。这种控制方式在内部存在激烈的资源竞争，并且各部门都有独特的产品和服务的组织中使

---

[1] [美]安吉罗・克尼基(Angelo Kinicki)，布莱恩・威廉姆斯(Brain K. Williams)．管理学基础．北京：中国财政经济出版社，2004．第 417 页．

用效果比较好。这样，每个部门就可以作为一个独立的利润中心，并根据它对整个公司的利益率的贡献大小来评价。例如，通用电气对不同的行业有明确不同的分部，从电灯泡到医疗成像再到金融服务。

(3) 团体控制，包括共同文化和相同的价值观。不像制度和市场控制，团体控制并不假设组织和员工有不同的利益目标。相反，团体控制是由相同的文化释放出的共同的价值观、共同的信念以及相互信任，因此正式的控制被认为没有必要。这种控制方式在没有最好的方法来完成工作，以及允许员工大量自我决策的组织中使用效果较好。因此，这种控制方式在像微软公司等公司中使用，这些公司的技术和市场变化很快，并且团队工作方式是合适的。

团体控制是目前控制应用发展的新方向，也是值得深入探讨的新领域。但是，这方面的理论还存在较大争议，在本章中，更多的是从制度控制和市场控制的角度对管理控制作较为深入的探讨。

思考与讨论

为什么在管理活动的每一环节中都要进行控制？

章节阅读 16-1

控制不力的危机

1999 年 6 月的一天，天气暖和，但可口可乐公司在长达 113 年的历史上发生了最糟糕的危机：欧洲数以百计的顾客在饮用了“气味很污秽”的可乐饮品以后发病了。比利时安特卫普和法国敦克尔克的瓶装厂商不遵守质量控制程序的举动已经使可口可乐公司深陷困境，该公司耗费了大量的成本努力从该事件所造成的恶劣影响中摆脱出来。1400 万箱可乐饮料被从欧洲 5 个国家的市场上召回，公共关系的噩梦萦绕了几年之久。缺乏有效的控制系统会严重败坏一个公司的健康发展，并威胁到它未来的生存。

另一个例子是戴姆勒·克莱斯勒公司的克莱斯勒方面正在努力解决其财务危机，因为在 1998 年与德国戴姆勒奔驰公司合并以后，克莱斯勒公司没有建立充分的控制系统，由此造成了公司的财务问题，而其财务危机一定程度上是与公司的控制不力密切相关的。

16.2 管理控制的应用领域与方法

资源的稀缺性和组织内外环境的多变性，使得管理者在每一项经营管理活动中都必须执行控制的职能。同样，在组织运作的每一领域中都会涉及到控制问题。在这一节，我们仅对应用较为广泛的人力资源管理、市场营销、财务管理等领域的管理控制进行讨论，而对同样重要的生产运营管理的理论和方法将在16.3节中进行探讨。

16.2.1 人力资源管理控制

企业之间的竞争，归根结底，是企业人力资源优劣的竞争。随着生产力和科学技术的迅速发展，企业之间的竞争更加复杂、更加激烈。

人力资源是一个运动过程，它始于开发，经过配置而终于使用，而人力资源管理则贯穿整个运动过程，是人力资源充分开发、合理配置、有效使用的基本保障。从一个周期的运动过程来看，使用是开发和配置的目的，也是过程的终点。但从整个发展过程来看，人力资源运动的各个环节是终始相接、连绵不断、永无尽头的。

人力资源管理控制，具体是指对人力资源的获得、开发、保持和利用等方面所进行的计划和控制的活动。它是研究组织中人与人关系的调整，人与事的配合，以充分开发人力资源，挖掘人的潜力，调动人的积极性，提高工作效率。

人力资源管理控制的基本任务，就是根据企业发展战略的要求，通过有计划地对人力资源进行合理配置，搞好企业员工的培训和人力资源的开发，采取各种措施，激发企业员工的积极性，充分发挥他们的潜能，做到人尽其才，才尽其用，更好地促进生产效率、工作效率和社会经济效益的提高，进而推动整个企业各项工作的开展，以确保企业战略目标的实现。

具体地讲，它主要包括以下几个方面。[1]

(1) 通过规划、组织、调配、招聘等方式，保证一定数量和质量的劳动力和各种专业人才，满足企业发展的需要。

(2) 通过各种方式和途径，有计划地加强对员工的培训，不断提高他们的文化知识和技术业务水平。

(3) 结合每一个员工的具体职业生涯的发展目标，搞好对员工的选拔、使用、考核和奖惩工作。

(4) 采取各种措施，包括思想教育、合理安排和关心员工的生活及物资利益等，激发员工的工作积极性。

(5) 根据现代企业制度要求，考核员工工作绩效，根据员工的工作绩效的大小和优劣，做好工资、福利等工作，协调劳资关系。

16.2.2 市场营销控制

在企业管理活动中，市场营销是企业价值创造得以实现的核心环节，市场营销部门是

---

[1] 杜栋．管理控制学．北京：清华大学出版社，2006．第14页．

企业的重要管理部门，企业的市场营销业绩是评判企业生产经营活动成功与否的主要标准。

营销是以发现消费者为起点，以满足消费者需要为核心，以系统的产品销售或劳务提供为手段的企业的整个市场营销活动及其过程。营销管理是指为实现营销目标，对整个营销活动，包括营销计划的编制、执行、营销手段的采用，分销渠道的选择、产品价格的制定进行控制、调节。

在确定了市场战略目标后，营销部门的工作是计划和控制营销活动。在现实的市场营销活动中，市场营销的计划内容是广泛的，有时指企业的整体计划，有时仅仅指企业整体计划的一部分。事实上，凡是企业营销活动中制定的与实现营销目标相关的计划都是市场营销计划的组成部分。因为在营销计划实施过程中，受公司内外部各种因素的变化影响(如政策、市场、竞争对手等)，将会发生许多意外情况，营销部门必须持续地监督和控制各项营销活动。任何营销活动在实践中都会发生偏差，影响营销目标的实现。所以，营销控制是市场营销活动不可缺少的重要环节。

营销控制是对营销计划执行情况的监督和检查，其目的是指出计划实施过程中的缺点和错误，以便加以纠正和防止重犯，并采取必要的对策，保证营销战略目标的实现。

营销管理控制是企业用于跟踪营销活动每一环节，确保按计划目标运行而实施的一套工作制度。营销管理控制对于保证企业生存、发展和成功是十分重要的。现在营销管理越来越重视营销控制的作用。

对营销活动的控制是一种全过程、分阶段、有重点的控制，主要有战略控制、年度计划控制、效率控制、盈利率控制、销售渠道控制、销售人员工作表现控制、区域管理控制等。

(1) 战略控制。战略控制是确保企业目标、政策、战略和计划能最佳地适应企业当前和预测将来的营销环境的工作。目的是检查企业是否在市场、产品等方面能寻找到最佳机会。

(2) 年度计划控制。年度计划控制的目的在于保证公司实现它在年度计划中所制定的销售、利润以及其他目标。

(3) 效率控制。效率控制是企业为了提高人员从事推销、广告、促销和分销等营销活动的效率而进行的工作。

(4) 盈利率控制。盈利率控制是要求确定企业的各种产品、地区、细分市场和贸易渠道的实际盈利率。企业的盈利能力是市场营销主管人员首先关心的问题，而对市场盈利性控制，首先应该是市场营销成本控制。通过测算和分析，能帮助主管人员决策哪些产品或哪些市场应予扩大，哪些则应予缩减，甚至放弃。

(5) 销售渠道控制。销售渠道是企业的生命线，销售渠道不畅或混乱会对企业造成致命的影响和后果。

(6) 销售人员工作表现控制。销售人员工作表现控制的目的是通过设立及运用工作表现管理系统，提高销售队伍的效率。

(7) 区域管理控制。通过区域管理控制去争取最佳的表现，通过区域管理控制达到对客户管理的目的。

需要强调的是，任何企业必须经常对其整体营销效益作出回顾和评价，以保证它与外部环境的协调发展。因此，企业必须定期对整个营销活动进行审计。营销审计是对企业的营销环境、目标、战略和活动所作的全面的、系统的、独立的和定期的检查，其目的在于确定问题的范围和机会，提出行动计划，以提高企业的营销业绩。其实质是在一定时期对企业全部市场营销业务进行总的效果评价。

企业在经营活动中不断接受信息，同时也产生新的信息。信息有的来自外部环境，有的来自企业内部。营销人员为了分析、计划、实施和控制营销工作，需要各种有价值的信息，而提供信息的任务由营销信息系统完成。建立和完善市场营销信息系统，使市场营销活动成为事前有预测、行为有控制、结果有反馈的有机整体，才能使企业取得满意的、不断增长的营销效益。

16.2.3 财务管理控制

资金是企业的血液，企业的运行离不开资金的运动。任何一个企业都必须有一定数量的资金，没有一定数量的资金保证，企业资产无法形成，企业的正常生产经营活动和发展也就难以进行。

1. 资金管理控制

企业资金是指企业为了保证生产经营活动正常进行所拥有或控制的各种经济资源的货币表现。企业的资金运动是伴随着物资运动而发生的，同时，它又具有一定的独立性，并对物资运动起着积极的影响作用。这一资金运动，体现在财务系统的管理方面。因此，企业财务系统的管理，既要着眼于物资运动，以保证供、产、销各环节的顺利进行，又要自觉地利用资金运动的能动作用，来促进生产经营的改善。

企业资金运动具有其特殊的规律性。在资金运动过程中，企业的资金不断地投入再生产过程，并不断地从再生产过程收回，周而复始地不断地进行循环。当资金运动经历了一个循环之后，其所产生的资金增值部分(即实现的企业盈利)，将有一部分再投入新的循环。

具体地讲，企业资金运动包括企业资金的获得、投放、耗费、收入和分配。其中资金获得和投放是对固定资产和流动资产的系统管理；资金耗费是对成本的系统管理；资金收入和分配是对营业收入和利润的系统管理。

资金管理控制就是对资金运动实行经常性的监督与检查，并及时纠正偏差。企业资金的管理控制内容有 4 个方面。

(1) 控制企业的筹资与投资。

(2) 控制固定资本金、流动资本金和其他资本金的使用。

(3) 控制企业的盈利收入。

(4) 控制资金的合理分配。

2. 预算控制

预算(Budget)控制是最常用的管理控制方法之一。预算控制是指设定组织的费用开支目标，监控实际执行情况并将其与预算目标进行对照，以便在必要时做出调整。作为一种控制手段，预算是一系列的报表，列示现金、资产、原材料、工资和其他经济资源的计划支出额与实际支出额。另外，预算报表常常还要列示每个科目预算值与实际发生值之间的差额。

预算是为组织内部的每一个事业部或者部门而编制的，无论这些单元的规模多小，只要它承担独立的工程、项目或者职能，就应该编制预算。在预算控制系统中，最基本的分析单元是责任中心。

高层管理者负责整个公司的预算；中层管理者通常只关注本部门或者事业部的预算执行情况；预算管理者通常使用的预算类型有费用预算、收入预算、现金预算和资本预算。

1) 费用预算

费用预算是指每一个责任中心和整个组织预期的和实际发生的费用支出。费用预算可能要列出所有的费用，或者仅集中在某一特定的费用类别，如原材料费用或者研究开发费用。如果实际费用超过预算费用，管理者就有必要分析经营中是否存在问题，并在必要时采取纠正措施。费用较高可能是因为企业销售增长速度比预期的要快，相反，实际费用低于预算则可能预示着效率提高，或者是某些方面没有达到标准规定，如销售水平或服务质量没有达到理想水平。无论如何，费用预算都能够帮助我们意识到进一步调查研究的必要性，但是预算却不能取代调查研究本身。

2) 收入预算

收入预算是指企业的预期收入和实际收入。一般来说，如果收入低于预算额，则有必要分析问题出在哪里，看看组织是否能够改善收入状况。相反，如果收入水平高于预算额，则有必要分析企业是否能够获得必要的资源，以满足消费者对其产品的超过企业预期的需求。然后，管理者要制定行动计划来纠正预算偏差。

3) 现金预算

现金预算用于预估每天或者每月的现金收支状况，以确保企业有充足的现金用于偿还其债务。现金预算反映了流入和流出企业的资金数量以及现金支付的性质。现金预算表明，若企业的现金拥有量超过清偿短期债务所需，那么企业就应该考虑把过剩的现金用于投资以赚取利息收入。相反，如果现金预算表明本周末会支出 10 万元的工资，但是银行账户余额到周末仅剩 8 万元时，那么企业就必须借入现金来发放员工工资。

4) 资本预算

资本预算是指在主要资产项目(如建筑物、重型机械或者复杂的信息技术系统等)方面的计划投入量。通常情况下，这些资本支出项目都是在 1 年以上的。资本支出不仅会大大影响未来的费用支出状况，同时它们也是为了增强企业的盈利能力而进行的投资。因此，为了预测资本投资对于现金流量和盈利能力的影响，资本预算是不可或缺的。控制不仅要监控资本投资金额，而且必须评估预期的投资回报率是否切实可行。管理人员还必须判断某一特定的项目是否值得公司持续投入资金以及资本投资的决策过程是否科学而合理。一些公司，如波音、壳牌、联合技术和惠而浦等，通过分阶段评估资本投资方案来判断这些投资是否与公司战略相一致。

预算是组织计划和控制中的一种重要手段。许多传统的公司使用自上而下的预算方法(Top-Down Budgeting)，即下一年度的预算总额是由高层管理者强制性下达给中低层管理者的。这些中低层管理者根据最高管理层编制的公司总体收入和费用预算来编制本部门的预算目标。虽然自上而下的预算方法具有很多优点，但是，员工授权、员工参与和持续学习等发展趋势已经迫使许多组织采用自下而上的预算方法(Bottom-Up Budgeting)，即由低层管理者预测本部门所需要的资源数量，然后报请最高管理层审批同意。

预算是财务控制的一部分，它能够为财务控制打下坚实的基础。其他的财务控制措施能够发现组织绩效方面存在的问题。例如，销售额下降就可能预示着产品或者客户服务方面存在着问题。

思考与讨论

预算作为一种普遍使用的控制方法，具有哪些优点和局限性？

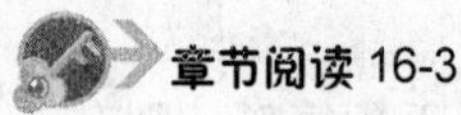

章节阅读 16-3

预算的危险性

预算是用来制定计划和进行控制的一种手段，但不幸的是，有些预算控制方案制定的如此全面、细致，以致显得笨重拖沓、毫无意义、劳民伤财。

此外，预算控制也可能用的不是地方。人们有多少次会听到管理人员说这样的话：“这个想法不错，但它不在我的预算之内。”预算往往控制了一些不该控制的事情，它衡量了投入却忽略了产出，如产品质量和消费者满意度。这些因素很难衡量，然而它们却可能是企业成功或失败的关键所在。管理人员为了满足预算要求而可能做出不明智的决定，尤其是预算中留有节约预算节余奖。他们可能不在研究和开发方面投资，不把资本投资用于提高生产率上，或不在那些最终会增加市场份额的业务活动上投资，原因是这些投资不会产生即期效果。这里涉及的有些项目应该包括在长期计划之中，而不是年度计划。真正的节约可能来自更有效率的机器、新产品或其他创新性的想法，而不是一味地靠预算。

资料来源：海因茨·韦里克，哈罗德·孔茨. 管理学——全球化视角. 北京：经济科学出版社，2004. 第390页.

3. 财务比率

大多数管理者和会计都部分地通过监控各种财务比率(Financial Ratio)来保持控制，这些比率是将财务报表上的某项财务指标与另一项进行比较得到的。表16-2列出了常用的财务比率。

表16-2 广泛使用的财务比率

比率名称	公式	行业参考(示例)
流动性比率(衡量企业短期债务的偿还能力)		
流动比率	流动资产/流动负债	2.6
酸性试验比率	现金和等价物/流动负债	1.0
现金周转率	销售收入/现金和等价物	12倍
库存比净营运资本	库存/(流动资产－流动负债)	85%
杠杆率(衡量所有者资金和债权人资金收益)		
资产负债率	总债务/资产总额	50%～60%
固定支出范围	固定支出前的净利润/固定支出	6倍
流动负债比	流动负债/资本净值	32%
固定资产、资本净值比	固定资产/资本净值	60%
经营比率(衡量资源使用的效率)		
净营运资本周转率	销售收入/净营运资本	5倍
固定资产周转率	销售额/固定资产	6倍
平均收款期	应收款/平均日销售额	20天
投资总额周转率	销售收入/资本净值	3倍
总资产周转率	销售收入/总资产	2倍
盈利能力比率(显示达到预期利润水平的成功程度)		
营业毛利率	营业毛利/销售额	30%
净营业利润率	净营业利润/销售额	6.5%
销售利润率	税后净利润/销售额	3.2%
资产收益率	(总收入－所得税)/总资产	10%
投资回报率	税后净利润/总投资	7.5%
营运资本净利润率	净营业利润/净营运资本	14.5%

资料来源：理查德·L·达英特，多萝西·马克西. 管理学. 北京：机械工业出版社，2005. 第338页.(本文引用时略有改动)

投资回报率(ROI)就是这样的一个常用的财务比率：它是衡量公司整体业绩的指标，用税后净利润除以总投资得到的。投资回报率并不是把净利润作为一个绝对的数值来衡量，而是把它和企业的总投资联系起来。例如，100 万元的利润，在拥有 1000 万元投资的企业中就要比在拥有 1 亿元投资的企业中显得更不寻常。当然，也应该看到投资回报率的不足之处在于没有考虑到资金的时间价值。

图 16.1 显示了如何使用财务比率来分析企业的业绩。例如，没有达到净收入目标的原因可能是因为销售额过低或者销售成本过高。类似地，用收入除以销售额(边际利润)反映了是否在管理上成功地保持了良好的成本控制。又例如，过低的 ROI 可能是受到了过度投资等因素的影响。而过度投资可能又反映了库存控制、应收账款或是现金流等方面的不足。

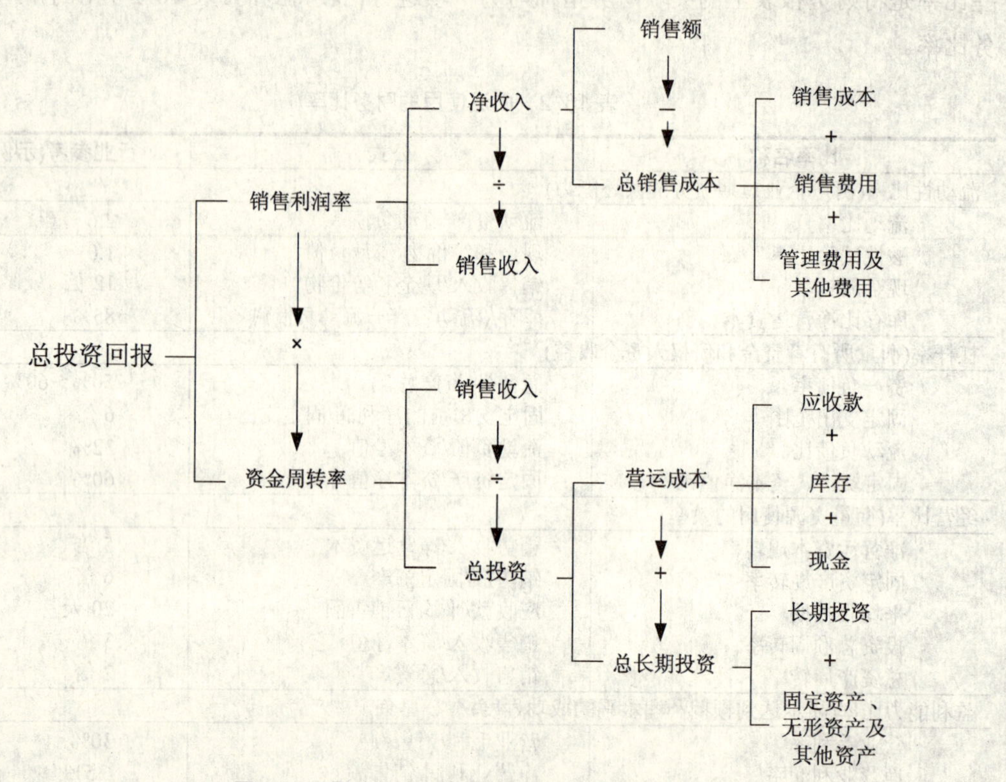

图 16.1 影响投资回报率的因素之间的关系

需要指出的是，并不是所有的组织或部门都会对上述财务指标进行控制，因为不同的部门可能属于不同的财务责任中心。所谓责任中心，就是有一位对该中心活动负责的管理者所领导的组织单位，责任中心是为了达到一个或多个目的而存在的。[1]

[1] [美]罗伯特·A·安东尼(Robert A. Anthony)，维杰伊·戈文达拉扬(Vijay Govindaraian)．管理控制系统(第十一版)．北京：机械工业出版社，2004．第 103 页．

管理者，尤其是大型部门的管理者的业务预算通常都会反映出他们要对一些财务责任中心负责。而财务责任中心是对一些特定的财务活动负责，并按这些活动接受测评的人或单位。例如，利润中心是指管理者要对其利润负责的一种责任中心，此处的利润是反映所创造的收入和创造这些收入的成本之间差额的指标。收入中心是指其管理者要对创造收入负责的一种责任中心，此处的收入是反映产出的一项财务性指标。对销售经理的测评一般就是根据其收入中心的销售额来进行的。收入中心通常都是以部门的形式组织的(但并非总是如此)。成本中心要求管理者对经营活动中的费用、开支等成本负责，一定时期耗费的成本是上级对其考核的主要指标之一，如工厂里的车间、政府的某一部门等。

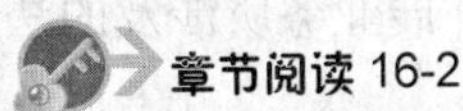
章节阅读 16-2

控制的难题

Latt-Greene 公司是一家境况不佳的编织公司，有 8 名员工。当理查德·辛德(Richard Synder)接任 Latt-Greene 公司的审计官时，他就陷入了一大堆问题之中：负的现金流量；拙劣的结算系统，以至于有些顾客不用付钱就可以溜之大吉；公司的运转系统已经不堪文件之重负，该系统都快要被压垮了；工作场所没有一台计算机，会计人员全部用手工记账，而且沿用的还是过时的会计方法；公司没有任何会计账簿可以用来说明已经把多少纱线编织成了纺织半成品，也无法核算最终产品的成本是多少；所有者按照他们想当然的成本来计算报价，而不是依据铁一般的数据本身。辛德如何才能够让员工们同意进行大刀阔斧的变革和改组，如何才能让那些员工停下若干年来一直在做着的同样的事情，在事实上全身心地投入目前的变革进程之中呢？

就在辛德引进财务管理软件来规范公司的财务管理工作时，他发现，有时候在一大堆文件里面连订单也找不到了，卖主的成本报价与实际的产品并不符合，装货单与任何特定的产品都不相关。辛德知道，“改组”对员工们来说是一个很可怕的字眼，因为他们认为“改组”其实就是“下岗”的代名词，但是，为了挽救公司，他必须想方设法发动必要的变革。

辛德如何运用控制系统和战略来提高成本效益并使公司免于破产的命运？如果你是辛德，你会怎么办？

资料来源：理查德·L·达英特，多萝西·马克西. 管理学. 北京：机械工业出版社，2005. 第 338 页.

16.3 生产运营管理控制

生产是制造产品或提供服务的过程。生产管理的对象是生产过程。生产系统的主要功能是转换功能，任何一个生产系统都执行着将系统输入转换成预定输出的功能，即根据不同的生产目的，对生产系统投入不同的生产要素，通过系统的转换，最后产出各种满足人们需要的产品或服务。不同的生产系统有不同的输入内容、不同的转换过程、不同的输出对象。系统不同，管理的方法也不尽相同，但管理的原理是有共性的。对这一过程的管理就是运营管理(Operation Management)。

跟所有的管理者一样，运营管理人员也要进行计划、组织、领导和控制。不同的是，运营管理人员的注意力集中在企业的直接生产资源之上，这些资源通常被称为生产运营管理的5P：人员(People)、设备(Plant)、零部件(Part)、流程(Processes)和计划控制系统(Planning and Controlling System)。

运营管理的核心是生产系统，生产系统包括三部分：输入、转换系统和产出。

输入指的是生产产品或服务所需的全部资源。它不仅包括原材料、补给、人员和资金等各项基本投入，还包括市场信息输入和环境信息输入等项目。市场信息输入包括市场竞争状况，以及与产品和客户相关的各种数据，而环境信息输入则包括开展业务所涉及的法律问题、社会和经济的趋向以及技术创新等方面的数据。

任何生产系统都是先获取输入，然后再将其转换成为产出，即相应的产品或服务。转化系统(Conversion System)，或称生产过程或工艺，包括若干部分，不仅包括生产设备、为顾客生产产品、还包括对待运货物进行存储。

生产系统的产出可以分为直接产出(企业实际的产品或服务)和间接产出(如税、工资和薪水)。

16.3.1 库存控制方法

一般来说，企业库存有以下5种。

(1) 原料和外购零部件：来自外部的供应商，是用于生产产品的物料。

(2) 组件：是等待最终装配的零部件。

(3) 半成品：指的是生产各阶段中的原材料和零部件。

(4) 成品：是将被销售或者发给客户的产品。

(5) 易耗品：是那些企业需要但并非成品组成部分的物品，如回形针、复印机墨盒以及各种工具。

库存管理(Inventory Management)就是要确保在最小库存成本的前提下，拥有足够的库存。

就成本来说，库存管理者需要处理四种特定的成本：订购成本、购置成本、存储成本和缺货成本。

(1) 订购成本，或称生产准备成本，指订购过程或装配生产设备的成本。对于外购品，该成本可能包括采购员订货过程中发生的成本和到货后的检查成本。而对于内部生产的产品，制造时就会发生生产准备成本，包括安装机器的人力成本和准备生产计划的文书工作方面的成本。订购成本一般是固定的，与订单大小无关。

(2) 购置成本，即所购买的物品本身的成本，会随着订购数量的变化而变化。例如，由于大宗交易折扣，大批量订购可能会使得单位成本下降，进而降低总订购成本，而小批量订购会提高单位成本。

(3) 存储成本，是库存中所有零部件或材料的总成本。其中最大的一项通常是资本成本，也就是一单位库存的价值乘以存放的时间再乘以企业所借资金的利率。

(4) 缺货成本，是由于原料或成品已用尽而导致的成本。例如，如果公司不能满足客户的订单，就可能要损失现有的订单、利润以及该客户今后可能的订单。

库存管理者希望能够避免三个主要问题：第一个问题是对库存的过度投资，这不仅占用资金和空间，还会出现库存变质或过期问题，产生损失；第二个问题是对库存的投资不足，这会导致企业不能按时完成生产订单而使客户对企业失去信心；第三个问题是库存不平衡，某些物品不足而另一些则过多。

很多定量和非定量的方法都可以用来管理库存。ABC 和 EOQ 是最常用的两种。

1. ABC 库存管理法

很多企业都发现比例很小(5%～30%)的部分库存占用了库存年度现金量的很大一部分(70%～80%)。年度现金量是将每年使用的零部件数量和每个零部件的成本相乘得到的。当使用 ABC 法的时候，管理者将库存分为三种占用现金量的类型：A、B 和 C。其中 A 类库存产生主要的影响。然后库存管理者就会集中主要的注意力来检查和监管 A 类库存。例如，加快 A 类库存的订购频率，使得此类库存数量降至最低，并且使之只在库存中待很短时间。

库存管理者也许会发现另一个极端的情况，比方说，也许 50%的库存只占用了 15%的年度现金量。既然它们只占了库存年度现金量的 15%，那么为什么还要在监控这类库存上花这么多的时间呢？因此应集中注意力关注那些占用年度现金量最多的 A 类库存物品，较少地关注 B 类物品，对于 C 类物品则花费最少的精力。

2. EOQ 库存管理法

经济订购批量库存管理(EOQ)是最著名的并且可能也是最古老的一种库存管理方法，目的是要确定最经济的订货量。简单地说，就是确定使得库存成本最小化的订货量。

如图 16.2 所示，最主要的两种成本，即存储成本和订购成本，是成反比关系变化的。例如，大量订购可以使得企业在订购上比较经济，但是这意味着更高的存储成本，因为平均来说企业将会有更多的库存。

经济订货量最简单的形式是：$Q=\sqrt{\dfrac{2US}{CI}}$

式中 Q——经济订货量；

U——物品的平均使用量；

S——每次进货或者订购的费用；

C——单位价格；

I——平均存储成本。

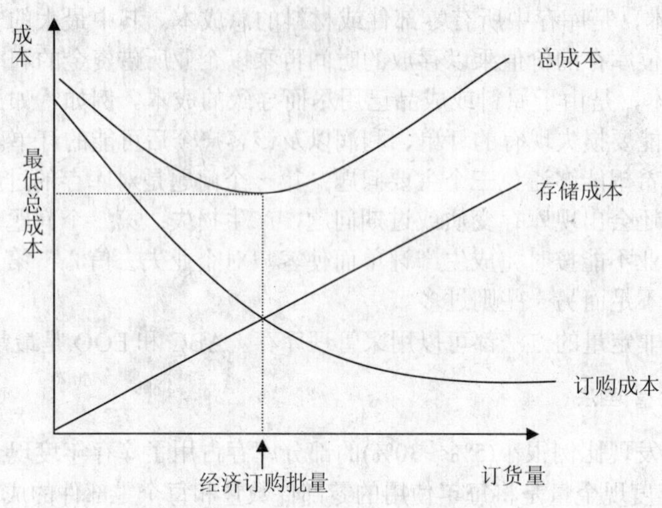

图 16.2 经济订购批量模型

这个 EOQ 公式得到了广泛的使用，但是它对实际情况进行了一些简化。例如，公式假设一定时间内从库存中取走的物品数量相同，如每天 10 个单位；还假设了大量订购一批物品时供应商不会给以大宗交易折扣。但我们可以使用更复杂的 EOQ 方法来解决这些复杂问题。[1]

16.3.2 全面质量管理

在运营管理中一种广为流行的控制方法是全面质量管理(Total Quality Management，TQM)，这是把质量观念渗透到整个企业的每一项活动中，以实现质量的持续改进。20 世纪 80 年代，全面质量管理方法对美国管理者产生了巨大的吸引力，因为一些日本公司成功地实施全面质量管理之后扩大了市场份额，并在国际上赢得了品质卓著的美誉。日本的全面质量管理系统是建立在戴明(Deming)、朱兰(Juran)和费根堡姆(Feigenbaum)等美国学者和咨询师的研究成果的基础之上的，当这些人的观念在海外试验成功以后，便吸引了一大批美国企业家的注意。

全面质量管理十分强调团队合作、提高顾客满意度和降低经营成本。在实施全面质量管理的过程中，企业鼓励管理者和员工进行跨职能、跨部门的合作，同时也鼓励他们与客户及供应商合作，以寻找各种各样的改进机会，哪怕是很小的改进也可以。每一次质量改进都是朝完美迈进了一步，组织追求的是零缺陷率。质量控制也就成为了每一位员工日常工作的一部分，而不再是某一专门部门的责任。

全面质量管理的实施与其他分权控制方法的实施相似。前馈控制强调培训员工的防范

[1] 感兴趣的读者可以阅读《运筹学》中“库存管理(模型)”的相关章节。

问题的能力而不是发现问题的能力，同时授予他们责任和相应的权力去纠正错误、发现问题和解决问题；并行控制包括了组织文化和员工忠诚度，这两者都对全面质量管理和员工参与有利；反馈控制则包括了制定员工参与和产品零缺陷率的目标。

实施全面质量管理可以采用许多技术方法，如 QC 小组、标杆管理、六西格玛原则，缩短周期和持续改进。

1. QC 小组

QC 小组(Quality Circle)是实施全面质量管理分权控制的一种方式。QC 小组是一个由 6～12 位员工自愿者组成的小组，这些员工定期交流，讨论并解决影响工作质量的问题。在工作周的某一规定时间，该小组成员召开碰头会议，发现问题，并试图找到解决办法。QC 小组成员可以随意收集数据信息和展开调查研究。许多公司训练团队成员组建团队、解决问题和控制质量的能力。使用 QC 小组的原因在于，把决策权授予从事具体工作的员工，因为他们比其他任何人更熟悉有关的工作情况，因而能够提出切实可行的建议。

2. 标杆管理

标杆管理是施乐公司于 1979 年开始引入的管理方法，此后，标杆管理迅速成为了全面质量管理的一个主要方法。根据施乐公司的定义，标杆管理(Benchmarking)是“参照最强劲的竞争对手或者公认的行业领袖的做法来衡量本企业的产品、服务和经营的一个持续的管理过程”。标杆管理成功的关键在于分析。如果要实施标杆管理，公司就应该首先从自身的使命宣言出发，实事求是地分析自己当前的业务流程，并找出拟改进的方面。其次，公司应该“小心谨慎地”遴选值得模仿的竞争对手。比如，施乐公司仔细研究了 L. L. Bean 公司(是一家邮购公司，该公司被认为是控制周转时间的典范。)的订单执行方法，从中吸取了大量的经验，并将本公司的库存管理成本减少了 10%。公司可以效仿竞争者的内部业务流程和程序，但是必须仔细选择操作程序具有包容性的公司作为自己效仿的榜样。一旦找到并详尽分析了一套强有力的、具有兼容性的方案，实施标杆管理的公司就可以制定出新的战略来实施新的方案。

3. 六西格玛

六西格玛(Six Sigma)最早是由摩托罗拉公司提出来的，后来通用电气公司又将六西格玛发扬光大。通用电气公司前任首席执行官杰克·韦尔奇经常夸奖六西格玛为公司带来的质量和效率的提高，使公司节省了几十亿美元。

统计学家一般用希腊字母“σ”来表示某件东西离完美无缺的距离还有多远。六西格玛是一个非常了不起的质量标准，它规定每 100 万个零部件的缺陷率不超过 3.4 个。其基本意思是说，要做到 99.9997%的工作时间都没有缺陷。然而，现在六西格玛已经偏离了它非常精确的定义，而演变成了质量控制方法的一般用语，意思是说，任何事情都不要想当然，并强调通过训练、毫不松懈地追求较高的质量和较低的成本。六西格玛是建立在一种名叫“定义、测度、分析、改进、控制”(DMAIC，Define、Measure、Analyze、Improve、Control)的方法论基础之上，DMAIC 为组织认识问题和解决问题提供了一种结构化的方法。

通用电气公司把六西格玛几乎运用到了其业务活动的每一个方面，从改进产品到提高顾客满意度以及微调发货流程等。例如，该公司运用六西格玛的方法论，确定了建立基于网络的系统运送顾客在家得宝公司采购的通用公司器具的最佳送货路线。六西格玛帮助管理者懂得，顾客较少关心的是晚上或者星期天送货的问题，但是更多的则是关注要有送货人员和安装人员，而且这些人员必须是有知识的、专业的和有同情心的。因此，通用电气公司在培训方面花费了巨额资金，而不是进行昂贵的送货日程变革。实施六西格玛的其他著名公司包括福特汽车公司、道化学公司(Dow Chemical)、杜邦公司、诺基亚公司、德州仪器公司、默克公司等。

16.3.3 生产计划和控制

无论是生产汽车还是编排百老汇的戏剧，你都需要对生产进行计划和控制。制定生产计划的过程就是决定生产什么、在哪里生产、何时生产以及怎样生产的过程。生产控制就是确保生产计划和进度安排得以实现的过程。

图 16.3 对计划和控制过程进行了概述。这个过程包括以下几项内容。

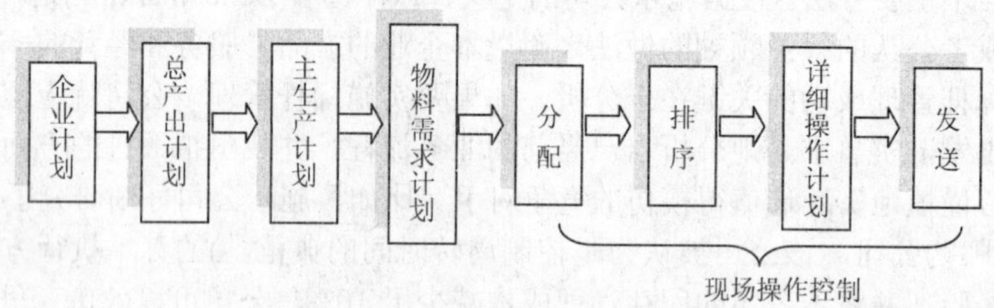

图 16.3 制定生产计划和控制系统

(1) 总产出计划(Aggregate Output Planning，AOP)。总产出计划显示了为达到各种产品或服务的预计收入，而必须完成的产品或服务的总数。

(2) 主生产计划(Master Production Scheduling，MPS)。主生产计划显示了在接下来的一段时间里要生产的产品数，以及相应的生产日期。

(3) 物料需求计划(Material Requirements Planning，MRP)。物料需求计划是一套基于计算机的系统。MRP 会对主生产进度表进行检查，并且详细说明为了满足生产进度安排，每星期需要多少原料、部件、装配工和设备。该系统包括各种物料清单(Bill Of Material)。清单列出了各种产品所需的原材料和配件，以及从何处可以获得这些物料。

(4) 现场操作控制(Shop-Floor Control)。现场操作控制监控着每周和每天的生产进度，以便最有效地以星期为单位来执行主生产计划。它包含了若干部分。分配和排序将会向各机器和各工作中心分派任务。这项工作是基于一个分配计划来进行的，它会把每星期可用的人力和机时进行比较。详细操作计划(Detailed Scheduling)将详细说明每台机器或每个工作中心全部工作实际的开始和结束时间，以及每项工作分派的人力。最后，发送(Expediting)过程就是产品与物料在各项操作之间移动的过程，必须对这个过程进行监控并做出适当的调整。[1]

1. 企业资源计划(ERP)

在物料需求计划(MRP)的基础上集成了生产能力预估、财务和会计的功能，面向供应链来对组织的所有资源进行管理，就产生企业资源计划(Enterprise Resource Planning，ERP)。这一庞大的综合性系统给企业提供一个技术平台，在此组织可以整合与协调主要的内部企业流程，解决因为信息孤岛、不同企业流程与技术带来组织效率低落的问题。

ERP 是由美国加特纳咨询公司(Gartner Group Inc.)在 20 世纪 90 年代初提出的[2]，它的发展经历了物料需求计划(MRP)和制造资源技术(MRPⅡ)阶段，最终发展成为集成化的管理软件——ERP。它的基本思想是将企业的业务流程看作一个紧密连接的供应链，将供应商和企业内部的采购、生产、销售以及客户紧密联系起来，便于对供应链上的所有环节进行有效管理，实现对企业的动态控制和各种资源的集成与优化、提升基础管理水平，为企业提供全方位的解决方案。[3]

ERP 中企业软件对许多企业流程实现模式化和自动化，如订单的填写、出货日程安排等起了推进作用。在跨公司整合信息的目标下，消除连接各个不同单位的复杂且昂贵的计算机系统，使之前分裂在不同系统间的信息能顺畅地流通于公司，使得信息能在制造、会计、人力资源及公司各部门间的企业流程中分享。在销售、生产、财务及物流间离散的流程应能整合于整体公司的企业流程下，使得其能跨越组织阶层及功能。企业整体的技术平台支持所有的流程与阶层，图 16.4 展现企业资源计划是如何运作的。

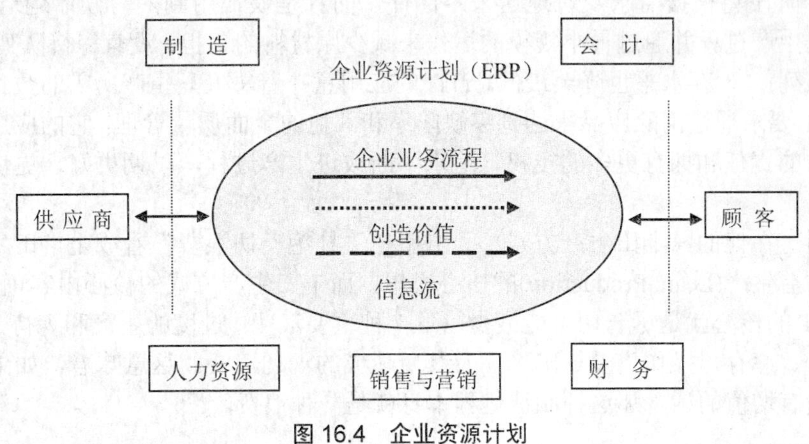

图 16.4　企业资源计划

[1] [美]加里·戴斯勒(Gary Dessler)．管理学精要．北京：中国人民大学出版社，2004．第 455 页．

[2] 徐晓飞．ERP 技术发展的现状、趋势及思考．中国制造业信息化，2003.3.

[3] 林健．张玲玲．ERP 与现代的管理思想及 ERP 的未来发展.工业工程，2001.4.

ERP 系统在各个不同的主要企业流程间搜集数据，并将数据储存于单一广泛的数据库中，让公司各部门均可使用。管理者可获得更正确、更及时的信息来协调企业每天的运作，并具有整体观地考察企业流程及信息流。

举例来说，当一个在香港的业务代表输入一张客户订单，此数据即可自动传送到公司其他需要此数据的人；在东莞的工厂收到订单后即可开始生产；仓库可在线查询它的进度及安排出货的行程，仓库还可检查它的零件库存及按工厂需求进行补货。而 ERP 储存生产信息，并能由客户代表追踪订单生产的每一步。而当更新销售及生产数时，亦可自动传到会计部门，并能将数据传到人事薪资部门来计算业务代表的佣金。此系统亦会自动重新计算公司的资产负债表、应收账款和应付账款的分类账、成本中心账户及可用现金。而在伦敦的总公司亦能立即看到销售、库存及生产步骤中的最新数据，并能立即更新销售和生产预测及计算生产成本和产能。

一些软件公司已经开发出了 ERP 系统。领军人物有 SAP 公司、Baan 公司、J. D. Edwards 公司、甲骨文公司和 People Soft 公司，国内的有利玛、启明、开思、用友和金碟等。就目前来说，SAP 是最成功的 ERP 系统开发商。

2. 准时制生产管理控制方法

准时制生产(Just-In-Time，JIT)，本意上理解，是一种生产控制方法，通过“及时”运输原材料和零部件来达到最小的库存。但是我们也应该看到，JIT 也是一种制造理念，其目的是通过不断地改进质量和减少浪费来优化生产过程。JIT 使生产得到简化并更有效率，在装配的各个阶段将根据需求及时地送来零部件，而且是仅在用到的时候才运送它们。JIT 致力于简化生产过程并通过最小规模的运作来减少原材料的负担，没有等待队列(等待被使用的产品队列)，库存水平也降至最低。JIT 的应用意味着每天只生产所需的数目。在质量控制中，JIT 要求通过消除废品来达到零缺陷率和其他的全面质量管理，它的应用要求承担更多的个人的责任和拥有更多的授权，追求不断改进生产过程，以期更好、更快、更经济地生产产品。

大野耐一在他的《丰田生产方式》一书中把“杜绝一切浪费”看成是丰田生产方式，后被称为精益生产(Lean Production)的核心思想。而丰田生产方式的核心内容正是 JIT。一般认为，JIT 的核心就是尽一切可能减少以下 7 种主要浪费：过度的生产和等待、不需要的运输、加工、库存、操作以及缺陷产品及其所造成的一切浪费。这意味着，如果提供给客户的产品没有增值的话，那这种制造过程本身就是一种浪费。

3. 柔性制造系统

今天，柔性制造系统是很多公司制造过程中的控制核心。柔性制造系统(Flexible Manufacturing System，FMS)是“将机器设备组与自动的物料处理和传输设备集成起来，并整合成一套计算机系统”。计算机向相应的机器分发零部件，选择和安排适当的机器工具，随后引导机器进行所需的操作。然后物品通过自动引导车(Automated Guided Vehicles，AGVs)在机器之间移动。这构成了一个计算机引导的运载系统，它在多个工作站之间获取和运输工具和零部件。把几个方面联合起来就组成了一个柔性制造系统：通过计算机发出指令减少机器的设置时间；机器可以很快重组来生产各种不同的零部件；设置时间的减少降低了所需的交货时间；自动引导车快速而高效地运送零部件；而企业则通过算机辅助设计(Computer-Aided Design，CAD)和计算机辅助制造(Computer-Aided Manufacture，CAM)重新设计产品以及对机器进行改编，从而更快地对竞争者的产品和消费者的偏好变化做出反应。

4. 计算机集成制造系统(CIMS)

很多公司需要把自动化、JIT、柔性制造和 CAD/CAM 集成到一个自动调节的生产系统中。计算机集成制造系统(Computer-Integrated Manufacture System，CIMS)是指通过计算系统集成所有与生产相关的活动，从而给企业带来基于速度、灵活性、质量和低成本的竞争优势。

CIMS 带来的优势通常超过其组成部分的总和。换言之，CIMS 能够产生增效。例如，计算机辅助设计通过直接向机床提供设计参数改变来使计算机辅助制造变得更加容易。自动引导车可以消除系统中人的不稳定性，从而更容易做到准时制生产。

需要指出的是，计划与控制永远是连在一起的，本书在第 6 章介绍的一些重要的计划制定方法，同时也是非常实用的运营管理控制工具，如甘特图、网络计划、目标管理和项目管理等，在此就不再赘述。

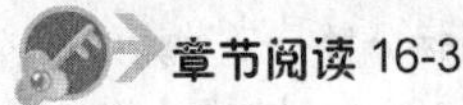
章节阅读 16-3

邯钢的“模拟市场核算，成本否决”机制

邯钢是 1958 年建厂投产并逐步发展起来的河北省属特大型钢铁企业。经过 40 多年的不断发展，集团现拥有总资产 245 亿元，净资产 121 亿元，已形成了 450 万吨铁、500 万吨钢、500 万吨钢材的综合生产能力。主要生产薄板、中厚板、圆钢、螺纹钢、角钢、槽钢、线材等系列产品以及冶金焦碳、尿素、复合肥、煤化工等副产品，产品行销全国并出口 20 多个国家和地区。

20 世纪 90 年代，邯钢在经济体制转轨过程中，主动“推墙入海”、走向市场，通过创立并不断深化以“模拟市场核算，实行成本否决”为核心的经营机制，创造了显著的经济效益和社会效益，成为国有企业实现两个根本性转变的成功典范，被国务院树立为全国学习的榜样，被誉为“全国工业战线上的一面红旗”。公司先后荣获全国质量效益型先进企业、全国五一劳动奖状、全国优秀企业(金马奖)和全国文明单位等称号。

“推墙入海”，即推倒分厂与市场相隔绝的“墙”，让分厂也到市场经济的海洋中去学游泳，即在不改变总厂集中统一管理模式和分厂非独立法人地位的前提下，把市场机制引进企业内部，靠机制的作用强化管理，推动成本的降低，沿着这条思路，着手酝酿构建一种能使供、产、销各环节，各部门、各单位都围绕提高经济效益而联动，并和市场经济运行相协调，能够形成“谐振”效应的经营机制。这就是从1991年起正式在全厂推行的“模拟市场核算，成本否决”。

“模拟市场核算，成本否决”就是在非独立核算的二级分厂，以市场为导向，以国内先进水平和本单位历史最好水平为依据，对组成成本的各项主要指标逐项进行剖析对比，挖掘其潜在效益。以市场价格作为核算参数，进而核定出各工序半成品和产成品的目标成本，层层分解落实，并实行成本否决。其主要特点是:以市场为导向，建立符合社会主义市场经济的经营机制，以降低成本、提高效益为核心，全面硬化企业内部管理，以层层分解指标，实行重奖重罚的利益机制为动力，充分调动广大职工当家理财的积极性。具体地说，包括以下几个方面。

1. 改革内部计划价格体系

即以市场价格为依据，重新制定内部计划价格，这是推行模拟市场核算的基础。采用市场价格作为核算参数，核算模式就从“低进低出”变为“高进高出”，从而和市场接上轨，和市场的脉搏息息相通，使分厂处身于“模拟”的市场环境之中，是赔是赚，通过市场这面镜子一照，一目了然。从这个意义上讲，此举为企业引进市场机制找到了“突破口”。

2. 从产品的市场价倒推出各工序半成品或产成品的目标成本

过去制定目标成本是从原材料开始，沿着工艺流程，一道工序一道工序从前往后逐步推算，其结果很难保证产品不赔钱。因为在推算过程中，潜力没有充分挖出来。而当时的形势是，多数产品亏损，必须设法做到不亏损还有盈利。为此，确定了“亏损产品不亏损，盈利产品多盈利”的原则。首先要测算出哪些产品亏损，哪些产品盈利，然后通过内部挖潜，实现亏损产品不亏损，盈利产品多盈利。

3. 层层分解落实指标，责任到人

既然分厂感到指标压力大，这个指标只让班子几个人来背是背不动的，必须把压力层层传递到各个层次，形成“千斤重担人人挑，人人肩上有指标”的局面，把降低成本变为广大职工的行动，任务完成才有保证。于是他们一改过去分解指标不细不实、走过场的做法，将总厂下达的目标成本，按其构成，纵向到底，横向到边，逐项分解落实到有关科室、工段、班组、岗位，直到个人。这种指标分解是通过算细账，找差距，挖潜力来实现的，指标分解的过程也就是发动群众深挖潜力的过程。通过分解，大到占吨钢成本890元的铁水，小到只占0.03元的印刷费，都逐项落实下去，全厂共分解成10万多个小指标，形成一个宝塔形的，从下而上，一层保一层的责任成本体系，每个人的指标明确具体。

4. 严格成本考核，实行成本否决权

以往，成本指标完不成，实行部分扣奖，从1991年开始，他们将成本指标和全部奖金挂钩，加大成本考核的力度，实行重奖重罚。完成指标，发给相当全部奖金15%～20%的成本奖，再降低，再加奖；若完不成，其他指标完成得再好，全部扣除当月奖金，不讲情面，不讲客观。由于奖金占职工全部收入的90%，这种重奖重罚，激励作用很大。这样一来，成本指标就从“软”变“硬”，身价抬高了。开始，有些单位对此将信将疑，怀疑总厂是否能真正说到做到，但1991年元月份，就有三个单位被扣除了奖金，大家信服了，看到总厂确实动真的，来实的，于是把主要精力从抓超产转到抓消耗抓成本上来，从而把速度和效益统一了起来，通过抓成本带动各项工作，实现稳产高产低成本。对此，中国企协会长袁宝华有句评语：“邯钢实行成本否决权，确实牵住了提高经济效益的牛鼻子”。

5. 加强财务成本的监督检查

为了防止成本不实或虚盈实亏，他们采取了两条防范措施：一是每月底由计划部门牵头，物资部门配合，对全厂大宗物料进行一次总平衡，即通过实地盘查核实其进、销、存，以此作为核算和计奖的依据，从而堵住了多吃少报或吃了隐瞒不报的漏洞。二是每季全厂要进行一次财务联合大检查，主要是查二级单位的账目，进行必要的账目核对，对不合理的挂账待摊进行纠正，对有意弄虚作假者严肃处理，以保证成本的真实可靠。

本案例根据下列资料编写：邯郸钢铁集团有限责任公司网站：http://www.hgjt.com.cn/，李华甫，企业内部管理市场化是搞好国有大中型企业的有效途径——邯钢推行“模拟市场核算”机制情况的介绍，载于《科技进步与对策》，1995年第4期。

16.4 控制方法与信息技术

毫无疑问，今天的信息技术不仅在车间里使用。相应地，信息技术被用来协助和控制整个管理过程。

不同的组织层面的管理人员有不同的信息需要，因此，计算机所产生的影响也各不相同。在基层管理层面上，经营活动通常有很高的程序性和重复性，因而计算机的运用就很普遍，如生产进度安排、每日计划以及作业的控制等，如图16.5所示。

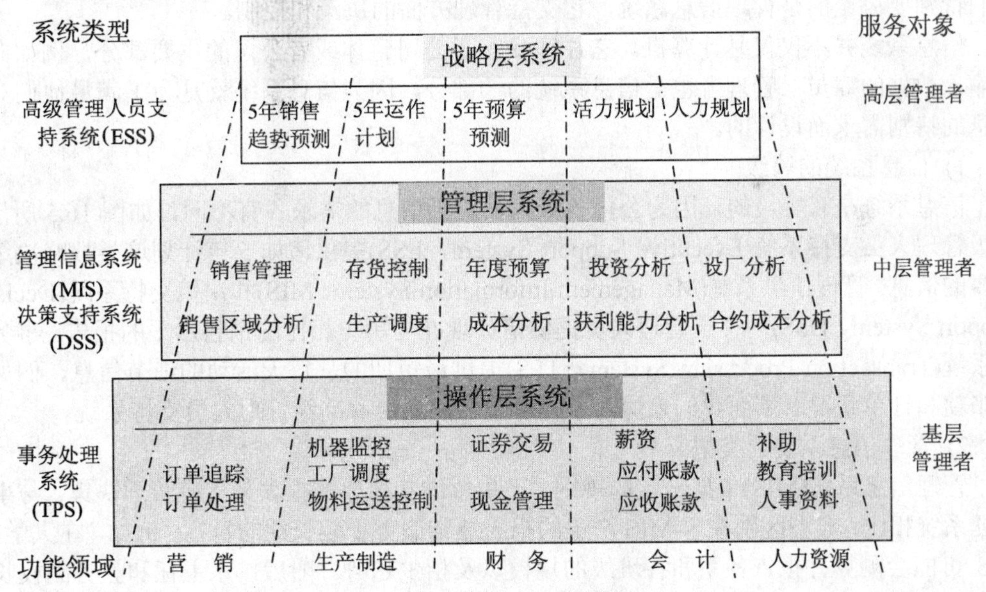

图16.5 不同层次的管理信息系统

注：本图的绘制部分参考了Kenneth C．Laudon, Jane P．Laudon．管理信息系统：管理数字化公司(第8版)．北京：清华大学出版社，2005．第43页的图2.2六种主要类型的信息系统．

诸如职能部主管或工厂经理这类的中层管理人员，通常负有行政管理和协调之责。如果这类公司建立了全面的信息系统，那么，对中层主管人员有重大关系的信息也可以提供给最高层管理人员。正因如此，有些人认为，计算机将会减少中层管理人员的必要性，而另有人预测，计算机将扩大和改变中层管理人员的角色。

高层管理人员要对本组织的战略和总体政策负责。他们不仅要决定公司总的发展方向，而且也要对公司同其所处环境之间适当的相互作用负责。显然，首席执行官的任务是不易程序化的。然而，高层管理人员能从数据库中提取信息，以便于决策模型的应用，这样能使公司及时应对外部环境的变化。此外，计算机的运用对高层管理人员工作的影响程度比对低层管理人员工作的影响小得多。

这些应用于管理活动各个层面的信息技术，一般指的是有利于促进信息传递和信息处理的任何一个过程、一项操作或一套系统。

1. 信息系统

信息系统(Information System)可以定义为包含了一组收集(或撷取)、处理、储存及发布信息的相互关联的单元，以支持组织内的决策与控制。除了解决组织中经营决策、协调与控制上的问题外，信息系统也应具备分析问题、考察复杂目标与开创新产品的功能。[1]在此我们特别要讨论的是管理信息系统，它支持管理方面的决策和控制。

信息系统并不仅仅是计算机，它往往涵盖了公司整体或者公司的主要部分，例如向系统输入数据的雇员；管理者也是信息系统的一部分，因为信息系统就是为了满足他们对于信息的特别需求而设计的。

1) 信息系统的等级

信息系统是有等级的，因为公司各级人员对于信息的需求各有不同，如图 16.5 所示。高级管理人员支持系统(Executive Support System，ESS)提供诸如 5 年计划这类战略决策所需要的信息。管理信息系统(Management Information System，MIS)和决策支持系统(Decision Support System，DSS)向中层管理人员提供诸如现在与历史相比的销售水平的报告。事务处理系统(Transaction Processing System，TPS)提供最短期的、每天活动的细节信息，例如应付账款和订单状况。下面我们来深入了解管理信息系统和高级管理人员支持系统。

2) 管理信息系统的类型

管理信息系统(MIS)依据一定的规则，产生标准和概要的报表来支持管理决策。与事务处理系统相比，典型区别在于 MIS 产生的报表通常服务于较长期的目标。例如，在大学里，MIS 可能会测算并报告各系和各班级的规模以及招生趋势。随后，系主任和教务副校长可以根据 MIS 报表来增大或缩小班级规模，或者从下学期的课程表中去掉一些课程，然后再加入一些其他课程。管理信息系统将来自事务处理系统的信息加以概括，随后以常规总结

---

[1] Kenneth C．Laudon，Jane P．Laudon．管理信息系统：管理数字化公司(第八版)．北京：清华大学出版社，2005．第 9 页．

报表的形式提交给管理层，通常还会附上那些为了进行控制而标出的异常事件。

高级管理人员支持系统(ESS)的设计目的是帮助高级管理人员获取、处理并利用保持公司整体效率所需的信息。这种系统通常向高级管理人员集中地提供市场战略决策的信息。它们帮助高级管理人员掌握企业的环境变化，对企业已有和潜在的优势与劣势进行比较。

2. 信息技术对控制的影响和作用

信息技术为那些寻求对管理和控制进行变革的管理者提供了新的选择，例如，群体决策支持系统使得团队(甚至是使得分布于全球各地的团队)合作起来更加容易；公司网站使得客户能够跟踪他们货物的运输进度；专家系统可以加速抵押申请材料的评审工作；还有其他的信息技术手段可以帮助公司重新设计流程从而消除多余的活动。下面是其他一些关于利用信息技术帮助管理进行变革的例子。

1) 通过中央监控使得组织结构平面化

早期有人预言，信息化的公司“将变得更为集中化，中层管理人员将随着时间的推移而消失，因为计算机使得高级管理者能够获取运作公司所需的全部信息，而不需要中层管理人员的介入。”实际上，信息化和信息技术并不会有这样的效果，很多时候效果恰好相反。

一方面，组织结构确实是平面化了：信息化确实减少了对中间管理人员的需求。然而这似乎并未如先前预言的那样使得决策集中化。另一方面，信息技术实际上让底层雇员所能做的决策在深度和广度方面都增加了，因此就可以更容易对他们进行授权，这在很大程度上是因为高级管理人员能够很安全地监控下属的行为。

2) 信息技术在战略联盟中的角色

对于想要抓住商业机会的企业，往往会因为没有时间或缺乏内部资源，而无法进行快速设计和推广新产品以满足日新月异的需求。所以，虚拟企业变得日益重要起来。前面提到，虚拟企业是供应商、客户，甚至以前的竞争者，这些独立公司组成的一个临时网络，各家公司通过信息技术链接起来，以实现技术共享、成本共担，甚至进入对方的市场。

如果没有信息技术，这种商业联盟就不可能实现。例如，实际中有这样一个生产新型喷气机发动机的联盟。该联盟由分别来自美国、日本、意大利、英国和德国的5家公司组成。公司的目的是在今后的20年中为2000架新型飞机生产发动机。根据专家的观点，这样一项高度复杂并且在地理上高度分散的工作将极其依赖于信息技术。特别是，“企业只有通过24小时运转的通信网络互相传送设计控制、原材料清单、零部件目录、工具设计和其他一些问题的数据，这项工作才有可能完成。”[1]

3) 定制化生产

制造厂商花了很多年时间来决定：究竟是大规模生产同样的相对便宜的产品，还是在

---

[1][美]加里·戴斯勒．管理学精要．北京：中国人民大学出版社，2004．第470页．

更高的成本下生产小额的特别订单。现在，前者已经不再能够产生很好的利润了。今天的消费者非常挑剔，他们要求的不仅是质量、价值，还特别要求具有个性的产品，而这正是企业想要提供的。

定制化生产使得制造厂商可以同时拥有二者的优点：通过CAD/CAM此类高级信息技术和自动控制手段，可以使大规模生产的成本优势和按订单生产的个性化优势结合起来。定制化生产通过使用特别的软件和计算机网络，不仅制造设备链接了起来，还链接了设计部门和运输部门。这样做的结果是，建立了一个强大的反应系统，可以制造很多种类的产品，并且能够很容易地进行小规模定制生产而不需要增加成本，使得大制造厂商可以像小企业一样灵活。

思考与讨论

信息技术的发展和应用对管理活动，特别是控制工作产生了怎样的影响？

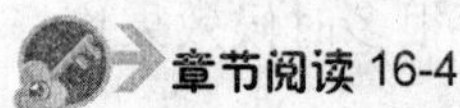

章节阅读 16-4

宝供物流企业集团的信息化

宝供物流企业集团有限公司(P.G.LOGISTICS GROUP CO., LTD)创建于1994年，是国内第一家经国家工商总局批准以物流名称注册的企业集团，也是目前中国领先的第三方物流企业。集团公司总部设在广州，目前在国内近50多个城市设有8个子公司、7个分公司和48个办事处，形成了一个覆盖全国，并向美国、澳大利亚、泰国、中国香港等地延伸的物流运作网络，为全球500强中的宝洁、飞利浦、联合利华、安利、通用照明、松下、伊莱克斯、东芝、惠而浦、雀巢、卡夫和纳贝斯克等50多家著名企业及国内一批大型制造企业，如TCL、厦华等提供专业的一体化物流服务。

1. 信息化建设阶段

作为第三方物流公司，宝供的信息化系统的建设紧紧围绕着自身业务的拓展，并通过系统的建设，推进了公司业务的发展。其信息化进程分为3个阶段。

1997年—1998年 建立基于因特网的物流信息系统。

1999年—2001年 建立基于电子数据交换(EDI)，与客户实现数据对接系统。

2002年—2003年 建立基于B2B的电子商务，与客户结成供应链一体化合作伙伴。

从2003年起，宝供通过招标买入了IBM公司承包的国际上先进的仓库管理系统WMS，并引入专门适合第三方物流企业使用的WMS-Exceed 3.3，从而使宝供的物流信息系统更能符合现代化物流企业的需求。

2. 以信息化带动供应链一体化

1) 考虑客户潜在需求

1997年宝供第一套基于Internet的物流信息管理系统是委托英泰奈特帮助开发的，当时Internet刚刚在国内兴起，公司内部的业务部门还习惯使用电话、传真结合笔记本来跟踪管理客户的每笔订单，因此在需求分析阶段并没有提出太多的具体要求，甚至当时推广使用电子邮件还要 IT 部出面对各分公司进行考核。面对这种情况，宝供采取的对策是站在用户的角度去思考问题，对内通过实地调研业务操作流程，提出开发包含 28 种查询选项的订单综合查询功能的需求，方便用户查询；对外前瞻性地考虑到系统将来开放给外部客户使用的潜在需求，要求软件公司开发外部客户通过密码登录上网查询自身业务信息的查询模块。

2) 将客观阻力变成创新机遇

宝供在 1999 年推广基于 Internet 的仓储管理系统时就遇到国内很多城市因网络带宽不够造成网上录入和查询仓储订单速度非常慢的瓶颈，而这又不是宝供自己能够控制的。企业创造性的开发离线订单处理程序，采用本地终端离线录入仓储订单，将离线订单由运作点发邮件到总部人工导入和更新数据库数据，再从数据库中提取最新数据发邮件给客户和运作点更新用户本地数据库的模式。虽然增加了人工控制的环节，但对于客户，只要每天通过邮件接收最新的业务数据包更新本地电脑数据库，不用上网就能随时查询截止到昨天的最新仓储数据，使用起来相当方便。

3) 与客户供应链一体化合作

从 2001 年开始，宝供 IT 在充分消化原系统基础上开始与客户合作进行系统对接，实现订单无纸化传递，但技术上对接成功只是第一步，客户真正需要的是长期稳定、可靠和准确的系统对接。

根据不同客户的实际需求，与客户的系统合作也可以有多种模式，例如可以通过 FTP、E-mail，或通过第三方公用对接平台等方式与客户系统进行对接；有些客户希望完全采用自己的系统，愿意将自己系统的终端开放给宝供办事处员工使用也没有问题；还有一个客户以自己的 ERP 系统为主，但对于 ERP 系统未能处理的订单，宝供 IT 又针对性地为其开发了辅助网上订单管理系统作为补充。

4) 优化供应链管理流程

企业信息化的高级阶段是通过为客户定制供应链管理系统优化供应链管理流程。要做到这点，首先要象企业管理咨询师一样调研和分析客户现有的业务管理模式，特别是订单管理流程，有针对性地提出基于信息化支持的优化流程。保供为客户定制的订单管理系统已经支持客户销售流程，实现与客户分销管理的供应链集成。包括实现以下功能:

(1) 订单状态全程跟。

(2) 实时库存管理。

(3) 辅助销售管理。

(4) 经销商管理。

系统可实时提供任一经销商在某一时间范围内的要货汇总及要货明细情况。可提供某一销售区域内的经销商要货情况。使得客户总部可以更有效地掌握全国经销商要货情况。

宝供的物流信息系统不仅为自身提高了竞争力，也为客户带来了巨大的经济效益，归纳为如下几点。

(1) 快速反应，取得了竞争优势 客户在自己的系统(或宝供系统)中能实时看到全国各地仓库最新进出仓和库存数据，有利于控制和降低库存，并减少成本。

(2) 提高效率，加快资金周转 财务根据系统动态结果及时开出发票，加速资金周转。

(3) 优化流程，降低运作成本 EDI 电子对接实现订单无纸化处理，代替传统传真下单、手工开单。

本案例根据以下资料改写，http://www.pgl-world.cn/cn/index.asp；唐友三．宝供：信息化迈出三步曲，计算机世界报，2005-12-02；顾小昱．宝供物流：以信息化带动供应链一体化，http://www.enet.com.cn，2005-09-01

16.5 一个综合性的控制方法——平衡记分卡

在控制方面，近年来的另一个创新是把控制工作的不同方面进行系统集成，将组织内部的财务考评和统计报表与对市场、顾客及员工的关注整合起来。以前，许多管理者主要是关心财务绩效的考核和控制，但是，他们现在越来越意识到，有必要评估组织绩效的其他方面，以评价当前组织的价值创造活动。

平衡计分卡(Balanced Scorecard)是 20 世纪 90 年代由美国学者罗伯特·卡普兰(Robert S. Kaplan)和戴维·诺顿(David P. Norton)提出的一种新方法。平衡计分卡是一种综合性的管理控制系统，该系统把传统的财务指标与运营指标平衡起来，而这些运营指标是与公司成败的核心决定因素密切相关的。平衡计分卡从 4 个主要角度来分析：财务绩效、客户服务、内在业务流程、组织的学习与发展能力，如图 16.6 所示。

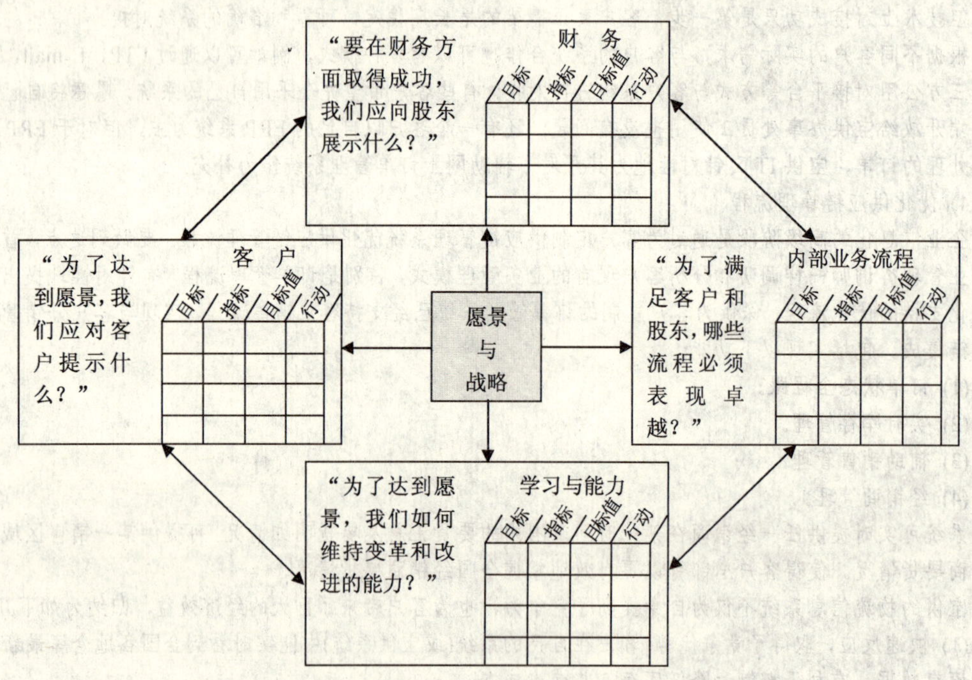

图 16.6 化战略为行动的平衡记分卡框架

资料来源：[美]罗伯特·卡普兰，戴维·诺顿. 平衡记分卡——化战略为行动. 广州：广东经济出版社，2004. 第 6 页.

在这 4 个方面中，管理者要确定核心的绩效指标，这些指标都是需要组织高度重视的绩效内容。财务绩效指标反映组织活动对于改进组织的短期财务绩效和长期财务绩效的贡献，它包括净收入和投资回报率等传统指标。客户服务指标考评顾客对于组织的看法以及顾客的留住率和客户满意度。业务流程强调生产和运营统计，例如订单执行情况或者每份订单的成本。最后一个因素分析组织的学习与发展潜能，侧重于如何为了企业的未来而管理好组织的资源与人力资本。有关指标包括员工留住率、业务流程再造以及新产品开发等。平衡计分卡的各组成要素是集成在一起的，如图 16.6 所示。平衡计分卡有助于管理者聚焦于关键的财务指标，并在整个组织里清楚而明确地传达这些指标。今天，对许多组织来说，平衡计分卡已经成为了核心的管理控制系统。

章节阅读 16-5

欧洲某银行香港分行实施平衡计分卡的案例

这是一家世界知名欧洲银行的香港分行。该银行的原母公司是比利时的第二大银行在成立 170 多年在亚洲发生金融风摇后不久被一家欧洲的保险公司所收购合并，因此，有一段颇长时间最高管理阶层忙于合并后要处理的事宜。把推行平衡计分卡的计划延迟了，最近该银行在香港的业务又被工商银行收购将会成为香港的第四大银行。

以下描述的是当年这家银行的高级经理们决定采用平衡计分卡作为战略管理工具的做法。他们首先制定了香港分行的战略，接着成立了跨部门的 BSC 工作小组。这个工作小组在拟定指针过程中反复讨论，从不同的角度探索该银行的战略成功因素，其中较大的困难在拟定及搜集相关资料方面。由于很多时候没有现成的资料，需要用大量的一手资料(Primary Data)。在设计平衡计分卡过程中不同部门的同事会提出不同的看法经相互讨论后达成共识，这一讨论过程增强了各个部门之间的了解，加强团队精神及合作性。

以下是经过不同管理层讨论后拟定的平衡记分卡指针。

F 财务角度(Financial Perspectives)，财务表现是所有商业企业的最终及最重要成果，以下 F1 至 F5 五个财务指针是该银行最关键的成果指针。包括有短期的净利润(F1)；资本效益的运用(F2)；重要业务的趋势(F3)；成本的有效控制(F4)；以及影响银行较长远发展的风险管理(F5)。把成果指针拟定之后，还要找出适当的具体项目反映该指针的表现，定期做出检讨，有必要时还要做出修正，因每家银行都有其独特性.本案例所列举的指针只供参考之用。

C 顾客角度(Customer Perspectives)，所有顾客角度指针应要与财务角度指针存有因果关系，否则是没有意义的。C1，顾客满意度；C2，顾客群组利润/顾客组别的利润；C3，市场份额；C4，顾客保留率/新客增长率；C5，业务多元化。

P 操作角度(Process Perspectives)，所有操作角度指针应与顾客及财务角度指针存有因果关系 P1、P2、P3、P4 是 C1、C2、C3、C4 的因，而 P1、P2、P3、C4、C5 是 F5 的因。P1，效率；P2，错误率；P3，程序周期效率；P4，满足顾客要求的百分率。

L 学习与成长角度(Learning & Growth Perspectives)，所有学习与成长角度指针应要与操作、顾客及财务角度指针存有因果关系，L1、L2、L3、L4 是 P 1 、P2、P3、P4、C1、C4、F4 及 F5 的因。L1，员工满意度；L2，提供适合的培训；L3，时自己及其他相关部门的认识；L4，工作能力。

通过采用平衡计分卡，该银行成功地实现了战略转变，总体的竞争能力得到了提高。通过改善客户满意度和扩大产品组合，赢得了更多的客户的认同，留住老客户的同时也吸引来了大批新目标的客户。这样也就提高了市场占有率和银行的盈利率。同时，银行的工作效率和员工的能力和业务素质也得到明显提高。

能够成功推行平衡计分卡最重要的是要把企业真正把财务、顾客、操作及学习 4 个方面的关键因素找出来并建立它们之间存有因果关系，财务指针一定最终要为所有非财务指针的果。企业管理阶层要落实定时检讨、量度及管理所有的平衡计分卡指针。没有量度也等于没有管理。

资料来源：顾良智．有效运用平衡计分卡．中国金融家，2004.4.（本文引用时有改动）

附录 管理理论的新发展

一、20 世纪 70 年代以来管理环境变化

进入 20 世纪 70 年代以来，由于科学技术不断进步和经济的不断发展、全球化信息网络和全球化市场的形成及技术变革的加速，围绕新产品的市场竞争也日趋激烈。技术进步和需求多样化使得产品寿命周期不断缩短，企业面临着缩短交货期、提高产品质量、降低成本和改进服务的压力。所有这些都要求企业能对不断变化的市场做出快速反应，源源不断地开发出满足用户需求的、定制的个性化产品去占领市场以赢得竞争，市场竞争也主要围绕新产品的竞争而展开。

企业面临的竞争环境的变化给管理提出了很多新问题、新情况、新要求。这不仅需要从企业内部而且还要从企业外部来统筹考虑管理的问题。而传统的管理理论主要是解决企业内部的生产、组织以及激励等问题，并不能解决企业的经营决策问题，也不能解决企业总体的优化问题。实践呼唤理论，所以企业界和理论界纷纷尝试探索与之相适应的新管理思路、方式和手段。

1. 管理内涵进一步拓展

现代管理理论的内容不只限于成本的降低、产出的增加，而更重视人的管理、人力潜力的开发，更重视市场、顾客的问题，管理的核心更侧重于决策的有效性。

2. 组织结构呈现多样化

组织结构形式多样，除了不断推出新的有效组织形式(如事业部制、矩阵制、立体三维制等)以适应现代企业组织管理的要求外，还创设了与资产一体化控股、参股相适应的管理组织，提出了组织行为等一系列组织管理理论。

3. 管理方法的定量化

现代管理虽然不摒弃传统的有效管理方法，但为适应大规模产销活动引入了现代科学技术，发展了现代管理方法，其中有投资决策、线性规划、排队论、博弈论、统筹方法、模拟方法、系统分析等方法，试图从生产资源的有效整合方面进一步提高管理的效果。

4. 管理手段的自动化

现代企业组织面临更复杂的环境，需要接受和处理大量信息；需要迅速寻找解决问题的方案；同时需要更多地节约日益高涨的劳动力费用。为此，现代管理在管理手段方面的

研究和使用有了突破性进展，如办公设备的自动化；信息处理机的发明；电子计算机在企业管理的市场研究、产品设计、生产组织、质量控制、物资管理、人事财务管理等领域的应用。

5. 管理实践的丰富化

各个企业都明白没有一套固定的适应一切的管理体系，各个企业必须根据自己企业的特点、根据现代管理的基本法则来创造性地形成自己的管理特色。于是就有了日本式管理与松下公司管理的差异以及美国式管理与IBM公司管理的差异。管理实践的丰富化更进一步推动了管理理论、方式方法和手段的发展。

二、20世纪70年代以来管理理论的演进

近二三十年来，与其他学科一样，管理理论也处在不断变化和发展之中。在从20世纪70年代后期至80年代，企业文化的研究和探索曾成为管理理论界众人关注的课题；到了20世纪90年代中期，探索新的管理理念和模式，又引起了管理学界的兴趣和重视；时至今日，面对21世纪的来临，面临知识经济可能给各个国家、各个组织，甚至各个人的竞争模式、道路、方法选择带来的挑战，管理理论又在孕育着重大的变革，这应引起世人的高度注意和关切。在人类迈入21世纪之际，以信息技术为代表的新技术革命引发了一场人类社会前所未有的社会、组织、文化、环境等方面的深刻变革，特别是知识不仅是社会进步的动力，更是物质财富的源泉。由于信息的电子化、数字化、网络化和高技术创新的时代特征，对管理学理论发展提出了巨大的挑战。从世界各国管理理论与实践发展的总体趋势看，大致可以把管理理论演进归纳为以下三个主要方面。

1. 企业文化的研究与探索

企业文化的思想和理论是在20世纪80年代初形成和发展起来的一种管理思想和理论，是美国的管理学专家在日、美企业管理模式的差异比较中发现、总结出的一种管理理念和方法。企业文化理论的核心是：在充分认识人、尊重人的基础上，通过企业领导人有意识、有目的的活动，结合企业所处国度的社会文化以及企业经营方式，产品、行业等方面的特点，创立和建立起来的一种从上到下，有别于其他企业的价值观念和价值体系。企业文化的理论给予了管理人员新的启迪和方法，也使管理人员更深刻地理解了在管理工作中如何更好地运用管理方法去挖掘人的智慧和潜能，也使管理科学更自然和贴切地回到了对人的科学管理上。在20世纪80年代初较有影响力的企业文化理论如下。

1) 威廉·大内与Z理论

《Z理论》一书的全名是《Z理论——美国企业界怎样迎接日本的挑战》，1981年在美国出版，作者是美籍日本人威廉·大内。这是研究日、美企业竞争实力差距的成因，并

导出企业文化问题的开山之作。Z 理论主要研究了怎样才能使人们通过恰当的管理方式协调起来，以产生最高的效率这样的问题。围绕这一中心问题，讲述了信任、微妙性和人与人之间的亲密性，并认为，若在一个组织中缺少这样三点，没有哪一个“社会的人”能够获得成功。Z 理论给人们启示：使工人关心企业是提高生产率的关键。Z 理论的第一课是信任，即对人的信任；第二课是人与人之间的微妙性。生产率、信任和微妙性，三者不是孤立的。信任和微妙性不仅通过有效的协调可提高生产率，而且还不可分割地联系在一起。在一个健康的社会里，亲密性是一个必要的因素。社会的亲密性一旦瓦解，就会产生恶性循环。人们在某一环境中，如果没有养成对本社团的责任感，总的说来，就会丧失社会感；一个社会，如果在一代人中丧失了培养亲密性的能力，就可能培养出这样的孩子：他们的社会感将永远是薄弱的。最终，我们将成为一团散沙，彼此之间毫无联系。

2) 彼得斯、沃特曼与《寻找优势：美国最成功公司的经验》

托马斯·彼得斯(Thomas Peters)和小罗伯特·沃特曼(Robert Waterman, Jr.)于 1982 年出版《寻找优势：美国最成功公司的经验》一书。这是一本在探索企业文化浪潮中出现的代表作，出版后曾在美国引起了轰动，并在全世界产生了不凡的影响。这本书的最大特点是：它在对美国 43 家著名公司调查的基础上认为，美国经营最成功的公司与日本公司相比毫不逊色，而且有独到之处。美国优秀公司大多个性鲜明，有独特的文化、哲学和价值观。这本书在充分肯定美国优秀公司的同时，似乎也感到了美国公司盲目学习日本公司管理经验的难度。该书提出：第一，看来优秀公司发展起来了自己的文化观念，并且把它们的价值标准同杰出领导人物的实践结合成一个整体，这些共同的价值准则即使在最初培养建立它的那些领导人离开以后仍能在几十年内长期发挥作用；第二，主要经理人员的根本任务是发现、归纳、丰富本组织的价值准则，并充分发挥它的作用。彼得斯和沃特曼着重突出了“文化”在造就优秀公司上的重要性，但也未忘记美国管理方式的重要特点——个人的独特作用。

2. 学习型组织理论的普及

“学习型组织”是美国麻省理工学院彼得·圣吉(Peter M. Senge)博士于 1991 年在《第五项修炼》一书中提出的。他认为：企业本身是一个系统，它像人一样可以通过不断地学习来提高生存与发展的能力。现实中，有的企业寿命很短，其主要原因就是企业在学习能力上有缺陷，即“学习智障”，这种缺陷使得企业在环境改变时不能迅速应变，因此，只有提高学习能力才能保证企业的生存和发展。

“学习型组织”就是一个具有持久创造能力去创造未来的组织。而学习型组织管理模式就是通过培养弥漫于整个组织的学习气氛，充分发挥员工的创造性思维能力，从而把组织建设成为更加符合人性的、具有高度柔性的、扁平化的有机组织。

彼得·圣吉在《第五项修炼》一书中明确指出：“20 世纪 90 年代最成功的企业将会

是‘学习型组织’，因为未来唯一持久的优势是有能力比你的竞争对手学习得更快。未来真正出色的企业将是能够设法使各阶层人员全心投入、并有能力不断学习的组织。”彼得·圣吉认为：在“学习型组织”中，有五项新技能正在逐渐汇聚起来，他称之为“五项修炼”。

1) 超越自我的修炼是指突破极限的自我实现或技巧的精熟

作为一个人，特别是一个渴望成功的人，不可能只把眼光局限在眼前利益之上，也不可能仅仅满足于现状，即使这种现状相对于别人而言是如此的优越。它是“学习型组织”的精神基础。具有高度自我超越的人，能不断扩展他们创造生命中真正心里所向往的能力。因此，自我超越是一个过程、一种建立愿景和实现愿景的过程、一种学习和成长的修炼。

2) 改善心智模式

彼得·圣吉指出：在管理过程中，许多好的构想往往不能付诸实践，这不是根源于企图心太弱、意志力不够或缺乏系统思考，而是来自于心智模式。更确切地说，新的想法无法付诸实施，常是因为它深植人们心中，与周围世界如何运作的看法和行为相抵触。因此，学习如何将人们的心智模式打开，并加以检视和改善，有助于改变心中对于周围世界如何运作的既有认知。对于建立“学习型组织”而言，这是一项重大的突破。

3) 建立共同愿景

彼得·圣吉所谓的共同愿景，主要是指一个组织所形成的共有目标、共同价值观和使命感。它帮助组织培养成员主动而真诚地奉献和投入，而非被动地遵从。共同愿景不是一个想法，它是在人们心中一股令人深受感召的力量。如果说你我只是心中个别持有相同的愿景，但彼此却不曾真诚地分享过对方的愿景，这并不算共同愿景。当人们真正有共同愿景时，这个共同的愿景会紧紧地将他们团结起来。

4) 团队学习

团队学习是发展团体成员整体合作实现共同目标能力的过程。学习的本身是发现错误或了解和掌握新知识，团队学习正是要利用集体的优势，通过开放型的交流发现问题、互相学习、取长补短，以达到共同进步的目的。一个组织不仅仅需要一群有才能的和有共同愿景的人，更重要的是这个组织要学会共同学习。就像一个伟大的乐团一样，仅有非凡的音乐家是不够的，最重要的是他们应当知道如何一起演奏。因此，团队学习虽涉及个人的学习能力，但基本上是一项集体的修炼。

5) 系统思考

彼得·圣吉指出：把系统思考叫做第五项修炼，因为它是整个五项修炼的基石。所有修炼都关系着心灵上的转换，一是从看部分转为看整体；二是从把人们看作无助的反应者转为把他们看作改变现实的主动参与者；三是从对现实只作反应转为创造未来。但是，仅从系统思考的角度进行修炼还是不够的，我们还需要通过自我超越、改善心智模式、建立共同愿景和团体学习这几项修炼进行互补，贯通五项修炼的关系，才能使个人、团体与组织更能从直线式的视角转变成以整体的方式来看事情以及采取对策。

总之，五项修炼之所以被称为修炼，表示它是一个过程，一个学习和提高的过程。就和人的修身养性一样，一些新篇章的道理，只有经过不断地学习和应用才能掌握，才有可能真正理解其精髓。任何一项修炼，都需要在了解原理和演练上下工夫。五项修炼的学习就像一个五角尖塔一样，通过不断地学习和演练来理解和强化这种理论，领悟其精髓。当修炼进入精髓的层次时，各项修炼越来越近，有一种共同体将修炼结合起来。学习的目的就是要达到领悟修炼的精髓，提高适应环境变化的能力。

3. 业务流程再造理论的广泛实践

虽然流程再造这一理论是管理领域里的一个前沿概念，但流程再造理论所包含的概念和观念并非都是新的，它是在许多前人的管理思想和管理技术及管理方法的基础上发展起来的，是管理思想和信息技术发展的综合产物。流程改善和流程思想起源于质量运动，20世纪40年代，贝尔实验室的质量专家提出了“质量控制”的概念。这个概念包括对制造产品的生产流程进行严格的分析和控制，但是其对象是制造流程，而不是跨职能的流程。后来，随着“质量控制”概念的传播，运用的对象从制造流程进一步扩展到产生质量的产品和服务的所有流程。从20世纪70年代以后，一直到80年代中期和末期，开始强调对业务流程的思考和流程改善，把流程思考和流程改善的思想在更广泛的企业管理范围内加以运用。但是，此时仅仅是对业务流程连续的、渐进的改善，工作重点放在流程的某一职能范围内，采取对现有流程最少变动的方式来谋取连续的改善。80年代中期和末期，信息技术得到了飞速发展，为企业业务流程的彻底改善提供了操作上的可能。哈佛商学院的迈克尔·波特(Michael Porter)教授将企业的业务流程描绘为一个价值链(Value Chain)，竞争不是发生在企业与企业之间，而是发生在企业各自的价值链之间。只有对价值链的各个环节(业务流程)进行有效管理的企业，才有可能真正获得市场上的竞争优势。流程所面向的顾客既包括组织外部的顾客又包括组织内部的顾客。流程跨越职能部门、分支机构或子单位的既有边界。流程再造不仅对企业的业务流程进行再造，而且要将以职能为核心的传统企业改造成以流程为核心的新型企业。

1) 组织管理理论的演进与业务流程再造

西方现代组织理论把组织管理划分为组织结构与组织行为。组织结构反映了企业在一定的经营目标下人与人之间合理分工与协作的工作关系；组织行为则是以人为中心，以建立良好的人际关系、提高士气为目标，进一步研究人们在企业中的相互关系以及如何激励、沟通和领导等问题。在组织结构设计方面，不少研究人员认为，在能适应新的面向流程运营的各种结构中，最有效的一种是工作团队或流程专案小组，从而使企业呈现出扁平化的组织结构。在工作设计方面，业务流程再造提倡工作内容丰富化，希望员工个个都是多面手。在组织行为方面，集中地体现在绩效评价和价值观念方面；在绩效评价方面，提倡按绩效效果(非工作量)来定薪，按业务能力来晋升；在企业价值观念方面，提倡员工更多地由自我保护转向努力工作，激发员工的创造性，实现自我提高，提倡对员工进行教育而不是训练，树立服务顾客和为顾客创造价值的观念等。可以说，流程再造所提倡的组织管理思想正是体现了组织理论发展的最新研究成果，流程再造继承了组织管理理论的优秀成果，并把这些思想与流程管理结合起来。

2) 信息技术的发展与业务流程再造

20 世纪 80 年代中期和末期，信息技术得到了飞速发展，流程再造通过创造性地利用信息技术，同时引入与之相适应的组织管理思想，从而使企业的绩效获得巨大的飞跃。信息技术的发展为流程的变化提供了有力的手段和工具，从而使企业获得了竞争优势。先进的信息技术的引入，结合组织管理思想上的更新在企业内部实现了减少组织层次、降低管理成本、快速应对市场变化、准确提供有价值的服务等效果。在网络技术及应用水平不断提高的情况下，大幅度缩短了产品和服务市场生命周期，顺应市场的变化快速提升了应变能力，实现了企业更好的生存和更快的发展。

3) 来自顾客、竞争和变化等方面的挑战与业务流程再造

来自顾客(Customer)的挑战主要反映在顾客需求的差异性越来越明显，顾客对于服务质量的要求也越来越高，特别是满足顾客需求过程的速度要求方面。顾客真正需要的服务日趋个性化，则要求企业快速研发和提供个性化的产品，满足不同层次的顾客需求。但是，个性化产品的生产和提供，与大量生产和大量销售之间的矛盾逐渐凸现；在满足顾客需求过程中发生的成本如何有效控制和降低：满足顾客需求的速度如何得到保证等问题如何在管理过程中获得有效解决；如何使得顾客能够获得更大的价值。这些就构成了来自顾客的挑战。

来自竞争(Competition)的挑战主要反映在企业竞争优势的形成和保持方面。迈克尔·波特认为竞争优势主要来自低成本、差异化和目标聚焦三个方面。当前企业面临着非常严峻的挑战，特别是每一个企业都在这三个方面展开竞争，而且随着竞争的深入，差异化所形成的竞争优势持续时间越来越短，这就要求企业一方面要不停地围绕降低成本和提高经济效益与同行企业进行竞争；另一方面要逐渐将所形成的竞争优势上升为其他企业不可获得的核心竞争力。这些就构成了来自竞争的挑战。

来自组织变革(Challge)的挑战主要反映在组织变革的速度和程度上面。科学技术水平高速发展，满足顾客需求的手段与途径不断推陈出新，甚至企业之间展开竞争的焦点也在不断转换，每一个企业都强烈地意识到组织变革是永恒的。在企业所处的竞争环境中，在动态性特征日益突出的情况下，企业之间的竞争更多地集中在对组织变革的响应速度上，这就是由于组织变革引起的企业响应速度的挑战。

以上 3 个方面的挑战构成了业务流程再造的现实背景，随着企业之间的竞争深入和加剧，日益呼唤着对企业原来的业务流程进行根本性的思考和彻底性的再设计，以重新构建企业的核心竞争力。

三、知识经济时代管理理论的发展

21 世纪是知识经济的时代，知识将成为这一时代的重要经济要素，恐已无大的争议。因此可以断言，在人类进入新的经济时代，作为经济要素的知识会发挥越来越大的作用，同时企业的组织形式、管理的理论和方法都将随之发生变化。

1. 知识经济的概念

知识经济(The Knowledge Economy，亦称 The Knowledge Based Economy)一词是由联合国研究机构和经合组织首先提出来的，并立即在全世界引起了强烈的反响。人们普遍认为，“知识经济”一词恰当地概括了国际经济变化的最新特点和发展趋势。知识经济的提出，是出自对知识和科技在经济增长中作用的深刻认识。知识历来是经济发展的核心要素，经济也密切地依赖于知识的生产、传播和利用。但是，在传统的经济概念中，生产取决于劳动力、资本、土地、资源等生产要素，技术或知识被视为外部要素。因此，当代的经济学家都建议修正新古典主义经济学中生产函数的有关概念，将“知识”要素直接列入其中。在这样的概念中，经济增长更直接地取决于知识的投资，知识可以扩大传统生产要素的生产能力；可以提供调整生产要素创造革新产品和改进生产程序的能力。以知识为基础的经济增长新模式鼓励创造新知识和在经济中使用新技术传播的手段。知识经济的目标是研究、开发和应用新技术。现在的经济重心已从工业经济时代的经验、传统，向获得新技术知识、创造和适用新技术发展的灵活性转移。

人们普遍地认为，美国在 20 世纪末经济的增长状况已体现出了新技术革命的特色，出现了从工业经济向知识经济转移的雏形。美国麦肯锡公司的一项研究成果表明，到 21 世纪初，美国所有工作中，80%以上的工作在实质上将属于脑力劳动。这种变化正如一位美国人所讲：“今天的‘知识工作’涉及包括教育、广告、建筑、研究与发展、媒体制作、销售、电影制作、会计工作、法律、剧院、计算机软件开发、咨询服务、摄影、卫生工作的更多部分；涉及社会工作、出版、管理、银行、教会的世界、房地产和大部分政府工作等诸多领域。虽然这些以知识为基础的工作在传统意义上常常是无形的(不能由可确定的量或价格度量)，但在现代经济中逐渐成为财富创造和就业的主体。”[1]

实践和理论都在表明，沿袭了近 200 年的工业经济时代正在向知识经济时代转变。这种转变，不仅会改变资源配置的方式、产业结构的构成、可持续发展的模式、综合国力增强的途径，还会改变人们已熟悉的管理理论、思想和方法。

2. 知识经济时代下的管理理论发展展望

1) 对管理工作的新认识

第二次世界大战结束至今，是管理学大师彼特·德鲁克认定的管理革命阶段。管理革

---

[1] 达尔·尼尔．知识经济．珠海：珠海出版社，1998．第 18～19 页．

命已横扫全球，已成为世界范围的统治力量。在这一个阶段，知识已成为今天唯一意义深远的资源。传统的生产要素——土地、劳动力和资本的作用还未消失，但是它们已经成为第二位的要素了。

若人们有了知识，就能够容易地得到传统的生产要素。知识已成为实用的、获得社会和经济成果的工具。德鲁克对知识经济条件下的管理概念进行了修正，他指出："提供知识去有效地发现现有的知识怎样能最好地应用于产生效果，这就是我们所指的管理。""管理是所有组织的一个生长功能，不管这些组织的特殊使命是什么，管理是知识社会的一个生长器官。"[1] 针对这些定义和认识的变化，德鲁克还指出："这一变化意味着，我们现在把知识看做一个基本的资源。土地、劳动和资本作为限制因素是重要的。没有它们，甚至不可能产生知识；没有它们，甚至也不能实行管理。而只要存在着有效的管理，即将知识应用于实践，我们总是能得到其他资源。"[2]

2) 第五代管理理论孕育而生

第五代管理理论的构建是由美国人查尔斯·萨维奇(Charles Savage)完成的。萨维奇在1990年出版的著作《第五代管理》(The Fifth Generation Management)的序言中指出：自20世纪90年代以来，变化最大的是人们管理和领导企业的方式，计算机和联网的思维使过去许多深受欢迎的观念被放弃。并认为，需要将第五代管理应用于知识广泛得到应用的组织中。萨维奇认为工业时代的魅力正在丧失，这主要体现在：工业时代传统的假设、原则和价值观念的主体已经过时，工业时代后期所创造的严格等级制度在面对竞争加剧和合作加强的国际市场上，难以提供必需的灵活性和反应能力，因而必须采用新的管理理论和方法——第五代管理。

第五代管理的概念和特点是：第五代管理并不关心以对某人有利的新方法来管理下属。相反，它促使我们对基本概念进行再认识：我们的价值观、态度，对领导方式、工作和时间的假设。它指出了一条精致而简单的道理：我们需要以新的更具有创造性的方式与我们自己——我们的想象、知识、思想和情感以及其他人进行接触。并且，它假定各种各样的功能组织和公司可以通过虚拟的面向任务的团体来平行地开展工作。简而言之，第五代管理是一个领导方式的问题。它的注意力不应集中于某个人的力量，而应集中在如何锻炼、鼓励和培养其他人方面。它预先假定了一种集成的环境，这一环境使人和公司的最优秀的才能同他人最优秀的才能互相结合。"根据自己的认识，萨维奇依据财富来源、组织类型将人类发展的近代过程划分为4个不同的阶段，即农业时代、工业时代早期、工业时代晚期和知识时代早期，着重比较了工业时代早期、晚期与知识时代早期在财富来源、组织类型和管理基本原理方面的差异，如附图1所示。

[1, 2] 达尔·尼尔．知识经济．珠海：珠海出版社，1998．第57～59页．

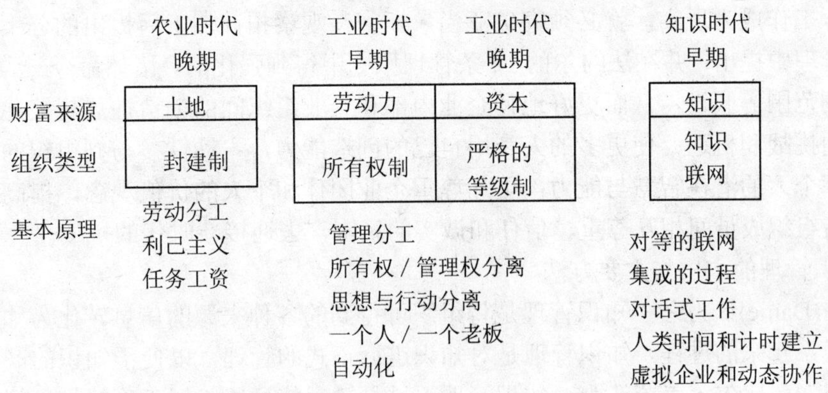

附图1 不同历史阶段的经济、管理特征

资料来源：查尔斯·萨维奇. 第五代管理. 珠海：珠海出版社，1998. 第194页.

萨维奇根据知识时代早期的特点，提出了"斯密·泰罗-法约尔瓶颈"的看法，如附图2所示。

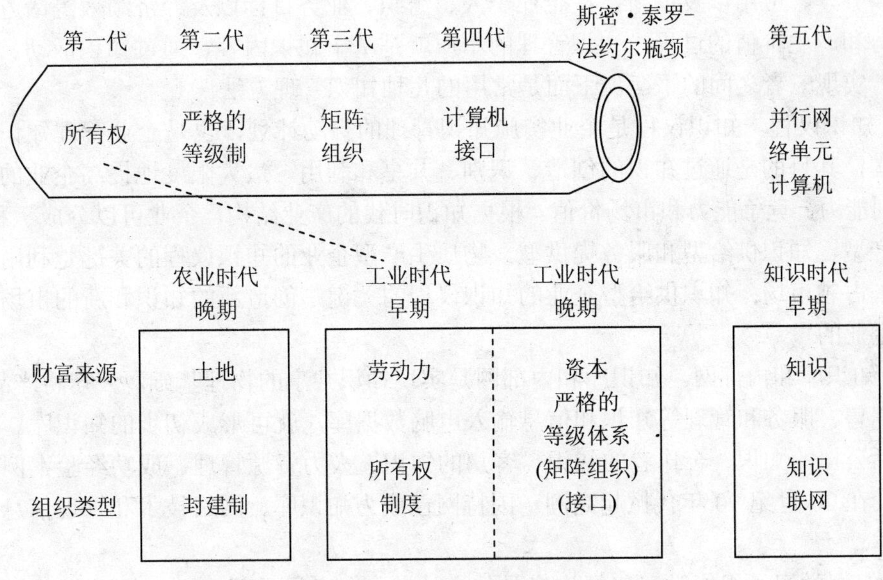

附图2 管理发展阶段与历史阶段之间的对应关系

资料来源：查尔斯·萨维奇. 第五代管理. 珠海：珠海出版社，1998. 第163页.

萨维奇认为，在企业管理发展的前4个阶段，原材料和信息是连续地从一个职能部门转移到另一个职能部门。第五代管理方式使不同职能部门之间的并行工作成为可能。但要使这种并行工作成为现实，就必须突破亚当·斯密在观察扣针加工后提出的分工假设。泰罗在科学管理中提出，并在法约尔的14条管理原则中得到强化的，诸如命令一致性、等级原理、控制范围等假设，从而更好地使企业内部和企业组织间的创造性思想彼此联系，以迎接整体的挑战和机遇；使更多的人利用自己的创造能力，主动性参与到组织的外部环境中去，发挥个人的潜在智慧与能力；更加尊重企业团体和个人的价值观念，提高组织的内聚力，营造组织成员间相互尊重、信任和诚实的氛围，去迎接新时代的挑战。

3) 知识管理的本质与主要方法

丹尼尔(Danie)认为："知识管理是将组织可得到的各种来源的信息转化为知识、并将知识与人联系起来的过程。知识管理是对知识进行正式的管理，以便于知识的产生、获取和重新利用"。比尔·盖茨认为，知识管理不过是管理信息流，把正确的信息传送给需要它的人，让他们迅速地利用这些信息采取行动，其目的是提高公司的智商；孟凡强认为，知识管理是对企业中集体的知识和技能(以数据库、纸张、思维等形式出现)的捕获，然后将它们发送到需要的地方去，帮助企业实现最大产出，其目标是将最恰当的知识在最恰当的时间传递给最恰当的人，帮助他们做出决策。

知识管理是协助企业组织和个人围绕各种资源的知识内容，利用信息技术，实现知识的生产、分享、应用以及创新，在企业个人、组织、业务目标以及经济绩效等诸方面形成知识优势和产生价值的过程。知识管理的本质就是基于知识内容、通过知识活动、创造知识价值，实现三者之间的平衡。下面是常用的几种知识管理方法。

(1) 知识议程。知识议程是企业实施知识管理的行动计划，也是企业管理知识资本的行动议程，其目的是通过知识的创造、识别、共享和利用，最大限度地提高企业的创新能力、盈利能力、竞争能力和市场价值。根据知识时代的产业结构，企业可以分成三种类型。物质生产型、知识供给型和服务提供型。物质生产型企业的知识议程的关键是利用知识生产产品去占领市场；知识供给型企业的知识议程的关键是创造新的知识和新的市场；服务提供型企业的

(2) 知识库和内部网。知识库和内部网是实现知识共享的物理基础。公司将产品开发、生产、销售、服务和管理等知识和信息输入电脑数据库，就可形成初步的知识库。知识库可以包括公司的知识、合作者的知识、客户的知识、人力资源管理、成功经验案例等。因特网建设在20世纪90年代掀起高潮。因特网已成为知识库、网络技术和管理信息系统结合的载体。

(3) 组织学习。组织学习包括许多具体方法。例如单回路学习、双回路学习、交互学习和边干边学等。美国麻省理工学院开发了"五项修炼"学习方法，包括自我超越、改善心智模式、共同愿景、团体学习和系统思考五个步骤。组织学习可以分为三个阶段：企业内部学习阶段、企业之间的学习阶段、企业系统学习阶段。组织学习没有固定模式，可以与员工培训结合起来。

(4) 知识网络和知识联盟。知识网络可以是虚拟的电脑网络，也可以是机构网络、人员网络、客户网络、专家网络等，还可以是知识联盟、知识伙伴等。总之，通过一个好的知识网络，能及时找到需要的信息和知识，甚至得到好的主意和建议等。人的创造能力是有限的，而人类的创造能力是无限的。知识联盟是指为了更好地相互学习，获得对方的知识、技能和能力，促进双方创造新的能力而建立的合作联盟。公司可以与其他企业、顾客、供应商、工会组织、大学和其他机构等建立知识联盟。

(5) 知识主管。知识主管(知识总监)是企业设立的专职知识管理经理。知识主管必须富有挑战性。他的任务是协调公司的知识管理与发展战略，通过制定和实施知识议程，最大限度地创造、发掘、利用各种知识，促进知识共享和组织学习，培育学习和创新文化，提高企业的竞争力和市场价值。

知识主管的工作涉及范围很广，可以包括知识产权、人力资本、信息管理、市场环境、公共关系等方面，还可参与企业发展战略、市场战略、研发战略等的制定。知识主管是企业的无形资产、知识资本或智力资本。

(6) 知识管理小组。知识管理小组是公司成立的促进知识共享、传播和创新的小组。这个小组是跨部门的，人员来自不同部门。为了某项专门工作，他们走到一起，完成任务后各回各的部门。这样的小组能很有效地传播知识和思想。

参考文献

[1] Stephen P. Robbins，Mary Coulter. *Management*(*8th Edition*). 北京：清华大学出版社，2006.

[2] [美]海因茨·韦里克，哈罗德·孔茨. 管理学：全球化视角(第十一版). 马春光. 北京：经济科学出版社，2004.

[3] 吴照云. 管理学(第五版). 北京：中国社会科学出版社，2006.

[4] 周三多. 管理学(第二版). 北京：高等教育出版社，2005.

[5] [美]雷恩. 管理思想的演变. 孙耀君. 北京：中国社会科学出版社，1986.

[6] [加]明茨伯格. 经理工作的性质. 孙耀君，王祖融. 北京：中国社会科学出版社，1986.

[7] 威廉·大内. Z 理论——美国企业界怎样迎接日本的挑战. 孙耀君，王祖融. 北京：中国社会科学出版社出版，1984.

[8] [法]法约尔. 企业管理与一般管理. 周安华. 北京：中国社会科学出版社，1998.

[9] [美]泰勒. 科学管理原理. 蔡上国. 上海：上海科学技术出版社，1982.

[10] [美]巴纳德. 经理人员的职能. 孙耀君. 北京：中国社会科学出版社，1979.

[11] [美]约翰·P·科特，詹姆斯 L 赫斯克特. 企业文化与经营业绩. 李晓涛. 北京：中国人民大学出版社，2004.

[12] 杨伯溆. 全球化：起源、发展和影响. 北京：人民出版社，2002.

[13] [美]塞缪尔·亨廷顿，彼得·伯杰. 全球化的文化动力：当今世界的文化多样性. 康敬贻，林振熙，柯雄. 北京：新华出版社，2004.

[14] [美] Linda Beamer，Iris Varner. 全球环境中的跨文化沟通(第二版：英文版). 北京：清华大学出版社，2003.

[15] [美]彼得·辛格. 一个世界：全球化伦理. 应奇，杨立峰. 北京：东方出版社，2005.

[16] [美]伊恩·沃辛顿. 企业环境(第四版). 徐磊，洪晓丽. 北京：经济管理出版社，2005.

[17] 席酉民. 企业外部环境分析. 北京：高等教育出版社，2001.

[18] [美]霍斯默. 管理伦理学(第五版). 张初愚，张水云. 北京：中国人民大学出版社，2005.

[19] 苏勇，陈小平. 管理伦理学教学案例精选. 上海：复旦大学出版社，2001.

[20] 李立清，李燕凌. 企业社会责任研究. 北京：人民出版社，2005.

[21] 王众托. 企业信息化与管理变革. 北京：中国人民大学出版社，2001.

[22] 岳超源. 决策理论与方法. 北京：科学出版社，2003.

[23] 西蒙. 管理决策新科学. 李柱流. 北京：中国社会科学出版社，1982.

[24] [美]赫伯特·西蒙. 西蒙选集. 黄涛. 北京：北京经济学院出版社，2002.

[25] 《运筹学》教材编写组. 运筹学. 北京：清华大学出版社，2005.

[26] 李立. 计划学原理. 北京：中国统计出版社，1990.

[27] 顾海兵. 计划实务. 北京：中国人民大学出版社，1989.

[28] [美]科兹纳. 项目管理：计划、进度和控制的系统方法(第七版). 杨爱华，杨磊. 北京：电子工业出版社，2003.

[29] 邱菀华. 现代项目管理导论. 北京：机械工业出版社，2003.

[30] 巫成功. 目标管理. 北京：中国商业出版社，2002.

[31] [美]汤姆生. 战略管理：概念与案例(第十版). 段盛华. 北京：北京大学出版社，2000.

[32] [美]迈克尔·波特. 竞争优势. 北京：华夏出版社，1997.

[33] [美]迈克尔·波特. 竞争战略. 北京：华夏出版社，1997.

[34] [美]迈克尔·A·希特，R·杜安·爱尔兰. 战略管理：竞争与全球化(概念) (原书第六版). 吕巍. 北京：机械工业出版社，2005.

[35] [美]汤姆生. 战略管理：获取竞争优势. 蓝海林. 北京：机械工业出版社，2006.

[36] [美]柯林斯，波拉斯. 企业不败. 刘国远. 北京：新华出版社，1998.

[37] [美]阿尔弗莱德·D·钱德勒. 战略与结构：美国工商企业成长的若干篇章. 北京天则经济研究所，北京江南天慧经济研究有限公司，孟昕. 昆明：云南人民出版社，2003.

[38] [美]钱德勒. 看得见的手：美国企业的管理革命. 重武. 北京：商务印书馆， 2001.

[39] [美]亨利·明茨伯格，约瑟夫·兰佩尔. 战略过程：概念、情境、案例. 北京：中国人民大学出版社，2005.

[40] [美]Robert S. Kaplan，David P. Norton. 平衡记分卡——化战略为行动. 刘俊勇，孙薇. 广州：广东经济出版社，2004.

[41] 王凤彬. 企业管理组织变革的理论与实践. 北京：中国人民大学出版社，1994.

[42] [英]迈克尔·科伦索. 组织变革改善策略：组织演进与变革. 高俊山，贾振全. 北京：经济管理出版社，2003.

[43] [美]卡明斯，沃里. 组织发展与变革. 李剑锋. 北京：清华大学出版社，2003.

[44] 赵曙明. 人力资源管理研究新进展. 南京：南京大学出版社，2002.

[45] [美]理查德·L·达英特. 组织理论与设计(第七版). 王凤彬. 北京：清华大学出版社，2003.

[46] [美]加里·德斯勒. 人力资源管理(第六版). 刘昕，吴雯芳. 北京：中国人民大学出版社，1999.

[47] [美]彼得·F·德鲁克. 管理——任务、责任、实践. 北京：中国社会科学出版社，1987.

[48] [美]约翰·P·科特. 变革. 北京：中国人民大学出版社，1999.

[49] [美]约翰·P·科特，丹·S·科恩. 变革之心. 刘祥亚. 北京：机械工业出版社，2003.

[50] [美]约翰·P·科特. 领导力革命. 廉晓红. 北京：商务印书馆，2005.

[51] [美]罗宾斯. 组织行为学(第十版). 孙健敏，李原. 北京：中国人民大学出版社，2005.

[52] [美]彼得·诺斯豪斯. 领导学：理论与实践(第二版). 吴荣先. 南京：江苏教育出版社，2002.

[53] [美]理查德·L·达夫特. 领导学：原理与实践. 杨斌. 北京：机械工业出版社，2005.

[54] [法]拉丰. 激励理论. 北京：北京大学出版社，2001.

[55] 张维迎，李其. 激励与领导艺术. 上海：上海人民出版社，2005.

[56] [美]迈克尔·E·哈特斯利，林达·M·麦克詹妮特. 管理沟通：原理与实践(英文版). 北京：机械工业出版社，2004.

[57] 康青. 管理沟通教程(第二版). 上海：立信会计出版社，2005.
[58] 《哈佛管理前沿》《哈佛管理通讯》编辑组. 谈判：较量的艺术. 李尚杰，罗雅琴. 北京：商务印书馆，2005.
[59] [美]沃伦·H·施米特，罗伯特·坦嫩鲍姆. 谈判与冲突化解. 北京新华信商业风险管理有限责任公司. 北京：中国人民大学出版社，2001.
[60] N·维纳. 控制论. 北京：科学出版社，1962.
[61] 张文焕. 控制论·信息论·系统论与现代管理. 北京：北京出版社，1990.
[62] [法]梅叶. 管理控制. 陈传明. 北京：商务印书馆，1998.
[63] [美]安东尼. 管理控制系统(第十一版). 赵玉涛. 北京：机械工业出版社，2004.
[64] 戴淑芬. 管理学教程(第二版). 北京：北京大学出版社，2005.
[64] 谭力文. 管理学(第二版). 武汉：武汉大学出版社，2004.
[64] 朱晓杰. 一生必知的 101 个管理寓言. 北京：中国商业出版社，2004.
[64] [美]斯蒂芬·P·罗宾斯. 管理学. 北京：中国人民大学出版社，2004.

北京大学出版社本科财经管理类实用规划教材(已出版)

序号	标准书号	书　名	主　编	定　价	序号	标准书号	书　名	主　编	定　价
1	7-5038-4748-6	应用统计学	王淑芬	32.00	38	7-5038-5018-9	财务管理学实用教程	骆永菊	42.00
2	7-301-18515-5	会计学原理(第2版)	刘爱香	30.00	39	7-5038-5022-6	公共关系学	于朝晖	40.00
3	7-5038-4881-0	会计学原理习题与实验	齐永忠	26.00	40	7-5038-5013-4	会计学原理与实务模拟实验教程	周慧滨	20.00
4	7-5038-4892-6	基础会计学	李秀莲	30.00	41	7-5038-5021-9	国际市场营销学	范应仁	38.00
5	7-5038-4896-4	会计学原理与实务	周慧滨	36.00	42	7-5038-5024-0	现代企业管理理论与应用	邸彦彪	40.00
6	7-5038-4897-1	财务管理学	盛均全	34.00	43	7-301-13552-5	管理定量分析方法	赵光华	28.00
7	7-5038-4877-3	生产运作管理	李全喜	42.00	44	7-81117-496-0	人力资源管理原理与实务	邹　华	32.00
8	7-5038-4878-0	运营管理	冯根尧	35.00	45	7-81117-492-2	产品与品牌管理	胡　梅	35.00
9	7-5038-4879-7	市场营销学新论	郑玉香	40.00	46	7-81117-494-6	管理学	曾　旗	44.00
10	7-5038-4880-3	人力资源管理	颜爱民	56.00	47	7-81117-498-4	政治经济学原理与实务	沈爱华	28.00
11	7-5038-4899-5	人力资源管理实用教程	吴宝华	38.00	48	7-81117-495-3	劳动法学	李　瑞	32.00
12	7-5038-4889-6	公共关系理论与实务	王　玫	32.00	49	7-81117-497-7	税法与税务会计	吕孝侠	45.00
13	7-5038-4884-1	外贸函电	王　妍	20.00	50	7-81117-549-3	现代经济学基础	张士军	25.00
14	7-5038-4894-0	国际贸易	朱廷珺	35.00	51	7-81117-536-3	管理经济学	姜保雨	34.00
15	7-5038-4895-7	国际贸易实务	夏合群	42.00	52	7-81117-547-9	经济法实用教程	陈亚平	44.00
16	7-5038-4883-4	国际贸易规则与进出口业务操作实务	李　平	45.00	53	7-81117-544-8	财务管理学原理与实务	严复海	40.00
17	7-5038-4885-8	国际贸易理论与实务	缪东玲	47.00	54	7-81117-546-2	金融工程学理论与实务	谭春枝	35.00
18	7-5038-4873-5	国际结算	张晓芬	30.00	55	7-5038-3915-3	计量经济学	刘艳春	28.00
19	7-5038-4893-3	国际金融	韩博印	30.00	56	7-81117-559-2	财务管理理论与实务	张思强	45.00
20	7-5038-4874-2	宏观经济学原理与实务	崔东红	45.00	57	7-81117-545-5	高级财务会计	程明娥	46.00
21	7-5038-4882-7	宏观经济学	蹇令香	32.00	58	7-81117-533-2	会计学	马丽莹	44.00
22	7-5038-4886-5	西方经济学实用教程	陈孝胜	40.00	59	7-81117-568-4	微观经济学	梁瑞华	35.00
23	7-5038-4870-4	管理运筹学	关文忠	37.00	60	7-81117-575-2	管理学原理与实务	陈嘉莉	38.00
24	7-5038-4871-1	保险学原理与实务	曹时军	37.00	61	7-81117-519-6	流程型组织的构建研究	岳　澎	35.00
25	7-5038-4872-8	管理学基础	于干千	35.00	62	7-81117-660-5	公共关系学实用教程	周　华	35.00
26	7-5038-4891-9	管理学基础学习指南与习题集	王　珍	26.00	63	7-81117-663-6	企业文化理论与实务	王水嫩	30.00
27	7-5038-4888-9	统计学原理	刘晓利	28.00	64	7-81117-599-8	现代市场营销学	邓德胜	40.00
28	7-5038-4898-8	统计学	曲　岩	42.00	65	7-81117-674-2	发展经济学	赵邦宏	48.00
29	7-5038-4876-6	经济法原理与实务	杨士富	32.00	66	7-81117-598-1	税法与税务会计实用教程	张巧良	38.00
30	7-5038-4887-2	商法总论	任先行	40.00	67	7-81117-594-3	国际经济学	吴红梅	39.00
31	7-5038-4965-7	财政学	盖　锐	34.00	68	7-81117-676-6	市场营销学	戴秀英	32.00
32	7-5038-4997-8	通用管理知识概论	王丽平	36.00	69	7-81117-597-4	商务谈判实用教程	陈建明	24.00
33	7-5038-4999-2	跨国公司管理	冯雷鸣	28.00	70	7-81117-595-0	金融市场学	黄解宇	24.00
34	7-5038-4890-2	服务企业经营管理学	于干千	36.00	71	7-81117-677-3	会计实务	王远利	40.00
35	7-5038-5014-1	组织行为学	安世民	33.00	72	7-81117-800-5	公司理财原理与实务	廖东声	36.00
36	7-5038-5016-5	市场营销学	陈　阳	48.00	73	7-81117-801-2	企业战略管理	陈英梅	34.00
37	7-5038-5015-8	商务谈判	郭秀君	38.00	74	7-81117-826-5	服务营销理论与实务	杨丽华	39.00

序号	标准书号	书 名	主 编	定 价	序号	标准书号	书 名	主 编	定 价
75	7-81117-824-1	消费者行为学	甘瑁琴	35.00	98	7-5655-0155-5	公共关系理论与实务	李泓欣	45.00
76	7-81117-828-9	审计学	王翠琳	46.00	99	7-5655-0193-7	人力资源管理：理论、实务与艺术	李长江	50.00
77	7-81117-593-6	国际金融实用教程	周 影	32.00	100	7-5655-0057-2	消费者行为学	肖 立	37.00
78	7-81117-818-0	微观经济学原理与实务	崔东红	48.00	101	7-301-18536-0	管理学原理与实务(第2版)	陈嘉莉	43.00
79	7-81117-851-7	西方经济学	于丽敏	40.00	102	7-301-18653-4	会计学原理与实务(第2版)	周慧滨	33.00
80	7-81117-853-1	企业战略管理实用教程	刘松先	35.00	103	7-5655-0302-3	西方经济学实用教程	杨仁发	49.00
81	7-81117-852-4	国际商法理论与实务	杨士富	38.00	104	7-301-18798-2	国际贸易理论与实务(第2版)	缪东玲	54.00
82	7-81117-887-6	会计规范专题	谢万健	35.00	105	7-301-19038-8	宏观经济学(第2版)	蹇令香	39.00
83	7-81117-943-9	管理会计	齐殿伟	27.00	106	7-301-18787-6	宏观经济学原理与实务(第2版)	崔东红	57.00
84	7-81117-955-2	审计理论与实务	宋传联	36.00	107	7-301-19098-2	人力资源管理(第2版)	颜爱民	60.00
85	7-81117-958-3	金融法学理论与实务	战玉锋	34.00	108	7-301-19351-8	管理运筹学(第2版)	关文忠	39.00
86	7-81117-959-0	市场营销理论与实务	那 薇	38.00	109	7-5655-0370-2	企业战略管理	代海涛	36.00
87	7-81117-956-9	东南亚南亚商务环境概论	韩 越	38.00	110	7-5655-0404-4	企业财务会计模拟实习教程	董晓平	25.00
88	7-81117-972-9	新编市场营销学	刘丽霞	30.00	111	7-301-19400-3	成本会计学	杨尚军	38.00
89	7-301-16084-8	人力资源管理经济分析	颜爱民	38.00	112	7-301-19404-1	国际贸易(第2版)	朱廷珺	45.00
90	7-5655-0069-5	质量管理	陈国华	36.00	113	7-5655-0405-1	金融学理论与实务	战玉锋	42.00
91	7-5655-0063-3	管理学实用教程	邵喜武	37.00	114	7-301-19403-4	基础会计学	窦亚芹	33.00
92	7-5655-0064-0	市场营销学	王槐林	33.00	115	7-301-09956-8	客户关系管理实务	周贺来	44.00
93	7-5655-0078-7	管理学原理	尹少华	42.00	116	7-301-19449-2	会计学原理习题与实验(第2版)	王保忠	30.00
94	7-5655-0061-9	高级财务会计	王奇杰	44.00	117	7-301-15062-7	货币银行学	杜小伟	38.00
95	7-5655-0077-0	现代组织理论	岳 澎	32.00	118	7-301-17420-3	国际结算(第2版)	张晓芬	35.00
96	7-5655-0081-7	市场营销学实用教程	李晨耘	40.00	119	7-301-19855-1	市场营销学(第2版)	陈 阳	45.00
97	7-5655-0093-0	国际商务	安占然	30.00					

本科电子商务与信息管理类教材

序号	标准书号	书 名	主 编	定 价	序号	标准书号	书 名	主 编	定 价
1	7-301-12349-2	网络营销	谷宝华	30.00	14	7-301-15474-8	电子商务实务	仲 岩	28.00
2	7-301-12351-5	数据库技术及应用教程(SQL Server版)	郭建校	34.00	15	7-301-15480-9	电子商务网站建设	臧良运	32.00
3	7-301-12343-0	电子商务概论	庞大连	35.00	16	7-301-15694-0	网络金融与电子支付	李蔚田	30.00
4	7-301-12348-5	管理信息系统	张彩虹	36.00	17	7-301-16556-0	网络营销	王宏伟	26.00
5	7-301-13633-1	电子商务概论	李洪心	30.00	18	7-301-16557-7	网络信息采集与编辑	范生万	24.00
6	7-301-12323-2	管理信息系统实用教程	李 松	35.00	19	7-301-16596-6	电子商务案例分析	曹彩杰	28.00
7	7-301-14306-3	电子商务法	李 瑞	26.00	20	7-301-16717-5	电子商务概论	杨雪雁	32.00
8	7-301-14313-1	数据仓库与数据挖掘	廖开际	28.00	21	7-301-05364-5	电子商务英语	覃 正	30.00
9	7-301-12350-8	电子商务模拟与实验	喻光继	22.00	22	7-301-16911-7	网络支付与结算	徐 勇	34.00
10	7-301-14455-8	ERP原理与应用教程	温雅丽	34.00	23	7-301-17044-1	网上支付与安全	帅青红	32.00
11	7-301-14080-2	电子商务原理及应用	孙 睿	36.00	24	7-301-16621-5	企业信息化实务	张志荣	42.00
12	7-301-15212-6	管理信息系统理论与应用	吴 忠	30.00	25	7-301-17246-9	电子化国际贸易	李辉作	28.00
13	7-301-15284-3	网络营销实务	李蔚田	42.00	26	7-301-17671-9	商务智能与数据挖掘	张公让	38.00